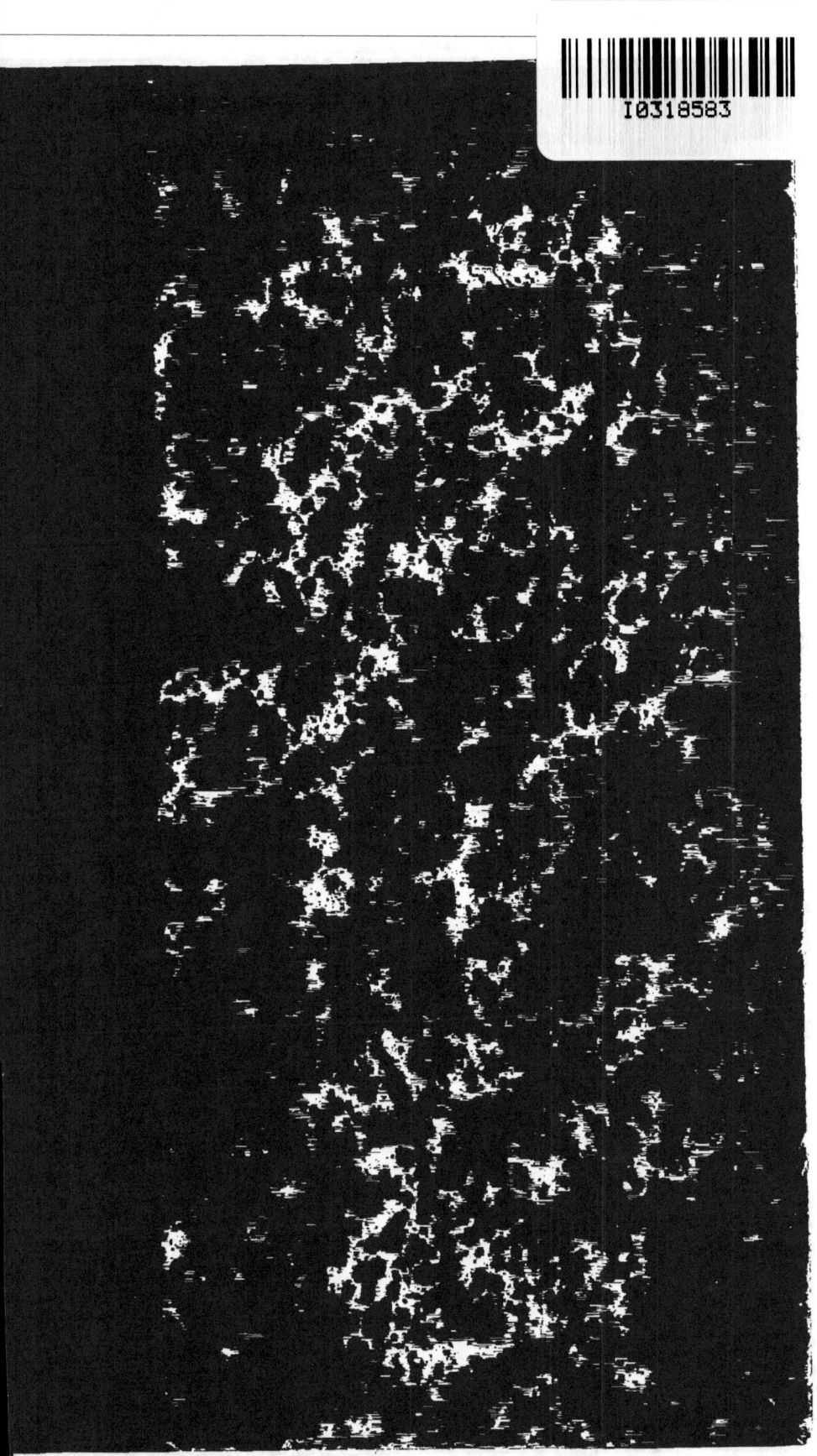

VIE
DE
MGR MIOLAND

ARCHEVÊQUE DE TOULOUSE

ÉVÊQUE D'AMIENS

ET PREMIER SUPÉRIEUR DES MISSIONNAIRES DE LYON

PAR

L'ABBÉ DESGEORGE

SUPÉRIEUR DE LA MÊME SOCIÉTÉ

LYON

P. N. JOSSERAND, LIBRAIRE-ÉDITEUR

3, PLACE BELLECOUR, 3

1871

VIE

DE

MGR MIOLAND

MÊME LIBRAIRIE

OUVRAGES DE M L'ABBE DESGEORGE

MONSEIGNEUR FLAGET, évêque de Bardstown et Louisville; sa vie, son esprit et ses vertus. 1 vol. in-8, avec portrait. . . . . 3 fr. 50

DE L'ORAISON — Traité dont toute la doctrine est empruntée aux grands maîtres de la vie spirituelle. Recommandé par de nombreuses approbations. 1 vol. in-12 de xv-450 p. . . . . 3 fr.

OUVRAGE DE M. L'ABBÉ CHEVALLARD

SAINT AGOBARD, Archevêque de Lyon, sa vie et ses écrits par M. l'abbé CHEVALLARD de la maison des missionnaires de Lyon, professeur d'histoire et de discipline ecclésiastiques à la Faculté de théologie de Lyon. 1 beau vol. in-8. . . . . 6 fr.

VIE

DE

MGR MIOLAND

ARCHEVÊQUE DE TOULOUSE

ÉVÊQUE D'AMIENS

ET PREMIER SUPÉRIEUR DES MISSIONNAIRES DE LYON

PAR

L'ABBÉ DESGEORGE

SUPÉRIEUR DE LA MÊME SOCIÉTÉ

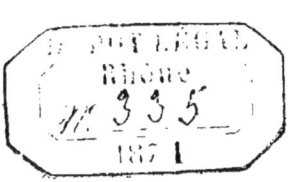

LYON

P. N. JOSSERAND, LIBRAIRE-ÉDITEUR

3, PLACE BELLECOUR, 3

1871

Tous droits réservés

APPROBATION

DE MONSEIGNEUR GINOULHIAC

ARCHEVÊQUE DE LYON

Lyon, le 1ᵉʳ août 1871.

Monsieur le Supérieur,

J'ai lu avec une attention religieuse et un intérêt soutenu les épreuves de votre *Vie de Monseigneur Mioland*.

Ce livre m'a paru être tout à la fois un hommage et un service. Cet hommage était dû à un Père justement vénéré, à un prélat dont l'âme était vraiment épiscopale. Ce service sera apprécié par les fidèles, et spécialement par le clergé lyonnais dont monseigneur Mioland a été une des gloires contemporaines, et à qui il méritait d'être donné pour modèle. Je vous remercie, pour ma part, de ce bon travail, et j'en approuve la publication.

Recevez, monsieur le Supérieur, l'assurance de mes sentiments dévoués en Notre-Seigneur Jésus-Christ.

† JACQUES,
ARCHEVÊQUE DE LYON.

LETTRES

ADRESSÉES A L'AUTEUR

Bordeaux, 12 août 1871.

Monsieur le Supérieur,

J'ai lu avec le plus vif intérêt les épreuves de votre *Vie de Mgr Mioland* et je tiens à vous dire toute ma satisfaction.

Vous avez fait une œuvre de piété filiale, on s'en aperçoit à l'affection avec laquelle vous vous efforcez de faire revivre les traits de celui qui fut le créateur et le père de la famille religieuse à laquelle je m'honore d'avoir appartenu quelque temps.

Vous avez fait une œuvre lyonnaise, en racontant les origines et les développements d'une congrégation qui a déjà rendu tant de services à l'Église, et en immortalisant le souvenir d'un évêque qui sera l'une des gloires les plus pures et les plus incontestées du clergé de France.

Enfin, votre livre est une œuvre sacerdotale et édifiante au suprême degré. Qui n'aimera désormais à interroger vos pages pour apprendre à connaître et à imiter le prêtre, le missionnaire et le pontife dont la piété, le zèle, la prudence et la simplicité forment un si touchant et si harmonieux modèle? A Lyon, à Amiens et à Toulouse, votre travail trouvera un accueil empressé et reconnaissant; partout on le lira avec le plus grand fruit, comme nous avons pu nous en convaincre à notre dernière retraite pastorale.

Je voudrais vous féliciter de la forme tout à la fois si noble et si littéraire que vous avez su donner à votre récit; mais votre modestie ne me le pardonnerait pas, et ce n'est pas quand j'ai le cœur tout plein des choses d'autrefois dont vous avez rajeuni le souvenir que je voudrais exciter vos murmures.

Mille bénédictions pour l'auteur et pour le livre, et croyez-moi,

Cher et vénéré Supérieur,

Votre tout dévoué et affectionné.

† FERDINAND, Card. DONNET
ARCHEVÊQUE DE BORDEAUX.

Nimes, le 2 août 1871.

Monsieur le Supérieur,

La voici donc enfin, cette *Vie de Mgr Mioland*, si longtemps annoncée, si longtemps attendue ! Elle arrive tard, mais elle arrive bien. En l'écrivant, vous avez été dignement inspiré par la piété filiale. La piété filiale, à mon tour, me l'a fait lire avec empressement et bonheur : heureux de retrouver, dans ce miroir vivant et fidèle, la noble figure de celui qui fut notre Père et notre maître.

En 1831, au déclin de l'année, j'entrai dans la maison des Chartreux pour y commencer mes études de théologie. Malgré une certaine précocité d'esprit et de caractère qu'on voulait bien, par illusion sans doute, m'attribuer alors, j'étais novice sur tout; pas un point de mon intelligence qui ne fût submergé dans des ombres à peine éclaircies çà et là par quelques faibles lueurs. Mais dès les premières conférences spirituelles auxquelles j'assistai, M. Mioland, qui présidait comme supérieur, jeta dans mon âme des clartés qui me firent entrevoir un monde nouveau et plus élevé.

Par son bon sens souverain, par quelques-unes de ces maximes courtes mais fécondes, dont il avait un si riche trésor ; par cet art qu'il possédait si bien de ramener la conduite et le gouvernement de la vie intérieure à ses grands ressorts, il me remplit d'une lumière dont l'impression, même après quarante ans, n'est pas effacée dans mes souvenirs et qui me guide encore. Ce fut là pour moi comme un rayon créateur; grâce à lui, tout, dans mon être moral, prit une direction plus grave et plus haute. Je ne saurais trop l'en bénir dans ma reconnaissance.

A cette époque lointaine, comme toujours, la droiture de la raison, la rectitude incomparable du jugement et du sens pratique, formaient le trait distinctif du futur évêque d'Amiens. Mais à ces dons il joignait une riche culture d'esprit. Il possédait dans une très-belle mesure et la théologie et le droit canon. Peut-être aucun prêtre, aucun prélat de son temps n'avait-il mieux étudié ni mieux retenu l'histoire de l'Église. Tous les maîtres de la vie spirituelle, et en particulier saint François de Sales, lui étaient familiers ; il en avait fait des extraits immenses, et son âme en avait, pour ainsi dire, pompé la sève. A côté de cette science de fond, quels intéressants accessoires ! Sa mémoire, ingrate pour les textes, était étonnante pour la géographie, qu'il savait à merveille ; pour la statistique de nos missions, aussi nettement classées dans sa tête que dans les *Annales de la Propagation de la Foi* ; pour les hommes et les événements contemporains, dont, au premier appel, il déroulait la chaîne, sans en omettre un seul anneau. Son noble front abritait un trésor plein de choses anciennes et de choses nouvelles, suivant le mot de l'Évangile ; et quand il voulait sérieusement y puiser, ses conversations, quelque peu flottantes d'ordinaire, prenaient alors un très-grand intérêt, tant les traits d'érudition qu'il y versait étaient abondants et variés.

Supérieur, il put manquer à un certain degré d'initiative et de fermeté. Mais il était la règle vivante. Il avait une administration sage et un gouvernement paternel. Il était peu l'homme de l'encouragement, mais il était éminemment celui du conseil prudent et sûr. Son mérite principal, celui par lequel il dépassa tout ce que j'ai connu dans le clergé français, ce fut la direction collective ou particulière des âmes. Vous savez quels charmes nous trouvions à ses petits mots des coulpes ou des retraites annuelles, malgré ce que sa parole avait parfois d'hésitant et de décoloré. Il y avait une moelle tellement substantielle, un parfum des auteurs mystiques tellement embaumé, une telle justesse dans ses doctrines ou ses avis, un amour du bien si pur et si désintéressé, que nous passions facilement sur l'incorrection de la forme, pour ne voir que le prix inestimable des choses. Le reflet de ces admirables qualités illumine, si j'ose ainsi parler, ses lettres spirituelles. On trouve de plus ici la beauté de la langue ; les fragments de cette pieuse correspondance cités par votre ouvrage, feraient bonne contenance même auprès de celle de Bossuet et de Fénelon.

Ce qui paraît moins dans ses lettres, mais ce qui peut-être domine tout le reste dans nos souvenirs, c'est son génie de casuiste. Si compliquée et si ténébreuse que fût une question, il en éclaircissait toutes les difficultés sans efforts ; dès le premier coup d'œil son esprit en saisissait la solution. L'indication des motifs se faisait attendre ; mais pour peu qu'on l'excitât, ils arrivaient en foule et justifiaient avec éclat le parti qu'il avait adopté. Vous savez, à cet égard, de quelle estime et de quelle confiance il était environné dans le diocèse de Lyon, pendant qu'il y résidait encore. Personne n'y était plus consulté que lui.

S'il dirigeait bien les âmes des autres, il gouvernait aussi parfaitement la sienne. L'esprit de foi le plus assidu, le soin permanent de conformer sa volonté et ses œuvres à la volonté divine, l'amour profond de l'Église et le respect inviolable de sa discipline jusque dans les moindres observances. une attention persistante à ne rien dire ni faire qui ne s'inspirât et ne portât l'empreinte de l'esprit sacerdotal, voilà les dispositions qui, comme autant de fils d'or, composaient le tissu de sa vie intérieure; et cette trame était tellement serrée, que nul sentiment vulgaire ne pouvait la percer, et prendre place dans cette grande âme que Dieu seul occupait.

C'est ainsi que plein de souplesse et de docilité sous la main de la grâce, pourvu de la science et de l'expérience comme d'un lumineux et sûr flambeau, notre supérieur, malgré sa modestie qui ne cherchait que le néant, fut appelé par la Providence à monter sur le siége d'Amiens. Son passé l'avait, sans qu'il s'en doutât, façonné par avance à son nouveau ministère, et dès le premier jour il fut évêque, comme s'il l'eût été toute sa vie. Il entra pour ainsi dire de plain-pied, sans embarras et sans secousse, dans l'administration de son diocèse. Ce qui s'était fait à Amiens se reproduisit plus tard à Toulouse; pas plus ici que là, il n'eut besoin d'apprentissage, malgré la différence des climats et des personnes : tant le don de gouvernement lui était facile et naturel! Des deux côtés aussi, la sagesse des débuts se soutint avec une invariable fermeté jusqu'au bout. Dieu lui avait refusé les qualités brillantes; mais il eut au suprême degré toutes les vertus solides; et s'il ne fut pas un prélat renommé, partout on dit encore avec vénération qu'il fut un pontife modèle.

S'il fallait en croire à la sévérité de certaines appréciations qui souvent ont frappé mon oreille, on devrait faire pour lui quelques réserves dans la louange. On a prétendu que, par l'influence des temps et des milieux dans lesquels avait été formée sa jeunesse ecclésiastique, il avait poussé un peu loin l'amour des liturgies particulières, l'attachement aux doctrines de 1682, la crainte de la publicité et des protestations collectives portées par l'épiscopat dans les débats de l'Église avec la libre pensée ou les gouvernements oppresseurs. Mais ces allégations s'atténuent au point de disparaître devant trois faits incontestables pour ceux qui ont eu l'honneur de voir Mgr Mioland de près; votre ouvrage lui-même en fournit, en vingt endroits, la preuve éclatante. C'est d'abord que l'évêque d'Amiens, devenu archevêque de Toulouse, établit la liturgie romaine dans cette nouveau diocèse. C'est ensuite que si, dans ses *Remontrances* au pouvoir, il préférait en général les notes confidentielles aux observations publiques, il savait au besoin sortir de cette obscurité pour s'associer à des actes solennels. En 1844, il mit sa signature au bas du mémoire adressé par la province ecclésiastique de Reims au ministre de l'instruction publique pour protester contre un projet de loi présenté par lui sur la liberté d'enseignement, projet inacceptable pour l'épiscopat. Mgr Mioland fut repris de cette glorieuse complicité par le ministre des cultes, M. Martin du Nord, et l'évêque répliqua par une réponse aussi pleine de raison que de grandeur. Enfin, le troisième fait, c'est que, avec l'esprit généreux de déférence et de soumission dont il était animé vis-à-vis de Rome et de l'ensemble de l'Église uni au Saint-Siége, s'il avait vécu de nos jours, il aurait déserté le drapeau de 1682 et passé sous celui de l'infaillibilité, même avant la définition du Concile du Vatican. C'est ce que j'ai fait moi-même, moi son humble disciple, poussé par les sentiments qu'il m'avait inspirés. Vivant et restant encore mon maître, je suis sûr qu'il m'eût donné l'exemple.

Je finis, humilié de ma longueur et plus encore de mon insuffisance. Mais que voulez-vous que j'y fasse? Autant Mgr Mioland possédait à la perfection l'art de faire les lettres, autant je suis déshérité de ce talent. Où vous avez peint un magnifique tableau, je n'ai su qu'esquisser une méchante miniature. J'aurai du moins la consolation réservée à la médiocrité : celle de donner du relief à votre œuvre, comme l'ombre, dans une peinture, sert de repoussoir à la lumière.

Agréez, monsieur le supérieur, la nouvelle assurance de tout mon respect.

† HENRI,
ÉVÊQUE DE NIMES

Saint-Brieuc, le 14 août 1871.

Monsieur le Supérieur,

Je compte au nombre des meilleurs souvenirs de ma vie d'avoir eu pour premier supérieur aux Chartreux Mgr Mioland, et d'avoir passé trois stations à Amiens, dans l'intimité de la famille épiscopale dont il était le Père vénéré.

La plus sainte vie éclairée de la plus haute sagesse, une simplicité charmante, des habitudes toujours élevées, la préoccupation constante du bien général, un désintéressement admirable, l'amour des pauvres qui voilait d'intarissables charités, l'horreur du bruit et de tout ce qui est excessif, tout en lui rappelait ces grands évêques des premiers siècles dont il aimait tant à étudier l'histoire.

Personne n'a pu le voir de près sans garder la trace profonde de son souvenir.

Il revit dans votre livre que j'ai lu avec le plus vif attrait. Mgr Mioland vous aimait beaucoup, et personne mieux que vous n'a pu le connaître et le raconter.

En le citant souvent, vous avez donné à vos lecteurs le meilleur moyen d'apprécier ce que renfermait sa belle âme si calme, si pure, si constamment ouverte aux sentiments élevés.

En recommandant votre livre aux prêtres de mon diocèse, je croirai leur ménager un vif plaisir, et leur offrir un grand exemple de vie ecclésiastique.

Agréez, monsieur le Supérieur, mes meilleurs dévouements.

† AUGUSTIN,
ÉVÊQUE DE SAINT-BRIEUC ET TRÉGUIER

Amiens, le 18 aout 1871.

Monsieur le Supérieur,

La mémoire de Mgr Mioland était bénie dans le diocèse d'Amiens : prêtres et fidèles n'en parlaient qu'avec vénération ; et vous savez si le pasteur partageait les sentiments du troupeau. Mais je ne crains pas de le dire, en présence du monument que votre piété filiale vient d'élever à sa gloire, ce ne sera plus seulement de l'admiration, ce sera comme un culte que nous aurons pour lui.

Le diocèse d'Amiens aura eu cet honneur d'avoir donné à l'Église de France Mgr de la Motte au dix-huitième siècle, et Mgr Mioland au dix-neuvième : grands et saints évêques, tous deux si pieux et tous deux remarquables par des qualités si différentes, l'un, par cet esprit si original et si vif, dont les saillies sont restées dans toutes les mémoires, l'autre, par ce rare *bon sens* qui, élevé à cette puissance, doit, dans un évêque surtout, être préféré à l'esprit même le plus fin.

Ceux qui liront ces lignes avant de vous avoir lu, me taxeront d'exagération; car Mgr Mioland n'était pas connu. Ces trésors de sagesse et de piété que sa modestie tenait si soigneusement cachés, c'est vous qui les tirez de ces épanchements intimes qu'il ne se permettait qu'avec Dieu, et avec vous, qui étiez ses enfants ou ses frères; puisque c'est surtout dans sa correspondance, et dans les sentiments et les résolutions de ses retraites, que vous avez puisé ce qui fait le charme pieux de votre travail.

Sa correspondance avec les évêques les plus éminents de son temps atteste la confiance qu'il inspirait à ses collègues. Quelle prudence et quelle sagesse, là où la précipitation, le zèle amer, le ton acerbe, l'éclat enfin pouvaient compromettre les intérêts qu'il fallait sauvegarder! Accusé de tiédeur en certaines luttes où l'on ignorait l'énergie de ses protestations secrètes, il répondait avec Mgr de la Motte : *C'est la crainte d'aigrir le mal qui m'inspire.*

Sans doute, la *Vie de Mgr Mioland* n'aura pas, pour toute la France, l'intérêt qu'elle offre au diocèse d'Amiens, et tout le monde ne mettra pas à vous en féliciter le cœur que j'y mets ; mais la sainte vie d'un grand évêque, écrite par un prêtre pieux et distingué, doit édifier et intéresser tout le monde : aussi, je prédis à votre livre, que, même après les *Vies* de saint François de Sales et de Mgr de Cheverus, il aura tout le succès que vous pouvez ambitionner pour la gloire de Dieu et l'honneur de son Église.

Agréez, monsieur le Supérieur, l'assurance de mon respectueux dévouement.

† JACQUES-ANTOINE,
ÉVÊQUE D'AMIENS.

AVANT-PROPOS

La vie que nous entreprenons de raconter ne présente aucun de ces événements dramatiques qui excitent la curiosité et provoquent l'intérêt de la foule. Aussi nous avertissons ceux qui recherchent avant tout dans leurs lectures le piquant de la nouveauté, la variété et l'imprévu dans les contrastes, qu'ils ne trouveront pas dans ce livre de quoi se satisfaire. Mais celui qui aime, dans un jour calme et serein, à voir glisser sa nacelle sur un lac tranquille dont les eaux bleues et limpides semblent refléter quelque chose de la pureté des Cieux, rencontrera dans ces pages, nous en avons le doux espoir, une lecture qui nourrira son cœur, en édifiant sa piété. A mesure qu'il les parcourra, il jouira de plus en plus du magnifique spectacle qu'offre une belle âme, riche des dons de la nature, et au sein de laquelle la grâce, se trouvant à l'aise, continue jusqu'à la fin, sans l'interrompre jamais, son travail commencé dès le premier jour.

Telle fut en effet l'âme de Mgr Mioland. Calme et sereine comme l'a été sa vie, elle sembla ne pas sortir de la voie commune. Mais tout en lui fut constamment si pur, si sage, si bon, si évangélique, qu'il n'y a rien d'ordinaire dans son inaltérable vertu.

Enfant, jeune homme, séminariste, prêtre, supérieur, évêque, il fut toujours un modèle. La grâce que l'Esprit-Saint avait répandue en lui au jour de son baptême sembla avoir comme anéanti les funestes instincts de notre commun péché d'origine. Il ne fuyait pas les honneurs avec moins d'empressement que les honneurs n'en mirent à le chercher. Toujours et partout il eut le secret de se faire aimer d'une affection aussi vive que respectueuse, et si, dans le cours de sa longue vie, il lui est arrivé parfois d'être en butte aux attaques de la critique, c'est qu'il ne devait pas échapper à la loi commune qui veut que toute vertu soit éprouvée. Mais il faut dire, pour l'honneur de Mgr Mioland et pour notre propre consolation, que ce sont ses plus précieuses qualités qui l'ont exposé quelquefois à être méconnu. Sa modération, sa prudence, son éloignement instinctif pour les partis extrêmes, son horreur pour l'esprit de contestation et de dispute, devaient nécessairement en plus d'une rencontre l'exposer à être taxé de mollesse par ceux qui, obéissant à de plus vifs entraînements, ne peuvent supporter ces tempéraments et ces réserves. Fidèle aux leçons qu'il nous a laissées, nous ne cesserons jamais de professer une sincère estime à leur égard, malgré la divergence des vues ; et nous aimons à croire qu'il aura suffi de leur faire connaître Mgr Mioland tel qu'il a été, pour qu'ils regrettent amèrement de n'avoir pas compris toujours un prélat si digne de respect par sa sagesse comme par sa vertu.

Il nous a donc semblé qu'une si belle vie édifierait le public religieux et dès lors ne devait pas s'ensevelir tout entière. Nous serions-nous laissé abuser par un instinct secret du cœur, nous, les continuateurs, les amis et les fils de cet ancien guide? Nous ne le croyons pas. Nous trouvons, il est vrai, dans les souvenirs que nous rappelle notre père, un bien de famille que d'autres estimeront moins, peut-être, parce qu'ils n'ont pas à le partager avec nous ; mais la vertu, quand elle est soutenue et inaltérable, donne des enseignements que tous les nobles cœurs aiment à recueillir, et ne faut-il pas reconnaître que ceux qui appartiennent à l'Église de Jésus-Christ ne constituent vraiment qu'une seule et même famille?

On nous objectera peut-être que les hommes seuls qui, par leurs vertus héroïques, ont mérité le beau nom de saints doivent être proposés pour modèles, et qu'il y a quelque danger à mettre sous les yeux du public, en les environnant d'éloges, toutes ces existences, louables sans doute, mais que l'Église n'a pas revêtues de sa consécration solennelle. Nous n'ignorons pas ces choses ; mais d'abord nous pourrions répondre à l'objection en y opposant l'autorité de nobles et nombreux exemples. Que de récits dûs à des maîtres graves et estimés ont édifié, touché, éclairé les amis des lectures sérieuses, en leur présentant le spectacle de vertus qui charment par leur sereine persévérance plus qu'elles n'éblouissent par leur éclat !... et puis, personne n'ignore que si la sainteté de ces illustres personnages que l'Église a placés sur ses autels ravit d'admiration, elle a parfois une élévation qui effraye et déconcerte. Tous aiment à contempler le vol de l'aigle : nul n'essaye d'y atteindre. Beaucoup de chrétiens peu généreux ou mal instruits aiment à se persuader que tous leurs efforts pour imiter ces grands exemples seraient tout aussi impuissants, et ils oublient, ou craignent de demander à Dieu cette force sans laquelle nos saints eux-mêmes seraient restés dans leur faiblesse ; mais à la vue de ces vertus moins extraordinaires, ils essayent de copier le modèle qui leur est offert, et c'est ainsi que la grâce a ménagé sur le chemin du Ciel, comme la nature sur le flanc de nos montagnes, divers degrés qui aident les faibles à monter plus haut.

Toutefois, nous ne saurions nous le dissimuler, l'entreprise est difficile. Les biographies si religieusement pensées, si admirablement écrites, qui ont été publiées dans ces dernières années, ont donné au public religieux le droit de se montrer exigeant. Celui qui a lu les *Vies* de saint François de Sales, de sainte Françoise de Chantal, de saint Vincent de Paul, de sainte Monique, du cardinal de Cheverus, du P. de Ravignan, du P. Lacordaire et tant d'autres où les exemples les plus merveilleux semblent revivre sous la plume si exercée et si apostolique de leurs écrivains, comment accueillera-t-il la vie d'un évêque qui s'est trouvé peu mêlé aux grands événements de son siècle et qui n'a rencontré qu'un historien obscur? Si du moins nous avions pu nous recueillir dans la solitude et suppléer par des études laborieuses à ce qui nous fait défaut!... Mais non, écrasé d'occupations diverses et sans cesse renaissantes, il nous a fallu à grand'peine dérober quelques journées aux exigences de notre charge, auxquelles, pendant plusieurs années, étaient venues s'ajouter d'autres fonctions qui ne nous laissaient aucun repos; et c'est là ce qui a retardé l'apparition de ce livre. Dieu l'a permis peut-être pour que les réflexions si judicieuses et si sereines dont la correspondance de Mgr Mioland est remplie, et qui souvent semblent destinées aux jours où nous sommes, vinssent apporter à nos esprits troublés une lumière et une espérance, après nos effroyables tempêtes[1].

Puissent ces pages écrites avec le désir de glorifier Dieu dans ses amis, attirer le regard et la bénédiction de sa grâce ! Dès lors nous aurons at-

---

[1] C'est pour notre reconnaissance un besoin de proclamer ici que nous devons un grand nombre de nos documents à l'obligeance de M. Ruffat, vicaire général de Mgr Mioland à Toulouse et l'homme de sa confiance. Nous lui exprimons nos regrets d'avoir fait subir à leur publication un retard que nous déplorons autant que lui.

teint notre but. Elles contribueront à perpétuer, dans la petite famille sacerdotale dont Mgr Mioland fut le père, l'esprit éminemment apostolique qu'il s'est efforcé de lui inspirer. Elles ajouteront un fleuron à la couronne déjà si belle de l'épiscopat en France ; elles réjouiront surtout les diocèses de Lyon, d'Amiens et de Toulouse, en faisant revivre à leurs yeux cette belle et noble figure d'évêque qu'ils aimaient à contempler. Et si elles ont le bonheur d'arriver jusqu'à Celui qui occupe si glorieusement le siége de Pierre, elles porteront peut-être quelque douceur au sein de ses profondes amertumes, en lui redisant encore une fois que, de tous les héritages que Mgr Mioland a laissés à ses fils de la colline des Chartreux, le plus précieux pour eux est cette piété affectueuse et cette obéissance sans bornes qu'ils ne cesseront de professer à l'égard du Vicaire de Jésus-Christ.

VIE

DE

MGR MIOLAND

PREMIÈRE PARTIE

MONSEIGNEUR MIOLAND AVANT SON SACRE

CHAPITRE PREMIER

Sa naissance. — Ses premières années jusqu'à la mort de son père.
— 1788 - 1799. —

Le Prélat dont nous entreprenons d'écrire l'histoire éprouvait un singulier bonheur à repasser dans sa mémoire les années de sa vie. Il aimait à reposer sa pensée sur les grâces insignes dont Dieu avait marqué sa route. Son cœur reconnaissant lui rappelait alors avec une fidélité vraiment étonnante les attentions de cette Providence qui n'avait cessé un seul instant de veiller sur lui, et dans la crainte d'en perdre le souvenir, il confiait à sa plume le soin de le lui garder.

C'est à ces heureuses dispositions que nous devons de nombreux documents qui nous permettront de laisser souvent le Prélat nous raconter lui-même son histoire. . Un des plus précieux est celui dont les premières pages furent écrites au mois d'avril 1838, pendant la retraite qui devait servir de préparation à son sacre. Il porte pour titre : *Notes et souvenirs personnels propres à me rappeler les grâces que Dieu m'a faites;* — et il débute ainsi :

« Je commence à consigner ici mes souvenirs dans une circonstance bien solennelle pour moi et dans une semaine où se retrouvent les anniversaires les plus touchants. Hier, 18 avril, était l'anniversaire de ma première communion. Aujourd'hui, c'est celui de mon entrée au séminaire de Saint-Irénée, où j'ai passé dix années si douces et si paisibles. Demain sera le jour où, pour la première fois, j'ai pris la soutane, saint habit qui m'a toujours été si cher. J'occupe en ce moment au séminaire la chambre qui fut la première que j'habitai comme prêtre, celle aussi où j'ai entendu la première confession.

« J'ai toujours singulièrement aimé les souvenirs historiques et les anniversaires. Les événements qu'ils me rappellent, les rapprochements auxquels ils donnent lieu, les dispositions merveilleuses de Providence qu'ils font remarquer deviennent un aliment de foi et de piété, une source inépuisable de sentiments d'admiration, d'actions de grâces, de confiance en Dieu et de paix.

« Je veux donc, avec ces souvenirs que je commence à consigner ici dans des jours si solennels pour moi, me préparer comme un repos et un délassement au milieu du tourbillon où le Saint-Esprit va me lancer. J'espère aussi y trouver un motif pressant de me renouveler dans un abandon toujours plus entier aux soins paternels de l'aimable Providence, abandon pour lequel le bon Dieu m'a toujours donné un grand attrait, et dans un dévouement toujours plus absolu à tout ce que le service de l'Église et le bien des âmes exigeront de moi. »

Après ce préambule qui nous révèle tout ce que Dieu avait mis de douce et touchante piété dans la belle âme du futur évêque, Mgr Mioland nous raconte sa naissance et les premières années de sa vie.

C'est le 26 octobre 1788 qu'il est né. Ses parents demeuraient à Lyon, dans la paroisse de Saint-Nizier. Son père, qui appartenait à une famille de propriétaires cultivateurs, était de Blanzy, commune située près de Mâcon, mais orphelin fort jeune, il était venu après sa majorité s'établir à Lyon, et au moment de la naissance de son fils, il se trouvait à la tête d'un commerce prospère et honorable. Sa mère se nommait Marie-Anne Clair. Elle appartenait à une famille de négociants, famille d'une grande piété et vraiment patriarcale, où tous les enfants étaient élevés dans les principes et les habitudes de la foi. Le jour même de sa naissance, le nouvel enfant fut porté à l'église de Saint-Nizier et il y reçut le baptême des mains du pieux abbé Pascal, alors vicaire de cette paroisse, et mort depuis curé de Saint-Bonaventure. Il eut pour parrain M. Michalon et pour marraine madame Clair sa bisaïeule du côté maternel. On lui donna les noms de Jean-Marie.

Cet enfant était le premier-né de la famille. Sa mère eut trois autres fils et une fille. Mais tous moururent fort jeunes, à l'exception d'un fils que l'on nomma Claudius et qui vint au monde un an après celui dont nous écrivons la vie. On aura occasion de parler de lui dans cette histoire.

Tous ceux qui ont connu Mgr Mioland et ont pu admirer sa magnifique stature et son port majestueux ne seront pas moins étonnés que nous ne l'avons été nous-même en lisant les lignes suivantes que nous trouvons dans le document cité plus haut : « Venu au monde deux mois avant terme, assez mal conformé, maigre, décharné, chacun, en me voyant, annonçait que je ne vivrais pas. On m'envoya en nourrice à Vaugneray, et après trois mois ces craintes ne firent que se confirmer ; mais bientôt on put concevoir de meilleures espérances. »

Au souvenir d'une existence d'abord si fragile, Mgr Mioland écrivait cinquante ans plus tard, et à la veille de son sacre : « Mille causes pouvaient donc borner ma vie à ces premiers mois. Que j'eusse été heureux d'aller posséder le souverain bien, de jouir de la vue de Dieu, sans avoir passé un seul instant sur la terre en la puissance du démon !... Puisque le bon Dieu en a disposé autrement, que son saint nom soit béni, et que je travaille jusqu'au bout à opérer mon salut avec crainte et tremblement, surtout dans la redoutable carrière où je vais entrer. »

Jean-Marie avait trois ans et il ne parlait pas encore. Chacun plaignait sa mère d'avoir donné le jour à un enfant muet. Ces craintes ne devaient pas se réaliser. Dieu destinait au contraire cet enfant de bénédiction à porter un jour sa parole au milieu des multitudes ; mais toute sa vie Mgr Mioland conserva dans la prononciation un léger embarras.

Quant à son intelligence, elle fut des plus précoces. Dès ses premières années, il montrait cet esprit d'observation, cette solidité de jugement, ce calme imperturbable qui devaient, en se développant avec l'âge, faire de Mgr Mioland un des hommes les plus sages et les plus judicieux de notre époque. On approchait alors de cette crise effroyable dont les violences, les déchirements et les angoisses montèrent si haut que pour la distinguer de toute autre crise enregistrée dans l'histoire, on lui donna le nom de *Terreur*. Tout ce qui se passait autour de lui était de nature à l'effrayer ; mais à cet âge où les autres enfants ne savent d'ordinaire que trembler, craindre et pleurer à la vue du péril, lui, il observait tout avec un singulier sang-froid, il notait tout dans sa mémoire et cinquante ans plus tard il pouvait nous dire : « Je me souviens encore très-vivement des conversations que certains négociants voyageurs tenaient dans le salon de mon père, en 1792, sur la théorie du gouvernement. Les noms de Rousseau, de Mably, de Lafayette résonnent encore à mes oreilles. Il me semble que j'assiste, dans la grande allée des Brotteaux, au défilé du cortége de la fédération.

« Il me reste aussi une impression très-vive de l'air d'agitation, d'enthousiasme, d'exaltation qui reluisait sur toutes les physionomies et qui animait tous les discours. Les revues de la garde nationale, l'uniforme de mon père, les visites d'officiers, les billets de garde, tout m'occupait. Je ne conserve pour souvenir de piété que celui de ma prière qu'on me faisait faire, en l'augmentant d'année en année, et de mes questions sur la présence de Dieu le paradis et l'enfer. Il me souvient également de m'être trouvé avec ma mère dans l'église de Saint-Nizier à une messe haute, et plus tard, le schisme étant consommé, à une messe célébrée à Saint-Polycarpe où se trouvaient encore les prêtres qui n'avaient pas prêté le serment. Combien ne dois-je pas remercier Dieu de m'avoir donné une mère instruite et chrétienne qui sut se préserver et préserver sa famille de la contagion du schisme, quand beaucoup de familles même respectables s'y trouvaient engagées ! »

Cependant on était arrivé à cette époque où les Lyonnais devaient faire éclater leur inébranlable fidélité et leur intrépide courage dans un siége aussi honorable pour eux qu'il fut désastreux dans ses suites. Notre noble enfant était là, surpris de voir la religion occuper si peu de place dans les pensées des multitudes. « Le siége de Lyon se prépare, nous dit-il, ce qui me frappe le plus aujourd'hui dans mes souvenirs, c'est l'absence totale de pensées et de pratiques religieuses, au milieu de ces préparatifs.... ce sont les quais, les places des Terreaux, de Bellecour, des Minimes, encombrées de boulets et de bombes, chacun attendant avec anxiété des secours de Montbrison, de l'Ardèche, du Midi, et personne ne mêlant à tout cela le moindre mot de foi. »

Hélas ! en entendant ce récit que tant d'autres historiens confirment, il n'est que trop facile de comprendre les causes intimes et providentielles qui amènent les révolutions.

La veille du bombardement de la ville, Jean-Marie fut envoyé avec son frère Claudius près de Lyon, à

Saint-Didier au Mont-d'Or. Les deux enfants et la servante qui les conduisait furent retenus une demi-journée dans un corps de garde, puis on les remit en liberté. Ils furent reçus chez un digne propriétaire dont la femme nommée Toinon Grangé devait être bientôt la nourrice d'un enfant que portait leur mère. Les deux frères furent parfaitement accueillis par ces braves gens qui les prirent tellement en affection qu'ils étaient décidés, dans le cas où leurs parents eussent péri dans la tourmente, à les garder chez eux pour les élever avec leurs propres enfants. « Quelle destinée singulière eût été alors la mienne ! » s'écriait plus tard Mgr Mioland ; puis il ajoutait avec une simplicité touchante : « J'ai goûté souvent un bien doux plaisir à visiter cette chaumière, cette famille, ces champs, ces arbres, jusqu'en 1825, époque où mourut cette bonne mère de famille. Elle avait toujours conservé une grande piété et s'était préservée du schisme, quoique le curé de sa paroisse eût prêté le serment. »

Après le siége, les deux frères furent ramenés à Lyon. Leur mère mit au monde une petite fille qu'elle avait portée au milieu des plus cruelles alarmes. La pauvre enfant mourut au bout de trois mois.

Notre génération a trop vite oublié les effroyables secousses qui déchirèrent alors le sein de la France. On peut s'en faire une idée par ce qui se passait dans une seule de ses familles, celle de Mgr Mioland. « Cette année de terreur, nous dit-il, réveille en moi des souvenirs qui ne sont pas moins vifs. Un de mes oncles, M. Philibert, avait péri pendant le siège, un autre de mes oncles avait fui du côté de l'armée ; M. Alhumbert était mort sur l'échafaud ; ma grand-mère était presque ruinée ; M. Véran s'échappait de prison et gagnait à la nage la petite ville de Grigny ; mon père, pendant trois mois, s'était tenu renfermé au fond de sa cave. Partout la stupeur... Chacun tremblait ; on brûlait tous les livres où se trouvait le nom de Dieu. Pas un crucifix ne restait dans la maison de mon père. La crainte d'une indiscrétion de ma part en était venue à ce point qu'on ne me faisait plus réciter de prières. Que serais-je devenu si j'étais mort à cette époque ?... »

Pauvre enfant ! Non, Dieu n'eût pas été sévère à son égard, car cette religion que l'on proscrivait autour de lui, il la gardait avec amour au fond de son cœur. Tout ce qui la lui rappelait, tout ce qui semblait lui parler d'elle, il l'accueillait avec bonheur. C'est ainsi que, nous racontant cette fête à moitié païenne par laquelle la Convention prétendit, en un jour de délire, honorer l'*Être Suprême*, il nous dit : « Je croyais apercevoir de vagues sentiments de religion qui me donnaient de la joie, et je m'étonnais de ce que ma mère, à qui je faisais part de mes impressions, ne se réjouit pas avec moi et laissât même échapper des soupirs. »

Chose étrange ! cette mère si éminemment chrétienne, à la piété de laquelle Mgr Mioland n'a cessé de payer un juste tribut d'éloges, sembla, pendant les années qui suivirent, mal comprendre les soins et les sollicitudes que réclamait l'innocence de son fils. Était-ce un effet de ces longues alarmes qui, en abattant son courage, l'avaient rendue, comme tant d'autres, timide à l'excès, ou bien avait-elle une idée si haute de la droiture d'esprit, de la pureté de cœur de son jeune enfant, qu'elle ne croyait pas nécessaire de l'environner d'une vigilance plus attentive ? Cette dernière explication nous paraît la seule plausible. Quoi qu'il en soit, Mgr Mioland, se reportant par la pensée à cette époque de sa vie, admirait avec une indicible reconnaissance comment, au milieu de nombreux dangers où sa vertu aurait dû périr, la Providence, du haut du ciel, veilla constamment sur lui.

Ce qui aurait pu le perdre, Dieu s'en servit pour le sauver. Il aimait passionnément la lecture; dès l'âge de six ans, ce goût se révéla en lui. Un jour que ses parents l'avaient envoyé à Grigny, gros bourg, situé près de Lyon, sur la rive droite du Rhône, la barque qui le portait portait aussi une petite fille de son âge qui tenait à la main un volume de l'*Ami des Enfants*.

Il prit ce livre et le goûta si fort qu'il n'eut plus de repos jusqu'à ce qu'on lui eût procuré *Berquin;* et pendant deux ou trois ans, il le lisait et relisait sans cesse avec un de ses cousins, si bien qu'il le savait presque par cœur.

« Ce livre, nous disait-il plus tard, est malheureusement écrit dans une absence totale de sentiments chrétiens ; toutefois, il est si raisonnable, si moral, qu'il me fit une impression très-forte qui a exercé une grande influence sur mon caractère. »

L'année suivante, Jean-Marie se lia d'étroite amitié avec un enfant de son âge, fort bien né, parfaitement élevé, et dont la famille habitait dans le voisinage de ses parents. Il se nommait Catand. On se voyait tous les jours, on avait mêmes jeux, mêmes promenades, même maître, mêmes études. Cet enfant avait reçu une collection de grandes gravures représentant les diverses scènes de la passion du Sauveur. Il en expliqua le sens à son jeune ami avec un grand esprit de religion. Jean-Marie prit un singulier plaisir à ces explications. C'était la première fois que ses yeux contemplaient un spectacle si propre à le toucher. On l'a déjà dit, dans ces jours d'épreuve, tous les signes religieux avaient complétement disparu.

Les ouvrages qui tombaient sous la main de cet aimable enfant n'étaient pas toujours aussi irréprochables. Plusieurs dépassaient la portée de son âge ;

d'autres n'étaient propres qu'à l'égarer : mais par une heureuse disposition d'esprit, grâce surtout à la droiture de son cœur, il prenait goût à tout ce qu'il y trouvait de bon, de juste, d'honnête, et il n'éprouvait que de la répugnance pour ce qu'ils pouvaient lui offrir de dangereux ou de mauvais.

Son esprit éminemment sérieux lui faisait aussi rencontrer du plaisir dans la société des personnes d'un autre âge. On le voyait souvent, appuyé sur le coin d'une table, écoutant, regardant, observant en silence toutes choses, et ne s'ennuyant jamais. Malheureusement les sociétés au milieu desquelles il se trouvait jeté, les enfants qui s'offraient à lui pour partager ses jeux étaient souvent plus propres à pervertir ces heureuses dispositions qu'à les tourner au bien. La France à cette douloureuse époque n'était pas encore redevenue chrétienne. Lasse d'avoir gémi si longtemps sous le pressoir, elle éprouvait le besoin de respirer, et, par un renversement d'idées déplorable, au lieu de tourner ses regards du côté du ciel d'où lui était venu le secours, elle cherchait aveuglément dans les plaisirs de la terre une diversion à ses douleurs. On ne parlait que de jeux et de fêtes. Le goût des spectacles avait repris avec fureur. De tous les côtés on voyait surgir des théâtres. Notre pieux enfant y fut conduit plusieurs fois par un maître imprudent qui osa même le mener dans l'église actuelle des Sœurs de Saint-

Charles, alors profanée par une de ces transformations sacriléges, hélas ! trop communes à cette époque, et l'impression que firent sur lui la beauté des décors, le mouvement de la scène, l'entrain et le brillant de l'assemblée fut si forte que pendant longtemps son imagination garda de toutes ces choses un vivant et dangereux souvenir.

Dans le courant de l'année 1795, Jean-Marie faillit trois fois perdre la vie. Un jour, descendant un escalier, il se précipita de plusieurs étages. La chute fut terrible. On le releva sans connaissance, on le mit dans une peau de mouton. Dieu se chargea de le guérir, et l'accident n'eut pas de suites. Une autre fois, comme il jouait dans une maison de campagne située à Margniolles, il tomba sur une pierre aiguë qui lui fendit le front, et la blessure fut si profonde qu'il en garda la cicatrice toute sa vie. Enfin, dans cette même année, il fut atteint de la petite vérole qui lui tint les yeux fermés pendant huit jours et l'on craignit qu'il ne restât aveugle.

Quarante ans plus tard, Mgr Mioland, se reportant par la pensée à cette époque de sa vie, ne savait comment exprimer sa reconnaissance. « Ainsi, écrivait-il, accidents, maladies, sociétés, liaisons, plaisirs, conversations mondaines, absence de religion autour de moi, tout devait me perdre. Comment ai-je pu échapper à tant de dangers? Cette réflexion qui me revient souvent devant Dieu me laisse encore aujourd'hui dans l'étonnement ou plutôt dans un tendre sentiment de reconnaissance envers la divine bonté, et ce sentiment ne finira qu'avec ma vie. »

Jean-Marie avait huit ans lorsque ses parents se décidèrent à l'envoyer chez un maître. Jusque-là sa mère s'était chargée de l'instruire. C'est elle qui lui avait appris à lire, à écrire, à mettre très-correctement l'orthographe. Elle lui avait enseigné également le catéchisme et particulièrement le catéchisme historique de Fleury. L'enfant aimait beaucoup cet ouvrage. Il allait à son esprit et à son cœur, et depuis, il se louait singulièrement du profit qu'il en avait tiré.

Son premier professeur fut un excellent prêtre de la congrégation de Saint-Joseph qui eut bientôt gagné son affection ; mais au bout d'un an il dut être remplacé, et l'échange ne fut pas heureux. L'enfant fut envoyé à un externat que tenait un prêtre de Poitiers, nommé Dupuy, homme instruit, spirituel, littérateur, mais grand amateur de spectacles et de romans. Ce nouveau maître ne portait pas l'habit ecclésiastique, et ce ne fut qu'au moment de rentrer dans son diocèse qu'il fit connaître à ses élèves le caractère sacré dont il était honoré.

Le père de Jean-Marie destinait son fils au commerce. Dans cette pensée, il désirait ne lui voir pousser ses études que jusqu'en troisième, et il tenait surtout à ce qu'il apprit l'allemand, à cause de ses relations commerciales. Mais la Providence avait d'autres projets qui devaient s'exécuter. M. Mioland traînait depuis deux ans une santé languissante. Un voyage en Hollande et des soins assidus autant que dévoués ne purent arrêter le mal qui le minait. Il succomba le 22 février 1798, après avoir reçu tous les secours de la religion des mains de M. Thomas, chanoine de la collégiale de Saint-Nizier. Le père avait quarante ans, son fils n'en avait que dix.

Ce douloureux événement qui semblait devoir contrarier les vues de la Providence sur notre jeune orphelin en facilita au contraire la réalisation. Madame Mioland essaya d'abord de continuer le commerce de son mari ; puis au bout de deux ans elle se décida à le remettre en d'autres mains, et au moment où elle fit part de son projet à son fils, elle lui dit que lorsqu'il serait plus âgé, il se trouverait plus libre d'embrasser l'état qui serait dans ses goûts. A cette parole, le futur apôtre éprouva un sentiment subit et irréfléchi qui lui disait intérieurement qu'un jour il serait prêtre. C'était la première fois qu'il sentait en lui le désir de cette vocation. Mais n'anticipons pas sur les événements.

CHAPITRE II

Première éducation du jeune Jean-Marie. — Ses dispositions à la piété. — Rencontre du jeune Honoré Greppo. — Heureuse influence que les deux amis exercent sur leurs condisciples. — Ils vont à Saint-Sulpice pour y suivre le cours de philosophie.

— 1799 - 1805 —

Madame Mioland, veuve, eut peine à supporter sa solitude. Le second de ses fils, qui était d'une santé constamment souffrante, habitait la campagne, le plus jeune qu'elle devait perdre bientôt était encore en nourrice. Elle ne possédait donc auprès d'elle que l'aîné, celui dont nous écrivons la vie. Mais elle avait une sœur jumelle qui avait épousé M. Vérand et qui, déjà également veuve, restait avec un fils unique. Les deux sœurs s'aimaient beaucoup. Elles ne s'étaient jamais éloignées l'une de l'autre : elles résolurent de demeurer ensemble ; et pendant que les deux mères vivaient dans une communauté parfaite de sentiments et d'habitudes, les deux fils recevaient à leurs côtés une même éducation donnée par les mêmes maîtres.

Ces deux dames étaient pieuses. Les temps devenaient moins orageux. La religion, de jour en jour, reconquérait ses droits. Les deux cousins trouvaient autour d'eux les habitudes et les exercices de la piété chrétienne, et c'était une merveille de voir comment celui dont nous écrivons la vie ouvrait son âme à toutes les douces émotions que la religion éveille au sein des cœurs purs. Chaque messe à laquelle il assistait, chaque cérémonie pieuse dont il était l'heureux témoin l'impressionnait et l'attachait davantage à l'Église. On eût dit un bouton de rose s'ouvrant aux premiers rayons du soleil pour en recevoir la vie. Dieu récompensant ainsi la fidélité de son jeune serviteur suppléait, par une intervention directe de sa grâce, à ce qui lui manquait du côté de ses maîtres. Il se préparait un apôtre. Quand au jeune Vérand, ses goûts le portaient vers la carrière militaire : à dix-sept ans il était soldat.

L'instruction religieuse était donnée aux deux enfants par M. l'abbé Thollery, prêtre d'une conduite régulière, mais qui mêlait à sa doctrine une teinte de jansénisme. Sa piété était sèche et froide ; l'on remarquait en lui quelque chose de cette humeur critique qui se rencontre trop souvent chez les gens de ce parti, et sa manière, sans méthode, de faire le catéchisme était peu propre à donner une idée juste et complète des enseignements de la foi. Aussi, le moment de la première communion étant venu, cet acte solennel fut assez mal préparé, et Mgr Mioland ne pouvait sans un serrement de cœur se rappeler un jour qui occupe une si grande place dans une vie chrétienne, et qui dans la sienne avait laissé trop peu de traces. Cette première communion se fit le 18 avril 1801. Elle eut lieu dans une chambre de la maison qui limite au Nord l'église de Saint-Louis. Huit enfants y prirent part. Celui dont nous nous occupons ici marchait déjà à la tête de ses condisciples. Ce fut lui qui, le soir, récita la formule pour la rénovation des vœux du baptême, et lui aussi qui, le matin, avait lu les actes avant et après la communion. Un peu plus tard, il recevait la confirmation des mains de Mgr l'archevêque de Ravenne, dans une chapelle de Saint-Pothin, située à la Croix-Rousse, laquelle n'existe plus aujourd'hui. Ce prélat s'était rendu à Lyon avec plusieurs autres évêques pour la consulte qui avait été convoquée dans le but de jeter les bases d'une constitution cisalpine.

Peu de temps après la première communion de son fils, madame Mioland étant allé se fixer à Saint-Didier, dans sa maison de campagne, Jean-Marie et son cousin cessèrent de fréquenter en qualité d'externes l'école de M. Dupuy. On les plaça chez ce professeur comme pensionnaires. Là, les conversations étaient souvent déplacées et dangereuses, les lectures imprudentes, la discipline sans vigueur. L'innocence de notre vertueux enfant pouvait, au milieu de tous ces périls, faire un déplorable naufrage ; sa piété reçut quelque atteinte ; mais sa fidélité à la prière, son goût pour les choses sérieuses le préserva de plus grands maux.

M. Dupuy ayant été rappelé par son évêque à Poitiers, il fallut songer à une autre institution. Madame Mioland, mal inspirée par une faiblesse maternelle, craignait que si son fils était confié aux Pères de la Foi, il ne prît chez eux le goût du sacerdoce. Elle choisit donc un établissement tenu par un laïque nommé Ray. La pauvre mère ne fut pas heureuse dans ce choix. Il n'y avait point de discipline dans cette maison, et l'innocence de son fils y courut de nouveaux dangers. Heureusement, et par un coup de Providence, sa main rencontra un jour parmi les livres de piété qui erraient sur la cheminée l'*Écolier vertueux* de Collet. Il le prit aussitôt, et ce livre opéra dans son esprit comme une révolution. Il le lisait, le relisait, le dévorait, et dans l'ardeur qui le pressait, il se proposait de mettre en pratique tous les salutaires enseignements dont il est rempli. Le *Catéchisme de Montpellier*, la *Vie des saints*, la *Confession de tous les mois*, tels furent encore les auxiliaires que Dieu lui envoya pour le protéger.

M. Ray eut bientôt compris quel était le trésor que

le ciel lui avait envoyé. Il donna toute sa confiance à son nouvel élève, et celui-ci, au lieu d'en abuser, s'en servit pour porter ses condisciples au bien. Quelques mauvais écoliers étant partis, son influence devint plus grande, parce qu'elle était moins contrariée ; et dans le courant de 1803, elle s'augmenta encore à l'arrivée du jeune Honoré Greppo, lequel devait un jour servir et glorifier l'Église par son immense érudition unie à la foi la plus humble, à la piété la plus profonde, comme il l'a édifiée dans ces derniers temps par une mort vraiment sainte. Les deux enfants étaient du même âge. Une singulière conformité de goûts et d'habitudes les invita l'un et l'autre à une amitié qui devint intime et qui a duré autant que la vie. Ils aimaient à se trouver ensemble ; ils parlaient piété, pratiques chrétiennes, histoire, cérémonies ecclésiastiques. Tout ce qui se faisait à l'église excitait leur intérêt. Ces deux excellents jeunes gens demandèrent comme une grâce de pouvoir assister aux grand'messes et aux vêpres de la paroisse ; on le leur accorda, et peu à peu toute la maison prit la louable habitude de s'y rendre régulièrement. Tant il est vrai qu'il serait difficile de dire jusqu'où va l'influence du bon exemple, donné à des jeunes gens par ceux de leur âge.

Vers l'Ascension de cette même année 1803, il se passa dans la pension Ray un fait qui mérite d'être rapporté ici. Cinq des élèves devaient faire leur première communion à l'église de la paroisse. Notre nouvel apôtre, encouragé par ses premiers succès, leur proposa de suivre, à la maison, les exercices d'une retraite, indépendamment de ceux qui se feraient à l'église. La proposition fut acceptée, et le voilà aussitôt s'empressant de les réunir pour leur faire entendre des lectures tirées de cet *Écolier vertueux* dans lequel il avait lui-même trouvé tant de charme. Le reste de l'année fut employé à conseiller, exhorter, soutenir les nouveaux communiants. C'étaient là les prémisses du ministère qu'il devait exercer plus tard, et c'est de cette époque que data son goût prononcé pour l'état ecclésiastique. Ce goût allait si loin qu'il ne comprenait pas, dans sa naïve ferveur, qu'un jeune homme pût songer à une autre carrière. Dieu récompensait ainsi visiblement les premiers essais de ce zèle précoce. Dès ce moment, toutes les pensées du jeune Mioland furent tournées vers le sacerdoce dont il appréciait déjà si bien l'excellence, que, devenu évêque, il pouvait écrire ces lignes mémorables : « J'avais alors les idées les plus hautes, les plus pures, les plus saintes de l'état ecclésiastique ; et ce que j'ai pu apprendre de plus à ce sujet n'a rien changé à ces premières impressions de grâce. » Son jeune ami Greppo s'unissait à lui dans une communauté de goûts et de sentiments. Ils lisaient ensemble les confé rences de Massillon, le discours de saint Grégoire sur le sacerdoce et tous les livres de piété qui leur tombaient sous la main. On eût dit saint Basile et saint Grégoire de Nazianze ne pouvant plus se séparer, et ne connaissant que deux chemins, celui de l'église et celui de l'école.

Vers la fin de 1804, ayant seize ans l'un et l'autre, on les vit mettre tout leur plaisir à un amusement assez ordinaire parmi certains enfants pieux, mais auquel ils donnèrent de tout autres proportions. Une petite chapelle avait été dressée par quelques élèves dans le fond d'un cabinet. Ils s'emparèrent de cette idée, et s'étant fait céder par M. Ray un beau salon pavé de marbre, ils y construisirent un autel, se procurèrent des ornements, des livres de chant et tout ce qui constitue le vêtement du prêtre en habit de chœur; puis les voilà entonnant des morceaux de plain-chant, composant des sermons et les prêchant à certains jours à toute la pension réunie. C'était là peut-être un jeu d'enfants; mais ce jeu était joué avec tant de sérieux, de gravité et de convenance, que l'esprit de la pension fut bientôt entièrement renouvelé.

Plusieurs, sans doute, auront peine à admettre de si heureux résultats. Ils seront tentés de croire que, dans cette espèce d'apostolat improvisé, l'imagination jouait le plus grand rôle et que ce missionnaire de seize ans obéissait à l'exaltation d'une piété indiscrète.

Mais tous ceux qui ont connu Mgr Mioland savent qu'il serait difficile de rencontrer une imagination moins exaltée que la sienne. Dieu, il est vrai, avait mis au fond de son noble cœur une sensibilité exquise ; mais jamais cette sensibilité n'alla jusqu'à lui enlever ce calme imperturbable que tous admiraient en lui, et auquel il dut cette sagesse précoce qui le fit remarquer dès son bas âge. Il est donc impossible de ne pas reconnaître dans ces premiers élans de zèle les essais d'une vocation qui venait du ciel. Lorsqu'un maître, habile à réjouir l'oreille par des sons harmonieux, s'apprête à exécuter quelque morceau d'art, il commence par faire vibrer les cordes de son instrument, et l'on dit alors qu'il prélude. Ainsi Dieu, ce grand maître pour qui les saints sont des instruments dociles, a, lui aussi, ses préludes. S'il rencontre sous sa main quelque cœur généreux, il ne l'élève pas tout d'un coup aux sublimes hauteurs qu'il veut lui faire atteindre ; mais les nobles élans qu'il lui donne nous font pressentir les grandes choses qu'avec lui et par lui il se propose de faire un jour.

Ce fut vers cette époque, que M. Mioland, s'étant tracé un règlement de vie pour le temps des vacances qu'il consacra à la sainte Vierge, consigna, parmi les les prescriptions dont il voulait se faire des lois, une disposition que l'on est heureux de rencontrer sous la plume d'un jeune homme de seize ans : « Je ne refuserai l'aumône à aucun pauvre, me ressouvenant que *l'aumône couvre la multitude des péchés*, et que je ne pourrais, sans l'ingratitude la plus noire, refuser à mon Dieu qui m'a aimé jusqu'à donner sa vie pour moi, un léger secours qu'il me demande par la bouche d'un de ses membres souffrants, comme une marque de ma reconnaissance et de mon amour. »

La première procession générale du très-saint Sacrement, faite en 1803 par le cardinal Fesch, le passage de Pie VII en novembre 1804, les sermons prêchés par MM. Fournier et Lambert pendant le carême de ces deux mêmes années, l'ouverture de la chapelle de Fourvière, en 1805, furent autant d'occasions heureuses que saisit avec empressement notre jeune apôtre pour nourrir sa foi et alimenter sa piété. Il ne se plaisait plus que dans les églises ; leurs augustes cérémonies le ravissaient, et il saluait avec un saint enthousiasme le retour de la religion qui avait emprunté de ses derniers malheurs une majesté nouvelle. Sa mère était heureuse de voir dans son fils des dispositions si chrétiennes ; elle écoutait avec un légitime orgueil les récits qu'il lui faisait des cérémonies religieuses auxquelles il avait assisté, et lui permettait de temps en temps de lui lire quelques-uns des sermons qu'il avait composés. Mais ne pouvant encore se résigner à l'idée d'une séparation, elle s'appliquait à diriger ses vues et ses projets du côté d'une carrière commerciale.

Le fils, par condescendance pour la mère, semblait parfois abonder dans son sens, comme si le commerce eût dû être son avenir ; mais son ami Greppo s'en étant aperçu, lui reprocha sévèrement un langage qui semblait indiquer de l'hésitation, et à dater de ce jour, M. Mioland se trouva affermi plus que jamais dans ses intentions premières.

On était arrivé en 1805 ; nos deux jeunes amis avaient dix-sept ans. Le moment était venu de prendre un parti. M. Mioland communiqua ses projets à son directeur qui, sans doute pour l'éprouver, accueillit assez froidement cette première ouverture, se contentant de l'inviter à prier beaucoup. Il s'entendit alors avec son inséparable ami, et ils convinrent l'un et l'autre que les jours qui séparent l'Ascension de la Pentecôte seraient consacrés à une retraite. Pour arriver plus sûrement à connaître la volonté de Dieu sur eux, ils se prescrivirent des jeûnes, des lectures, des prières. Le ciel les entendit, car, plus ils examinaient, plus ils s'affermissaient dans leurs vues généreuses. M. Greppo en parla à M. Pagès, son ancien précepteur, et M. Mioland à M. Ray qui voulut bien se charger d'en instruire sa mère. Aussitôt qu'il sut que cette pieuse mère, malgré le chagrin qu'elle éprouvait à la pensée de se séparer de lui, ne repoussait point tout à fait sa demande, il se hasarda à solliciter d'elle un entretien, et dès qu'il lui eut avoué que son désir le plus ardent était d'être prêtre un jour, cette bonne mère lui répondit en essuyant quelques larmes : *Je ne le vois et ne le comprends que trop depuis longtemps*. La cause était à moitié gagnée. Après quelques instants d'hésitation, madame Mioland permit à son fils de se rendre à Paris et d'entrer au séminaire de Saint-Sulpice pour y faire sa philosophie; mais elle mit pour condition, qu'au bout d'un an, il reviendrait auprès d'elle et qu'il ferait une étude plus approfondie de sa vocation

M. Ray était connu de M. Émery, alors supérieur général de la société de Saint-Sulpice. Il lui écrivit pour lui recommander la demande de son élève. De son côté, le jeune Greppo trouva un appui dans M. Pagès qui se chargea de notifier sa demande à Saint-Sulpice. La réponse à ce dernier étant arrivée la première, M. Greppo, dans son impatience, ne put se décider à attendre son ami. Il partit pour Paris avec un prêtre et un sous-diacre qui allaient s'attacher à la société de Saint-Sulpice.

La lettre par laquelle on agréait la demande de M. Mioland arriva quatre jours plus tard. Il fit aussitôt ses adieux à sa mère et partit à son tour. C'était le 9 octobre. Il ne fut pas aussi bien partagé en compagnons de voyage que l'avait été M. Greppo. Dans la diligence qui l'emportait se trouvaient un jeune étourdi, un vieux roué sans conscience, et un libertin qui allait demander à la capitale des fêtes et des plaisirs. On peut juger de ce que durent être les conversations. Mais notre voyageur de dix-sept ans n'en fut point troublé. Un vendredi arriva ; il demanda des aliments maigres. On s'en étonna, sans oser toutefois s'en moquer ; mais les propos moqueurs ne l'eussent pas déconcerté davantage.

Enfin, le 12 octobre, M. Mioland était à Paris. La capitale eut beau étaler sous ses yeux toutes ses merveilles, il n'y fit pas même attention. Le séminaire était l'unique objet de ses vœux. Il s'y rendit le jour même et y fut accueilli par M. Émery, supérieur général.

Ici, Mgr Mioland, de qui nous avons emprunté tous ces intéressants détails, suspend son récit, et s'arrête pour considérer avec admiration les grâces singulières dont le ciel a daigné le prévenir, les dangers sans nombre auxquels il a eu le bonheur d'échapper, la suite et l'enchaînement de tant d'événements divers qui ont été pour lui la manifestation de la volonté de Dieu, en même temps qu'ils lui ont permis de suivre sa vocation si chère ; puis entonnant le refrain habituel de sa reconnaissance : « Ah ! qu'il fait bon, dit-il, de se jeter dans les bras de la Providence et d'adorer sa sagesse dans tous les événements de la vie !... Je serais bien ingrat si je ne m'abandonnais pas pour l'avenir à ses soins avec une confiance sans bornes, comme j'ai tâché de le faire jusqu'ici... Ce sentiment d'abandon me laisse dans le cœur une paix, une joie si inexprimables que je ne puis douter que Dieu ne me demande de l'entretenir avec soin comme une source de lumière pour l'avenir, de sécurité dans les embarras et de solide vertu. »

CHAPITRE III

M. Mioland fait sa philosophie au séminaire de Saint-Sulpice. — Son retour auprès de sa mère. — Après quelques mois d'épreuve il entre au séminaire de Lyon. — Sa conduite au séminaire. — Ses sentiments à chaque ordination. — Sa reconnaissance affectueuse pour les prêtres de Saint-Sulpice.

— 1805 - 1812 —

A Saint-Sulpice, M. Mioland retrouvait son ami Greppo. L'un et l'autre étaient au comble de leurs vœux. Saint-Sulpice n'avait pas encore transporté à Issy son cours de philosophie. Nos deux étudiants se trouvaient dans un contact journalier avec le supérieur général, M. Émery, et avec les hommes distingués qui dirigeaient le grand séminaire de Paris. Parmi eux se faisait remarquer M. Duclaux que son mérite devait appeler plus tard à la tête de toute la compagnie, et le futur évêque d'Hermopolis, M. Frayssinous. Ce dernier professait alors la théologie dogmatique. Toutes les paroles qui tombaient des lèvres de ces hommes remarquables étaient recueillies avec avidité par M. Mioland. Elles se gravaient profondément dans sa mémoire ; et plus tard il aimait à aller chercher dans ces souvenirs une des plus douces émotions de sa vie.

Parmi les élèves qui fréquentaient alors Saint-Sulpice, M. Mioland eut également le bonheur de rencontrer des hommes dans la société desquels il devait trouver autant d'utilité que d'agrément et dont plusieurs restèrent toujours ses amis. C'étaient M. d'Arbon, depuis évêque de Verdun et de Bayonne, M. Carron, nommé plus tard à l'évêché du Mans, M. Galard, mort archevêque-coadjuteur de Reims, M. Feutrier, mort évêque de Beauvais, M. d'Argenteuil, mort à Saint-Jean-d'Angely, et encore MM. de Bonald et Alexis de Noailles, rentrés l'un et l'autre dans le monde. Que l'on juge du bonheur que devait goûter un esprit si sage, un cœur si droit, au milieu d'une telle société !...

Quant au genre de vie du séminaire, M. Mioland n'avait jamais rien rêvé qui fût plus en rapport avec ses goûts. Ce silence, cette paix, cette union des cœurs, ces exercices de piété, cet enseignement distribué avec tant de sagesse, de mesure et d'honnêteté par les professeurs de Saint-Sulpice, tout le ravissait, il était dans son centre.

M. Mioland garda toute l'année l'habit séculier,

mais il revêtit les habitudes et les vertus du séminariste. Il communiait tous les dimanches et plus souvent encore. Il s'adonnait avec soin à l'oraison, et lorsque venait pour lui le moment de la visite au très-saint Sacrement, il ne pouvait se lasser de répandre son âme en tendres effusions de reconnaissance pour le bienfait de sa vocation.

Dans ces quelques mots se renferme toute l'histoire de cette année de philosophie. La vie du séminaire est quelque chose de si simple et de si uniforme !... Les mêmes exercices revenant chaque jour, le lendemain ressemble presque invariablement à la veille. La seule chose qui change, c'est le cœur du séminariste fidèle qui s'avance toujours et qui, se dépouillant insensiblement de l'esprit du monde, se revêt de plus en plus de l'esprit de Jésus-Christ. Mais ces sortes de progrès, les anges sont chargés de les inscrire dans le livre de vie ; et les annales de la terre, quand elles veulent essayer de nous les raconter, ont tout dit en trois mots. Ajoutons cependant qu'à Saint-Sulpice, comme partout ailleurs, notre jeune étudiant eut bientôt conquis la confiance et l'affection de ses maîtres. Ceux-ci lui permettaient de sortir tous les dix jours. Il eut également la liberté d'entendre les prédications de M. Fournier, pendant l'avent, et celles de M. Boudot, pendant le carême. Enfin, il eut le bonheur d'assister aux trois dernières conférences que

M. Frayssinous donna dans cette chapelle des Allemands où l'habile controversiste préludait aux fameuses et si utiles conférences de Notre-Dame.

Le 18 août, M. Mioland quittait Paris en la compagnie de M. Jordan, minoré, de M. Greppo, laïque comme lui, et de M. Berthelot, prêtre nouvellement agrégé à Saint-Sulpice. On se rappelle qu'il avait promis à sa mère de venir passer un an auprès d'elle et d'employer cette année à étudier plus mûrement sa vocation. Il avait à cœur de tenir sa promesse, malgré les sacrifices qu'elle lui imposait. Il se résigna donc ; mais ne voulant pas perdre un temps si précieux, de Lyon il écrivit à M. Émery pour solliciter ses conseils. La lettre qu'il en reçut était pleine des témoignages du plus tendre intérêt et d'avis d'une haute sagesse. Cet habile directeur l'engageait à employer saintement son année, puis l'année finie, à entrer au séminaire de Lyon qui alors se rétablissait sur l'ancien pied. Il lui faisait remarquer l'avantage d'être élevé dans les habitudes de discipline de son diocèse, et au milieu d'un clergé dont on est appelé à partager l'existence. Il l'invitait ensuite, à cause de son âge peu avancé, à venir au bout de trois ans passer quelque temps dans le séminaire de Paris.

Fort de ces conseils, notre jeune étudiant se traça un plan de vie régulier. Chaque matin, après avoir consacré un temps convenable à l'exercice de l'oraison, il se rendait à l'église et y servait la sainte messe. Il communiait tous les dimanches et visitait le très-saint Sacrement tous les jours. Dans la matinée, il lisait et analysait avec soin un cours d'histoire ecclésiastique, genre d'étude pour lequel il a toujours eu un goût prononcé. Le soir, il étudiait le cours de littérature de la Harpe et quelques auteurs latins. Ajoutons encore qu'ayant eu le bonheur de s'associer à quelques jeunes gens pieux qui s'occupaient de bonnes œuvres, comme eux, il allait visiter les malades, consoler les prisonniers et catéchiser les pauvres.

Ainsi s'écoulèrent les premiers mois de cette année d'épreuve. Elle paraissait bien longue à notre futur apôtre, lorsque tout à coup, par un décret du mois d'avril, on appela sous les drapeaux la classe de 1788. Il était alors à la campagne. Son ami Greppo l'informa aussitôt de cet événement par une lettre où il l'invitait à profiter, comme lui, de cette heureuse circonstance, pour obtenir plus promptement le consentement de sa famille. C'était la première fois, depuis nos troubles révolutionnaires, que les élèves du sanctuaire étaient exemptés de la conscription. M. Mioland n'eut pas de peine à se rendre à cet avis. Il conjura donc sa mère de ne plus lui faire attendre le consentement tant désiré, et la pieuse mère, qui avait déjà compris par la vie si exemplaire de son fils que le monde n'avait pour lui aucun attrait, agréa sa demande. Aussitôt il se rendit à la ville et commanda avec une joie indicible sa première soutane. Puis, le 19 avril, après avoir assisté le matin à une procession anniversaire qui se faisait à la chapelle de Fourvière, et qui fut présidée par le cardinal Fesch, il voyait, le soir, s'ouvrir pour lui les portes du séminaire. Un de ses amis, M. Othon de Moidière, dont il avait souvent partagé les bonnes œuvres, voulut l'y accompagner et ne le quitta qu'après l'avoir conduit jusque dans la chambre de M. Royer, l'un des directeurs. M. Mioland, en entrant dans ce pieux asile, croyait revenir de la terre étrangère et terminer enfin une captivité dont les liens se brisaient. Le soir, lorsqu'il assista au souper, il était encore en habit séculier. Un de ses condisciples, voyant ce jeune homme à manières élégantes et d'une mise recherchée, disait tout bas : « En voilà un qui ne restera pas ici. » Il était loin de soupçonner ce qui se passait dans son cœur.

« Le lendemain, nous dit Mgr Mioland, je pris pour la première fois la soutane. Je n'aurais pas éprouvé plus de joie à revêtir un manteau royal. Tout, dans le séminaire, me charmait. Je m'y trouvais à mon aise. Il me semblait que tout ce que je voyais, tout ce que j'entendais de l'esprit clérical, de la vie ecclésiastique, était naturellement en moi. »

Les vocations que Dieu donne aux élèves du sanctuaire ne sont pas toutes les mêmes. Les uns, saisis d'une crainte respectueuse qui honore le sacerdoce, osent à peine s'en approcher et disent avec Jérémie : *A, a, a, Domine Deus, ecce nescio loqui, quia puer ego sum* [1]. Seigneur, à quoi songez-vous, lorsque vous voulez m'envoyer à votre peuple, pour lui manifester vos volontés ? Je ne suis qu'un enfant, je balbutie à peine quelques paroles. — Les autres réjouissent les anges par une noble et confiante ardeur qui ne connaît pas les retards, et disent avec Isaïe : *Ecce ego, mitte me* [2]. Je suis prêt, Seigneur, dites un mot, et je vole pour exécuter vos ordres. — M. Mioland appartenait à cette seconde légion d'apôtres. Une sainte ardeur le pressait ; son cœur lui rendait le témoignage qu'il ne voulait que Dieu. Aussi, à peine entré au séminaire, ayant entendu annoncer l'ordination de la Trinité, sans attendre l'appel de ses directeurs, il alla se présenter à eux, leur demandant comme une grâce d'être admis à recevoir la tonsure. On sourit à l'ingénuité de cette demande, et cependant on s'empressa de l'accueillir ; on savait déjà que peu de vocations étaient aussi sûres que la sienne. L'ordination eut lieu le 23 mai 1807.

Il sera bon de nous arrêter ici, pour admirer comment ce séminariste d'un mois, qui n'avait pas encore

---

[1] Jérém., I, 6.
[2] Isaïe, VI, 8

atteint sa dix-neuvième année, s'était préparé à cet acte solennel qui, en lui ouvrant les rangs de la cléricature, devait l'approcher du sanctuaire. Nous possédons quelques pages que sa main écrivit alors comme sous la dictée de son cœur. Il nous faudra nécessairement abréger.

En voici du moins quelques extraits :

« Encore quelques moments, ô mon Dieu, et votre Église va donc me séparer de la foule de ses enfants pour me mettre au nombre de ses ministres..... Encore quelques moments, et je vais renoncer en votre présence à tous les biens de la terre pour m'attacher uniquement à vous !..... Oh ! combien je sens aujourd'hui ma confiance s'augmenter de pouvoir vous dire comme Samuel : Seigneur, me voici, parce que vous m'avez appelé : *Ecce ego, quia vocasti me* [1]. Ce n'est qu'à vous qu'il appartient de tracer à chacun la route qu'il doit tenir pendant son pèlerinage pour arriver à cette cité permanente où l'attend la couronne. Aussi, votre voix seule et l'obéissance, voilà ce qui guide mes premiers pas dans cette carrière de perfection et de sainteté qui s'ouvre devant moi. Oui, Seigneur, cette seule pensée me rassure : *Quia vocasti me*. Si je jette mes yeux sur le passé, j'y vois empreint à chacun de mes jours le sceau de votre

---

[1] *Reg.*, III, 6.

Providence. A peine ma raison se développait, et vous portiez déjà vous-même toutes mes inclinations et tous mes désirs vers ce qui pouvait m'instruire de vos divines perfections et de votre religion sainte ; et lorsque vous fîtes cesser les longs jours de deuil dans lesquels gémissait l'Église, votre épouse, n'est-ce pas vous qui, à la vue des cérémonies saintes, faisiez épanouir mon jeune cœur d'une joie céleste, d'une jubilation qu'il n'avait jamais connues ? N'est-ce pas vous encore qui mîtes alors dans mon âme ces désirs indéterminés, mais si fréquents, que le temps et votre grâce, ô mon Dieu, devaient affermir et amener enfin à leur comble ? Vous le savez, Seigneur, dès ce moment je vous disais tous les jours : O Dieu, si c'est de vous que me viennnent ces désirs ardents de me consacrer un jour entièrement à votre service ; si les desseins impénétrables de votre Providence me destinent à étendre votre héritage et à vous gagner des âmes, oh ! ne permettez pas que je me rende jamais infidèle à une vocation si sublime ; affermissez-la de plus en plus, au contraire, par votre grâce ; écartez vous-même les obstacles, et surtout, ô mon Dieu, mettez dans mon âme le germe des vertus que demande la sainteté du ministère des autels..... Ah ! comme depuis cette époque je recherchais avec ardeur tout ce qui me parlait du ministère évangélique ! Comme ses fonctions me paraissaient augustes, saintes, divines !

Ses devoirs et ses obligations me pénétraient de vénération, mais ne me rebutaient jamais et affermissaient mes désirs au lieu de les ébranler. Je disais : Le Seigneur n'est-il pas assez puissant pour soutenir ceux qu'il a placés au milieu des périls, fussent-ils plus exposés que les trois Hébreux dans la fournaise ? En suivant la voie que nous trace la Providence, que peut-on avoir à craindre ? Oui, pour un bon prêtre, jusqu'au péril même, tout doit se changer en moyen de salut, comme pour un mauvais, tout se tourne à sa perte. Que j'examine donc bien un jour ma vocation et Dieu fera le reste. »

C'est ainsi que notre jeune séminariste exhalait sa reconnaissance pour le bienfait de sa vocation, et que, malgré la haute idée qu'il s'était déjà faite du sacerdoce et de ses obligations redoutables, rien ne pouvait ébranler sa confiance, parce qu'il la faisait reposer uniquement sur Dieu. Puis, après un retour sur les années de sa jeunesse, dans lesquelles quelques fautes légères lui apparaissaient comme des iniquités, dont le pardon rendait plus vif encore le sentiment de sa gratitude, il terminait ainsi : « Que d'autres mettent tous leurs soins à s'acquérir des richesses périssables, ou à poursuivre des honneurs qui passent comme l'ombre ; que d'autres plus insensés encore recherchent avec ardeur les délices empoisonnées des passions et s'enivrent de toutes les séductions du monde ; pour moi, c'est le Seigneur qui sera toujours mon trésor : *Eligant sibi alii partes quibus fruantur terrenas ac temporales, bibant alii mortiferas voluptates, pars calicis mei Dominus est.* (Saint Augustin.)

En vérité, quel est celui qui, en lisant ces lignes, ne croirait pas qu'elles sont tombées de la plume d'un prêtre mûri dans les méditations et les habitudes du sacerdoce ? Et cependant elles n'exprimaient que les pensées d'un jeune homme qui, la veille encore, était au milieu du monde. Mais ce jeune homme, on se le rappelle, avait déjà à quinze ans les idées les plus hautes, les plus pures, les plus saintes de l'état ecclésiastique, et devenu évêque, il pouvait nous dire sans blesser la vérité : « Ce que j'ai pu apprendre de plus à ce sujet n'a rien changé à ces premières impressions de grâce. »

Tous ceux qui ont eu le bonheur de recevoir leur éducation cléricale dans un séminaire dirigé par la société de Saint-Sulpice savent ce que les prêtres de cette compagnie déploient de dévouement et de bonté prévenante envers leurs élèves. Séparés du monde auquel ils ne demandent qu'une seule chose, savoir : d'en être oubliés, leur chambre est une cellule ; mais cette cellule, dont le monde soupçonne à peine l'existence, est toujours ouverte à ceux qu'ils sont chargés de préparer au sacerdoce. Là, le dernier des séminaristes peut se présenter à toutes les heures du jour : il sera sûr d'être bien accueilli. Le maître laissera au même instant l'étude ou le travail qui est le plus en harmonie avec ses goûts pour l'écouter et lui parler avec une affabilité qui ne se démentira jamais. Volontiers il lui répétera la parole si amicale de cet excellent abbé Baudry mort naguère sur le siége de Périgueux, après avoir été arraché malgré lui à sa chère solitude : « Venez, venez, Messieurs, ne craignez pas de nous fatiguer ; venez si souvent que vous finissiez par user le seuil de la porte de votre directeur. » Cette façon d'agir est ordinaire et commune dans toutes les maisons de Saint-Sulpice.

Mais si, parmi les élèves du sanctuaire, il en est un qui, par l'étendue de son intelligence et les nobles instincts de son cœur, semble promettre à l'Église de plus importants services, ces maîtres aussi pieux qu'habiles se font un devoir de l'environner de soins plus assidus, d'une bienveillance plus attentive. Or c'est là ce qui eut lieu pour le jeune abbé Mioland dans le séminaire de Lyon. Les moindres détails qui nous ont été conservés nous apprennent que les directeurs de ce séminaire ne tardèrent pas à reconnaître en lui un de ces jeunes gens d'élite que le ciel a prédestinés à de grandes choses. Parmi ces directeurs, il en est deux que nous devons nommer ici. Le premier était le pieux et aimable M. Royer, qui plus tard fut placé en qualité de supérieur à la tête du séminaire de Clermont. Il recevait chez lui, une ou deux fois chaque jour, notre heureux abbé et l'entretenait de l'esprit ecclésiastique, des fonctions du saint ministère, du soin de se former le caractère, de l'art de connaître, d'apprécier les hommes et d'être apôtre même au séminaire. « Que de bien m'a fait cet excellent homme, écrivait ensuite Mgr Mioland ; quelles règles sages pour ma conduite ! Quels soins d'abattre mon imagination ! Dans quels embarras inextricables m'aurait jeté un directeur moins sûr, un confesseur moins habile ! »

L'autre directeur était M. Maréchal, mort depuis archevêque de Baltimore. « Pendant cinq ans, nous dit Mgr Mioland, je lui servis constamment la messe à cinq heures. Après l'oraison j'allais le voir. Nous parlions de l'Amérique où il était resté de 1792 à 1803. C'est lui qui m'a fait lire quelques ouvrages de saint Ambroise et de saint Jean Chrysostôme. Nous parlions même des affaires du temps, alors si intéressantes pour l'Église. Je lui portais la gazette de chez M. Royer, après l'avoir lue. Il voyait que cette innocente curiosité ne m'était pas inutile. Il applaudissait à l'intérêt si vif que je mettais à tout ce qui pouvait avoir trait au bien de la religion et même aux progrès de la bonne littérature. Ces excellents directeurs étaient des égaux, des amis plutôt que des maîtres. Je ne saurais jamais assez comprendre tout le bien que je leur dois. Je les regarde comme les principaux instruments dont le bon Dieu s'est servi pour me rendre mon séminaire profitable. »

Quelques séminaristes plus pieux avaient eu la pensée de se réunir pour exciter mutuellement leur zèle. L'abbé Mioland fut reçu dans cette modeste association. Elle n'avait pas encore de règlement. Il fut chargé de le rédiger, et ce règlement a subsisté longtemps.

L'année suivante (1808), à l'ordination de la Trinité, l'abbé Mioland reçut les quatre ordres mineurs des mains du cardinal Fesch. Il ne se liait pas encore par des vœux, mais il franchissait quatre degrés du sanctuaire et s'approchait de plus en plus du sacerdoce. Il se serait bien gardé de ne voir dans ce grand acte qu'une pure cérémonie. Le respect qu'il éprouvait déjà pour tout ce qui tient à la liturgie de l'Église lui inspira la pensée aussi pieuse que filiale de traduire en français les prières et le cérémonial de l'ordination des minorés, et il envoya ce travail à sa mère pour qu'elle pût s'en servir pendant l'ordination ; et ce qu'il fit cette fois, il le renouvela pour les trois ordres sacrés, lorsque fut venu pour lui le moment de les recevoir. On peut juger par là de ce qu'il y avait de foi et de piété dans le cœur de ce jeune lévite.

En 1809, les cours des Facultés ayant été rétablis

dans notre ville, celui d'histoire ecclésiastique avait été confié à M. l'abbé Chouvy. M. Mioland qui, ainsi qu'on a déjà eu l'occasion de le faire remarquer, avait un goût prononcé pour cette branche de la science sacerdotale, fut envoyé à ce cours. Il le suivit avec un singulier bonheur pendant deux ans. Les notions historiques dont il avait déjà enrichi sa mémoire lui donnaient plus d'aptitude à profiter des leçons du docte professeur. Aussi, à dater de cette époque, il commença à se faire remarquer par cet ensemble de connaissances qui devaient plus tard donner tant d'intérêt à sa conversation.

Cette année 1809 se passa sans que l'abbé Mioland pût se présenter à l'ordination du sous-diaconat. Sa détermination n'était pas douteuse : tous ses désirs appelaient le jour où, devenant sous-diacre, il s'attacherait irrévocablement au service des autels. Mais il était trop jeune pour se lier par les vœux qu'impose le premier des ordres sacrés. Il lui fallut donc attendre jusqu'à la fin de l'année scolaire 1810, et même, au moment de l'ordination, il fut en proie à la crainte de la voir retarder encore. Le gouvernement exigeait alors le consentement écrit des parents et l'envoi préalable des noms de tous les ordinands. Madame Mioland à qui il en coûtait de renoncer à la dernière lueur d'espérance de garder son fils auprès d'elle, et qui craignait toujours que sa vocation ne fût pas assez éprouvée, avait renvoyé ces formalités gouvernementales jusqu'à la dernière heure, et l'on était parvenu au milieu de la retraite préparatoire à l'ordination, sans que les autorisations nécessaires fussent arrivées. Notre jeune abbé tâchait de lutter contre la tristesse que lui apportaient ses cruelles incertitudes en lisant et relisant sans cesse le chapitre xv du IIIme livre de l'*Imitation*, qui a pour titre : *Qualiter standum sit ac dicendum in omni re desiderabili*[1]. Enfin ses vœux furent accomplis, et le 23 juillet 1810. il recevait le sous-diaconat des mains de Mgr Simon, évêque de Grenoble.

Ce souvenir, après bien des années, réveillait en l'âme de Mgr Mioland de délicieuses pensées, et, prenant sa plume, il écrivait ces lignes : « Je ne sais si jamais j'ai éprouvé un sentiment si doux et si parfait de bonheur que ce jour-là, surtout en récitant pour la première fois les psaumes de tierce... Il me semblait que l'état fâcheux où se trouvait alors l'Église me donnait un nouveau bonheur de lui être attaché par des liens indissolubles. Le pape était prisonnier à Savone. »

La générosité de sentiments si nobles et si saints mérite notre admiration, sans doute ; mais elle n'a

---

[1] De ce que nous devons dire et faire quand il s'élève quelque désir en nous.

rien qui doive beaucoup nous surprendre. Cette ordination avait été préparée avec tant de soins ! Cinq années passées dans les exercices d'une piété et d'une régularité qui ne s'étaient pas démenties un seul jour, devaient avoir leur récompense. Dieu donne toujours plus qu'il ne reçoit. Aussi sa grâce, impatiente de se communiquer avec plus de plénitude au futur sous-diacre, l'avait tellement rempli pendant les jours bénis de sa retraite, que ce fut pour lui comme un besoin d'épancher son âme dans des pages embaumées qui sont venues jusqu'à nous. Impossible de tout citer. Voici du moins quelques extraits qui nous permettront de contempler le plus beau spectacle que puisse offrir la terre, celui d'une âme pure essayant une lutte de générosité avec l'amour dont Dieu l'inonde.

« Ce n'est donc point assez à votre miséricorde sur moi, ô mon Dieu, disait le futur apôtre, de m'avoir ouvert votre sanctuaire... ce n'est point assez de cette première consécration, où je vous pris solennellement pour mon héritage..... Non, mon fils, vous entends-je dire au fond de mon cœur, ce n'est point assez à mon amour..... ces liens qui t'attachaient à moi tu pouvais les rompre, je veux les rendre indissolubles. Soyez béni, ô mon Dieu ! Cet heureux jour, l'objet de tous mes vœux, le terme de toutes mes espérances, va donc luire pour moi... Et comment appeler jour de sacrifice ce jour de ma joie et de mon bonheur ? Oh ! mon Dieu ! soyez béni ! aidez-moi à bien connaître la sublimité des pouvoirs qui vont m'être confiés et les devoirs qu'ils m'imposeront. »

Ici le jeune ordinand se retraçait à lui-même les priviléges et les obligations du sous-diacre avec une sûreté et une étendue de coup d'œil étonnantes pour son âge ; puis il continuait ainsi : « O mon Dieu ! que c'est à bien juste titre qu'une dignité qui élève un de vos ministres à un rang si sublime est sacrée ; que vous lui avez uni des obligations plus grandes, et que vous avez rendu ses liens indissolubles !... Vous voulez qu'un homme consacré à des ministères si relevés soit chaste, mais d'une chasteté parfaite, tout angélique. Il n'y a qu'un corps chaste qui puisse approcher de si près votre saint autel. Ce n'est qu'à des mains pures qu'il appartient de porter les vases du Seigneur. Oui, il faut qu'un cœur destiné à gémir sans cesse dans l'attente de la véritable patrie, ou bien à intercéder pour le salut de ses frères, n'ait rien sur la terre qui partage ses affections. Il se doit tout entier aux intérêts de votre Église et ce n'est qu'une bouche innocente qui peut célébrer dignement vos chastes louanges... Ah ! sans doute, je devrais fuir et ne penser qu'à bien remplir les engagements de mon baptême que j'ai si souvent violés, plutôt que de prétendre à une dignité si sainte et à contracter de nouvelles obligations plus grandes et plus étendues que les premières ; mais depuis si longtemps votre voix me presse... votre Église m'appelle, je redoute la destinée de ce prophète qui, résistant à votre voix, trouva dans sa fuite un péril plus menaçant que tous ceux qu'il eût rencontrés dans la carrière où vous vouliez le faire entrer. Sans doute, ajoutait notre saint jeune homme, j'ai lieu de trembler, non sur la vérité de ma vocation marquée d'un sceau de votre main si évident, mais sur la faiblesse et l'instabilité de mon pauvre cœur. Au moment de contracter des engagements irrévocables je me sens saisi de terreur, et quand je viens à penser que, ces engagements, il faudra les garder non dans la solitude... mais au milieu du monde et de toute sa corruption... je ne sais qu'elle est ma témérité de ne pas reculer. Mais, Seigneur, je vous entends me répondre : Serais-tu donc plus en sûreté là où je ne t'appellerais pas ? La solitude même, si ce n'était pas ma main qui t'y eût placé, ne serait-elle pas pour toi un piége mille fois plus funeste que le plus redoutable ministère ? Tu crains avec raison l'instabilité de ton cœur et les orages que les passions peuvent y soulever. Aussi ce n'est pas toi qui peux le garder, mais ma grâce seule et ma bonté. Ma justice y est engagée. Serait-ce pour te faire périr que je t'aurais mis au nombre de mes amis ? Te réserverais-je cette seule récompense de ta fidélité à ma voix et de la générosité de ton sacrifice ? Ma main ne t'aurait-elle élevé sur le temple que pour te précipiter de plus haut, et n'aurais-je donc que des malédictions pour celui qui m'immolant ses affections les plus chères, n'aurait cherché qu'à m'aimer, et à travailler à ma gloire ? Loin de toi, mon fils, loin de ton esprit des pensées si indignes de mon amour pour mes ministres ! Au milieu même de la fournaise, tu serais plus en sûreté sous ma protection que dans le palais de Babylone. »

C'est ainsi que notre pieux ordinand, balotté par des sentiments contraires, qui tantôt le poussaient vers le sanctuaire, tantôt semblaient vouloir l'en éloigner, appelait à son aide les pensées de la foi la plus éclairée et la plus pure pour se rassurer contre des craintes trop faciles à comprendre. Lutte admirable, dans laquelle la générosité et la prudence se livrent un suprême combat, et qui si souvent a eu pour champ de bataille le cœur des élèves du sanctuaire. — Chez l'abbé Mioland, cette voix intérieure qui l'appelait aux sublimes dévouements du sacerdoce semblait emprunter une force nouvelle de l'état de désolation où se trouvait alors l'Église. Qu'il est beau de l'entendre se disant à lui-même pour relever son courage : « O mon Dieu ! qu'ils sont insensés ceux qui croient être sages, et qui ne le sont pas de votre divine sagesse ! Ils me parlent de l'Église, de son oppression, de ses malheurs, des orages qui l'agitent... Hé quoi ! parce que l'Église est dans les larmes, il ne faut personne pour la consoler ? Parce que la plus grande partie de ses ministres, après avoir affronté courageusement les périls de la persécution, est maintenant hors de combat, il ne faut plus de nouveaux soldats pour repousser l'ennemi ? Parce que le flambeau est prêt à s'éteindre dans ma malheureuse patrie... il ne faut pas faire un dernier effort pour le rallumer ? Parce qu'un peuple aveugle s'obstine à repousser la main que son Dieu ne cesse de lui tendre... il ne faut pas tenter, peut-être pour la dernière fois, de l'arrêter sur le bord du précipice ? O mon Dieu ! soyez béni de me mettre dans le cœur des sentiments plus dignes de vous, à l'approche de ma consécration. Oui, l'Église, cette sainte Épouse de mon Sauveur, l'Église, ma mère, est dans les larmes, l'oppression, la pauvreté. Couverte de longs habits de deuil, elle erre de montagne en montagne, appelant avec des cris lamentables ses enfants, et ils ne sont plus. L'ennemi les lui a ravis : ils sont morts pour elle. Inconsolable, elle n'a pour défense que ses pleurs, pour armes que sa patience. Et c'est par cela même qu'elle m'est plus chère et que je me réjouis en mon Seigneur d'aller consacrer ma vie à la défendre dans ces jours mauvais. »

Nous ne demanderons point grâce pour la longueur de ces extraits. Elle se justifie d'elle-même par l'intérêt qu'ils inspirent. On ne sait ce qu'il faut le plus admirer, ou de la fraîcheur de cette piété jeune et généreuse qui leur prête tant de charme, ou de la solidité de ces aperçus qui révèlent une raison mûrie avant l'âge. Tant de grâce unie à tant de doctrine nous donne une idée de ce qu'était M. Mioland à vingt et un ans, et en contemplant le lévite, il nous est aisé de pressentir ce que sera un jour l'évêque.

L'abbé Mioland avait suivi pendant trois ans le cours de théologie. On se rappelle que, selon le conseil de M. Émery, il avait eu la pensée de se rendre, après ces trois ans terminés, au séminaire de Paris, pour y compléter ses études. Mais le moment était peu favorable pour la réalisation de ce désir. Le séminaire de Saint-Sulpice, inquiété par la police, privé de son supérieur, était à chaque instant menacé de se voir arraché violemment à la pieuse compagnie qui en avait la direction, comme cela eut lieu effectivement un an plus tard. Il lui fallut donc renoncer à son premier projet.

M. Bochard, vicaire général de Son Éminence le cardinal Fesch, était chargé de la haute direction des petits-séminaires du diocèse. Il eut d'abord la pensée d'envoyer dans un de ces établissements le nouveau sous-diacre, en qualité de professeur. Mais MM. Bouillaud, supérieur, et Royer, directeur du grand-séminaire, firent remarquer que les goûts et les aptitudes de l'abbé Mioland l'appelaient à l'exercice du saint ministère et que ce qu'il y avait de mieux à faire, c'était de le garder au grand-séminaire de Saint-Irénée, où il pourrait, tout en perfectionnant ses études, commencer à acquérir les connaissances que réclame la conduite des âmes. La vie du séminaire plaisait singulièrement au pieux et modeste abbé ; il accepta donc avec bonheur cette combinaison, et continuant l'étude de la théologie morale, il s'appliqua encore à la lecture des saints Pères, des auteurs ascétiques et des orateurs chrétiens, nota avec autant de soin que de méthode les avis pratiques qu'il recevait chaque jour, et, afin de conserver d'une manière plus sûre et plus fidèle ce qui le frappait dans les entretiens ou les lectures, il s'assujettit à rédiger de nombreuses analyses.

Ainsi préparé, M. Mioland recevait le diaconat le 19 mai 1811. C'était encore des mains de Mgr Simon, évêque de Grenoble. Le prélat se rendait alors à Paris pour assister à ce concile que l'empereur crut devoir dissoudre à peine assemblé, parce qu'il ne le trouva pas assez docile. C'était assurément une époque bien critique pour l'Église ; mais, on l'a déjà dit, l'abbé Mioland n'y voyait qu'un motif de plus pour s'attacher à son service.

Ne voulant pas nous exposer à des redites qui, sans rien apprendre au lecteur, pourraient diminuer l'intérêt du récit, nous ne nous arrêterons pas à étudier dans le détail les sentiments qui animaient le cœur du futur diacre au moment où il allait franchir le dernier degré qui le séparait encore du sacerdoce. Il ne sera pas difficile de pénétrer dans ces mystérieux secrets, pour peu qu'on se rappelle la foi si vive, la piété si généreuse avec lesquelles notre jeune lévite avait fait ses premiers pas dans la cléricature.

Ce fut pendant la retraite préparatoire à cette ordination que M. Mioland reçut la douloureuse nouvelle de la mort de son frère Claudius. Ce saint jeune homme avait toujours traîné une santé languissante. A un bégaiement qu'il avait apporté en naissant était venu se joindre un mal d'yeux assez habituel que lui avait laissé la petite vérole. Vainement sa mère avait essayé, tantôt de lui faire respirer l'air de la campagne, tantôt de le placer chez des médecins habiles chargés de veiller sur lui avec plus de soin, rien n'avait réussi à lui donner une santé vigoureuse. Mis en pension avec son frère, mais seulement à quinze ans, il y montra de la facilité pour l'étude ; sa piété y jeta plus d'éclat encore. Ce qu'il se proposait surtout en apprenant la langue latine, c'était de pouvoir suivre et comprendre les paroles des offices de l'Église. Placé dans une maison de commerce, il y resta à peine un an. Le monde n'avait pour lui aucun attrait. La lecture du *Génie du Christianisme* acheva de le dégoûter de tout ce qui passe, et, tournant ses regards vers un bonheur plus durable, il voulut ajouter aux souffrances que lui avait déjà apportées la maladie, les privations volontaires et les austérités du cloître. Le voilà donc se dérobant à la tendresse maternelle et se retirant en Suisse dans une maison de Trappistes, située à la Val-Sainte : c'était en 1809. Deux fois son frère aîné avait profité du temps des vacances pour aller le visiter dans sa solitude. C'était avec l'espérance de le déterminer à revenir auprès de leur mère ; mais tous ses efforts avaient été inutiles. Le nouveau disciple de Saint-Benoît lui répondit par des paroles aussi fermes qu'édifiantes et se montra inflexible dans sa première résolution. Dieu daigna se contenter de ses généreux désirs. Il le dispensa en effet d'une longue épreuve, et après deux ans d'une vie qui avait édifié ses frères, il lui donna pour récompense une douce et sainte mort.

Pendant les vacances qui suivirent l'ordination, il se passa un événement de peu d'importance, si on le considère en lui-même, mais qui eut une grande influence sur le genre de ministère auquel fut appelé plus tard l'abbé Mioland. Il devait, ainsi que son ami Greppo, accompagner M. Royer dans une petite paroisse du diocèse, nommée Fareins, pour y célébrer la fête de l'Assomption. M. Royer lui avait dit, mais comme en jouant : « Vous prêcherez le jour de la fête. » Le jeune diacre n'avait attaché d'abord aucune importance à cette parole ; mais le 4 août, on lui demanda son sermon qu'il devait prêcher le 15. Il n'y avait pas même pensé. On le pressa cependant avec de telles instances qu'il se mit de suite à l'œuvre. Le sermon se prêcha donc, et, M. Mioland qui, à l'en croire, n'avait ni imagination, ni mémoire, ni facilité d'élocution, fut très-étonné de se trouver en chaire si maître de lui-même, si prêt à suppléer plusieurs expressions et plusieurs pensées.

Au mois d'octobre, l'abbé Mioland rentra au séminaire de Lyon. Le pouvoir, à cette époque, devenait de plus en plus ombrageux. Deux mois plus tard, le cardinal Fesch se vit obligé d'enlever la direction de cet établissement aux prêtres si dévoués et si modestes de Saint-Sulpice, et de choisir à la hâte quelques autres prêtres de mérite pour les remplacer. M. Cabuchet, curé de Mornant, fut appelé à exercer les fonctions de directeur. MM. Cholleton et Cattet qui, depuis deux ans, avaient été placés par le cardinal au séminaire de Paris, pour y redoubler leur cours, furent chargés d'enseigner, l'un la morale et l'autre le dogme. M. Menaide, vicaire de Saint-Paul, fut nommé économe, et M. Bochard, vicaire général de Son Éminence le cardinal Fesch, remplit quelques-unes des fonctions de supérieur, sans vouloir en prendre le titre. Un mois plus tard, M. Cabuchet s'étant retiré, on le remplaça par M. Gardette, jeune encore, et déjà confesseur de la foi. Ce ne fut qu'à la rentrée de l'année suivante que M. Gardette reçut définitivement le titre de supérieur, titre qu'il a porté si honorablement jusqu'en 1848, époque où, plein de jours et de mérites, il emportait dans la tombe les regrets de tout un vaste diocèse. Sa mémoire, toujours vivante et toujours en vénération, y rappellera longtemps encore le type de toutes les vertus qui font les apôtres, mais surtout celui d'un dévouement qui va jusqu'au sacrifice et d'une régularité qui ne connaît aucune des excuses qu'apporte l'esprit de relâchement.

Parmi les élèves qui se trouvaient alors au grand séminaire, on remarquait plusieurs anciens. Quelques-uns d'entre eux, chagrins de se voir enlever des maîtres auxquels ils étaient attachés par le cœur, prirent le parti de se retirer. De ce nombre était l'abbé Greppo. M. Royer engagea l'abbé Mioland à rester, et il n'eut aucune peine à lui faire adopter ce parti qui était tout à fait selon ses vues, la vie du séminaire étant celle qui lui souriait davantage. Cette détermination, de toutes la plus sage, inspirait plus tard à Mgr Mioland ces réflexions touchantes où se révèlent et son cœur et sa foi : « C'est de cette première démarche qu'a dépendu mon existence ecclésiastique. Ordonné prêtre alors, comme quelques-uns de mes condisciples, j'aurais été placé vicaire avec mes vingt-trois ans. Je n'étais pas sans présomption ; j'aurais fait bien des maladresses, bien des démarches d'un faux zèle, peut-être bien des fautes, et je serais maintenant je ne sais où. En me laissant aller doucement à la Providence, j'ai sans doute eu à remplir un ministère bien délicat ; j'ai été porté, je ne sais comment, à la charge laborieuse et redoutable que j'exerce ; mais au moins, je n'ai pas fait un pas de moi-même, ou par inclination à aucun de mes emplois ; et ce sera, à l'instant de ma mort, je l'espère, mon grand sujet de joie, si Dieu me fait la grâce de persévérer dans ce sentiment, comme c'est pour moi, dès à présent, un sujet habituel de paix et de consolation. »

Pendant cette année, 1811-1812, M. Mioland qui voyait approcher le sacerdoce s'occupa de l'étude de la morale, du rituel et de tout ce qui touche à la direction des âmes. Il composa un certain nombre de prônes et d'instructions. Il suivit avec beaucoup d'intérêt et de profit un cours très-savant sur l'Église qu'enseignait à la Faculté de théologie le docte abbé Jacques. Saintement préoccupé, surtout pendant les derniers mois, de l'avenir qui allait s'ouvrir devant lui, il écrivait chaque jour ses réflexions sur le sacerdoce ou ses résolutions intimes, et c'est ainsi que, plein de science et de vertu, il s'avançait lentement vers le dernier degré qu'il avait à franchir pour être introduit dans la tribu sacerdotale. L'ordination fut, cette année, avancée d'un mois et fixée au dimanche 14 juin. La cherté des vivres avait obligé de prendre ce parti. Le séminaire allégeait ainsi sa charge ; il pouvait rendre un mois plus tôt les élèves à leurs parents.

L'abbé Mioland, on l'a déjà dit, n'avait pas attendu la dernière heure pour se préparer à ce grand acte de sa vie. Ses sept années passées au séminaire avaient été une longue préparation non interrompue. Les interstices que l'Église a établis avec tant de sagesse entre les divers degrés que le jeune clerc doit monter pour arriver au sacerdoce avaient pu être gardés par lui avec une grande exactitude, et il en avait profité pour s'exercer avec autant d'amour que de fidélité aux fonctions de chacun des ordres reçus par lui. Nous voyons dans ses mémoires qu'il estimait singulièrement cette disposition de la Providence à son égard. Il la regardait comme une grâce précieuse parmi tant d'autres faveurs dont il avait été comblé. A mesure que les jours s'écoulaient, son âme s'illuminait d'une lumière toujours plus pure et ressentait avec plus de violence les saints tressaillements qui agitent le cœur de l'apôtre. Un mois avant l'ordination, il essaya, suivant une habitude qui lui était chère, de jeter sur le papier le trop-plein de son cœur. Cet écrit, commencé le 17 mai, jour de la Pentecôte, et terminé le 8 juin, ne couvre pas moins de quarante pages. La foi, la piété, la reconnaissance, la générosité, l'humilité, toutes les vertus apostoliques s'y disputent tour à tour le droit d'exprimer dans le plus beau langage ce qu'elles voient, ce qu'elles sentent, ce qu'elles touchent, et l'on est étonné, en le lisant, de trouver dans un simple séminariste une connaissance de la sainte Écriture, des lumières, une sagesse qui semblent révéler un prêtre mûri par l'expérience d'un long ministère. Il nous faudra nécessairement abréger. Citons du moins quelques passages.

L'abbé Mioland débute ainsi : « Je commence ces réflexions le jour où les apôtres reçurent la plénitude du Saint-Esprit pour gagner l'univers à la connaissance et à l'amour de leur divin Maître. O mon Dieu ! donnez-moi leur recueillement, leur simplicité de cœur, leur dévouement et leur zèle. Le mois prochain ne s'écoulera pas que je n'aie reçu le Saint-Esprit. Le recevrai-je dans sa plénitude ? Trouvera-t-il mon cœur assez bien préparé pour le changer ? Ne s'y rencontrera-t-il rien qui mette obstacle à une seule des grâces que ce Dieu de bonté me destine ? Cette pensée m'effraye !.. je joins ma prière à celle de toute l'Église; j'espère que ma voix sera plus puissante, mêlée à celle de tous les justes, de tous les saints qui vivent sur la terre, unie à celle de cette Église que son divin époux ne saurait méconnaître. *Veni, sancte Spiritus, et emitte cœlitus lucis tuæ radium. Veni, Pater pauperum...*

« J'arrive à une grande époque qui va diviser ma vie en deux parties. Jusqu'à présent, je n'ai eu qu'à sanctifier mon âme ; dès lors je ne pourrai plus me sanctifier sans que je sanctifie les autres. Jusqu'à présent j'ai vécu dans la retraite ; dès lors je vivrai dans le monde. Jusqu'à présent je n'ai eu qu'à remplir un petit nombre de devoirs toujours connus, déterminés et dont tout me rappelait le souvenir ; dès lors mes obligations seront innombrables et tout conspirera à m'aveugler sur leur nombre, leur importance et la nécessité de les remplir toutes. Il est facile de suivre une route que l'on voit ouverte devant soi et dans laquelle des guides habiles et éclairés dirigent nos pas, nous soutiennent, nous encouragent et nous excitent ; mais quand il faut commencer tout seul une carrière nouvelle, quand il faut devenir le guide de tant d'hommes dans des routes toutes différentes, on a sujet de trembler.

« J'arrive à l'époque de mon ordination : j'ai passé la plus belle partie de ma vie. Plus d'avenir plein d'espérances riantes ; plus d'illusions sur les hommes ; plus de projets enchanteurs ; plus de tableaux chimériques du monde. Je touche au terme de ma jeunesse puisque le prêtre est un vieillard. Tous les songes sont évanouis. Il faudra voir les hommes tels qu'ils sont, éprouver leur obstination, leur mépris, et ce qui est plus déchirant, leur ingratitude. Il faudra être sans cesse témoin de toute la corruption de leur cœur et de l'aveuglement de leur esprit. Il faudra, au lieu de ces brillantes images qu'on aime, dans ses premières années, à se former de leur bonté, faire chaque jour la triste expérience de leur folie et de leur perversité. »

Ici notre jeune diacre, comme pour dissiper ces sombres nuages et ranimer sa confiance, se faisait à lui-même une vive peinture de toutes les bontés dont Dieu n'avait cessé de le combler, de tous les soins avec lesquels sa Providence avait constamment veillé sur les années de son enfance et de sa jeunesse. Partout, et dans les moindres circonstances de sa vie, il retrouve cette aimable Providence avec ses attentions maternelles, et à ce souvenir, ses inquiétudes semblent se dissiper. « Pourquoi suis-je né, se dit-il à lui-même, à une époque si extraordinaire, où ma patrie allait éprouver la plus violente secousse, où toutes les anciennes institutions devaient être anéanties pour un temps, où l'Église devait essuyer tous les efforts de l'enfer, où devait s'opérer dans les esprits comme dans les États la plus étrange révolution dont les annales du monde fassent mention? Si j'étais né quelques années plus tôt, ou j'aurais partagé le délire général, ou j'aurais perdu mes plus belles années dans l'ignorance et l'oubli le plus complet de la religion. Quelques années plus tard, je n'aurais pas été l'heureux témoin de ce spectacle, unique peut-être dans l'histoire, de la religion revenant, après le combat le plus opiniâtre, reprendre tous ses droits et toute sa splendeur. Je n'aurais pas vu un peuple, lassé des factions qui l'avaient déchiré, rentrer comme de lui-même dans l'ordre et le devoir, semblable à une mer agitée qui s'apaise. Le culte moins florissant, la piété moins en honneur, la foi plus faible ne m'auraient peut-être fait regarder la religion que comme une de ces institutions humaines qui renaissent par la force des choses, et mon cœur agité de violentes passions eût peut-être fermé les yeux à la lumière. Ainsi, né plus tôt, j'aurais été impie; né plus tard, j'aurais été indifférent. Mais à peine commençais-je à me connaître, que des temps plus tranquilles me préparaient une éducation chrétienne. Cependant la religion était encore opprimée, car vous vouliez, ô mon Dieu! que je la visse cachée et persécutée afin de me faire éprouver toute l'impression de joie que devait causer son triomphe. J'étais alors dans un âge où rien ne pouvait mettre obstacle en mon cœur à une jouissance si pure. J'avais treize ans quand l'Église rentra dans ses temples, quand elle fit entendre de nouveau sa voix dans les chaires, quand elle rappela ses enfants autour d'elle, comme une mère tendre. Je n'oublierai jamais les impressions profondes que produisaient alors sur moi les cérémonies de la religion, l'appareil du culte et les moindres choses qui tenaient au service divin. Ces sentiments me semblaient si naturels que je ne comprenais pas même qu'on pût ne les avoir pas. C'était sans doute, ô mon Dieu ! que vous vouliez ainsi préparer mon cœur aux vertus apostoliques, au zèle pour votre culte, à l'amour de l'Église, à l'intrépidité nécessaire pour combattre ses ennemis. Vous vouliez aussi m'inspirer une tendre compassion pour tant d'hommes qui ne doivent leur irréligion qu'aux malheureux temps dans lesquels s'est écoulée leur jeunesse. »

Il est aisé de voir par les paroles qui précèdent, quelle âme affectueuse et tendre était celle de M. Mioland. Aussi, parmi les souvenirs qui excitent en lui une vive gratitude, il ne manque pas de donner une place à l'amitié si chrétienne que le ciel lui fit contracter avec le jeune Honoré Greppo dont il a été plusieurs fois question dans cette histoire. Ce pieux ami, on se le rappelle, lui fut envoyé au moment où des condisciples peu réguliers et sans esprit de foi auraient pu l'entraîner dans le dérèglement de leur vie. Se reportant par la pensée à ces jours de sa jeunesse, il s'écrie avec un ineffable sentiment de reconnaissance. « Oui, je comprends maintenant pourquoi Dieu m'envoya un ami véritable dans le cœur duquel je pus épancher le mien. Quel étonnement, quelle joie céleste, lorsque, nous faisant part de nos projets et de nos vues, nous découvrions que Dieu nourrissait depuis plusieurs années dans nos âmes les mêmes pensées et les mêmes désirs, sans que jamais nous eussions osé nous les communiquer ! J'avais passé ma seizième année ; dès lors, nos cœurs furent unis par des liens que la mort seule pourra rompre. Vous le savez, ô mon Dieu ! avec quelle joie nous nous entretenions ensemble de votre grandeur, de votre amour, du bonheur que l'on trouve à vous servir et à vous faire aimer, du prix inestimable de la vocation ecclésiastique au dix-neuvième siècle. Car malgré les discours qui retentissaient à nos oreilles, malgré tout ce que nous voyions autour de nous, votre grâce qui parlait encore plus haut au fond de notre âme nous faisait envisager ces choses divines du même œil que vous les envisagez vous-même, et en dépit des maximes du monde, nous regardions comme la souveraine sagesse de rechercher ce qui rapproche de vous, ô mon Dieu ! et comme le souverain bonheur, de travailler à votre gloire et au salut des âmes que vous avez rachetées par votre sang. Quel plaisir incompréhensible nous goûtions dans ces conversations intimes ! Vous vouliez ainsi, ô mon Dieu ! nous fortifier mutuellement contre les obstacles qui devaient s'opposer à l'exécution de vos desseins sur nous. Qui sait si, combattant seul tant de difficultés, je ne me fusse point laissé abattre ? Qui sait si, lassé d'être toujours contredit, je n'eusse point abandonné ma vocation ? Mais nous nous soutenions l'un l'autre ; nos victoires étaient communes comme nos projets et nos désirs, et tant d'obstacles n'aboutissaient qu'à nous inspirer un nouveau courage. Vous savez, ô mon Dieu! quelles prières ferventes nous faisions ensemble pour connaître votre volonté. Nous cherchions à nous mettre dans une parfaite indifférence, et cela nous était impossible, tant l'attrait que vous nous aviez donné était irrésistible. Dès le premier instant que nous appliquions notre esprit à ces pensées, il nous semblait qu'on ne peut balancer entre ce qui est vain et ce qui est seul stable, seul grand, seul aimable, entre ce qui passe et ce qui est éternel, entre Dieu et le monde. »

Les heureuses années qu'il a passées au séminaire rappellent encore à l'abbé Mioland une série non interrompue de grâces insignes. Dans ses maîtres il a trouvé des amis et des modèles. L'éloge qu'il en fait mérite à double titre de trouver ici une place. Tout à la fois il nous donne une idée de l'esprit qui anime les séminaires dirigés par Saint-Sulpice, et il nous met à découvert l'âme si belle, si judicieuse de celui dont nous esquissons la vie. « Dieu, écrivait-il, m'a retiré au séminaire pendant sept ans, et quels maîtres il m'a donnés! La science unie avec la piété; une simplicité d'enfant et une grande connaissance des hommes; une prédilection toute particulière pour la retraite, avec tous les talents et toutes les vertus capables d'éclairer et de sanctifier le monde; un amour de la vie cachée, de la vie simple, de l'oubli des hommes, avec les qualités les plus propres à en acquérir l'estime et l'amour. Je les ai vus partout, et nulle part déplacés. Quelle bonté de cœur, quelle tendresse toute maternelle pour leurs enfants! C'étaient des frères au milieu de leurs frères. Ils ne voulaient se distinguer que par plus de douceur, plus de condescendance et plus de bonté, et ils souffraient, ce semble, des honneurs rendus à leur supériorité. Le séminaire était une famille, et tous en étaient les pères. Oublierai-je jamais ceux avec lesquels j'avais des relations plus intimes, ces entretiens si aimables et si doux, où l'âme s'épanchait sans crainte, et dont on ne sortait jamais que plus instruit et plus vertueux? État heureux que vous m'avez ménagé, ô mon Dieu! pour ouvrir mon cœur, m'en faire connaître les plaies et les endroits faibles, et le fortifier par tant d'avis, de bons conseils, de saints exemples. Ce souvenir pourra-t-il jamais s'effacer? Mais quelle pensée déchirante, ô mon Dieu! ces pères ont été arrachés à leurs enfants! Quelle année que celle où je me trouve! quels tristes jours! quelle douleur! ô mon Sauveur! Il n'y a que vous qui puissiez cicatriser une telle plaie. Écoutez tant de prières; voyez la pureté de tant de cœurs qui ne vous prient que pour la gloire de votre Église et la sainteté de votre sacerdoce. Rendez-nous la beauté et la paix des anciens jours. »

Quelques lignes plus bas, notre jeune diacre, essuyant ses larmes et obéissant à des pensées que la foi seule inspire, confiait à sa plume ces admirables paroles : « Est-ce que je ne vous bénirai pas, ô mon Dieu ! de ce dernier coup qui est venu me frapper ? Vous m'avez assez aimé pour me donner quelque part à votre calice. Vous avez daigné récompenser l'amour que vous m'avez inspiré pour votre Église, en me faisant partager ses malheurs. Hélas ! j'étais trop heureux. J'approchais du sacerdoce ; il fallait me faire comprendre que j'allais être le ministre d'un Dieu abreuvé de fiel et d'amertume et le prédicateur de la croix. Mon âme n'eût pas été assez forte, si elle n'eût pas éprouvé cette dernière secousse ; et que sais-je si ce n'était pas là le feu qui devait consumer mon dernier sacrifice ? Ah ! loin de murmurer et de me plaindre, je vous adore dans toutes vos œuvres. Elles sont toutes sagesse et bonté. Qu'importe que je n'en voie pas les ressorts secrets ? Est-ce que mon Dieu n'est pas assez puissant pour justifier sa Providence, et ne sait-il pas tirer souvent le bien du mal même ?... Seulement, ô mon bon Maître, aidez-moi à profiter de tant d'épreuves. Vous m'avez ôté le guide de ma jeunesse, celui qui connaissait mon cœur mieux que je ne le connais moi-même, et cela dans un temps où ses conseils et ses soins m'étaient le plus nécessaires. Soyez vous-même mon guide, mon conseil et mon soutien. Vous m'avez séparé de tous mes amis ; remplissez ce vide qui s'est fait dans mon âme... et que j'aie le bonheur, à ce grand jour où je monterai pour la première fois à l'autel, de joindre ma croix à celle de mon divin Sauveur. »

Nous aimerions à citer encore. Il n'est pas, en effet, une seule page, parmi celles que nous avons sous les yeux, qui ne nous révèle quelques-uns des traits caractéristiques de cette âme belle, noble et pure, dans laquelle la bonté divine ne pouvait verser un nouveau bienfait, sans qu'il provoquât les élans de la plus vive reconnaissance. Mais comment suivre notre jeune lévite interrogeant un à un tous les souvenirs de ses vingt-quatre ans, et s'arrêtant à chaque pas pour adorer, louer et bénir ? Il ne peut se lasser de se dire les mêmes choses qu'il s'est déjà dites tant de fois. Nous nous lasserions peut-être en les entendant répéter encore. Écoutons-le du moins, arrivé au terme de cette étude de sa vie, s'écriant avec l'accent de la foi la plus humble et la plus généreuse : « Ah ! Seigneur, mon esprit se perd, le souvenir de vos miséricordes m'accable et je succombe sous le poids de tant d'amour. Je cherche en moi, hors de moi, comment je pourrai reconnaître une prédilection si singulière, et partout je ne trouve que ce que je tiens de votre bonté. Quelle misère est la mienne ! Tout ce que j'ai me vient de Dieu, et tout ce que je pourrais acquérir, je ne le recevrais que de lui. Mais, Seigneur, il y a une chose qui est à moi, que vous me demandez, et que je veux vous donner sans nulle réserve : c'est mon cœur. Qui a sur lui plus de droits que vous, qui l'avez formé de vos propres mains et qui avez imprimé sur lui votre image ? Mais il est libre, et je veux qu'il ne respire que pour vous. Oui, mon corps, mon esprit, mon cœur, tout mon être doit être à vous, et il le sera, ô mon Dieu ! si vous m'aidez de votre grâce. »

Cependant, malgré ce témoignage éclatant de sa conscience, malgré les preuves irréfragables que sa vocation venait bien de Dieu, l'abbé Mioland tremblait encore. Il avait beau se dire avec saint Jean Chrysostôme que le ministère sacerdotal est le plus grand témoignage d'amour que nous puissions donner à Jésus-Christ, il se demandait si ce n'était pas une témérité pour lui d'affronter les dangers de ce redoutable ministère. Il se rappelait les saintes frayeurs d'un saint Augustin, d'un saint Basile, d'un saint Grégoire, d'un saint Jérôme, d'un saint Ambroise : « Et moi, se disait-il ensuite, je ne vois dans mon ordination qu'un jour de fête et de bonheur. Cette différence de sentiments m'étonne et me confond. Je ne considère peut-être le sacerdoce que dans ce qu'il a de grand et de touchant à l'égard de Dieu et d'utile à l'égard de mes frères. Ma présomption me cache ses dangers et ses périls. Je veux méditer ces grandes vérités qui faisaient une impression si profonde sur l'esprit des saints, et y puiser, avec une religieuse frayeur, cette défiance de moi-même, cette crainte salutaire qui est le commencement de la sagesse et qui me prémunira contre tant d'écueils. »

Se représentant alors le prêtre, à l'autel, en chaire, au confessionnal, notre jeune lévite voyait partout pour lui des périls. Il en trouvait surtout dans la tendresse et la sensibilité de son cœur, et ne voyait plus qu'une ressource, celle qui a été donnée à tous les saints prêtres : c'était de se jeter les yeux fermés et sans réserve dans les bras de la divine miséricorde. Puis, appelant à son aide les souvenirs de la sainte Écriture, il s'écriait : « Seigneur, ah ! je crie d'avance vers vous du fond de cet abîme où vous allez me précipiter, comme vos trois serviteurs de Babylone ; voyez ce brasier immense, ces flammes dévorantes qui m'environnent, les liens qui me retiennent. Voyez la fureur de ce roi impie qui veut ma mort ; entendez-les cris de cette populace idolâtre qui va prendre de là sujet de blasphémer votre nom, et de vous couvrir d'opprobres. Voyez et souvenez-vous de vos anciennes miséricordes. C'est pour vous que je descends dans cette fournaise ardente. Envoyez-moi votre ange pour rafraîchir mon âme, la soutenir et la consoler par l'espérance. Et, du milieu de ces brasiers dévorants, je chanterai vos louanges, je bénirai votre amour. Tous ceux qui verront ce miracle joindront leurs actions de grâces aux miennes et ils diront : Le Seigneur est bon, sa miséricorde est éternelle. C'est lui qui rend diserte la langue des enfants et qui fortifie les faibles. Il est le refuge du pauvre, l'asile du persécuté, et ceux qui espèrent en lui ne sont jamais confondus. Il sait tirer du péril ceux qu'il y a mis pour la gloire de son nom ; et il les rend semblables à un rocher au milieu de la mer en courroux. Il descend avec eux dans la fournaise et il brise leurs liens. Leurs ennemis les environnent, comme des lions rugissants, prêts à les dévorer ; l'abîme entr'ouvre ses gouffres ; mais il est leur force et leur soutien parce qu'ils ont espéré en lui. O mon Dieu !... que je mette toujours en vous seul toute ma confiance, puisqu'il n'y a que vous qui puissiez me sauver : *Spes à turbine, umbraculum ab œstu* [1]. » (ISAI. XXV, 4.)

C'est ainsi que l'abbé Mioland comprenait le sacerdoce. Mais lorsqu'il confiait au papier cette surabondance de sentiments inspirés par sa foi, il ne savait pas que, cinquante ans plus tard, une pieuse curiosité pourrait se satisfaire, en lisant jusque dans le fond de sa pensée la plus intime. Ce qu'il se proposait, ce n'était pas seulement de soulager son cœur ; c'était aussi, il nous le dit lui-même, de se préparer un témoin qui lui adres-

---

[1] Vous êtes mon refuge contre la tempête, mon rafraîchissement contre la chaleur ardente.

serait de salutaires reproches, si jamais il venait à oublier ses engagements sacrés. L'Église est heureuse quand elle peut faire couler l'huile sainte sur de tels ministres, elle s'abandonne alors aux plus douces espérances. Le passé lui garantit l'avenir, et lorsque, au moment de l'ordination, elle dit sa fameuse parole : *Scis illos dignos esse ?* Savez-vous s'ils en sont dignes ? — Son cœur rempli de joie lui a déjà donné la réponse. Les espérances qu'elle avait fondées sur l'abbé Mioland n'ont point été trompées. Nous le verrons bientôt, prêtre, et plus tard évêque, donner à Dieu et à son Église tout ce qu'il avait promis. Toutefois sa vertu prendra un autre caractère. Toujours pure, toujours simple, toujours aimable, toujours généreuse, elle perdra, à mesure que viendront les années, cette innocente ardeur que l'on aime à rencontrer dans la jeunesse; mais ce sera pour revêtir cette sagesse consommée, cette prudence et cette réserve que l'expérience donne toujours aux cœurs droits, aux esprits judicieux. Lorsque l'arbrisseau est devenu un grand arbre, ils n'offre plus à l'œil, dans son feuillage, cette riante verdure qui semble toujours refléter le printemps, ni dans ses branches cette souplesse qui leur permet de se balancer sous le souffle du moindre zéphir ; mais ses rameaux forts et vigoureux défient l'orage, et, comme autant de bras bienfaisants, étendent au loin son ombre tutélaire. Ainsi du lévite pieux lorsqu'il est devenu apôtre. Sa piété a moins de grâce peut-être, mais, plus éclairée et plus fortement enracinée dans son cœur, elle est mille fois plus riche et plus féconde. Ce ne sont plus ces fleurs qui invitent à l'espérance, mais ces fruits mûrs et délicieux au goût qui dédommagent le cultivateur de tous ses travaux. Alors se vérifie la parole du Maître : *Je vous ai choisis et je vous ai établis* mes apôtres, *afin qu'allant* prêcher ma doctrine, *vous rapportiez du fruit, et que votre fruit demeure* [1].

[1] Jo. XV, 16.

CHAPITRE IV

L'abbé Mioland est nommé maître des cérémonies au séminaire de Lyon. — Esprit avec lequel il accepte et remplit pendant quatre ans ces modestes fonctions. — Sa vie studieuse. — Ses rapports avec plusieurs ecclésiastiques distingués. — Il songe à entrer dans la société de Saint-Sulpice. — Dieu lui manifeste une autre vocation.

— 1812 - 1816 —

L'ordination, à laquelle M. Mioland reçut la prêtrise, eut lieu, comme on l'a déjà dit, le dimanche 14 juin 1812. Elle fut faite par Son Éminence le cardinal Fesch. Dès quatre heures du matin l'abbé Mioland était sur pied, son âme surabondait de joie, et il éprouvait le besoin de prendre une plume et d'écrire ce qui se passait en lui. Au retour de l'ordination, ce fut lui qui fit la lecture au réfectoire du séminaire. Le sujet était le discours de Fénelon pour le sacre de l'électeur de Cologne. Les sentiments de dévouement et d'amour pour l'Église, qui y sont exprimés en un si beau langage, le comblèrent de bonheur.

Le lendemain, l'abbé Mioland montait pour la première fois à l'autel. C'était dans l'église de Notre-Dame-Saint-Louis (aujourd'hui Notre-Dame-Saint-Vincent). Le prêtre qui l'assista fut le vénérable M. Goulard, curé de la paroisse. Les deux clercs qui servirent cette messe étaient M. Magdinier, mort depuis dans les missions du Tong-king, et M. Picou, mort curé de Saint-Étienne en Forez. La première personne à laquelle il donna la sainte communion fut sa pieuse mère. On sait quelle place occupe dans la vie du prêtre ce jour unique où, pour la première fois, il offre le saint sacrifice. Qui pourrait dire les sentiments divers qui agitèrent alors l'âme si bien préparée de l'abbé Mioland ?...

Le surlendemain de l'ordination, M. Bochard, vicaire général, vint trouver le nouveau prêtre et lui déclara que l'on avait l'intention de le garder au séminaire, que tous les directeurs l'avaient demandé pour collègue et qu'il partagerait avec eux le soin de cette maison, en qualité de sixième directeur. Impossible de dire l'étonnement qu'éprouva l'abbé Mioland à cette nouvelle. Il se regardait comme indigne d'un tel poste ; et puis, il n'avait jamais songé qu'à être vicaire dans quelque paroisse. Depuis l'âge de douze ans, il n'avait pas d'autre ambition. Cependant, habitué qu'il était à voir toujours l'ordre de la Providence dans les désirs de ses supérieurs, il se résigna sans beaucoup de peine, heureux d'être d'autant plus assuré de faire la volonté de Dieu, qu'il s'était moins mêlé aux arrangements que l'on croyait devoir prendre à son égard. Dès le lendemain il rendit une visite à son Éminence le cardinal Fesch qui, à son grand étonnement, le reçut d'un air indifférent et tout préoccupé. Le nouveau directeur ne savait à quoi il devait attribuer la froideur de cet accueil. Mais quelques instants après, M. l'abbé Feutrier, qui était logé au palais, lui en donna l'explication. La nuit précédente, le pape avait passé *incognito* à Lyon, mené prisonnier de Savone à Fontainebleau, et le cardinal avait le cœur plongé dans la tristesse.

Au premier novembre 1812, l'abbé Mioland, installé depuis quelque temps au séminaire, était nommé maître des cérémonies. M. Gardette, on l'a déjà dit, était supérieur, M. de la Croix, qui devait être élevé successivement sur les siéges de Gap et d'Auch, avait été appelé à remplir les fonctions de directeur en titre. MM. Cattet, Cholleton et Menaide, dont on a déjà parlé, restaient à leur poste. L'abbé Mioland n'eut rien à changer à ses habitudes. Depuis longtemps ses manières, son ton, ses goûts avaient quelque chose de si éminemment sacerdotal qu'il se trouvait comme dans son élément, et il paraît bien que ses nouvelles fonctions, en le faisant passer subitement, et dans la même maison, du rang des élèves à celui des maîtres, n'avaient nullement altéré la modestie de sa simplicité, car M. Bochard disait de lui ce mot spirituel et caractéristique : *Séminariste, il avait trop l'air directeur, et directeur, il a trop l'air séminariste.*

M. Mioland, n'étant chargé que de ce qui a trait aux cérémonies et d'entendre quelques confessions, pouvait disposer de beaucoup de temps. Il en profitait pour composer avec un grand soin quelques sermons destinés au temps des retraites et les sujets d'oraisons qu'on est dans l'usage de donner aux séminaristes. Nous voyons aussi dans ses notes qu'il relisait les traités de théologie que l'on expliquait dans les cours, et qu'il faisait une étude de saint François de Sales, du P. Judde, de Bossuet, d'Abbadie, de Bergier, de Benoît XIV (*de Synodo diœcesana*) et de quelques ouvrages des saints Pères, auxquels il ajoutait encore des livres de littérature et d'histoire. Nous aurons occasion plus d'une fois de remarquer quels heureux fruits ces études si variées produisirent dans la vie de M. Mioland.

Ainsi s'écoulèrent quatre années d'une vie simple, modeste et laborieuse. M. Mioland était heureux. Les agitations du dehors, qui apportaient tous les jours à la France de nouvelles préoccupations, vinrent rarement le troubler. Nous savons seulement que, pendant les vacances de 1815, se trouvant seul au séminaire, ce fut lui qui dut parlementer avec la ville qui était sur le point de livrer cette maison aux Autrichiens pour en faire une caserne, et qu'il eut le bonheur de voir se détourner le coup qui l'avait menacée.

Un des traits à noter dans la vie de l'abbé Mioland, c'est le soin que prit la Providence de le mettre en relation avec un grand nombre des hommes remarquables du clergé de son époque. On sait tout ce qu'un esprit judicieux et attentif peut retirer de précieux avantages dans ces sortes de rapports. M. Mioland leur dut en partie ces vues larges et étendues que tous admiraient en lui. Pendant les vacances de 1813, il avait visité Chambéry. Là il fit la connaissance de M. Billiet, alors supérieur du petit séminaire, de cet homme aussi bon que pieux, aussi modeste que savant, qui, aujourd'hui, sous la pourpre de cardinal, conserve encore sa ravissante simplicité. Il se lia avec M. Rey, qui devait plus tard occuper le siége de saint François de Sales et qui, dans des retraites dont le souvenir se conservera longtemps, était destiné par la Providence à renouveler, au sortir de nos révolutions, l'esprit du clergé français. Puis, s'étant rendu à Annecy et, près de là, chez madame d'Arcine, dont un des fils avait passé l'année précédente au séminaire de Lyon, il eut le bonheur d'y rencontrer l'abbé de Thiollas, parent de cette dame, homme éminent par sa science et par son noble caractère, qui devait précéder M. Rey sur le siége d'Annecy. L'abbé Mioland trouvait un charme particulier à faire causer sur les matières ecclésiastiques tous ces pieux et illustres personnages, et il ne sortait jamais d'auprès d'eux sans avoir enrichi son trésor. M. de Thiollas, à qui appartenait le petit séminaire de la Roche, le conduisit dans cette maison. Depuis un an elle était vide, par suite des exigences vexatoires de l'Université; mais le courageux abbé, regardant du côté de l'avenir, avait le cœur plein d'espérances, et montrant à notre jeune voyageur un grand nombre d'ouvriers qu'il employait à restaurer et agrandir cet établissement, il lui disait avec un accent prophétique : « Ce que nous voyons ne peut durer; bientôt nous rouvrirons les petits séminaires. » Le lendemain, on recevait la nouvelle de la désastreuse bataille de Leipsick, qui devait changer la face des choses.

Pendant les vacances de 1814, l'abbé Mioland partit pour la capitale avec MM. Cholleton et Cattet. On supposait alors que le séminaire de Lyon ne tarderait pas à rentrer sous la direction de Saint-Sulpice, et ces messieurs se regardaient comme appelés par la divine Providence à entrer dans cette société. M. Mioland resta six semaines à Issy dans la maison de la compagnie, lisant les règles de Saint-Sulpice, les analysant, tâchant de se pénétrer de leur esprit. Il était tout disposé à se vouer définitivement à la carrière si modeste et si éminemment utile qu'acceptent les directeurs et professeurs de nos séminaires, s'il eût pu lire dans la marche des événements que telle était sa vocation. Mais, de retour à Lyon, il retrouva les choses sur le pied où il les avait laissées. Le cardinal Fesch était éloigné de son siége, par suite du revirement de la politique. MM. les vicaires généraux ne voulurent pas, sans doute, prendre sur eux une détermination aussi grave que celle qui aurait fait passer le séminaire en d'autres mains. Les choses reprirent donc leur train ordinaire, et nous ne trouvons rien de remarquable à signaler dans l'année 1815, si ce n'est le danger déjà noté où se vit le séminaire d'être transformé en caserne au service des Autrichiens.

Vers la fête de Pâques 1816, Mgr Dubourg, évêque de la Nouvelle-Orléans, venant de Rome, s'arrêta quelques jours au séminaire de Lyon. M. Mioland fut chargé de l'accompagner dans ses courses. Il le voyait souvent et il admirait en lui ces nobles et grandes qualités que rehaussait encore dans le prélat une singulière distinction dans les manières. Mgr Dubourg, de son côté, fut saisi de respect pour le jeune professeur, et lorsqu'en 1835, il allait prendre possession du siége de Besançon, sur lequel il devait bientôt terminer ses jours, ce fut lui qui, passant à Paris, prononça le premier le nom de M. Mioland pour l'épiscopat. Mais le moment marqué par le Ciel n'était pas encore venu pour lui. Il fallait le préparer et le mûrir, en lui donnant une plus entière expérience des hommes et des choses. On va voir une fois de plus comment la divine Providence, avec autant de force que de douceur, sait arriver à l'accomplissement de ses desseins. Mais nous serons obligés, pour mettre plus de clarté dans le récit, de jeter un coup d'œil en arrière sur les années qui viennent de s'écouler.

CHAPITRE V

Le cardinal Fesch songe à créer une société de prêtres, destinée à l'enseignement et à la prédication. — Premiers essais, qui ne peuvent aboutir. — Le cardinal part pour l'exil. — M. Bochard, vicaire général, est chargé de réaliser sa pensée. — Tout se prépare pour une institution définitive.

— 1803 - 1816 —

Le cardinal Fesch, depuis son élévation au siége de Lyon, nourrissait une pensée qui nous donne la mesure de son zèle. Il songeait à établir une société de prêtres qui, grâce à de fortes études, seraient à même de conserver intact le dépôt des sciences ecclésiastiques, et qui, par de solides prédications, ramèneraient à la foi une multitude d'esprits égarés. Les orages qui venaient de passer sur la France avaient tout renversé. Les grandes ressources que trouvait autrefois l'Église dans les ordres religieux avaient comme disparu. A de tels maux il fallait essayer d'apporter un remède. Mais que faire, au milieu des préjugés qui avaient germé dans la plupart des esprits, en face surtout d'un pouvoir ombrageux et inflexible ? Le moment n'était pas venu de faire apparaître, sous l'habit de saint Dominique ou de saint François, sous la tunique de saint Benoît ou le manteau du Carmel, ces phalanges sacrées qui avaient provoqué tant de haines aveugles. Les fils de saint Ignace, quoique vêtus comme les autres prêtres, étaient obligés de voiler leur origine sous un nom emprunté. Il fallait donc attendre encore. Mais, s'il était impossible de relever tant de ruines, ne pouvait-on pas essayer de construire un nouvel édifice ? Telle était la pensée constante du cardinal Fesch. « Eh quoi ! se disait-il avec tristesse, maintenant que nous n'avons plus de communautés d'hommes, de corps religieux, que deviendront les sciences ecclésiastiques ? L'Église de France, si longtemps renommée pour ses lumières, sera-t-elle condamnée à descendre du rang où l'avaient fait monter et sa science et ses vertus ? » — Plein de ces pensées, l'éminent prélat s'abandonnait à l'espérance de donner à l'Église quelque grande institution qui étendrait ses bienfaits à la France tout entière. Le rang élevé de son siège, les liens de famille qui l'attachaient à l'empereur, lui permettaient de porter ses vues jusque-là. Nous verrons bientôt comment il fut forcé de modifier et de restreindre ses projets.

On était en 1803. Le cardinal tenta un premier

essai. L'église des Chartreux venait d'être rendue au culte sous le vocable de saint Bruno qu'elle conserve encore aujourd'hui. M. l'abbé Paul, ancien directeur du séminaire de Saint-Charles à Lyon et confesseur de la foi, lui fut donné pour curé. Quelques prêtres zélés, ayant à leur tête M. de Villers, ancien vicaire général de Mgr de Marbœuf, s'adjoignirent à lui, soit pour le service de la nouvelle paroisse, soit pour le ministère de la prédication dans les stations, missions et retraites du diocèse. On leur donna pour habitation les modestes et pauvres cellules qui sont occupées aujourd'hui par les séminaristes de la maison des Chartreux. Mais, M. de Villers ayant été appelé à Paris, la société naissante, qui avait eu à peine le temps de se former, se dispersa bientôt, laissant toutefois après elle, le souvenir d'importants services.

L'année 1806 vit une nouvelle tentative, qui donna d'abord de vives espérances, mais qui ne devait les réaliser que pour un temps trop court. M. l'abbé Rauzan, chanoine de Bordeaux, s'était déjà fait entendre avec un immense succès dans plusieurs de nos grandes chaires. Tout en lui révélait l'apôtre des temps modernes. Une parole digne et forte, un sens éminemment pratique, une aimable simplicité unie à une singulière distinction, un dévouement qui grandissait avec les obstacles, promettaient à son zèle les plus heureux fruits. Il venait tout récemment, aidé de plusieurs prêtres zélés, de prêcher en forme de mission le carême dans la métropole de Lyon. La puissance de sa parole et sa piété à l'autel lui avaient conquis tous les cœurs ; et M. Courbon, second vicaire général, ayant cru reconnaître en lui l'apôtre le plus propre à réaliser l'idée du cardinal Fesch, se hâta de le désigner au prélat, qui alors se trouvait à Rome. « Oui, répondit aussitôt Son Éminence, vous avez trouvé l'homme dont j'ai besoin. Avant trois jours je serai parti pour Lyon, je verrai M. Rauzan et lui proposerai mon projet. »

Le cardinal s'aboucha en effet avec M. Rauzan, non pas à Lyon, mais à Paris, et les vives difficultés qu'opposa l'archevêque de Bordeaux avant de se déterminer à céder un sujet aussi précieux, étant heureusement surmontées, M. Rauzan fut installé aux Chartreux à la tête d'une petite troupe de missionnaires, dans la modeste habitation qu'avaient occupée M. de Villers et ses associés. Ce fut le cardinal lui-même qui fit cette installation, comblant de prévenances le prêtre dont il espérait tant pour la régénération de son diocèse, et heureux de le nommer sur-le-champ chanoine d'honneur, membre de son conseil, vicaire général honoraire.

M. Rauzan eut pour collaborateurs MM. Guyon, Paraudier, Miguel, Bétemps, Montannier, Fauvet, Rodet, Pastre, Gagneur, etc. etc... A la plupart de ces noms se rattache aujourd'hui le souvenir d'importants et nombreux services rendus à l'Église.

Le premier curé de Saint-Bruno, M. Paul, était mort, M. Rauzan fut obligé d'accepter son titre ; mais ce ne fut qu'à regret. Il craignait de trouver, dans les sollicitudes qu'amène la direction d'une paroisse, un obstacle aux projets de son zèle. Aussi, sur ses instances, la paroisse de Saint-Bruno fut démembrée et réduite à mille ou douze cents âmes.

La Société naissante semblait appelée à combler les vœux du cardinal Fesch. Le zèle de ses ouvriers se montrait infatigable ; leurs travaux étaient nombreux et bénis, lorsque tout à coup un décret fatal, lancé comme la foudre du palais de Schœnbrunn, en Autriche, le 26 décembre 1809, brisa toutes les espérances. Par ce décret, l'empereur supprimait les maisons de missions récemment fondées ou restaurées en France, et généralement toutes les congrégations d'hommes, Sulpiciens, Lazaristes, Pères de la Foi, etc., etc... En vain le cardinal Fesch tenta de sauver au moins sa petite communauté des Chartreux ; toutes ses instances furent inutiles. Il ne put désarmer l'inflexible volonté impériale, mais il n'abandonna pas ses chers missionnaires. Il en laissa quelques-uns sur la colline des Chartreux, pour le service de la paroisse, et au risque de se compromettre aux yeux de son irascible neveu, il recueillit à Paris, dans son hôtel de la rue du Mont-Blanc, les principaux débris de la société dispersée. MM. Rauzan et Guyon firent désormais partie de sa famille épiscopale, partageant cet honneur avec MM. de Quélen, Feutrier, de Sambucy, Frayssinous et autres prêtres de distinction qui, en attendant des jours meilleurs, se préparaient dans la prière et l'étude à de nouveaux combats.

Cependant le cardinal Fesch ne perdait point l'espoir de réaliser tôt ou tard son projet de prédilection. De son côté, un de ses vicaires généraux, M. l'abbé Bochard, était depuis longtemps animé des mêmes pensées. Une première inspiration lui en était venue en 1777, alors que, simple séminariste, il étudiait dans le séminaire de Laon à Paris. La perte que venait de faire la France, par l'expulsion récente de la Compagnie de Jésus, avait attristé son cœur et excité son zèle. Il se demandait ce que l'on pourrait faire, ou du moins tenter, pour mettre quelque chose à la place de ce qui n'était plus. Il communiqua sa pensée à quelques jeunes clercs, généreux comme lui, qui bientôt eurent partagé ses vues. De ce nombre étaient M. Godinot, qui est devenu plus tard un des membres influents de la Compagnie de Jésus, M. de Jussieu, que la primatiale de Lyon a compté parmi ses chanoines d'honneur, et M. Bethnod qui, après avoir eu le bonheur de confesser la foi dans les mauvais jours de la tourmente révolutionnaire, est mort saintement, en 1819, aumônier des Sœurs de Saint-Charles à Lyon. — Nous ignorons les noms des autres membres de la petite association naissante qui, du reste, était condamnée à mourir au berceau.

M. Bochard ayant été appelé par Son Éminence le cardinal Fesch à lui prêter son concours en qualité de vicaire général, M. l'abbé Bethnod lui rappelait sans cesse leur fameux projet de 1777. M. Bochard objectait la différence des temps et les difficultés de l'entreprise, lorsqu'un jour de 1814, la veille de saint Pierre, étant à l'autel, il crut entendre comme une voix intérieure qui l'impressionna vivement ; mais ici écoutons-le lui-même. « La veille de saint Pierre, en 1814, disant la messe à la chapelle de la Croix, église de Saint-Jean à Lyon, il me vint tout à coup, et sans y être préparé par rien, me recueillant au moment du premier *Memento, l'idée soudaine, comme par inspiration, de lier moi et des prêtres pour faire le bien et les œuvres de zèle, par association sous le nom de Pères de la Croix-de-Jésus,* avec un supérieur auquel on obéirait sans balancer, en tout ce qui ne serait pas contraire aux ordres des premiers supérieurs [1]. »

Il ne nous appartient point de prononcer sur la valeur et le côté surnaturel de cette inspiration sou-

---

[1] Statuts de la Société de la Croix-de-Jésus, établie à Poncin, p. 2.

daine. Ce qu'il y a de certain, c'est que M. Bochard crut y reconnaître un avertissement du Ciel. Il consigna sur le papier, aussitôt après son action de grâces, les paroles que nous venons de citer et s'empressa d'en faire part à son ami, M. Bethnod, ajoutant que toutes ses hésitations avaient cessé. Celui-ci ne put lui dissimuler sa joie ; mais ce ne fut que plus tard, alors qu'il était déjà souffrant de la maladie qui devait l'emmener au tombeau, qu'ayant vu venir à lui M. Bochard tout étonné encore de cette soudaine inspiration survenue à l'autel, il se décida à lui dire : « N'en soyez point surpris ; alors moi-même je faisais prier partout, et de mon côté je priais de toutes mes forces Notre-Seigneur Jésus-Christ, lui disant : « Seigneur, « faites-lui connaître votre volonté, de telle sorte qu'il « ne puisse en douter.[1] »

Le premier sujet sur lequel M. Bochard porta ses vues, pour travailler avec lui à un commencement de société, fut M. de la Croix. Ce choix lui était dicté par les qualités éminentes du jeune prêtre dont l'âme pure et généreuse ne rêvait que le bien de l'Église, et qui, en sa qualité de directeur du grand séminaire, était mieux à même que tout autre de discerner, dans la foule des élèves, les esprits les plus propres à l'entreprise difficile que l'on avait en vue. La première ou-

---

[1] Statuts déjà cités, p. 3.

verture que fit M. Bochard à M. de la Croix eut lieu le 30 juin, deux jours après l'inspiration soudaine dont on vient de parler. Elle se fit d'abord à mots couverts ; mais le vicaire général trouva dans les pensées du jeune directeur tant de conformité avec les siennes, qu'il se hâta de lui faire connaître son projet avec plus d'étendue. M. de la Croix lui ayant dit que saint Vincent de Paul et saint Ignace lui paraissaient avoir jeté l'un et l'autre des fondements sur lesquels il serait facile de bâtir, M. Bochard répliqua qu'il préférait la règle de saint Ignace, mais que les difficultés des temps opposaient des obstacles avec lesquels il fallait compter, que du reste, afin d'arriver à connaître plus sûrement la volonté de Dieu, le matin même, il avait sollicité dans une maison religieuse une neuvaine de prières et qu'il l'invitait à s'y unir. Les exercices de cette neuvaine devaient commencer le lendemain, 1er juillet et premier vendredi du mois, jour par conséquent consacré au Sacré-Cœur de Jésus ; et cette coïncidence, M. de la Croix a pris grand soin de la consigner dans ses mémoires, qu'il appelait son registre spirituel.

Le 11 juillet suivant ; la neuvaine de prières étant terminée, M. Bochard s'expliqua plus ouvertement encore avec M. de la Croix, et lui donna connaissance d'un premier projet d'association, ajoutant qu'on avait songé à lui et qu'on avait cru devoir l'admettre dans la nouvelle petite troupe d'apôtres. A cette nouvelle,

M. de la Croix éprouva un de ces contentements que Dieu envoie à une âme qui, après avoir longtemps erré dans de vagues désirs, sent enfin qu'elle a trouvé le lieu de son repos. A dater de ce jour il ne songea plus qu'à recruter des soldats pour la nouvelle milice, mais avec cette paix et cette prudence qui inspiraient déjà toutes ses démarches, et qui, tant de fois, se sont fait admirer depuis, sur le siége épiscopal de Gap comme à Auch, sur son siége métropolitain.

Ce fut vers cette époque que M. Bochard fit imprimer, sous le titre de *Pensée pieuse*, une petite feuille dans laquelle il faisait un premier appel aux élèves du sanctuaire, sans toutefois leur dire encore d'une manière précise ce que l'on attendait de leur zèle. Cette feuille n'était point remise indistinctement. On ne la confiait qu'à ceux des séminaristes dont l'esprit semblait le mieux fait pour une vie de communauté, et chez lesquels on croyait discerner un cœur d'apôtre. Ils étaient invités à mettre leur signature au bas de la petite feuille, comme un témoignage de leur adhésion. Par là, on se proposait de tout préparer pour un avenir prochain, et de détacher du ministère ordinaire quelques sujets qui seraient plus spécialement dans la main de leur archevêque pour l'aider dans l'œuvre qu'il allait fonder. Cette prudente réserve nous donne la mesure des sérieux obstacles qu'il fallait surmonter.

Les choses en étaient là, lorsqu'une loi, qui frappait tous les membres de la famille de l'empereur déchu, envoya dans l'exil le cardinal Fesch. Un tel coup était de nature à tout compromettre. Mais l'illustre prélat était uni à l'Église de Lyon par les liens d'une affection trop intime pour oublier, en la quittant, de pourvoir à ses intérêts. Or, la création d'une société de prêtres qui s'uniraient dans une pensée commune de zèle, d'obéissance et de détachement, était à ses yeux, nous l'avons déjà dit, l'œuvre réparatrice dont le besoin se faisait sentir avec plus d'urgence. Il confia à M. Bochard le soin de fonder cette association, dont les premiers éléments étaient déjà prêts, et de la diriger dans ses commencements, lui proposant pour modèle ce que saint Charles avait fait à Milan en y instituant les Oblats. Des prêtres voués plus spécialement à l'enseignement et à la prédication, mais tellement placés sous la main de leur archevêque qu'ils seraient prêts à occuper les postes auxquels celui-ci croirait devoir les appeler, sans cesser toutefois de rester unis ensemble par les prescriptions d'une règle commune, tel était le projet auquel s'était arrêté l'éminent cardinal et que M. Bochard fut chargé d'exécuter.

On le voit par ce que nous venons de dire, les pensées du cardinal s'étaient modifiées. Il ne songeait plus à une société qui, recrutant partout ses membres,

pût étendre ses bienfaits à la France tout entière.
Dans ses vues plus circonscrites il se préoccupait avant
tout de son diocèse ; mais l'exemple qu'il allait donner
devait inspirer à plusieurs prélats des pensées semblables aux siennes ; et qui pouvait dire ce que diverses créations du même genre apporteraient un jour à
l'Église de ressources et de consolations ?

Sans nul doute, une simple congrégation diocésaine
ne présentera jamais le magnifique spectacle de ces
grandes sociétés qui, sorties toutes vivantes du cœur héroïque de quelque saint, ont reçu dès l'origine une séve
assez féconde pour faire germer des prodiges pendant
une longue suite de siècles. C'est aux corps religieux
surtout qu'il appartient de donner à la vertu tout son
charme et tout son éclat, en mettant en honneur la
pratique des conseils les plus austères de l'Évangile,
au milieu d'un monde qui rejette comme impraticables
ses commandements les plus impérieux. L'Église, en
les perdant, perdrait une de ses gloires les plus pures,
et la société chrétienne un de ses plus solides soutiens ;
et c'est ce qui nous explique l'acharnement et la fureur aveugle avec lesquels l'impiété les a toujours
poursuivis. Mais, on nous permettra peut-être de le
dire, une congrégation diocésaine, sans porter ses
vues aussi haut et si loin, offre certains avantages qu'il
est impossible de méconnaître. L'esprit qui souffle la
vie dans l'Église est multiple dans ses inspirations.

Les vocations sont aussi diverses que les goûts et les aptitudes. Tous les prêtres, même parmi ceux qui se sentent poussés en dehors du ministère ordinaire, ne sont pas appelés aux austérités du cloître ou au dévouement d'un apostolat lointain. Beaucoup soupirent après une vie d'obéissance sous une règle commune qui, par ses rigueurs adoucies, serve comme d'intermédiaire entre la vie des prêtres de paroisse et celle des religieux proprement dits. Leurs vertus seront peut-être moins éclatantes; leurs services obscurs nul ne pourra les compter. Petite famille d'ouvriers dociles, que surveille l'œil de leur évêque et que dirige sa main, ils s'attacheront à défricher le modeste coin de terre qui leur aura été assigné par l'obéissance, et il leur sera d'autant plus facile de s'entendre qu'une commune origine leur aura donné les mêmes habitudes et une même patrie. Or il était aisé de trouver de tels ouvriers dans le diocèse de Lyon, où le sang de saint Pothin et de saint Irénée n'a jamais cessé de faire germer avec la foi tous les dévouements qu'elle inspire, et le cardinal Fesch eut le mérite et la gloire de l'avoir parfaitement compris.

CHAPITRE VI

Le cardinal Fesch donne au diocèse, pour le service de la Société naissante, sa maison des Chartreux. — La Société instituée canoniquement s'y installe. — M. Mioland en est nommé le supérieur. — Première retraite. — Premier règlement.

— 1816 —

Parti de Lyon le 27 avril 1814, le cardinal Fesch arrivait à Lorette le 10 mai, et le 12 à Rome. De là, sa première et sa plus vive pensée sembla, en se portant vers son diocèse, s'arrêter plus spécialement sur l'œuvre qu'il avait tant à cœur de fonder. Trouver des prêtres capables et dévoués, leur donner des constitutions propres à en faire des ouvriers utiles et stables, c'était là sans nul doute le point capital. Aussi, dans toutes ses lettres à M. Bochard, le cardinal avait-il le soin de formuler nettement ses pensées à ce sujet. Mais que deviendrait la société naissante, si la demeure, qui devait abriter ses membres et protéger leur existence, ne lui était pas assurée? Le cardinal Fesch ne balança pas sur les sacrifices à faire. Depuis 1810 il avait acquis de ses propres deniers la belle habitation que les Pères chartreux, partant pour l'exil ou pour l'échafaud, avaient laissée à côté de leur cloître sur la colline qui porte encore leur nom. Cette résidence avait été sa demeure favorite de 1811 à 1814. Il y avait fait disposer ses appartements, et avait présidé lui-même aux plantations qui ont doté d'ombrage ses magnifiques terrasses. Il eût été difficile de rencontrer un emplacement mieux approprié à l'œuvre nouvelle que le cardinal avait en vue. Située aux portes de la cité, la maison des Chartreux devait permettre aux ouvriers apostoliques auxquels elle serait assignée pour demeure, de faire sans difficulté les courses nombreuses que rendrait nécessaires le ministère de la prédication; et cependant, placée sur une colline, elle devait aussi procurer à la préparation de leurs travaux la solitude dont ils auraient besoin. Aussi, se dépouiller de cette habitation en faveur de son œuvre favorite fut pour le cardinal Fesch comme un acte tout naturel, tant sa religion et son cœur avaient mis là un intérêt suprême. Il fit donc au diocèse de Lyon donation de ce précieux immeuble *avec clause spéciale d'une destination obligatoire*. Une ordonnance royale, du 3 août 1825, confirma cette donation avec sa clause, et, par un surcroît de précaution, les dispositions testamentaires du généreux cardinal sont venues depuis corroborer ce qui lui tenait tant au cœur.

Tout était prêt pour l'installation de la nouvelle société. Mais il lui fallait une institution canonique. Les quelques prêtres qui s'étaient groupés ensemble, unis par les mêmes pensées, et animés des mêmes désirs, prièrent M. de la Croix d'adresser une humble supplique à MM. les vicaires généraux qui administraient le diocèse en l'absence du cardinal-archevêque. Cette supplique porte la date du 20 mai 1816. Elle avait pour objet quatre demandes : 1° l'autorisation de former une congrégation à l'instar de celle des Oblats de Milan ; 2° la permission de désigner la nouvelle société sous la dénomination de *Société de la Croix-de-Jésus*, et de la placer sous le patronage de saint Irénée ; 3° la nomination d'un supérieur autorisé pour cette fois à gouverner la société pendant cinq ans ; 4° la permission de célébrer avec solennité les fêtes de la Croix et de saint Irénée. MM. les vicaires généraux, par un *placet* du 11 juin, accédèrent à toutes ces demandes et nommèrent, sous la réserve de l'approbation du seigneur archevêque, M. de la Croix, *préposé général* pour cinq ans.

Vers les premiers jours du mois d'août, la petite colonie vint s'installer aux Chartreux. Elle se composait de MM. de la Croix, directeur du grand séminaire, Mioland qui renonçait aux fonctions de maître des cérémonies dans la même maison, Chevallon, préfet d'études au petit séminaire de l'Argentière, Furnion, curé de Cerdon, Barricand, directeur du petit séminaire de l'Argentière, et Ballet, simple sous-diacre, qui venait de terminer son cours de théologie.

Le curé de la paroisse des Chartreux était alors le vénérable M. Gagneur. Il avait autour de lui MM. Coindre, de Lupé, Fauvet et Montannier. Ces messieurs aidaient M. Gagneur dans la direction de la paroisse et se livraient en même temps dans le dehors à la prédication et à des œuvres de zèle. Le cardinal Fesch les avait maintenus à ce poste dans l'espoir de ressusciter un jour l'œuvre dissoute par le décret de 1809. MM. Coindre et de Lupé, arrivés des derniers, persévérèrent, l'un et l'autre, dans la Société jusqu'à leur mort. MM. Fauvet et Montannier restèrent quelque temps encore auprès du curé de Saint-Bruno. Puis, trois mois après, le premier alla rejoindre à Paris M. Rauzan, son ancien supérieur, et, l'année suivante, le second imita son exemple.

On nous pardonnera les longs détails qui précèdent. Tout ce qui se rattache aux origines d'une famille religieuse et doit en perpétuer le souvenir renferme de grandes et instructives leçons. Il est bon et utile de voir comment, sous le souffle de Dieu, une première pensée germe d'abord, puis se développe, traverse les obstacles, se produit enfin et devient féconde. Nous sommes trop faciles à nous persuader que ce sont les hommes qui font tout, tandis qu'ils ne sont que des instruments dans la main qui les mène, instruments libres et intelligents, il faut le dire, dont le souverain Maître respecte la liberté qu'il a mise en eux afin de pouvoir couronner un jour le saint usage qu'ils en auront fait ; mais lorsque l'œuvre est achevée en dépit de tous les obstacles, que l'arbre a poussé de profondes racines et résisté à tous les orages, que ses rameaux forts et vigoureux offrent une ombre tutélaire, que sa tête se couronne de fruits abondants et délicieux, on aime à se reporter par la pensée au jour où une main bénie le plantait en tremblant, et l'on éprouve instinctivement le besoin de faire monter sa reconnaissance jusqu'à celui qui, du haut du Ciel, lui a prodigué si généreusement sa rosée, son soleil et ses pluies.

M. de la Croix, nous venons de le dire, avait été nommé préposé général de la petite troupe. Mais ce titre, à ce qu'il paraît, devint bientôt plus honorifique que réel. Du jour où la Société naissante vint s'établir aux Chartreux, M. Mioland lui fut donné pour supérieur, ce qui permit à M. de la Croix de reprendre, à la rentrée des cours, ses fonctions de directeur du grand séminaire. Il y resta jusqu'à la fin de 1817, époque où il devint curé de Saint-Bruno.

A la première ouverture qui fut faite à M. Mioland des vues que l'on avait sur lui, le modeste abbé représenta humblement qu'il n'était point fait pour être supérieur, encore moins pour créer, commencer et asseoir une œuvre, que son seul goût était de suivre, de conserver, de maintenir. On passa outre sans vouloir rien entendre. M. Mioland inclina la tête et prit généreusement son parti. « Cette fois, nous dit-il dans ses mémoires, avec une touchante simplicité, il m'en coûta peu d'obéir. Depuis quelques mois je me sentais le désir et le goût de faire un peu plus que je ne faisais. Il me semblait avoir assez étudié dans les livres. Je pensais avoir plus à profiter en étudiant les hommes et les choses ; cependant, comme mes inclinations ne me portaient nullement à être missionnaire, mais seulement à être employé au ministère d'une paroisse, j'admirais cette Providence qui ne me faisait jamais faire ce que je désirais, et me poussait pour la seconde fois dans une carrière opposée aux projets de toute ma vie. »

M. Mioland avait alors à peine vingt-huit ans. Le choix que ses supérieurs avaient fait de lui, pour créer et conduire une œuvre si importante à leurs yeux, ne peut se justifier que par la solidité de son esprit et la maturité de sa raison. Il montrait déjà cette justesse de vues, cette égalité d'âme, ce sens exquis, cette modération dans les jugements qui devaient imprimer à sa longue vie le sceau d'une sagesse consommée, et l'on peut dire avec vérité que, malgré son âge peu avancé, la plénitude de l'esprit ecclésiastique semblait s'être reposée en lui.

La première pensée de la nouvelle colonie des Chartreux fut de se préparer par les exercices d'une retraite aux œuvres importantes qui allaient lui être confiées. Le prêtre ne fait pas son œuvre; il accomplit celle de Dieu. De là, pour lui, la nécessité de se recueillir dans la solitude, pour demander au Maître qui l'envoie la parole qui doit descendre de ses lèvres et l'esprit qui seul peut l'animer.

M. Mioland, en sa qualité de supérieur, dirigea les exercices de cette retraite; mais, parlant à ses frères dans le sacerdoce, il n'oublia pas de se prêcher lui-même. Il nous est doux, en consultant les pages auxquelles il confiait alors ses pensées les plus intimes, de voir comment, toujours semblable à lui-même, il trouvait dans son abandon à la Providence, une solution à toutes les difficultés que lui présentait sa nouvelle carrière, et une réponse à toutes ses craintes pour l'avenir. Écoutons-le lui-même :

« Ce qui me frappe le plus dans cette retraite, c'est le souvenir des vues singulières de la Providence sur moi. Me voilà donc placé dans une nouvelle carrière, et toujours dans une carrière que je n'eusse pas choisie moi-même... Je ne sais où Dieu me mène ; mais je sais qu'il me mène, et cela me suffit. Je ne veux rien voir dans l'avenir. Je me soumets à ce que j'aurai à faire dans un mois, dans un jour, pourvu, ô mon Dieu ! que vous me conserviez toujours dans un grand désir de renoncer à moi-même, de m'abandonner en enfant au soin éternel que vous avez de moi et de servir votre Église dans l'ordre que vous y avez établi. »

Puis, avec une modeste simplicité qui nous semble être le reflet de toute sa vie, le nouvel élu ajoutait : « Je vais être supérieur, et je remercie Dieu de ne me laisser trouver dans cette pensée aucune tentation d'amour-propre. Hélas ! je sors d'une vie douce, tranquille, retirée, que je ne rencontrerai plus. Ces dix dernières années, les plus belles de ma vie, sont passées sans retour, et je commence une carrière de sollicitude, de travail, de contradictions, de souffrances et de peines ; mais la couronne est au bout, et pourquoi ne voudrais-je pas marcher sur les traces de mon Sauveur ? Je sens que Dieu me demande un dévouement sans bornes, et il me semble qu'il me le donnera. Depuis que ma détermination est prise, j'éprouve une paix parfaite, telle que je ne l'ai jamais éprouvée, excepté au jour de mon élévation au sacerdoce, où je m'offris à Dieu de tout mon cœur pour me consacrer à son service. »

De tels sentiments dans le supérieur étaient d'un bon augure pour l'avenir de la petite Société. Quant aux ressources pécuniaires dont elle pouvait disposer, elles se réduisaient à bien peu de chose. Ne faut-il pas que toute famille religieuse, qui doit un jour prospérer et grandir, commence par le dénûment et la pauvreté de la crèche ? Aussitôt après les exercices de la retraite, M. Mioland assigna à chacun de ses confrères la modeste cellule qu'il devait occuper. Le second étage de la maison était le seul qui fût mis à leur disposition ; et encore, les chambres étaient dans un complet délabrement. Le cardinal, en effet, qui, par suite des derniers événements, avait vu considérablement diminuer ses ressources, venait de faire vendre tout son ameublement des Chartreux pour aller au secours d'une autre de ses fondations, celle du monastère des Religieuses bénédictines de Pradines, dans la Loire. Les plus favorisés de la petite troupe utilisèrent, au profit de tous, leurs ressources particulières. M. de la Croix et M. Furnion qui, l'un et l'autre, avaient été curés, apportèrent tout ce qui leur restait de leur mobilier. On emprunta à l'église paroissiale quelques chaises, soit pour les chambres, soit pour les salles communes. Il fut arrêté que chacun des associés recevrait pour son vestiaire 150 fr. par an. Avec cette somme on se crut assez riche pour défier la misère, et après quelques travaux préparatoires on se disposa à se mettre bientôt en campagne.

Lorsque nous reportons notre pensée sur ces modestes et si pauvres débuts, nous nous rappelons avec bonheur le beau mot de l'*Imitation : Summum non stat sine infimo*. Ce qui est le plus élevé s'appuie sur ce qui est le plus bas [1]. Tout ouvrier, avant de construire, commence par creuser la terre, et il ne s'arrête que lorsqu'il a rencontré dans ses profondeurs une base solide. Ainsi du divin architecte : lui aussi, il donne aux édifices qui sortent de ses mains un fondement sur lequel ils puissent reposer en assurance, et il est aisé de reconnaître son ouvrage, lorsque pour base on rencontre la croix.

[1] Liv. II, ch. x.

CHAPITRE VII

Premiers travaux de la maison des Chartreux. — Les Missions, Mission de Saint-Étienne. — Mort édifiante de madame Mioland. — Les nouveaux associés se lient par le vœu de stabilité. — Quelques-uns se retirent. — M. Mioland fait une maladie qui le conduit aux portes du tombeau. — Sa résignation.

— 1816-1823 —

On n'attend pas de nous, sans doute, le récit détaillé des travaux nombreux auxquels la maison des Chartreux appliqua ses ouvriers pendant les vingt et un ans qu'elle eut le bonheur de voir M. Mioland à sa tête. Ce n'est point son histoire que nous avons voulu raconter, nous craindrions qu'elle n'offrît trop peu d'intérêt au lecteur ; mais c'est la vie de son premier supérieur, la vie de celui qui, après l'avoir fait sortir du berceau, a cultivé et préservé sa jeunesse, s'est efforcé de lui communiquer son esprit, a formé, pour ainsi dire, son tempérament et lui a laissé pour héritage des leçons et des exemples qui constituent ses plus précieuses richesses. Il nous suffira donc d'interroger, comme nous l'avons fait jusqu'ici, cette vie si éminemment sacerdotale, d'en étudier les faits principaux, de lui demander surtout ce qu'elle a de plus intime. Car c'est par ce côté, nous l'avons déjà dit, plus que par tous les autres, qu'elle doit intéresser, édifier et instruire.

M. Mioland n'était pas un grand orateur. Ses avis, il est vrai, étaient pleins d'une haute sagesse, son ton toujours si digne qu'on aimait à l'entendre, surtout dans les instructions familières. Les vérités dont il s'était nourri par une profonde et habituelle méditation, il avait le secret de les communiquer à ses auditeurs et de les leur faire goûter. Mais l'entrain, l'élan, la passion oratoire, et tout ce qu'on appelle éloquence, le Ciel, si généreux envers lui dans ses autres dons, le lui avait refusé. Il pouvait s'en passer. Ce dont il avait besoin avant tout, dans sa nouvelle position, c'était de cette justesse de coup d'œil qui permet d'apprécier sainement les hommes et les choses, de cette prudence qui devine et signale les écueils, de cette modération dans les jugements, qui fuit les extrêmes, de cette condescendante bonté qui, en réprimant les abus, ne brise jamais les personnes. Or, parmi tous ceux qui ont vécu dans l'intimité de M. Mioland, je ne sais s'il s'en rencontre un seul qui n'ait cent fois admiré en lui l'assemblage de ces qualités heureuses, vivifiées par la grâce. Ajoutons que le jeune supérieur présentait déjà le type achevé de l'esprit ecclésiastique. Les habitudes sacerdotales lui étaient tellement familières qu'elles paraissaient en lui comme naturelles, et aussi, dans ces commencements, où la société naissante qu'il avait à conduire possédait nécessairement peu de règles écrites, il était pour elle une règle vivante que tous aimaient à consulter.

Dans les premières années, M. Mioland eut grand besoin de cette condescendance humble et modeste qui était dans le fond de son caractère. M. Bochard, en effet, en sa qualité de vicaire général et de mandataire du cardinal Fesch, semblait se regarder comme le véritable supérieur, et le rôle de M. Mioland se réduisait à peu de chose. Avec de l'entêtement ou seulement de la susceptibilité, il aurait pu tout compromettre. Mais son esprit de foi le plaça au-dessus d'une épreuve qui eût fait succomber une vertu commune. Fait pour commander, il lui était aussi facile d'obéir. « J'avais, nous dit-il dans ses mémoires, les mains liées. Supérieur de nom, je ne pouvais qu'attendre, et me donner tout entier à bien diriger le détail des divers ministères que nous avions à remplir. Heureusement mon caractère me faisait peu souffrir de cette étrange situation. Je me bornais au présent ; j'allais au jour le jour, sans en vouloir ni en désirer davantage. Tout dans le ministère me plaisait si vivement ! Je me trouvais si heureux de rencontrer enfin l'objet de mes goûts de prédilection depuis l'enfance !... »

Grâce à ces heureuses dispositions, fruit tout ensemble de la nature et de la grâce, les œuvres se faisaient et elles étaient nombreuses. Retraites de petits séminaires et de religieuses, retraites de paroisses et missions, tel était le champ ouvert aux nouveaux apôtres. Les missions surtout produisaient des effets merveilleux. La foi était heureuse de briser les entraves dans lesquelles trop longtemps on l'avait retenue captive. Ce n'était pas seulement de l'élan, de l'entrain : c'était de l'enthousiasme. Mais telle était la prudence de M. Mioland, que cet enthousiasme qui si souvent se laisse aller, dans un pieux abandon, à des excès qu'il faut déplorer plus tard, demeura toujours contenu dans de sages limites.

Impossible de dire combien d'heureux retours vinrent consoler l'Église dans ces premières années ; c'est par milliers qu'il faudrait les compter. Des paroisses entières, ou plutôt des groupes de paroisses se précipitaient sur les pas de leurs nouveaux apôtres, et tombant à genoux, comme les convertis des premiers jours du christianisme, leur disaient avec larmes : *Quid faciemus, viri fratres* [1] *?* O hommes

---

[1] Act. Apost., II, 37.

qui venez à nous, non comme des maîtres, mais comme des frères, qu'attendez-vous de nous? *Faites pénitence*, leur répondait-on, *afin que vos péchés vous soient pardonnés ;* et les tribunaux de la pénitence étaient assiégés pendant quatre, cinq, six semaines, et lorsqu'arrivait la fin des exercices, les missionnaires, dont la voix s'était épuisée en faisant entendre les menaces de la justice et les appels de la miséricorde, distribuaient le pain de vie à tant de milliers de fidèles, que leurs bras, à leur tour, tombaient de lassitude.

Il serait facile de donner ici le tableau d'un grand nombre de missions dont chacune serait la confirmation de ce que nous venons d'avancer. Qu'il nous suffise d'en rappeler une seule à cause de son importance : celle de Saint-Étienne. Elle eut lieu pendant le carême de 1821. Cette vaste cité, qui compte aujourd'hui plus de cent mille habitants, avait alors une population qui allait à peine à trente mille. Elle était déjà un grand centre d'industrie ; mais elle n'avait pas encore vu arriver à elle ces multitudes d'étrangers qui devaient porter un coup si funeste à son esprit patriarcal, tout imprégné de foi. A la première annonce d'une mission, ses habitants s'ébranlèrent ; bientôt la foule se pressa dans chacune de ses églises paroissiales et les missionnaires comprirent, dès les premiers jours, que la moisson réservée à leur zèle serait abondante. Mais dans une grande cité où la foi domine, ces faciles triomphes de la grâce ne sont qu'une demi-victoire. Tant de personnes vraiment pieuses qui, même avant l'arrivée des missionnaires, composaient le troupeau fidèle, d'autres en grand nombre qui, entraînées un instant par la passion, protestaient avec douleur contre leur propre faiblesse, d'autres enfin qui n'attendaient qu'une occasion favorable pour mettre ordre à une conscience dont elles ne pouvaient plus supporter les amers reproches, c'en est assez pour expliquer ces magnifiques auditoires et pour faire que les tribunaux de la pénitence soient constamment environnés. Mais à côté de ces masses dociles, il est des multitudes qui opposent la résistance opiniâtre d'une lutte systématique, ou d'un dédain qui semble plus indomptable encore; et dans ce nombre il faut ranger tous ces hommes sans foi, parce qu'ils sont sans doctrine, tous ces infortunés que l'amour de l'or, ou les séductions du cœur, ou une fortune mal acquise, ou le besoin de la vengeance, abusent à ce point qu'ils redoutent de voir se briser les chaînes humiliantes par lesquelles ils se sont rendus esclaves; enfin, tout ces coupables endurcis qui, par le plus terrible des châtiments, sont venus à bout d'étouffer et de ne plus entendre les cris du remords. Les hommes apostoliques qui ont un peu d'expérience, n'ignorent pas ces choses. Aussi les missionnaires de Saint-Étienne, au lieu de se laisser séduire par la vue de cette foule empressée et suspendue à leurs lèvres, jetèrent un regard de tristesse vers ceux qui manquaient à l'appel et résolurent de frapper un grand coup. Ils annoncèrent que ce n'était pas trop de toutes les forces réunies pour essayer d'arracher à l'Enfer la proie qu'il disputait au Ciel ; que tous ceux qui avaient quelque souci de la gloire de Dieu et du salut de leurs frères, devaient redoubler de zèle et mettre leurs prières en commun ; que, dorénavant, tous les jours et à des heures fixées par avance, la cloche annoncerait que le moment de prier pour les pécheurs était venu, et que chacun, foulant aux pieds les timidités trop craintives du respect humain, devait, au son de cette cloche, tomber à genoux, et jeter sa prière dans la balance pour servir de contre-poids à tous les désordres qui provoquaient la colère divine. C'est alors que Saint-Étienne put contempler un spectacle digne des plus beaux âges de foi. Dans les rues, sur les places, partout on voyait des chrétiens à genoux, priant pour ceux qui ne priaient plus. Dès ce jour la victoire fut gagnée. Le ciel se laissa désarmer et envoya à la terre un immense pardon. Les missionnaires ne pouvaient plus suffire à la tâche. Les plus robustes étaient accablés, et l'un d'eux, le plus infatigable peut-être, M. Dufêtre, disait ensuite, en parlant de cette admirable mission, que, dans la dernière nuit qui précéda la communion générale des hommes, il en était venu à un tel état de lassitude que, pour lutter contre le sommeil, il ne donna jamais deux absolutions de suite, assis à la même place, mais que constamment il passait d'un siége à l'autre dans la chapelle qui fut témoin de tant de repentirs.

En vérité, ne faut-il pas être ennemi tout à la fois et de Dieu et des hommes, pour opposer tout un système de dédains, de contradictions ou d'entraves à un ministère qui a la puissance d'arracher tant d'âmes à l'Enfer pour en peupler le Ciel !....

Ainsi s'écoulèrent les premières années. Au milieu de nombreux travaux, les consolations étaient si abondantes que souvent elles faisaient oublier les fatigues dont elles étaient le prix. Mais on sait que tous ceux qui aspirent à l'insigne honneur de travailler avec Jésus-Christ au grand ouvrage de la Rédemption, doivent s'attendre à une plus grande participation à ses souffrances. C'est de la Croix qu'est venu le salut, et c'est elle encore qui produit le fruit de vie dont la mystérieuse vertu double les forces de l'apôtre. M. Mioland ne devait pas être affranchi de cette loi commune.

La première épreuve vraiment douloureuse lui fut apportée par la mort de sa pieuse mère. Le récit qu'il nous en a laissé nous donne une idée de la mère et du fils. On ne le trouvera donc pas déplacé ici. C'était au mois d'octobre 1817, un an après la fondation de la maison des Chartreux, M. Mioland, au retour d'une retraite anniversaire prêchée en forme de mission à Saint-Sauveur, rentrait à Lyon. Il trouva sa mère achevant paisiblement une longue et douloureuse maladie. « Depuis trois ans, nous dit-il, ma mère souffrait d'un cancer au sein. Elle avait eu le courage de se faire opérer en 1815. Un an après, le mal étant revenu sur la cicatrice même, il ne laissait plus d'espérance. Elle le comprit et ne pensa plus qu'à attendre courageusement son dernier moment. Elle vivait depuis tant d'années dans la pratique de la piété avec ma tante, ne s'occupant que de l'oraison, de la lecture des livres spirituels, de visites au saint Sacrement ! Ses communions étaient fréquentes, et, parvenue à la pratique d'une vertu vraiment forte, elle envisageait sans effroi sa fin pleine de souffrances qui s'approchait. Depuis quatre mois qu'elle ne quittait plus la chambre, elle avait voulu que je lui portasse tous les quinze jours la sainte communion en viatique. Elle m'avait confié ce ministère pour éviter de l'embarras au clergé de sa paroisse, et aussi peut-être par un secret sentiment de joie de me voir prêtre. »

A son retour à Lyon, M. Mioland trouva cette excellente mère beaucoup plus malade qu'il ne l'avait laissée. Elle demeurait à une demi-heure de la maison des Chartreux ; malgré cette distance, deux fois par jour il allait la voir. Le 1er novembre, le mal ayant fait des progrès alarmants, il se fixa auprès d'elle et ne la quitta plus ; et comprenant ses devoirs de fils avec un cœur sacerdotal, il soutenait la mourante par de saintes pensées, lui suggérant de temps en temps quelques paroles empruntées à la divine Écriture, et particulièrement au livre des psaumes. Le 3, elle le pria de lui lire dans le livre des *Confessions* de saint Augustin le récit de la mort de sainte Monique. Plus heureuse que cette auguste sainte, elle n'avait jamais eu à répandre sur son fils que des larmes de joie ; et comme par une dernière faveur elle allait mourir dans ses bras ; elle voulut qu'il lui administrât lui-même le sacrement de l'extrême-onction, et lui apportât une dernière fois le saint viatique. Le soir du même jour, elle l'appela et lui dit avec calme : « Mon heure approche, donne-moi l'indulgence plénière ; puis, quelques instants après, comme si elle fût sortie d'un long sommeil, pendant lequel elle eût perdu les pensées et les vues de la terre, elle le fit approcher de son lit, et lui dit à l'oreille : *Écoute, si jamais on veut te faire évêque, n'accepte pas.* Parole vraiment touchante sur les lèvres d'une mère, et qui nous donne la mesure de la foi de cette pieuse mourante. « D'où pouvait lui venir une si étrange pensée? ajoute ici M. Mioland. Il est vrai qu'on s'occupait alors beaucoup du concordat de 1817 et des noms déjà connus de quelques ecclésiastiques désignés pour les siéges nouveaux ; mais enfin, qu'est-ce qui avait fait naître en elle l'idée que le mien pouvait y être mêlé. » Nous verrons plus tard comment l'abbé Mioland s'efforça de tenir la parole donnée à sa mère, et à quelles instances il résista avant de croire que Dieu lui-même exigeait un consentement qui n'était pas dans ses goûts et qu'il s'était promis de refuser.

Le 4 novembre, au moment où il revenait de l'église, après y avoir célébré la messe des agonisants, M. Mioland fut appelé par la sœur de sa mère, madame Vérand, dont il a été parlé au commencement de cette histoire. L'agonie commençait ; elle fut courte et paisible, et quelques instants après, ayant fermé les yeux à sa sainte mère, il répandait au pied de son lit des larmes adoucies par l'espérance, et des prières qu'animait une vive gratitude au souvenir de tout ce qu'il devait à celle qui venait de lui être enlevée.

Si nous suivions pas à pas M. Mioland dans sa longue carrière, nous le verrions souvent appelé comme un ange consolateur auprès du lit des malades et des mourants qui lui étaient unis par des liens de parenté, et nous pourrions admirer comment son cœur grand et généreux savait unir les devoirs de la famille à ceux du saint ministère. Il respectait les liens que la main de Dieu lui-même a formés ; mais au lieu d'y laisser engager sa liberté, il la gardait tout entière pour sanctifier et transfigurer par la grâce l'ouvrage de la nature. Toujours prêtre au milieu des siens, on ne le vit jamais leur faire une concession dont son caractère sacré eût eu à rougir. Au contraire, dans le cercle de l'amitié, comme dans l'enceinte de la famille, partout où il portait ses pas, il laissait après lui une impression de respect pour le sacerdoce. Il nous serait facile d'appuyer tout ceci sur des faits : mais nous craindrions de donner à notre récit le caractère d'une conversation trop familière. Pouvions-nous toutefois oublier de le montrer auprès de sa mère mourante, puisque c'est à cette vertueuse mère qu'il aimait à faire remonter tous les biens qu'il avait reçus du Ciel ?

Cependant Dieu bénissait la petite colonie des Chartreux. En même temps qu'il rendait ses travaux féconds en fruits de salut, il lui amenait des associés. D'autres aspiraient à le devenir. Des prêtres engagés dans le saint ministère, des professeurs voués à l'enseignement dans les petits séminaires du diocèse, venaient se présenter à la maison-mère, ou bien, retenus encore par leurs fonctions, ils lui envoyaient du moins leur demande d'agrégation. Ces nouveaux ouvriers arrivaient fort à propos. Car dès le principe, le cardinal Fesch, en fondant la maison des Chartreux, s'était proposé de lui confier, avec les travaux de la prédication, l'étude plus approfondie de la science sacrée et l'enseignement des petits séminaires diocésains. Aussi, pour arriver plus sûrement et plus vite à la réalisation de cette grande pensée, on n'avait pas tardé de former aux Chartreux une pépinière de jeunes étudiants en théologie, lesquels, après s'être inspirés pendant leur cours, de l'esprit de la maison, pourraient, une fois prêtres, être appelés à augmenter le nombre de ses membres. Cette espèce de noviciat avait été créé dès l'année 1818.

Après quatre années d'essai, on crut que le moment était venu de donner à la nouvelle institution, avec une base plus solide, plus de chances de durée. On songea donc à lier par des vœux, selon l'esprit de saint Charles, et en se servant de la formule que ce grand évêque avait donnée aux Oblats de Milan, tous ceux qui consentiraient à accepter définitivement ce nouveau genre de vie. Inspiré par le véritable fondateur qui, du fond de son exil, veillait sur son œuvre de prédilection, le mandataire du cardinal Fesch, M. Bochard, proposa donc, en 1820, aux associés de se lier par un double vœu d'obéissance envers l'archevêque, et de stabilité perpétuelle dans la congrégation. L'expérience a démontré depuis combien cette mesure était sage. Beaucoup d'essais semblables à celui de la maison des Chartreux ont été tentés dans divers diocèses.

et plusieurs n'ont eu qu'une existence éphémère. Il est à croire que l'œuvre du cardinal Fesch n'aurait pas joui d'une plus longue durée sans cette barrière qu'oppose aux fluctuations de la volonté la fermeté inflexible d'un vœu. Il n'en est pas d'une société de missionnaires comme d'une compagnie telle, par exemple, que celle de Saint-Sulpice. Tout protége dans la vie d'un séminaire contre la tentation du changement. Cette vie silencieuse, passée dans une cellule fermée au monde, et ouverte seulement à de jeunes clercs que l'on entretient sans cesse dans l'amour de la régularité, est propre à affermir dans leur belle vocation des prêtres qui, pour en faire le choix, n'ont eu qu'à suivre ordinairement les goûts d'une nature paisible, modeste et studieuse. Mais les travaux des missionnaires, les jetant dans le mouvement, l'agitation et le bruit, ne peuvent que développer en eux un certain besoin d'activité qui tôt ou tard devient un piége pour une nature ardente. C'est alors que se présentent à l'esprit les hésitations et les découragements : heureuses les volontés qui trouvent à ces moments d'épreuve de saintes chaînes par lesquelles, sous l'inspiration de Dieu, elles se sont rendues librement captives !

Cependant le jour où l'on proposa à la petite société naissante de se lier par un vœu, fut pour ses membres, on le comprendra sans peine, un jour solennel et qui devait marquer dans ses annales. Plusieurs hésitèrent et ajournèrent à une autre année leur réponse définitive. Quelques-uns prirent le parti de se retirer, et dans ce nombre se trouvaient MM. Donnet et Dufêtre, que Dieu appelait à des destinées plus hautes, afin que les dons par lesquels il les avait enrichis fussent consacrés plus glorieusement au service de son Église. Le premier, revêtu de la pourpre, occupe aujourd'hui le siége de Bordeaux, et son passage dans ce beau diocèse laissera des souvenirs que rendront impérissables les institutions et les œuvres auxquelles s'est attaché son nom : œuvres et institutions si nombreuses que l'on se demandera un jour comment la vie d'un seul homme a pu suffire à de si grandes choses. Le second, nous pouvons parler de lui plus à l'aise, puisque la mort, en nous le ravissant, nous a laissé du moins la consolation de pouvoir en faire librement l'éloge. Ouvrier infatigable, il a étonné tous les diocèses de notre France par l'étendue de ses travaux, en même temps qu'il les vivifiait par son rare talent au service d'un cœur d'apôtre. Devenu évêque de Nevers, et par là supérieur de l'importante congrégation de religieuses auxquelles cette ville a donné son nom, son zèle se sentait trop à l'étroit. La conduite de tout un diocèse, le gouvernement d'une congrégation nombreuse dont il a su doubler les établissements ne suffisaient pas à son activité dévorante.

Il évangélisait encore et les prêtres et les fidèles. Il est peu de nos chaires importantes où il ne se soit fait entendre, peu de nos diocèses dont le clergé n'ait recueilli ses accents apostoliques dans une de ses nombreuses retraites pastorales. Doué d'une santé que la maladie semblait ne pas oser atteindre, il ne la ménagea jamais. Aussi, pendant ses deux dernières années, lui qui ne savait pas ce que c'est qu'un malaise, il eut à payer au ciel pour sa vie tout entière le tribut de souffrances que nous lui devons tous ; mais jamais peut-être sa prédication n'avait été si persuasive et si féconde : car, au lieu de sa parole, il donna à tout son nombreux entourage ses admirables exemples. Cette nature impétueuse s'adoucit comme le cœur d'un enfant. Habitué à commander, il obéissait à ses médecins sans murmure ; et après de nombreuses nuits passées sans pouvoir prendre une heure de complet repos, il alla recevoir la brillante couronne que les anges ont tressée pour le front de l'apôtre.

La maison des Chartreux, à l'époque que nous avons en vue, se trouva donc appauvrie par la perte de quelques-uns de ses membres ; mais la plupart d'entre eux persévérèrent dans leur première vocation. Les uns émirent leurs vœux cette année-là même. D'autres ajournèrent à l'année suivante. Dans cette seconde série se rangea M. Mioland, lequel, pour des motifs qui témoignent de la délicatesse de sa conscience, renvoya la cérémonie de ses vœux jusqu'au 24 juin 1821.

Cette importante mesure, nous venons de le dire, donnait à la maison des Chartreux plus de force et de solidité; mais il est dans la destinée des œuvres de Dieu de passer par de nombreuses épreuves avant de s'asseoir définitivement. Ce signe de prédestination, on aura occasion de le remarquer plus d'une fois, n'a pas manqué à notre œuvre diocésaine. L'année qui suivit celle où son supérieur lui dévouait son existence d'une manière plus absolue, il faillit lui être enlevé.

C'était après une mission laborieuse donnée à Saint-Bonnet-le-Château, et une retraite prêchée à Noirétable. Pendant ces deux stations M. Mioland avait souffert d'un malaise habituel. Le 16 décembre, par un froid très-vif, il revenait à cheval de Noirétable à Roanne. La nuit suivante, il lui fallut repartir à deux heures du matin dans une méchante voiture dont l'essieu se brisa à deux lieues de Lyon, où il rentra à pied. Le froid l'avait saisi. Le lendemain un fluxion de poitrine se déclara avec une grande violence. Il y eut ensuite un mieux, puis une rechute, et le 1er janvier, M. de la Croix, alors curé de Saint-Bruno, son confrère, et déjà son ami intime lui administrait les derniers sacrements. Les symptômes les plus alarmants jetaient la terreur tout autour du malade. Lui seul demeurait calme et impassible, s'unissant d'abord aux prières que l'on faisait pour lui, et puis dictant avec sang-froid de nouvelles dispositions testamentaires dans la crainte que les premières ne rencontrassent quelque difficulté pour leur exécution. Après une crise violente qui avait inspiré les plus vives inquiétudes, on le vit sortir comme d'un profond sommeil, puis tout à coup laisser échapper avec tranquillité cette parole qui déconcerta tous les assistants : « *Quel mal nous a fait le péché originel !...* » Cependant le mal redoublait, une consultation de médecins eut lieu. Après une longue discussion, ces messieurs arrêtèrent qu'on tenterait une saignée qui pouvait, il est vrai, déterminer la mort, mais sans laquelle la mort paraissait certaine et imminente. Dieu voulut qu'elle réussît. Le malade, éprouvant un mieux sensible, dit à ceux qui environnaient son lit : « *Nous ne partirons pas encore cette fois...* » On se regarda, on se prit à sourire : chacun retrouva l'espérance. Bientôt le mal se dissipa. Une heureuse convalescence ramena les forces, et M. Mioland put, au mois de mars, aller diriger les exercices d'une mission à Givors, se contentant toutefois d'entendre les confessions et de prêcher le discours de clôture.

Plus tard, Mgr Mioland, consignant les souvenirs que lui rappelait cette maladie, écrivait ces lignes dans lesquelles il nous apparaît bien toujours lui-même : « Si j'étais mort à cette époque, j'aurais eu à en bénir Dieu. Mon vœu, ma maladie contractée au retour d'une mission, ma mort environnée de mes confrères, tout me consolait fort. J'aurais eu de moins ces dix-sept ans qui me séparent de cette époque... Je serais mort prêtre, sans bruit, sans l'effrayante responsabilité de la charge des âmes. Dieu ne l'a pas voulu, que son saint nom soit béni ! Puisse-t-il me ménager une mort aussi douce que celle qui alors se présentait à moi, ou plutôt me tenir toujours prêt à lui rendre mon âme, partout et dans quelque temps qu'il me la demande !!... »

Ce vœu si chrétien, les anges l'ont porté au Ciel. Dieu l'a entendu ; et lorsque le moment sera venu de le dire, nous verrons que sa bonté a daigné accorder plus qu'on ne lui avait demandé : car la mort envoyée à M. Mioland ne fut pas seulement une mort douce et tranquille, mais elle ne vint qu'après lui avoir laissé le temps d'enrichir sa couronne.

CHAPITRE VIII

Un administrateur apostolique est envoyé au diocèse de Lyon, dans la personne de Mgr de Pins. — Prise de possession. — M. Bochard se retire dans le diocèse de Belley. — Il est accusé d'opposition à la mesure pontificale — Réponse envoyée à Rome par Mgr Devie, évêque de ce diocèse.

— 1824 —

L'année 1824 vit s'accomplir un événement d'une haute gravité pour le diocèse de Lyon, et par suite pour la maison des Chartreux. Un administrateur apostolique était envoyé à Lyon pour y gouverner le diocèse en l'absence du titulaire. On n'attend pas de nous sans doute le récit détaillé des négociations qui eurent lieu à ce sujet. Nous en dirons seulement quelques mots qui nous ont paru nécessaires pour l'intelligence de cette histoire.

Dès l'année 1816, la pensée de déposséder le cardinal Fesch s'était fait jour aux Tuileries. Le pape Pie VII avait refusé d'user de moyens violents contre un prélat exilé qui méritait tant d'égards et par son caractère et par ses vertus. L'Église n'agit point avec un archevêque comme on a coutume d'agir avec des fonctionnaires révocables à volonté. Pour lui retirer son titre, il faut, ou que dans un procès en forme on ait constaté son indignité, ou que les besoins urgents de la société chrétienne exigent une mesure tout à fait exceptionnelle. Or ni l'un ni l'autre de ces deux motifs ne pouvait être invoqué dans le cas présent. Le Souverain Pontife refusa donc de faire asseoir sur le siège de Lyon un autre archevêque, après en avoir fait descendre le titulaire par un coup de suprême autorité. Mais, pressé par de nouvelles instances, comme aussi par la nécessité de pourvoir aux intérêts d'un vaste diocèse, il confia à son secrétaire d'État, le cardinal Consalvi, le soin de sonder les intentions du cardinal Fesch et d'obtenir de lui sa démission. Ce dernier, s'étant montré inflexible, il fallut recourir à une autre combinaison. La cour de France se souciait peu de voir donner un coadjuteur à l'oncle de l'empereur déchu. C'est alors que le pape songea à mettre dans les mains d'un administrateur apostolique les pouvoirs du cardinal Fesch qui, tout en conservant son titre, devait renoncer à s'immiscer en aucune manière dans le gouvernement du diocèse de Lyon. Quelques réclamations se firent entendre. Le pape, dans sa haute sagesse, crut devoir passer outre et préconisa dans le Consistoire du 1ᵉʳ octobre 1817, Mgr de Bernis, ancien archevêque d'Alby, administrateur apostolique du diocèse de Lyon. Le bref fut expédié à Paris; mais il resta avec les bulles de plusieurs évêques, institués en vertu du Concordat de 1817, dans les cartons du ministère. Deux ans après, Rouen étant devenu vacant par la mort du cardinal Cambacérès, Mgr de Bernis fut promu à ce siége, et la question de l'administrateur demeura comme endormie, ou plutôt, on est fondé à croire que M. Courbon, premier vicaire général du cardinal Fesch, reçut un bref spécial qui lui confiait provisoirement l'administration du diocèse [1].

Cependant le pape Pie VII terminait sa sainte et laborieuse carrière le 20 août 1822. Son successeur, le pape Léon XII, à peine assis sur le siége de Pierre, reprit avec la cour de France les négociations relatives au diocèse de Lyon, et Mgr de Pins, depuis un an évêque de Limoges, lui ayant été désigné, il l'agréa. Le bref qui donnait à ce prélat l'institution canonique est du 22 décembre 1823. Il le nommait archevêque d'Amasie.

Mgr de Pins faisait son entrée solennelle le 18 février 1824. Déjà il avait envoyé de nouvelles lettres de vicaire général à M. Courbon. Mais ce vénérable

---

[1] V. *La Vérité sur le cardinal Fesch*, p. 207-208.

vieillard venait de mourir quelques jours auparavant. La Providence l'avait conservé jusque-là à la tête du diocèse qui, dans ces temps orageux et difficiles, semblait avoir besoin de sa sagesse et de son habileté. Sa mémoire y est demeurée en bénédiction, et à son nom se rattache le souvenir impérissable d'immenses services. Le nouvel administrateur fut reçu comme devait l'être l'envoyé du Souverain Pontife. Ses pouvoirs étaient incontestables ; il n'y avait qu'à s'incliner sous son autorité, et cette autorité il eut le secret de la rendre aimable par la dignité, comme par l'affabilité de ses manières. Aussi, sauf quelques réclamations isolées et sans conséquence toutes contestations cessèrent.

M. Mioland n'avait pas attendu jusque-là pour donner l'exemple de cette soumission d'enfant qu'il n'a jamais cessé de pratiquer envers le vicaire de Jésus-Christ. Et nous lisons dans ses mémoires que, s'étant trouvé au milieu d'une assemblée d'ecclésiastiques où l'on parlait de la prochaine arrivée de l'élu du Saint-Siége, il fut le premier à déclarer hautement que « sous quelque titre qu'il se présentât, archevêque, coadjuteur, administrateur apostolique, dès lors qu'il viendrait envoyé par le Saint-Siége, il lui obéirait, et comme prêtre, et comme attaché à lui par son vœu. »

Aussi, le lendemain du jour où Mgr de Pins fit son entrée solennelle, M. Mioland s'empressa d'aller lui offrir l'hommage de sa profonde obéissance. Il était accompagné de ses confrères. L'accueil du prélat fut des plus bienveillants, et cinq jours après il nommait M. Mioland membre de son conseil. Ce fut là un trait de Providence sur la maison des Chartreux. Cette entrée au conseil de l'archevêché permettait à M. Mioland d'entretenir avec Mgr de Pins des relations plus habituelles et plus intimes, et lui donnait dès lors toute facilité pour éclairer le prélat sur ses véritables dispositions personnelles et sur celles de tous les missionnaires qu'il avait à conduire. Or, après les moments de crise que l'on venait de traverser, la chose était nécessaire : car on avait signalé au nouvel administrateur M. Bochard comme un des membres du clergé qui lui avait fait les plus vives oppositions, et il était grandement à craindre que, dans son mécontentement, il ne conçut des idées désavantageuses d'une société de prêtres qui, à ses yeux, ne relevait que de M. Bochard. M. Mioland n'eut pas de peine à désabuser le prélat en ce qui concernait la maison des Chartreux et à lui arracher cet aveu : « Je vois que l'on m'avait trompé. » Mais il trouva en lui de telles préventions contre M. Bochard, qu'il ne put entièrement les faire cesser, et que celui-ci ne tarda pas à quitter le diocèse de Lyon pour se retirer dans celui de Belley.

Ici la reconnaissance comme la vérité nous imposent

le devoir de ne pas nous séparer de ce prêtre d'un incontestable mérite, d'une science profonde, d'un zèle infatigable, sans lui avoir restitué son véritable caractère. Nous ne saurions nier que, soit par attachement pour la personne du cardinal Fesch, soit par un respect exagéré pour les droits du titulaire, soit enfin par la crainte des conséquences fâcheuses que pouvait amener la nomination d'un administrateur apostolique, M. Bochard se montra d'abord fort opposé à cette mesure. Mais cette mesure une fois mise à exécution, il dit à tous ceux qui le consultèrent : « Vous devez y vivre soumis; car vous ne voulez pas sans doute faire une division; et au reste, ajoutait-il, je ne me mettrai jamais à la tête d'un tel mouvement; je m'écrierai toujours avec la véritable mère de Salomon : « Ne dé-« chirez pas, ne partagez pas l'enfant. » Ainsi parla-t-il dès les premiers moments, et il a tenu parole [1].

Cependant on vit paraître, dans les mois qui suivirent, quelques écrits mal inspirés, dans lesquels on parlait avec une témérité condamnable des droits du titulaire et du peu de respect avec lequel ils étaient traités par le nouvel administrateur. De tels écrits étaient injurieux au Saint-Siége et propres à jeter le trouble dans les esprits. M. Bochard s'était retiré dans une propriété patrimoniale à Ménestruel, paroisse de Pon-

---

[1] Notice historique sur M. Bochard, 1834.

cin, au diocèse de Belley. Là, assisté de quelques ecclésiastiques, le vieux docteur de Sorbonne consacrait son temps, ses talents, sa fortune, à une maison de Frères dont il était le fondateur et le directeur tout ensemble. On supposa gratuitement que du fond de sa retraite, il avait lancé dans le public ces écrits scandaleux. Le bruit s'en répandit au loin, et Rome elle-même en fut justement attristée. Le Pape crut devoir faire une enquête pour savoir ce qu'il pouvait y avoir de fondé dans ces allégations et fit écrire à Mgr Devie, évêque de Belley, dans le diocèse duquel résidait M. Bochard. Nous serions porté à en bénir la Providence : car cette lettre amena la réponse que l'on va lire. Nous l'empruntons à l'intéressante biographie due aux soins de M. l'abbé J. Cognat, et qui a pour titre : *Vie de Mgr Alexandre-Raymond Devie, évêque de Belley*[1]. Elle était écrite en latin et datée du 12 février 1827. Mgr Devie, reprenant une à une les accusations portées contre M. Bochard, s'exprimait en ces termes :

« 1° On a dénoncé à Votre Sainteté que *M. Bochard se vante d'être encore vicaire général du cardinal-archevêque de Lyon.*

« En effet, se fondant comme il dit, sur les principes qu'il a puisés à la Sorbonne, il pense qu'il sera

---

[1] 2 vol. Chez Pelagaud, Lyon-Paris.

vicaire général aussi longtemps que l'éminent cardinal Fesch conservera son titre d'archevêque de Lyon, à moins toutefois que celui-ci ne lui retire les lettres par lesquelles il l'a choisi et nommé. Mais il a soin d'ajouter aussitôt que cette opinion est pour lui purement spéculative, et qu'il n'a exercé aucun acte de juridiction depuis que l'administrateur a pris le gouvernement du diocèse de Lyon. Il affirme même qu'il a donné le conseil à tous ceux qui l'ont consulté, — et nous savons qu'il en est ainsi de plusieurs, — de recourir au révérendissime administrateur, de peur de méconnaître l'autorité apostolique et de favoriser le schisme.

« 2° M. Bochard est accusé *d'avoir réuni un grand nombre de prosélytes auxquels il insinue, sous les apparences de la piété, soit dans des conversations particulières, soit dans des discours publics, les erreurs de sa secte.*

« Depuis plusieurs années M. Bochard avait réuni à Lyon des prêtres et des laïques qu'il voulait soumettre, avec l'approbation de l'éminent cardinal Fesch, à la règle des Oblats établie par saint Charles Borromée. Les premiers étaient destinés à la prédication de la parole de Dieu, à donner des retraites dans les paroisses et à former des Frères laïques ; les seconds, à instruire les enfants, sous la surveillance des pasteurs, dans les principes de la religion, des bonnes mœurs et de la grammaire.

« L'année 1821, avant que nous fussions appelé, quoique indigne, par la divine Providence et la grâce du Saint-Siége apostolique, à gouverner le diocèse de Belley, il avait réuni, à Poncin où il est né, dans une maison qu'il tient en héritage de son père, un certain nombre de prêtres et de frères pour remplir les mêmes fonctions : ce qu'ils ont fait, surtout pendant ce temps de jubilé, en ranimant par leurs prédications assidues la foi et la piété dans les paroisses voisines. Nous avons visité plusieurs fois cette maison, dans laquelle fleurissent la régularité et la soumission due à l'évêque. Ayant interrogé quelques membres de cette communauté et d'autres personnes dignes de foi, nous n'avons pu constater aucun propos sentant l'hérésie ou le schisme, tenu par le fondateur. Cependant nous avons réprimandé, ainsi que M. Bochard lui-même, un de ses prêtres qui avait parlé en termes peu convenables de l'administration de Lyon.

« 3° Enfin, M. Bochard aurait *répandu de ce lieu, dans le diocèse de Lyon, à l'aide de ses partisans, des écrits qui poussent ouvertement à l'hérésie et au schisme.*

« M. Bochard nie absolument que, par lui-même ou par ses disciples, il ait publié ou répandu aucun écrit favorisant l'hérésie ou le schisme ; et nous n'avons pu trouver aucun indice certain qui prouvât le contraire. Toutefois nous lui avons reproché la préface d'une dis-

sertation intitulée: *Cinquième siècle de l'Église*, dans laquelle il semble approuver des écrits de cette nature, et où il dit: « *Le Pérégrin, le Solitaire, le Père de fa-
« mille, l'Ermite du Rhône*, etc., etc., ont développé
« du savoir et de belles pensées.» A cela il nous a répondu : « Parmi les écrits que j'ai nommés dans cette
« préface, le premier (*le Pérégrin*) est favorable à
« l'administrateur. Mes paroles doivent donc s'entendre
« dre uniquement du mérite littéraire de ces ouvrages,
« ges, et ne peuvent autoriser la prétention que je
« provoque au schisme par ce passage de ma pré
« face. »

Cette réponse grave et mesurée envoyée au Souverain Pontife par un évêque aussi vénérable que l'était Mgr Devie, si elle ne justifie pas complètement M. Bochard, du moins repousse loin de lui les imputations injurieuses à sa foi. Il a pu se tromper ; il n'a jamais voulu favoriser un schisme. C'est pourquoi nous nous associons bien volontiers à l'auteur de la biographie que nous venons de citer, et, empruntant ses propres paroles, nous dirons avec lui : « Grâce à l'intervention de Mgr de Belley, l'ancien docteur de Sorbonne, l'ancien vicaire général de Lyon put terminer en paix une carrière qui, malgré des torts incontestables, n'en est pas moins l'une des plus fécondes en œuvres, et des plus méritantes que puisse fournir un prêtre. Aussi, tout en reconnaissant que, dans l'affaire de l'administrateur de Lyon, le langage et la conduite de M. Bochard manquèrent de la correction désirable, on ne peut nier cependant qu'il n'ait une belle place parmi ces ouvriers infatigables qui, au sortir de la Révolution, relevèrent l'Église de France de ses ruines; et à ce titre, il était digne de la protection que lui accorda Mgr Devie [1]. »

Quoi qu'il en soit, ce qu'il importe de ne pas oublier pour l'intelligence de l'histoire que nous écrivons, c'est que le rôle de M. Bochard et celui de M. Mioland, en ce qui touche la maison des Chartreux, sont bien différents l'un de l'autre. M. Bochard, nous l'avons vu, avait été chargé par le cardinal Fesch de réunir les éléments de la Société naissante; mais c'est M. Mioland qui toujours en a été regardé comme le père. C'est lui qui l'a inspirée de son esprit, lui qui a créé ses traditions, lui dont les leçons et les exemples y sont restés en bénédiction. Or il serait difficile de rencontrer un cœur sacerdotal plus docile que le sien. Dès le principe, on vient de le dire, il montra par la promptitude de son obéissance quel était son respect pour une décision du Souverain Pontife; et dans sa longue et édifiante carrière, on ne trouverait pas un jour où se soit démentie cette piété filiale envers le vicaire de Jésus-Christ.

[1] T. 1er, p. 255.

CHAPITRE IX

Le départ de M. Bochard laisse la maison des Chartreux dans les mains M. Mioland. — Sa conduite au milieu des siens. — Esprit avec lequel il gouverne.

— 1824-1838 —

Lorsque M. Bochard quitta le diocèse de Lyon, la maison des Chartreux comptait trente-deux membres. Le plus grand nombre était employé dans le ministère de la prédication ou dans celui de l'enseignement. Quelques-uns, cependant, se trouvaient, par la force des choses, attachés au service d'une paroisse ou d'une communauté religieuse. L'expérience a démontré que cette diversité dans les emplois, à mesure qu'une congrégation diocésaine se développe, est une nécessité. Vient en effet un moment où l'âge, les infirmités, les aptitudes rendant impossibles à quelques-uns les travaux accablants du missionnaire et les assujettissements du professeur, cette famille sacerdotale a besoin de trouver dans le cercle de son action quelques emplois d'une autre nature, sous peine de se voir disloquée par la perte de plusieurs de ses membres. Du reste, la maison des Chartreux, ayant pris pour point de départ la règle donnée par saint Charles aux Oblats de Milan, n'eut à faire aucune violence à ses constitutions pour admettre ainsi dès le principe quelque variété dans ses emplois, tout en restant fidèle à son double but fondamental, l'enseignement et la prédication.

M. Mioland se touvait seul à la tête de cette nombreuse famille de prêtres jetés dans des résidences diverses et au milieu de divers emplois. Mgr de Pins se reposait sur sa sagesse. C'était à lui de tout diriger, de tout conduire. Il fallait façonner, asseoir la Société naissante, lui communiquer l'esprit qui devait l'animer toujours, et il n'avait pas encore atteint sa trente-sixième année. Les difficultés et les obstacles surgissaient à chaque pas : toute œuvre nouvelle a ses amis ; elle a aussi ses détracteurs, et si les contradictions du dehors sont à craindre, les causes intestines de dissolution, qu'apportent les divergences de vues et de caractères, sont plus redoutables encore. Mais, nous l'avons déjà dit, il y avait dans l'abbé Mioland une maturité de raison qui lui faisait éviter toute fausse démarche, et une solidité de vertu qui doublait son empire. Sa main, aussi ferme que paternelle, semblait faite pour gouverner les hommes : aussi lui fut-il donné d'établir un édifice qui a été battu par plus d'un orage, sans être renversé jamais.

Nous pourrions raconter ici une portion des œuvres si nombreuses que la maison des Chartreux a eu le bonheur d'accomplir sous la direction de son premier supérieur; mais il nous a semblé plus utile et plus digne d'intérêt de dire ce que c'était que cette direction tout à la fois grande et simple, large et pieuse; et comme nous ne voulons rien avancer de nous-même, c'est dans la correspondance de M. Mioland que nous irons chercher les avis par lesquels il formait les compagnons de ses travaux. De cette sorte nous serons plus exacts et nous intéresserons davantage.

Il fallait avant tout leur inspirer une souveraine estime de leur vocation. Voici ce qu'il écrivait à l'un d'eux, alors employé à une mission laborieuse :
« Allons, prenez donc bon courage, et menez tout à heureuse fin avec le secours de Notre-Seigneur, qui ne manque pas à ceux qui ne veulent que lui. Que de bonnes œuvres nous verrons au jugement de Dieu, et qui se seront faites en mission !... Quelle pêche miraculeuse ! et qu'on y sent bien que l'homme n'y est pour rien ! Vous ne savez pas que je ne vous écris jamais, sans que mon cœur, ne batte de regret de n'être pas là [1]. »

[1] 10 novembre 1824.

Mais ce zèle de M. Mioland était toujours réglé par la prudence. Il ne voulait pas que, dans l'ardeur des premières années, *ses ouvriers* allassent consumer inutilement leurs forces en se refusant le repos et les ménagements nécessaires. « Tenez bon, écrivait-il à un supérieur de mission, pour empêcher les imprudences, les veilles, les repas sans règle. Il faut réserver ces grands actes de dévouement pour les circonstances rares où ils deviennent un devoir de zèle : autrement ils pourraient finir par devenir journaliers; et qu'est-ce qu'un missionnaire qui ne peut travailler que trois ou quatre ans, ou bien qu'une seule mission par année met sur les dents ? Je sais qu'il y a des exceptions à tout; que saint François Régis et quelques autres, même vivants, ont été poussés par l'esprit de Dieu à ces grands dévouements ; mais je dois prêcher la règle, et ceux-mêmes qui sont dans l'exception ont besoin d'une grande humilité pour prouver que l'exception vient de Dieu [1]. »

Ce zèle de M. Mioland n'était pas seulement prudent et discret, il était surtout patient parce qu'il était pur, et que, ne comptant nullement sur ses propres efforts, il attendait tout de Dieu et de sa grâce. De cela nous avons mille témoignages. Il écrivait au début d'une mission : « J'apprends, mon cher Père, avec

[1] 3 décembre 1836.

grand plaisir votre heureuse arrivée et votre commencement ; nous devons nous estimer bien heureux de pouvoir faire quelques bonnes œuvres de plus ; car la vie est bien courte et les années passent bien vite. Il n'y a que cela qui en restera. Cependant, pour qu'il en reste beaucoup pour vous, tâchez de ne point faire d'imprudence au milieu de ces montagnes si froides. Attendez-vous patiemment à ne pas voir un grand ébranlement et laissez le bon Dieu tirer de vos efforts et de votre bonne volonté ce qu'il voudra pour sa gloire et pour le salut de tant de pauvres aveugles égarés.[1] » Faisons, disait-il ailleurs, comme les anciens, les Pères qui s'oubliaient si bien ; qui prêchaient Jésus-Christ et Jésus-Christ crucifié, et attendaient de la grâce de ce divin Sauveur que leurs auditeurs fussent touchés et ramenés à la vérité ou à la vertu. On ne fait pas assez la part du bon Dieu. On est toujours un peu Pélagien dans la pratique ; on veut trop souvent hâter les moments de Dieu. Qui est-ce qui nous fera bien comprendre ce que c'est que le zèle qui brûle toujours et qui néanmoins s'unit à la longanimité ? qui reprend, qui presse, qui conjure à temps et à contretemps, et qui cependant attend ce qui n'est pas encore mûr [2] ? »

Et, dans une autre lettre, revenant sur ces mêmes

[1] 3 avril 1834.
[2] 2 février 1835.

pensées, il donnait ces admirables avis : « Vous aurez dans cette nouvelle mission plusieurs amis et par-dessus tout la bénédiction de Notre-Seigneur qui vous donnera la mesure de considération, de confiance, d'estime et de succès, qu'il jugera nécessaire à sa gloire et au salut de ceux qu'il en voit dignes. Car voilà le fondement inébranlable de notre paix et de notre joie dans ce grand ministère si varié de bénédictions et de malédictions, de succès et de déboires. La grande affaire c'est de ne pas se troubler, se dépiter ; de ne pas se laisser surmonter par le dégoût, de ne pas s'en prendre aux hommes de ce qui a sa source plus haut, et d'être plus disposé à voir, pour s'en réjouir, le bien quelque imperceptible qu'il soit, que le mal quand il serait gros comme une montagne. C'est la grâce que le bon Dieu vous a faite, par le fond du caractère d'abord, et par la bénédiction qui vous fortifie de ce côté-là. C'est une grande grâce assurément, une source de paix, de bonheur et de joie pour soi et pour tout ce qui nous entoure. Mais le bien (ajoutait-il avec une singulière bonté) ne sera pas imperceptible. Je suis persuadé que vous le voyez déjà et d'une manière bien propre à exciter toute votre reconnaissance envers Dieu [1]. »

C'est par ces réflexions et par d'autres semblables, répétées dans ses lettres, dans ses conférences, dans

---

[1] 11 janvier 1837.

ses avis particuliers, que cet habile et sage supérieur excitait, soutenait et éclairait le zèle de ses ouvriers apostoliques.

Il n'était pas moins admirable dans les conseils qu'il leur donnait, relativement au zèle qu'ils devaient à eux-mêmes, et au soin de leur propre avancement. Le missionnaire, étant le témoin journalier de conversions nombreuses qui viennent couronner ses efforts, est singulièrement exposé à se regarder comme l'ouvrier de ces merveilles, et au milieu des préoccupations de tous les instants qui envahissent ses journées, la tentation la plus dangereuse pour lui, c'est d'oublier ce qu'il doit à sa sanctification personnelle. M. Mioland était trop éclairé pour ignorer ces choses. Aussi il ne cessait de les rappeler à ses confrères. « Vous avez raison, écrivait-il à l'un d'eux, de soupirer après le repos de l'âme. Il est assurément nécessaire pour penser à nous-mêmes, et aussi pour purifier nos intentions sur ce que nous avons fait dans le tourbillon. Mais cette transition à une vie régulière et modérée ne sera pas sans mérite. On s'accoutume sans s'en apercevoir aux compliments, aux égards, aux distinctions. Il est plus facile d'être humble, ou plutôt de se croire tel, parmi les paroles flatteuses et les hommages, que dans la vie commune où tout s'efface ; et pourtant, c'est à quoi il faut tendre pour pouvoir offrir à Notre-Seigneur une vertu digne de lui. Notre plus grand danger à nous, ce n'est pas toujours d'abandonner les vertus chrétiennes ou ecclésiastiques ; c'est d'en prendre le fantôme pour la réalité, et de nous endormir dans une funeste illusion. Je ne connais rien comme la vie des saints, surtout des saints prêtres, pour ranimer notre courage sur ce point, pour nous raffermir et secouer la poussière qui s'attache imperceptiblement à notre âme dans le commerce du monde ou l'exercice de notre grand ministère de zèle. Vous êtes bien placé à présent pour vous reposer de vos derniers travaux, dans une espèce de solitude, avec des religieuses, le cœur journellement occupé de la perfection chrétienne, et avec tout le calme pour l'étudier dans l'oraison [1]. »

Une autre fois, il écrivait vers la fin d'une mission : « Je désire bien que vous reveniez tous ensemble, hors des cas de nécessité ; mais surtout je n'aimerais pas qu'après la mission, on cherchât du repos dans le monde, ou dans des voyages qui ne feraient qu'accroître la dissipation dont il est si important de se guérir. Les saints soupiraient après le silence, la solitude, l'oraison ; on en a tant besoin pour effacer ses péchés, pour obtenir miséricorde, pour se rapprocher de Dieu, pour se délasser le cœur, pour trouver le vrai repos dans le recueillement. Je suis sûr que ceux qui se donneront à suivre avec courage cet exemple des saints,

---

[1] 8 février 1834.

en tireront grand profit, et nous tous aussi, en nous resserrant, nous supportant, nous éclairant, nous édifiant, nous consolant mutuellement [1]. »

Il saisissait toutes les occasions pour affermir les siens dans ces salutaires pensées. On voyait à toutes ses démarches, qu'elles le remplissaient lui-même, et qu'en les exprimant au dehors il les tirait du plus intime de son âme. Vers les derniers jours de l'année 1836, il écrivait à M. l'abbé Ballet, l'un de ses ouvriers les plus infatigables, et dont les travaux étaient singulièrement bénis : « C'est vraiment, mon cher Père, un sujet inépuisable de reconnaissance pour nous, envers Dieu, que ces bénédictions continuelles dont il accompagne partout nos exercices. On voit bien que c'est là son œuvre, celle qu'il a faite lui-même sur la terre, *evangelizans per civitates et castella,* celle qu'il a confiée à ses disciples comme une œuvre de prédilection : *Cœpit illos mittere binos prædicare verbum Dei.* Il ne reste plus qu'à le prier de réserver quelques-unes de ces bénédictions pour nous-mêmes, afin que nous puissions tous nous sauver et nous perfectionner en sauvant les autres : car il nous faut une grande grâce pour ne pas nous évaporer, et pour pouvoir toujours conserver la présence de celui qui est au milieu de notre cœur. Voilà ce que doivent être nos

[1] 27 avril 1825.

vœux mutuels pour dimanche : nous faire saints et faire des saints : car la vie court vite, et nous voilà sans y penser à la porte de l'éternité. Vous recevrez donc tous trois les miens avec un cœur semblable à celui qui vous les adresse ; et, quoique séparés encore cette année, nous nous trouverons ensemble au saint autel [1]. »

On l'a déjà dit, et nous ne ferons nulle difficulté de l'avouer encore, M. Mioland manquait de quelques-unes des qualités qui font l'orateur vraiment éloquent. Mais son goût était si sûr, son tact si exquis, son sentiment des convenances si parfait, qu'il donnait à ses missionnaires les plus sages conseils sur la prédication. Il aimait le naturel et détestait la boursouflure.

La controverse, à ses yeux, devait être grave, digne et pleine de respect. Toute allusion politique était interdite, et jamais du haut de la chaire ne devait descendre un mot blessant pour les autorités du lieu. Mais écoutons le lui-même. Il écrivait à un professeur devenu plus tard un de nos missionnaires les plus intrépides : « Si vous faisiez avec nous une mission l'hiver prochain, ce serait admirable ; vous y gagneriez même : car je tiens pour certain que, pour l'expérience des hommes et des choses, une mission vaut mieux que dix ans de ministère. Vive l'éloquence de

---

[1] 29 décembre 1836.

la mission ! Comme c'est plus fort, plus naturel, plus nerveux ! On parle à qui entend ; et l'on sait à qui on parle [1]. »

Il écrivait une autre fois : « On peut dire des moyens d'éloquence ce qu'on dit des genres de poésie : Tout genre est bon, hors le genre ennuyeux. Cependant, quand on vise trop habituellement à l'effet, on éblouit, mais on n'entraîne pas, même avec ce qui serait de nature à entraîner s'il eût été employé avec plus de sobriété et de mesure. On m'a dit ici, prêtres et laïques, que vous aviez trop la prétention d'émouvoir. Je dis la prétention et non le dessein ; car si je le disais, ce serait une hérésie en rhétorique. Mais la prétention, qui est le dessein trop découvert, finit par faire manquer le but. C'est ce que vous avez d'autant plus à craindre qu'on m'a ajouté que vos moyens étaient forcés et trop souvent les mêmes. Voilà bien du naïf. Du reste, je loue votre dessein, je ne vous demande que de le cacher davantage, et de ne pas vouloir toujours essouffler votre auditoire. Un festin qui reviendrait tous les jours, n'aurait point de sel et fatiguerait l'estomac. On le fuirait, tandis qu'on revient avec plaisir à une table commune... Jugez ma doctrine avec vos règles de rhétorique, et conservez précieusement votre chaleur pour en faire un foyer souterrain

---

[1] 2 juin 1819.

qui entretient partout la vie, plutôt qu'un feu d'artifice, qui brille, éblouit et laisse tout dans les ténèbres et la glace[1]. »

Il ne songeait pas assurément à bannir le raisonnement de la chaire. Tous les docteurs, tous les Pères l'ont employé, et avec sagesse. La religion, étant l'ouvrage d'un Dieu de vérité, doit trouver dans la raison des armes pour se défendre. Mais ce que blâmait M. Mioland, c'était cette confiance exagérée dans une controverse qui reste toujours impuissante si Dieu ne vient la vivifier. La conversion des cœurs est l'œuvre de la grâce, elle ne se trouve pas au bout d'un argument. Voilà pourquoi il écrivait ces paroles où la foi déborde : « Je crois que nous arrivons au point où chacun, las de disputer et de controverser, tenant tout pour indifférent, hors les plaisirs et les affaires, comme le pressentait Leibnitz, il faudra revenir à exposer simplement nos dogmes chrétiens, en avouant qu'ils sont une *folie* aux uns, un *scandale* aux autres, et à ceux qui veulent croire, la *sagesse* et la *puissance* de Dieu. Gravement enseignés, soutenus, à défaut de miracles, d'une vie sainte et d'une foi vive, ils se feront croire par ceux qui s'en rendront dignes : car prétendre persuader la foi chrétienne par des argumentations, dans un siècle où nous voyons chaque jour qu'on abuse

---

[1] 6 juillet 1819.

d'une manière si étrange de l'éloquence, de la philosophie, de l'érudition et de tous les arts, pour soutenir avec une égale chaleur le pour et le contre, ce serait mal comprendre ce qui se passe dans les esprits et ce qui reste au fond de tous les cœurs. Il faut se défendre et rendre compte de sa foi dans l'occasion ; mais ouvrir une lice pour vaincre tout ce qui se présenterait, ce serait s'abuser.

« Poursuivez courageusement votre carrière et patiemmment. Jetez vos filets et attendez. Saint Paul, avec son beau discours, ne sortit guère content d'Athènes, et cependant il y était venu par le mouvement du Saint-Esprit [1]. »

C'est en 1834 que ces graves paroles ont été écrites. Tout ce qui s'est passé depuis en a démontré la sagesse. Que de discours éloquents ont retenti du haut de nos chaires, que de controverses habiles et savantes ont amené à leurs pieds une foule avide de les entendre!... Tous ces efforts de la parole humaine ont, sans nul doute, détruit bien des préjugés, écarté bien des obstacles, réconcilié avec la vérité une multitude d'esprits égarés... Mais la victoire fût restée incomplète, si les cœurs n'avaient été ravis et comme subjugués par la sainteté de nos modernes apôtres, par l'austérité de leur vie, par les élans de leur charité, par le charme

[1] 7 décembre 1834.

de leurs héroïques dévouements. Non; que nul ne s'y trompe, la philosophie peut faire des sages, la foi seule enfante des chrétiens.

M. Mioland le savait. Aussi employait-il tous ses efforts à faire que l'enseignement de ses prêtres trouvât un soutien, non-seulement dans la sainteté de leur vie, mais aussi dans cette modestie extérieure qui convient à l'homme apostolique, et doit l'environner comme un vêtement. « Vous avez à veiller, écrivait-il à un supérieur de mission, à ce que l'on conserve les habitudes ecclésiastiques, qu'on ne soit pas exigeant pour les chambres, le feu; qu'on ne se plaigne pas de la nourriture. Souvenons-nous que les saints missionnaires couchaient sur des planches, buvaient de l'eau, jeûnaient fréquemment. Qu'on n'ait point de manières trop communes, écolières, enfin que l'on vive en homme apostolique [1]. »

« Je comprends vos petits embarras, écrivait-il encore; c'est le cas de prendre le temps comme il vient, les hommes comme ils sont, les événements comme ils arrivent. Tâchez de tenir la paix et de faire qu'on ne se blâme jamais publiquement, ni même en secret, s'il est possible. S'honorer mutuellement, c'est le manteau de la paix, et la charité s'y loge aussi [2]. »

Dans une autre rencontre, il écrivait au supérieur

[1] 27 décembre 1827.
[2] 12 janvier 1828.

d'une mission que certains esprits forts voulaient entraver : « Ne vous étonnez pas de la petite guerre de persiflage de café. Elle tombera petit à petit. Peut-être est-elle utile au bien. Tenons-nous-en toujours à la parole de saint François de Sales, dont la fête approche, « qu'on prend plus de mouches avec une cuille-
« rée de miel qu'avec un tonneau de vinaigre. » Je vois d'avance les merveilles que cet esprit de bienveillance, ces manières honnêtes et cette habitude de toujours penser et parler bien de tout le monde, vont opérer là où vous êtes, pour la gloire de Dieu et votre propre consolation [1]. »

Qu'ajouterons-nous encore ? Cet habile supérieur savait que dans les conversations il est facile de s'oublier, et que des paroles, dites quelquefois sans qu'on y attache de l'importance, peuvent avoir les conséquences les plus funestes. Aussi avait-il soin de prémunir en toute occasion contre l'intempérance de la langue. « Gardons-nous, écrivait-il, de participer aux murmures ; c'est le fléau de la charité, la mort de l'obéissance et de tout esprit sacerdotal : c'est ce qui ouvre la porte à tout le reste : *Deus caritas est... Obedite præpositis...* Ne sortons pas de là [2]. » Et une autre fois, revenant sur le même chapitre : « Vous trouverez peut-être, là où vous êtes, plusieurs mécontents, blâ-

[1] 25 janvier 1822.
[2] 23 juin 1827.

mant assez amèrement l'administration. Ne le souffrez pas en votre présence. Notre esprit doit être un respect entier, religieux, à toute épreuve, envers l'autorité, surtout envers ceux à qui Dieu donne pouvoir, devoir, grâce de gouverner l'Église de Lyon [1]. »

Souvent il arrive, après quelques années d'un travail opiniâtre, que les volontés les plus généreuses éprouvent la tentation du découragement. On est alors porté à regarder tout autour de soi des positions moins difficiles et plus commodes, et on se demande si le moment ne serait pas venu de se reposer un peu. Nous savons que saint Vincent de Paul eut plus d'une fois à relever des courages ainsi abattus. M. Mioland, dans une rencontre où quelques paroles de découragement étaient revenues à ses oreilles, s'inspirant des mêmes pensées que ce modèle des supérieurs, envoyait à l'un de ses missionnaires ces admirables conseils : « Sachons bien enfin ce que nous voulons, et reportons-nous au temps où nous avons cru, en sondant notre conscience, qu'il convenait à notre salut, à nos goûts, à notre zèle, d'entrer dans la carrière que nous avons embrassée, et de nous y fixer par un lien irrévocable. Prenons garde à l'instabilité du cœur, et ne remettons en question des intérêts si chers qu'en nous plaçant d'avance sur notre lit de mort, et en mettant la paix,

---

[1] 3 janvier 1828.

le calme, la pureté dans notre cœur, à l'aide d'une bonne et sérieuse retraite. Je suis sûr que vous pensez comme moi. Joignez-vous à moi pour demander à Notre-Seigneur que nous n'ayons tous qu'un même sentiment, un même langage, et que qui entend l'un, qui voit l'un, les entende tous. Ne craignez pas, dans l'occasion, d'improuver hautement les paroles inconsidérées qui pourraient altérer des principes si conservateurs de la communauté. Tout dépend de nous. Si nous voulons, rien ne pourra nous vaincre. J'ai la grande confiance en Notre-Seigneur que nous ne serons jamais vaincus, et que Dieu n'a tant fait, que pour finir par nous rendre saints et grands devant lui plus tard, en commençant à nous rendre petits devant nous, humbles, détachés et simples[1]. »

Tout ce qui précède a surabondamment montré avec quel abandon M. Mioland aimait à se reposer en toutes choses sur les soins de la Providence. Cette heureuse disposition d'esprit et de cœur l'avait constitué dans un état de paix habituelle, que les appréhensions les plus sombres, les événements les plus douloureux, venaient à peine ébranler. Souvent, à la vue des ingratitudes, des désordres et des crimes qui affligent cette pauvre terre, il se sentait oppressé par une amère tristesse ; mais cette tristesse n'allait jamais

[1] 27 avril 1825.

jusqu'aux faiblesses de la mélancolie. Un regard vers Celui dont la main, qui conduit toutes choses, sait tirer le bien du mal, le relevait bien vite au-dessus de lui-même et lui rendait la confiance. Or, ces sentiments qui conviennent si fort à des apôtres, il s'efforçait de les faire passer dans l'âme de ceux qu'il avait à conduire, et ses lettres sont remplies de touchantes réflexions propres à les inspirer. « J'ai, grâce à Dieu, écrivait-il, une foi très-vive à la Providence pour les petits événements, et tous les jours elle se fortifie par l'expérience. Puissions-nous ne jamais contrarier ses desseins, mais nous reposer doucement, et avec une confiance très-filiale dans son sein maternel ! Voyez que Monsieur X... s'est beaucoup tourmenté de désirs pour aller à Montpellier, à cause de son évêque, et l'évêque vient de mourir [1]. »

Une autre fois, annonçant une mesure qui contrarierait tous ses desseins, il écrivait : « Enfin, il faut adorer la divine Providence et aimer sa volonté tout aimable. Tout n'est pas perdu pour cela. Si nous sommes saints, nous ferons *prou*, comme disait saint François de Sales... Il faut s'accoutumer à ces petits froissements. Je crois que, lorsque nous serons morts, nous serons tout à fait étonnés des raisons de mille petits événements, contre-temps, avis, démarches,

---

[1] 3 janvier 1835.

qui nous semblaient déraisonnables et qui, dans la main de Dieu, allaient tous à des desseins admirables de sagesse et de prédestination sur les élus [1]. »

Dans l'année 1829, c'est-à-dire à la veille de la Révolution de 1830, l'horizon était sombre, l'avenir pour les communautés religieuses grandement incertain. C'est au milieu de ces appréhensions que M. Micland écrivait : « Rien de nouveau pour nous en mal ni en bien ; cependant ne nous noircissons pas l'avenir. Il vaut mieux être comme nous sommes que d'être à terre..., tenons-nous bien. Ne hâtons pas les moments de Dieu pour l'épreuve comme pour le succès. Je suis un homme d'espérance ; je le deviens tous les jours davantage. Il y a un si grand bien spirituel et temporel à vivre en communauté, il y a une si grande nécessité à l'Église et au diocèse d'avoir des hommes de communauté, que tôt ou tard cela prendra racine. Tâchons d'être de bons plants [2]. » « Pour nous, avait-il ajouté dans une lettre précédente, je ne vois rien à craindre. Nous trouverons toujours une chaire, un autel, un confessionnal ; que voulons-nous de plus [3] ? »

Dans cette même année 1829, il envoyait à un de ses confrères en voyage ces admirables paroles : « Je pense que cette lettre vous trouvera à Paris, et que

[1] 29 octobre 1824.
[2] 16 janvier 1829.
[3] 12 janvier 1828.

bientôt tout vous lassera : car l'œil se lasse plutôt qu'il ne se rassasie, et on finit par voir qu'il n'y a rien de nouveau sous le soleil. Il n'y a que l'étude des hommes qui ne lasse pas ; mais en revanche elle flétrit l'âme, si l'esprit de foi ne vient pas la diriger. A voir les hommes tels qu'ils sont, il y a sujet à les fuir pour choisir sa demeure dans la solitude, et, quand on est fait comme nous pour les servir et les sauver, ce n'est pas un petit mérite de rester parmi eux, les yeux toujours souillés de leurs scandales et les oreilles battues de leurs blasphèmes ou de leurs extravagances. Puisque tant de saints les ont pris pour ce qu'ils étaient sans se décourager, nous ne sommes pas meilleurs que nos pères, et nous n'avons pas le droit non plus d'exiger qu'autour de nous on soit meilleur [1]. »

Une autre fois il adressait à un de ses missionnaires une lettre portant une triste nouvelle. Il lui annonçait la mort d'un prêtre de ses amis, et c'était en ces termes : « Nous avons prié hier soir, mon cher Père, pour votre saint défunt. Puissions-nous tous mourir comme lui ! Mais auparavant il faut semer. Il lui a été donné de recueillir bientôt. Nous avons, nous, à attendre la moisson longtemps. Tâchons de la rendre abondante. Elle sera abondante en croix à coup sûr. Quand on a atteint trente ans il faut descendre ; cha-

[1] 27 juillet 1829

que année apporte quelque échec. Tâchons de mettre notre cœur si haut qu'il soit à l'abri de la secousse. Jetons du moins notre ancre, pour que, tout balloté qu'il puisse être, jamais il ne soit submergé. Ne désirons pas trop de mourir, mais désirons que Dieu fasse ce qu'il voudra. Qui jamais eut dû plus justement demander à Jésus de mourir que Marie au sortir du cénacle? Elle ne demanda rien, et Dieu la voulut vivante longtemps encore, sur une terre où elle semblait si étrangère. Saint Jean ne voulut point mourir dans la chaudière de Domitien. Il y a plus de paix et de perfection à ne rien vouloir qu'à vouloir mourir, au risque de vouloir ce que Dieu ne veut pas [1]. »

En vérité, nous trouvera-t-on téméraire, si nous disons que ces belles paroles semblent être l'écho de celles que saint Vincent de Paul adressait à ses missionnaires, ou de celles encore que saint François de Sales faisait entendre dans ses entretiens spirituels? M. Mioland avait longuement étudié ces grands maîtres, et l'on ne saurait douter qu'il ne se fût pénétré de leur doctrine; mais on ne parle pas ainsi quand on est simple copiste. Lui aussi, il était allé puiser à la source divine d'où jaillissent *les paroles de la vie éternelle*. Il est dans l'Église un maître unique qui inspire tous les docteurs : *Vous m'appelez Maître,*

---

[1] 2 juin 1825.

disait le Sauveur à ses apôtres, *et vous dites bien. Je le suis en effet. Sum etenim.* Pour vous, ne vous donnez pas les uns aux autres le nom de Maître, il n'est qu'un seul Maître, c'est le Christ que mon Père vous a envoyé. » M. Mioland, dès son enfance, s'était fait le disciple assidu de ce grand précepteur. Son esprit comme son cœur étaient pleins de lui. Il avait fini par prendre quelque chose de son ton et de son langage. Toutes ses leçons, tous ses avis étaient empruntés à sa doctrine. Il tirait tout de lui, il ramenait tout à lui, et c'est là ce qui donnait à sa parole tant de lumière et une force si persuasive. Comme saint Paul, il aimait à répéter le nom de ce divin Maître. On n'a qu'à interroger ses lettres, on verra que toutes finissaient par ce nom sacré. Telles étaient ses formules habituelles : « Je suis dans la charité de Notre-Seigneur, avec le cœur que vous connaissez, tout vôtre. — Je vous embrasse bien tous, en Notre-Seigneur, étant dans sa charité votre tout dévoué. — Recevez la nouvelle expression de mon religieux attachement en Notre-Seigneur, et dans les liens dont il nous a unis pour sa gloire. — Je vous embrasse bien tendrement en Notre-Seigneur en qui je suis tout à vous... »

C'est cette connaissance si pratique de Notre-Seigneur et de ses enseignements, qui, tout en laissant à M. Mioland ses manières grandes et dignes, l'avait environné d'une simplicité et d'une modestie dont il était impossible de n'être pas frappé, quand on vivait avec lui. Ceux qui l'abordaient pour la première fois étaient souvent saisis d'une certaine crainte. Sa haute stature, ses manières un peu froides que quelques-uns croyaient dédaigneuses, intimidaient tout d'abord ; mais ceux qui vivaient dans son intimité avaient des pensées absolument contraires. Il était de ce petit nombre d'hommes qui gagnent à être connus, et que l'on estime d'autant plus qu'on les a vus plus souvent et de plus près.

Pendant une station qu'il prêchait dans l'église métropolitaine de Lyon, il apparut un soir à la récréation de la communauté avec une lettre insolente qu'il venait de recevoir, et qu'il s'empressa de nous communiquer. On lui disait dans cette lettre qu'il ferait mieux de garder pour lui l'administration de sa maison, et de faire monter dans la chaire qu'il occupait alors, un orateur plus habile que lui. Nous admirions tous cette singulière modestie de sa part, et comme l'un de nous lui eut dit : « Mais, Monsieur le supérieur, c'est quelque folle qui vous a adressé cette lettre. — Non, répliqua-t-il aussitôt, elle est fort bien écrite. »

C'est encore de cette connaissance approfondie de Notre-Seigneur que venait chez M. Mioland cette horreur instinctive pour tout ce qui est vanité, prétention, envie de briller ou de faire parler de soi. Sa maxime était que nous devons nous contenter d'être ce que nous sommes devant Dieu, et ne point nous préoccuper de ce que diront les hommes. Aussi, il n'a jamais voulu que ses missionnaires livrassent à la publicité le récit des œuvres auxquelles ils avaient prêté leur concours, même sous le prétexte que de tels récits pourraient édifier le lecteur. Pendant les vingt-deux ans qu'il a gouverné la maison des Chartreux, beaucoup de missions vraiment merveilleuses dans leurs résultats ont été prêchées, soit dans le diocèse de Lyon, soit dans les diocèses voisins, et cette règle du silence a été constamment suivie. Grâce à Dieu elle s'est jusqu'ici conservée parmi nous. Par ce même principe de modestie et de réserve, il voulait qu'une retraite ou une mission étant terminée, ses missionnaires cessassent toute relation avec la paroisse qu'ils venaient d'évangéliser, et abandonnassent à Dieu le soin d'achever et de perfectionner son œuvre. Il lui semblait que c'était se donner trop d'importance que de se regarder comme des hommes nécessaires dont on ne pouvait plus se passer.

Enfin, ajoutons encore ce mot. C'est toujours par cette connaissance et cet amour de Notre-Seigneur Jésus-Christ qu'il faut expliquer cette inaltérable bonté du cœur de M. Mioland. Il n'y avait point de faiblesse dans son amitié. Jamais, ou presque jamais il ne faisait entendre de ces paroles que l'on est convenu d'appeler un compliment. Trop grand pour courir après ces puérilités, il supposait que les autres n'en faisaient pas plus de cas que lui ; mais la bonté et l'honnêteté de ses procédés ne se démentaient jamais. Dans ses lettres il était plus affectueux. On comprenait alors surtout ce qu'il y avait de délicatesse dans sa manière de sentir, et son ton prenait parfois un accent de tendresse. Jamais il ne donnait un avis sans l'assaisonner de quelque parole agréable et sans prendre les précautions de prudence qu'imposent, hélas ! les susceptibilités du cœur humain. Les nombreuses citations que nous venons de faire en fournissent la preuve. Mais il faut citer encore. Quoi de plus touchant que cette lettre qu'il adressait, le 1er janvier 1829, à trois de ses confrères alors occupés à une mission, et dans laquelle son âme se peint tout entière :

« Une année commencée en mission ne peut manquer d'être heureuse, surtout commencée par une communion générale et deux retraites. Le tout c'est de s'entendre sur le mot *heureuse*. Les saints et le monde ici ne s'accordent guère. Pour nous qu'importe ce qui pourra nous arriver ? Nous savons bien entre les mains de qui nous sommes ; et puis, si c'est pour nous une dernière année sur cette terre, elle sera toujours bonne. M. de la Croix me mande de Paris que tout y est bien en noir, très-noir. A force de ne voir que du noir on finira par s'y accoutumer. Après tout, que présente l'histoire à chaque siècle ? Du noir et très-noir. Le monde est de cette couleur-là... A ceux qui aiment Dieu, tout tourne à bien. A ceux qui voient tout en Dieu, pourquoi tout ne paraîtrait-il pas couleur de rose ?... L'avenir est un grand champ d'espérance, le temps un grand médecin. Bien que ni thaumaturge, ni prophète, j'ai l'intime conviction que nous tiendrons et que nous ne serons pas inutiles à la sainte Église dans le besoin. Quand ? comment ? et par qui ? C'est ce que j'ignore. Allons toujours, Dieu saura bien nous trouver. Instruisons-nous, formons-nous, rendons-nous capables, devenons hommes, devenons saints et tout ira ; car Dieu ne se sert que de ce monde-là pour faire de grandes choses. Les petits intérêts, les petits amours-propres, les petites prétentions, les petites affections, les petites attaches, les petites craintes, les petites susceptibilités, les petites joies ne font que de petites choses, parce que cela ne fait que de petits hommes. Faisons-nous large cœur, hautes espérances, immense ambition, comme nous avons immenses destinées et un Dieu infini à servir et à aimer. Voilà donc, mon cher Père, mon sermon de bonne année, bien froid sans doute à côté de celui que vous faites en ce moment ; mais partant d'un même cœur, puisque nous ne faisons qu'un. Je vous embrasse tous trois bien cordialement, étant bien tout vôtre en Notre-Seigneur. »

Nous ne demanderons pas grâce pour la longueur de ce chapitre, ni pour le grand nombre de citations dont il est rempli. Ne fallait-il pas montrer M. Mioland tel qu'il était au milieu des siens, avec cette foi, cette piété, cette sagesse, cette hauteur de vues, cette bonté dont il leur a donné tant de preuves pendant sa longue administration ? Or, pour atteindre ce but, nous n'avons rien trouvé de mieux que de le faire parler lui-même. Ceux qui ont vécu avec lui auront goûté un instant de bonheur, en croyant le voir revivre et l'entendre encore une fois. Les autres comprendront maintenant pourquoi il avait pris, sur la famille sacerdotale dont il était le père, un si grand empire, qu'elle croyait ne plus pouvoir se passer de lui ; pourquoi, lorsque l'heure de la séparation eut sonné, ce fut une désolation générale ; pourquoi son souvenir est resté parmi nous si vivant, que son nom ne peut être prononcé à nos oreilles sans provoquer le sentiment d'une gratitude aussi tendre que respectueuse ; pourquoi enfin, c'est pour nous une consolation de jeter sur sa tombe quelques fleurs détrempées encore de nos larmes.

CHAPITRE X

De quelques faits plus importants qu'il convenait de mentionner ici. — Le grand Jubilé de 1826 à Lyon. — Révolution de Juillet. — Emeute de 1831. — La maison des Chartreux est occupée par un détachement militaire. — Commencement de nouvelles constructions. — Premier pèlerinage à Rome. — Emeute de 1834. — La maison des Chartreux est rendue aux missionnaires. — M. Mioland entre au conseil central de la Propagation de la Foi.

— 1826-1837 —

Les pages que l'on vient de lire ont pu donner une idée de l'esprit de foi qui animait l'abbé Mioland, et de la sagesse avec laquelle il gouvernait la communauté dont il avait été établi le supérieur. Si nous voulions maintenant entrer dans le détail des œuvres diverses dont il eut la conduite, pendant les longues années de son administration, nous offririons un récit édifiant, sans doute : car ces œuvres furent nombreuses et presque toujours bénies de Dieu ; mais nous ne pourrions éviter de perpétuelles redites qui amèneraient nécessairement une fâcheuse monotonie. Toutefois il est certains faits plus saillants qui sont du domaine de l'histoire, et auxquels il nous a paru devoir donner ici une place.

L'année 1826 fut marquée pour la ville de Lyon par une grâce insigne : celle du grand jubilé qui avait eu lieu à Rome l'année précédente. Mgr de Pins voulut profiter d'une occasion si favorable pour faire donner une mission générale à toutes les paroisses de sa grande cité. Il fallait préparer les esprits à recevoir ce bienfait exceptionnel, et ce fut M. Mioland qui rédigea la lettre pastorale chargée de l'annoncer. En faisant ici cet aveu nous ne pensons pas commettre une indiscrétion : car le prélat lui-même répondait avec modestie à toutes les paroles flatteuses qui lui étaient adressées au sujet de ce mandement, qu'il n'en était pas l'auteur et que les éloges devaient remonter à l'abbé Mioland. Ces prédications en forme de mission eurent des résultats prodigieux. On avait appelé de toutes parts des ouvriers apostoliques. M. Rauzan, supérieur des missions de France, accompagné d'un grand nombre de ses confrères, beaucoup de prédicateurs du dehors et tous les missionnaires de la maison des Chartreux unirent à ce moment solennel leurs communs efforts, et il ne se trouva pas dans la ville ni dans les faubourgs une seule chaire qui ne fût occupée. Celle de la métropole fut donnée au vénérable apôtre qui déjà s'y était fait entendre en 1806 et 1809, et dont on avait conservé un vivant souvenir, à l'infatigable M. Rauzan. Assisté de plusieurs de ses missionnaires il y obtint un succès merveilleux. Un jour qu'un auditoire d'hommes, vraiment immense, remplissait l'antique basilique, transporté de joie, il s'écria : *Oui, j'ai eu raison de le dire, il n'y a qu'une ville de Lyon.* Les auditeurs accouraient en foule ; partout les tribunaux de la pénitence étaient assiégés. Mgr de Pins, avec un zèle au-dessus de tout éloge, voulut visiter lui-même toutes les églises ; et partout il faisait entendre quelques-unes de ces onctueuses paroles dont il avait le secret. Les exercices durèrent cinq semaines. Ils avaient commmencé le 29 octobre par une procession générale à laquelle toutes les paroisses avaient été convoquées, et qui produisit sur ceux qui en furent les heureux témoins une impression plus profonde que ne l'eût fait le plus éloquent discours. Vers la fin du jubilé, les auditoires devinrent si nombreux et si pressés que, dans beaucoup d'églises, les missionnaires se virent obligés d'avoir des assemblées séparées pour les hommes et pour les femmes. On vit alors tout ce que peut la grâce sur les esprits les plus égarés, sur les cœurs les plus endurcis ; car parmi les retours si nombreux qui vinrent à cette époque consoler et réjouir les pieux fidèles, on remarqua avec bonheur une multitude de noms que l'Église s'apprêtait déjà à effacer pour toujours avec ses larmes.

Pendant les cinq mois qui suivirent, les missionnaires des Chartreux, au lieu de goûter un repos auquel ils semblaient avoir droit, se multiplièrent dans le diocèse pour faire participer à la grâce du jubilé une multitude de fidèles ; et ce n'est pas sans étonnement que nous trouvons inscrits dans leurs annales les noms de vingt et une paroisses qui, à cette époque, furent évangélisées par eux. Qu'on juge par là de ce que leur supérieur avait eu à déployer d'activité et de zèle.

En 1830 éclata la fameuse révolution de juillet. Nous n'avons point à redire ici quelles en furent les causes, ni comment un trône, sur lequel avait siégé glorieusement une longue suite de rois, se trouva, en un jour d'émeute, si fortement ébranlé qu'il devait, quelques années plus tard, crouler avec un bruit effroyable. Notre rôle d'historien est plus modeste.

Les premiers jours qui suivirent la chute de Charles X furent des jours d'inquiétude et d'angoisses pour quiconque avait à cœur les intérêts de l'Église. De mauvais et perfides instincts que l'on avait imprudemment excités ne demandaient qu'à se produire. Le mal, comme il arrive toujours dans une révolution que les passions ont préparée, se croyait sûr de la victoire. Mais la puissance qui, dans les impénétrables secrets de la Providence, lui a été laissée sur la terre a toujours des limites : autrement c'en serait fait de la société. Les esprits commencèrent bientôt à se calmer ; l'ordre se rétablit. Le prince qui régnait aux Tuileries ne croyait pas alors, comme des amis perfides s'efforcèrent plus tard de le lui persuader, que des prêtres qui ne prêchent que la vertu, que de modestes vierges qui s'enferment dans un cloître pour prier ou pour soigner des malades, sont des ennemis bien redoutables. Une portion de liberté fut donc rendue à l'Église. Seulement il fallut respecter certaines susceptibilités injustes ou ignorantes. Le mot de *mission* effrayait ; on le changea contre celui de *retraite ;* trop de solennité dans la prédication pouvait fournir un prétexte aux clameurs de la foule ; on supprima les cérémonies qui lui donnent plus d'éclat. Les érections de croix qui couronnent ordinairement les exercices d'une mission pouvaient devenir l'occasion de déplorables scandales ; on poussa la condescendance jusqu'à renoncer à planter solennellement ce signe du salut. Il y eut donc, pendant les premières années surtout, besoin d'une grande circonspection et d'une singulière prudence. Mais grâce à ces ménagements, le bien put continuer à se faire par le ministère apostolique, là où l'esprit d'opposition et d'impiété n'exerçait pas trop d'empire. Ainsi M. Mioland et sa petite troupe ne furent pas condamnés à interrompre leurs travaux.

L'année 1831 avait cependant changé la face des choses pour la maison des Chartreux. Une émeute avait éclaté à Lyon dans le mois de novembre. Les ouvriers, à force de s'être entendu dire que le peuple est souverain, avaient pris la chose au sérieux. Ils étaient descendus dans la rue, les armes à la main, criant qu'ils voulaient vivre en travaillant ou mourir en combattant. La garnison, aidée de la garde nationale, ne s'était pas trouvée assez forte pour les réduire. Mais bientôt arriva le duc d'Orléans avec des troupes commandées par le maréchal Soult, et l'émeute dut céder. Toutefois l'esprit de révolte d'où elle était sortie ne retirait point ses menaces. Il était à craindre que tôt ou tard il ne fit explosion. La position élevée qu'occupe la maison des Chartreux parut au génie militaire précieuse pour certaines opérations stratégiques, et, après plusieurs pourparlers, il fallut la livrer en location pour un prix convenu. Vers le milieu de décembre un bataillon s'y installait.

C'était pour la famille sacerdotale de M. Mioland une rude épreuve. Sortie de son berceau depuis peu d'années, n'ayant point encore cette solidité qu'apporte le temps avec les longues traditions qu'il implante, concentrée dans un seul diocèse, et dès lors ne pouvant pas, comme un grand corps religieux, trouver ailleurs l'abri qu'on lui refuse au lieu de sa naissance, elle devait périr dans cette crise. Mais son supérieur eut la sagesse de résister à tous les timides conseils ; il trouva dans son amour pour l'Église la fermeté dont il avait besoin ; et, après s'être assuré que tous les cœurs étaient unis dans une même pensée, il s'occupa de chercher un logement pour chacun des siens. Les étudiants en théologie furent installés à un quart d'heure des Chartreux, dans une maison que son propriétaire eut la générosité d'offrir à cet effet ; les missionnaires trouvèrent un gîte dans les aumôneries de trois communautés voisines ; et M. Mioland loua vis-à-vis de l'église paroissiale un appartement qu'il partagea avec le curé et les vicaires. On se réunissait en conférence toutes les semaines ; le supérieur distribuait les œuvres à faire et aucun lien ne fut brisé.

Les choses marchèrent ainsi jusqu'au mois de juin 1832. A cette époque on put se former davantage en communauté. A côté de la maison principale qui était devenue caserne, se trouvait une assez pauvre habitation. Elle se composait d'un premier étage et d'un rez-de-chaussée. Autrefois elle avait servi de cellier aux RR. PP. Chartreux ; plus tard, elle était devenue la maison des religieuses de Sainte-Élisabeth ; puis elle avait été réunie à la propriété des missionnaires : aujourd'hui elle est enclavée et perdue dans le vaste collège connu sous le nom d'*Institution des Chartreux*. C'est là qu'au mois de juin 1832, M. Mioland ramena ses séminaristes et plusieurs de ses missionnaires. Les autres s'installèrent dans le voisinage de la cure. Toute la petite troupe se trouva donc réunie. On était beaucoup mieux. Il ne restait que le seul embarras d'avoir à sa porte une caserne servie par une même avenue qui sans cesse se trouvait traversée par des soldats, des prêtres et des religieuses. Ainsi s'écoulèrent la fin de 1832 et les années suivantes jusqu'au printemps de 1837.

M. Mioland, reportant plus tard ses souvenirs sur cette période de sa vie, écrivait ces lignes dictées par son esprit de foi : « Les retraites, les prédications, les leçons de théologie, la règle, tout marchait fort bien. Nous nous recrutions de nouveaux arrivants qui nous venaient des séminaires ; notre retraite annuelle se faisait également. Nous ne pourrons jamais assez reconnaître cette grâce singulière qui nous préserva alors de dispersion et de décadence. Plus d'une maison comme la nôtre croula dans ces mêmes années. Nous devons espérer que le bon Dieu voulait consolider notre œuvre, quelque imparfaite qu'elle fût encore. »

M. Mioland avait mille raisons de parler ainsi : car précisément à cette époque d'inquiétudes et de périls, le cours de théologie qui se faisait aux Chartreux était suivi par plusieurs sujets qui devaient un jour rendre à l'Église d'importants services. On remarquait parmi eux l'abbé Bérod qui, pendant plus de vingt ans, a exercé avec distinction les fonctions de rédacteur des *Annales de la Propagation de la Foi ;* l'abbé Hyvrier qui, d'une petite école a fait l'Institution des Chartreux et l'a mise sur le pied où elle est aujourd'hui ; l'abbé Gorand qui, après avoir deux fois dirigé, en qualité de supérieur, le séminaire de Verrières, quitta par obéissance une maison qu'il aimait, pour venir occuper la cure de Saint-Bruno, où l'attendait une mort prématurée, et dont les funérailles furent honorées par un prodigieux concours d'ecclésiastiques qui, tous, le pleuraient comme un ami ou un père ; l'abbé Pagnon qui, appelé par le cardinal de Bonald et plus récemment par Mgr Ginoulhiac à remplir les fonctions de vicaire général, a su se concilier l'estime et l'affection de tout le diocèse ; et surtout l'abbé Plantier qui, à la fin de son cours, essaya d'enfouir dans les solitudes de la Grande-Chartreuse les dons qu'il a reçus du Ciel, mais qui, rejeté par une santé trop délicate au milieu du monde, défend aujourd'hui, sur le siège de Nîmes, la cause de l'Église et du Vicaire de Jésus-Christ avec un dévouement que rien n'égale, si ce n'est son rare talent.

La Providence ne se contenta pas de veiller sur la petite famille des Chartreux pour la protéger et la défendre. Elle montra une fois de plus que, dans ses mains, tous les instruments sont bons pour arriver à ses desseins. En effet, ce qui devait, ce semble, ruiner la société naissante, contribua à lui donner plus d'extension et plus de vie. On se trouvait trop à l'étroit, et l'on ignorait pour combien de temps encore la maison-mère de la communauté resterait transformée en caserne. Il fallait du reste donner un emploi aux sommes que l'administration militaire payait pour sa location. On songea à bâtir, et Mgr de Pins eut la générosité d'abandonner, pour faire face aux dépenses, les sommes qui avaient été ou qui seraient perçues. C'est alors qu'on vit s'élever deux étages au-dessus de la mesquine maison qui était devenue l'habitation de la communauté.

Au moment où se commencèrent ces constructions, c'est-à-dire en 1833, M. le supérieur jugea l'occasion favorable pour réaliser un pieux projet qu'il nourrissait depuis longtemps : celui de faire un pèlerinage à Rome. Il partit donc le 9 avril. Il avait pour compagnons de voyage deux de ses missionnaires et le vénérable M. Carrand, ancien préfet apostolique de la Martinique qui, après dix ans passés dans les colonies, était venu une seconde fois établir son domicile aux Chartreux. M. Mioland avait deux buts dans ce voyage. Il voulait satisfaire sa piété et s'incliner sous cette auguste main qui bénit l'univers ; il espérait aussi obtenir l'approbation du Souverain Pontife pour la règle qui avait été donnée à sa Société. Mais cette dernière espérance ne put se réaliser.

Le cardinal Fesch, comme on le sait, était à Rome. Il conservait toujours le titre d'archevêque de Lyon ; et puis, il était le fondateur de la maison des Chartreux. On ne pouvait donc rien faire sans lui. Plus que cela, son appui était indispensable pour réussir. Il reçut avec une faveur marquée M. Mioland et ses compagnons de voyage, causa beaucoup avec eux de Lyon et de l'œuvre qu'il avait implantée aux Chartreux. Il leur raconta comment, toutes ses premières tentatives ayant échoué, il avait songé à faire revivre dans la Chartreuse de Lyon l'Institution de Saint-Charles Borromée, dite des Oblats, ou des *Trois-Saints*. Il insista sur ce mot *Trois-Saints*, ajoutant : « Oui, Messieurs, vos règles ont été composées par trois saints : saint Charles Borromée, saint Philippe de Néry et saint Félix de Cantalice. La chambre où ils tenaient leurs conférences existe encore. » Mais il fut aisé de voir que le cardinal regardait son œuvre comme complète et achevée, ou du moins que, si quelque nouveau principe de vie devait un jour y être surajouté, c'était à lui naturellement que reviendrait ce soin. Un des compagnons de M. Mioland lui ayant fait observer que cette institution, reposant tout entière dans la main des archevêques de Lyon, un archevêque pourrait un jour la détruire si bon lui semblait, il répondit aussitôt avec vivacité : « Monsieur l'abbé, vous supposez donc qu'il y aura un

jour un archevêque de Lyon qui sera un insensé ? »
Et lorsqu'il eut connu clairement le but du voyage de
M. Mioland et qu'il eut appris que déjà il avait confié
au cardinal Odescalchi dix articles constitutifs avec
prière de les présenter à la congrégation des *Réguliers*, il s'opposa à ce que cette demande obtînt son
effet, disant que la Société de Lyon, formée à l'instar
de celle de Saint-Charles à Milan, était essentiellement
diocésaine ; que saint Charles, cardinal et neveu d'un
pape, n'avait pas jugé à propos de solliciter une approbation pour la sienne. Elle était l'œuvre de *trois
siants* et autorisée par l'Ordinaire ; cela suffisait.

Ce fut pour M. Mioland une douloureuse déception.
Il s'était flatté de l'espérance d'obtenir pour sa Société
des Chartreux l'approbation du Souverain Pontife.
Un regard bienveillant, une parole approbatrice du
Vicaire de Jésus-Christ eût été à ses yeux un principe
de vie et de fécondité, et, pour le moment du moins,
il fallait y renoncer. Il nous est aisé, à nous qui avons
connu le fond de ses pensées intimes, de nous faire
une idée de l'amer déplaisir que dut en ressentir sa
piété filiale. Vingt-cinq ans plus tard, alors qu'il était
archevêque de Toulouse, nous l'avons vu, au retour
d'un autre voyage à Rome, se détourner de sa route
dans une saison rigoureuse, venir de Marseille à
Lyon pour apporter à son ancienne communauté des
Chartreux une bénédiction spéciale qu'il avait solli-

citée pour elle du Souverain Pontife. Nous nous souvenons encore de la jubilation avec laquelle le vénérable prélat nous fit part de cette faveur. Une première fois, il réunit ceux qui étaient prêtres dans la chapelle de la maison ; le lendemain, c'était le tour des séminaristes et des Frères servants attachés au service des Pères. Il était revêtu du rochet, du camail, de l'étole. Dans une allocution touchante, il nous rappela que Rome étant la tête et le cœur de l'Église, tous les hommes apostoliques se sont empressés d'aller y chercher la bénédiction dont ils avaient besoin pour leur personne et leur travaux, et que c'était une chose digne de remarque, que tous les saints qui ont le plus vivifié le monde par leurs grandes actions, avaient été demander à Rome la séve qui produit les fruits de salut. Puis, étendant la main sur toute la communauté, il était heureux de répandre sur elle cette bénédiction qu'il lui apportait de si loin. Quel ne dut donc pas être son chagrin en 1833, lorsqu'il lui fallut renoncer au principal but de son voyage ?

Mais, nous venons de le dire, ce voyage à Rome était aussi pour M. l'abbé Mioland un pèlerinage dans lequel il s'était proposé de nourrir sa piété. Ce désir, rien ne put l'empêcher de le satisfaire, et, de ce côté du moins, il se dédommagea amplement. On sait que Rome est par excellence la ville du monde où se conservent avec le plus de fidélité les antiques souvenirs.

On ne peut y faire un pas sans rencontrer quelque ruine qui parle du passé et semble le faire revivre. Rome est vraiment la ville éternelle : elle dispute au temps ce que le temps voudrait emporter. Mais son respect pour ce qui n'est plus se manifeste plus pleinement encore dans tout ce qui touche aux souvenirs chrétiens. Cette grande cité ressemble à un immense reliquaire. Les choses et les lieux qui ont été sanctifiés, sont gardés avec une telle fidélité que tous les siècles, depuis les apôtres, semblent s'être donné là un solennel rendez-vous. On vous dit : C'est là que le Prince des apôtres a porté ses chaînes, là qu'il a été crucifié ; c'est là que saint Paul a eu la tête tranchée...; c'est là que les premiers chrétiens priaient en silence, loin du regard de leurs bourreaux ; là qu'ils ensevelissaient furtivement leurs martyrs. On vous conduit dans de modestes cellules qui ont été habitées par des saints de ces derniers siècles, et le voyageur croit que le saint va venir lui parler ; car tout dans ces cellules a été conservé intact, et l'on peut vous dire : Voici le siége où le saint entendait les confessions de ses nombreux pénitents ; la table où il composait ses admirables écrits ; l'image devant laquelle il priait. Merveilleux secret vraiment de rendre sensible et palpable le beau dogme de la communion des saints, et de mettre en rapport les habitants de la terre avec ceux qui règnent déjà dans le Ciel ! Or, ce secret, nulle ville ne le possède comme Rome. Le pèlerin, s'il le veut, y trouve donc toute facilité pour nourrir sa foi, alimenter sa piété et réjouir son cœur. M. Mioland usa largement de ce privilége, ainsi que nous l'apprennent les notes qu'il nous a laissées. Il ne se contenta pas de visiter Rome et ses infinies richesses. Il voulut, en parcourant l'Italie, s'arrêter dans tous les lieux où quelque grâce particulière semble appeler le pèlerin, et sa foi y trouva de précieux aliments. Le souvenir qu'il en garda ne put être effacé par les années : on le voit par les paroles touchantes que nous trouvons dans ses mémoires, à la page où il essaye de faire revivre pour lui-même ce voyage :

« Le sentiment le plus vif que j'en ai emporté, c'est la disposition de cœur que Notre-Seigneur m'inspira aux pieds du Souverain Pontife ; puis, la veille surtout de mon départ, dans ma visite longue et solitaire à Saint-Pierre ; puis à Nocera, sur le tombeau de saint Liguori ; à Lorette, dans la *Santa Casa ;* à Bologne, au tombeau de saint Dominique ; à Venise, devant le cœur de saint François de Sales ; à Milan, au tombeau de saint Charles.

« Je demandai très-vivement à Dieu de me faire mourir par quelque accident de voyage, s'il prévoyait que je dusse jamais manquer à la foi, ou remplir dans l'Église quelque ministère contre sa volonté. Je m'offris très-simplement et avec une joie et une confiance très-douce, à ce divin Maître, pour faire et souffrir tout ce qu'il voudrait, où il voudrait, comme il voudrait, dans son Église, pour sa gloire et le salut des âmes. Hélas ! malgré le fantôme qui me poursuivait, j'étais loin de prévoir la fin que devait avoir cette prière. Puisse-t-elle être exaucée jusqu'au bout, et, puisque je suis aujourd'hui dans une vocation redoutable, Dieu veuille m'aider à la remplir dans les mêmes sentiments qu'il m'était si doux et si facile de répandre alors en sa présence ! »

Ce voyage, commencé le 9 avril 1833, ainsi qu'il a été dit, se terminait le 8 du mois d'août. M. Mioland rentrait à Lyon, riche de souvenirs et de saintes pensées. C'était un pèlerinage, plutôt qu'une course de pur agrément qui l'avait ainsi retenu loin des siens pendant quatre mois : aussi, dans une lettre pleine de salutaires conseils qu'il adressait un peu plus tard à un de ceux qui l'avaient accompagné dans ses pieuses pérégrinations, il pouvait lui dire : « Je pense plus que jamais à tout cela, et j'espère même y penser plus efficacement bientôt. J'ai le projet, si rien ne le traverse, de passer la semaine prochaine tout seul au séminaire, dans une retraite après laquelle je soupire depuis notre arrivée. Il me tarde de fixer par de fermes résolutions toutes les bonnes affections que le bon Dieu m'a données à Saint-Pierre, dans la chambre de saint Ignace, à Nocera, à Lorette et à Milan. »

Pendant l'année 1834, la ville de Lyon fut de nouveau ensanglantée par une émeute ; mais cette fois tout était organisé pour la rendre redoutable. Les ouvriers avaient des chefs habiles, qui purent tenir tête à la troupe pendant six jours. Le jour même où cette déplorable guerre commença, c'est-à-dire le 9 avril, M. Mioland était descendu comme à l'ordinaire pour assister au conseil de l'archevêché ; la séance fut troublée et interrompue par les premiers coups de fusil, et en un instant la ville se trouva tellement envahie et cernée qu'il lui fut impossible de regagner sa colline des Chartreux. Toute la cité était en proie à de cruelles angoisses. On n'entendait que le bruit du canon ou les décharges de la mousqueterie. On ne voyait que la fumée embrasée qui s'élevait de temps en temps de maisons incendiées. C'était une vraie désolation.

Cependant cette lutte fratricide approchait de son terme, lorsqu'il se passa aux Chartreux un fait qui mérite de trouver ici sa place. La troupe qui occupait la maison des missionnaires avait amené une pièce de canon sur la terrasse, à l'angle qui regarde la ville. Quelques coups de fusil s'étant fait entendre dans le voisinage, le commandant avait cru reconnaître qu'ils étaient partis d'une maison immense, connue dans le quartier sous le nom de maison Brunet. Vite le canon fut braqué contre un des angles de cette maison ; ce que voyant un des missionnaires, il courut au presbytère en prévenir le curé qui était M. Pousset. Celui-ci s'empressa de venir implorer auprès du commandant la grâce d'une maison qui n'était pas coupable et qui pouvait ensevelir sous ses ruines quatre ou cinq cents personnes. Le commandant était irrité par la perte d'un de ses jeunes officiers qui venait d'être tué à côté de lui dans une excursion ; cependant il finit par se calmer et ordonna de cesser le feu. Déjà deux ou trois boulets avaient marqué leur place dans la maison condamnée ; ses habitants étaient dans de cruelles alarmes ; mais se voyant sauvés et ayant appris le nom de celui à qui ils devaient leur délivrance, ils s'empressèrent de venir exprimer leur gratitude à leur charitable curé. Celui-ci les invita à se rendre un jour avec lui dans la chapelle de Fourvière, afin de faire remonter leur reconnaissance jusqu'à leur véritable libérateur, et un tableau commémoratif de cette touchante scène a été déposé dans le pieux sanctuaire.

Une lutte si opiniâtre dans la rue n'était pas de nature à rassurer le pouvoir. Aussi la maison des Chartreux continua à rester dans les mains de l'armée. Ce ne fut qu'au printemps de 1837 qu'elle fut évacuée par la troupe et rendue à ses véritables propriétaires. La haute administration avait eu le temps de faire construire dans les environs quelques casernes qui avaient leurs moyens de défense [1]. Elle y installa des troupes et les missionnaires reprirent leur habitation chérie. Par une disposition de cette divine Providence qui si souvent tire le bien du mal, ils se trouvèrent plus au large qu'avant leur dispersion. On se rappelle que la petite habitation qu'ils possédaient à côté de la maison-mère avait été agrandie de deux étages. Il fallait les occuper. M. Mioland y installa le cours de théologie et le pensionnat, ayant soin d'établir des séparations qui ne permettaient pas à ces deux établissements de communiquer ensemble. Ce fut pour le pensionnat sa première transformation. Commencé en 1825 par le curé de Saint-Bruno, M. Pousset, qui n'avait d'abord eu en vue qu'une école cléricale, il avait grandi dans l'ombre et demandait alors de l'espace. Un peu plus tard, le nombre des élèves augmentant, il fallut lui abandonner la maison tout entière et placer ailleurs le cours de théologie. Et enfin, les nouvelles constructions devenant insuffisantes devant les demandes qui se multipliaient de la part des familles, vint le moment où des constructions plus spacieuses et mieux en rapport avec l'importance de cet établissement lui donnèrent l'aspect qu'il présente aujourd'hui.

[1] Depuis, ces casernes ont été détruites en 1866 par les ordres de l'empereur Napoléon III, et sur leurs emplacements on a établi un superbe cours planté d'arbres.

N'oublions pas ici de consigner un fait qui honore M. Mioland et qui remonte à 1835. Il était peu de prêtres dans la cité lyonnaise plus estimés que lui. Sa sagesse, son esprit de conciliation lui avaient attiré une confiance universelle. Aussi le Conseil central de l'*Œuvre de la Propagation de la Foi*, désirant avoir dans son sein un ecclésiastique qui pût éclairer de ses lumières ses importantes délibérations, avait jeté les yeux sur lui. Il s'était empressé d'accepter un poste qui allait si bien à ses vues de zèle, et qui lui permettrait de servir l'Église dans une œuvre qui est une de ses ressources les plus précieuses, comme aussi une de ses gloires les plus pures. On sait que cette œuvre vraiment admirable a pour but d'aider les missions étrangères des deux mondes par ses prières et par ses aumônes ; mais on ne sait peut-être pas aussi bien que, née le jour même où les missions venaient de perdre leurs anciennes ressources, il est impossible de ne pas voir en elle une création de la Providence. Sortie du sein de la pauvreté, elle répand ses bienfaits dans les deux hémisphères, et les auxiliaires qu'elle appelle avant tous les autres, ce sont les pauvres. Ils ont entendu son appel, et maintenant elle est comme le soleil des missions étrangères : car c'est elle qui, en rayonnant sur les travaux de nos modernes apôtres, envoie partout la fécondité et la vie. M. Mioland fut donc heureux de prêter son concours à une œuvre si belle et si éminemment catholique, et il se faisait un devoir d'être assidu à ses assemblées ; mais ses services ne devaient durer qu'un temps bien court : car le Ciel allait l'appeler à des fonctions plus hautes. Le moment est venu d'en parler.

CHAPITRE XI

M. Mioland apprend qu'on songe à lui pour le siége de Verdun. — Il repousse toutes les instances et réussit à faire agréer son refus. — Il est présenté pour Amiens; il refuse, on insiste, il refuse encore. — Tout est inutile, il est forcé d'accepter. — Mgr de la Croix est appelé sur le siége de Gap. — Mgr Loras sur le siége de Dubuque. — Sacre de Mgr Mioland.

— 1836 - 1838 —

M. Mioland était heureux au milieu de ses confrères. Le respect et l'affection de tous n'avaient jamais cessé de l'environner. Les constitutions de la Société dont il était le père exigeaient que tous les cinq ans la nomination du supérieur fût soumise à une élection nouvelle, laquelle pour être définitive avait besoin d'être ratifiée par Mgr l'archevêque ; mais à chaque fois que l'épreuve du scrutin avait eu lieu, tous les suffrages, moins le sien, avaient proclamé son nom. Ses goûts simples et modestes s'unissaient aux désirs de ses confrères pour le retenir à son poste, et toute son ambition, ainsi qu'il l'a répété cent fois, était de mourir aux Chartreux. Mais Dieu avait sur lui d'autres pensées.

Déjà plusieurs fois le nom de M. Mioland avait été prononcé dans les feuilles publiques. On avait parlé de lui pour Ajaccio, pour Saint-Flour, pour Gap ; mais tous ces bruits avaient à peine effleuré son âme, tant il était déterminé à tout refuser, et du reste il aimait à se persuader qu'on ne donnerait aucune suite à ce qu'il appelait de vains projets. Mgr Villecourt, nommé à l'évêché de la Rochelle, étant venu à Lyon vers la fin de 1835, lui rendit une visite en qualité de vieil ami, et ne l'ayant pas trouvé, lui laissa un billet par lequel il l'avertissait que sous peu il serait nommé à un siége et le conjurait de ne pas refuser. « Je ne fis aucun cas de la chose, dit ici M. Mioland, bien que cela me donnât à réfléchir ; mais mon parti était pris. »

Au mois de juillet suivant, 1836, une communication plus officielle vint le jeter dans de plus sérieuses inquiétudes C'était M. Sauzet, garde des sceaux, qui lui proposait formellement le siége de Verdun. Au moment où la lettre arriva, M. Mioland avait dans sa chambre Mgr Flaget, évêque de Bardstown en Amérique, saint vieillard à qui l'opinion publique attribuait le don des miracles ; il jugea l'occasion favorable pour obtenir de ce vénérable apôtre une réponse qu'il pourrait considérer comme tombée du Ciel, et il fit si bien par l'exposé des motifs qu'il croyait avoir de refuser, que Mgr Flaget finit par entrer dans ses vues. Vite, le lendemain, il envoie à M. le garde des sceaux, pour qui il professait une estime particulière, une lettre polie, mais contenant un refus positif.

Cependant, Mgr Mathieu, archevêque de Besançon et métropolitain de la province à laquelle appartient Verdun, lui écrivait lettre sur lettre pour le conjurer d'accepter. Le 15 août, en descendant de chaire, il recevait de M. le garde des sceaux de nouvelles instances, auxquelles il opposait un nouveau refus ; puis espérant se débarrasser de cette guerre importune, le lendemain, 16, il partait pour un voyage en Suisse. Il m'avait pris avec lui, j'ignorais ces choses ; mais comme nous étions à Berne, il reçut une lettre de Mgr Garibaldi, internonce de Sa Sainteté à Paris, qui, dans les termes les plus pressants, le suppliait de cesser ses refus. Le jour même il répondit et daigna me lire sa réponse. Il y disait entre autres choses : « Votre lettre, Monseigneur, reçue plus tôt, m'aurait mis dans d'étranges perplexités. La voix du successeur de Pierre me tirerait des entrailles de la terre, me précipiterait au fond des abîmes. Je n'ai point cru que la volonté du roi fût l'expression de la volonté de Dieu. Si le Souverain Pontife connaissait ma position particulière, celle de la Société à laquelle j'appartiens, il approuverait mon désir. »

Après avoir envoyé cette réponse, M. Mioland continua sa route jusqu'à Einsiedeln, terme de son voyage. Il allait confier sa cause, ses craintes et ses angoisses à la Très-Sainte Vierge, invoquée dans son célèbre sanctuaire sous le nom de Notre-Dame des Ermites, heureux de mettre dans ses intérêts cette auguste reine du Ciel. Cependant, plusieurs de ses amis le poursuivaient tout le long de la route par des lettres pleines d'instances ; beaucoup de MM. les curés du diocèse de Verdun s'empressaient de lui exprimer la joie avec laquelle serait accueillie son arrivée : tout était inutile ; il répondait à tous dans le même sens. Vint enfin un moment où les choses semblèrent se calmer ; M. Sauzet avait quitté le ministère. M. Mioland, de retour de son pèlerinage, s'était rendu, comme à l'ordinaire, à la retraite pastorale du diocèse. Il tâchait de se persuader que tout était fini, et le 23 septembre il se croyait en droit d'écrire à une personne, qui s'était placée sous sa direction, cette lettre pleine de grâce et d'enjouement :
« La retraite du séminaire n'a fini qu'avant-hier, je suis depuis ce jour-là à Saint-Charles pour une autre retraite ; c'est de là que je vous écris à la hâte ; or, vous saurez qu'au séminaire, dans l'intervalle des exercices et confessions, j'ai répondu à une quinzaine de lettres

que m'écrivaient des curés de canton d'un diocèse, où tous les démons avaient mis dans la tête du ministre de m'envoyer malgré moi. J'avais répondu à ce ministre pour la seconde fois, le 16 août, en partant. Tout le long de mon voyage il me fallait écrire à toutes sortes de personnes qui me poursuivaient pour me faire un gros cas de conscience d'accepter. Les évêques voisins, l'archevêque métropolitain, Mgr Donnet, l'internonce apostolique de Paris, enfin tout le monde avait conjuré contre moi. Grâce à Dieu, me voilà débarrassé, et M. Sauzet étant tombé, il n'en sera plus question. C'est, je crois, ce mauvais choix qui a porté malheur à ce pauvre M. Sauzet. Pourquoi aussi aller prendre un missionnaire pour évêque?... »

Mais cette paix et ce repos auxquels M. Mioland croyait être rendu devaient être de courte durée.

Vers la fin de cette même année, M. de la Croix, qui, depuis 1823, avait été appelé à Belley par Mgr Devie en qualité de vicaire général, était à son tour désigné pour un siége. Il s'agissait de Gap. C'était, nous l'avons dit, un ami intime de M. Mioland et le confident de ses pensées. Il y avait chez l'un et chez l'autre un même fonds de piété et de modestie. Aussi M. Mioland pouvait adresser à M. Ballet, également l'ami de l'évêque nommé, les lignes suivantes qui n'exprimaient que la vérité : « M. de la Croix m'a écrit qu'il avait reçu la nomination royale, l'ordonnance, etc, etc..; que tout le monde se tournait contre lui ; que c'était une persécution à outrance, qu'il ne trouvait pas un ami véritable ; enfin, une lettre aussi chaude d'émotion et d'amitié qu'ordinairement les siennes sont froides. Il ajoutait qu'il allait se mettre en retraite pour quatre jours ; mais qu'il ne prévoyait que trop quelle en serait l'issue, qu'il pressentait bien que tout cela finirait par une immolation. Je suppose donc qu'il est maintenant en train de faire ses préparatifs pour aller consacrer le reste de sa sainte vie à ce troupeau, et je m'en réjouis fort pour l'Église, pour lui et pour nous [1].

Les choses se passèrent effectivement ainsi. M. de la Croix fut obligé d'accepter un fardeau qu'il jugeait avec raison redoutable; mais étant venu à Lyon, au mois de février 1837, au retour d'un voyage à Paris, il annonça à M. Mioland qu'on ne tenait pas son refus pour définitif, qu'on reviendrait à la charge, que Mgr l'internonce y comptait.

Voilà donc M. Mioland dans de nouvelles perplexités. Cependant, au printemps de la même année, la maison des Chartreux était abandonnée par la troupe, ainsi qu'on l'a dit dans le précédent chapitre, et rendue à sa première destination. Les missionnaires s'y installaient de nouveau ; leur supérieur avec joie re-

---

[1] Lettre du 29 décembre 1836.

trouvait sa chambre et tout se réorganisait sur l'ancien pied.

Au mois de juillet suivant, le sacre de Mgr de la Croix avait lieu dans la belle église de Brou. Mgr Devie était le prélat consécrateur et M. Mioland l'accompagnait en qualité de prêtre assistant. On comprendra sans peine quelles pensées devaient agiter son âme pendant une semblable cérémonie. Cependant il garda pour lui ses émotions, rentra aux Chartreux, reprit ses fonctions ordinaires et présida à la fin de septembre la retraite annuelle de sa communauté, laquelle ignorait encore tout ce qui s'était passé jusque-là, sauf quelques-uns de ses confrères auxquels il avait fait connaître en secret le mystère de sa correspondance.

Au mois d'octobre, M. Mioland revenait du séminaire d'Alix dont il avait prêché la retraite comme un simple missionnaire, lorsqu'il reçut une lettre de Mgr Gallard, évêque de Meaux, qui lui annonçait que bientôt il serait nommé à l'un des sièges vacants, et le conjurait de ne pas refuser. Son Excellence l'internonce, presque au même moment, lui adressait les mêmes instances ; mais M. Mioland persista dans son refus, en s'efforçant de corroborer dans ses réponses les raisons qu'il avait déjà données pour le motiver, et partit pour prêcher à Saint-Germain-Laval une retraite préparatoire à la confirmation.

Peu de jours après, une nouvelle lettre de l'internonce lui annonçait qu'il serait nommé à Amiens et non à Nimes, comme on en avait d'abord eu la pensée, et le conjurait, au nom du Saint-Père, de songer sérieusement devant Dieu qu'un nouveau refus de sa part causerait un vrai chagrin au chef de l'Église. De son côté, Mgr l'évêque de Meaux lui écrivait que tout était arrêté, qu'une résistance n'aboutirait à rien, sinon à de graves inconvénients pour l'Église, et que, du reste, le roi maintiendrait son choix par tous les moyens. Le 25 novembre, le même prélat lui écrivait une seconde fois pour lui dire que l'ordonnance était signée et pour le conjurer avec larmes de ne plus résister.

Jamais cerf traqué par les chasseurs n'avait été mené avec moins de relâche. M. Mioland ne savait plus comment échapper à tant de poursuites. J'étais alors en voyage à la suite de Mgr Flaget ; ce saint évêque avait reçu du pape Grégoire XVI l'honorable mission de parcourir les diocèses en encourageant et prêchant l'œuvre si catholique de la Propagation de la Foi, et j'avais le bonheur de l'accompagner. M. Mioland m'adressa donc une lettre dans laquelle il me disait : « Renouvelez, je vous prie, à votre vénérable prélat l'expression de mon désir qu'il veuille bien se souvenir de moi au saint autel, au moins une fois. Je suis dans d'horribles angoisses ; j'ai beau faire le mort, on veut me faire vivre malgré moi. Des bruits me reviennent de tous côtés ; j'ai paré, il y a deux mois, deux coups; mais je tremble qu'ils n'aillent me prendre du seul côté où je suis vulnérable, et que je ne puisse plus échapper. Je suis pourtant venu à bout de forcer Mgr l'internonce de renoncer à la partie ; mais qui peut répondre des ressorts qu'ils feront jouer ? Enfin ce n'est pas vivre que de vivre comme je vis depuis un mois. Je prêche force retraites pour m'étourdir. Cette semaine, j'ai celle des Dames de Saint-Jean, puis une autre dans quinze jours ; mais tout cela ne laisse pas de me tracasser. De nos confrères d'ici, vous êtes jusqu'à ce jour mon seul confident, mais c'est pour donner plus de poids à votre intercession auprès de Mgr Flaget. Qu'il fasse ce miracle pour le bien de l'Église et pour le mien, de me rendre invisible et de me couvrir d'une toile d'araignée [1]. »

Ce côté faible par où M. Mioland se sentait vulnérable, c'était celui par où venaient frapper jusqu'à son cœur les désirs du Souverain Pontife. Il était assez fort pour résister à tout le reste ; mais il n'aurait pu se décider à attrister le Vicaire de Jésus-Christ. Plus d'une fois déjà on avait invoqué cette autorité souveraine pour triompher de ses répugnances ; aussi il se sentait ébranlé. Enfin le 29 novembre, il

[1] Lettre du 25 novembre 1837.

recevait du ministre l'ordonnance par laquelle le roi, sous la date du 22, le nommait évêque d'Amiens. Il s'y attendait ; il comprenait que toute résistance devenait inutile ; cependant il consulta encore les guides de sa conscience, et sur leur réponse, il se décida à accepter. Toutefois, avant d'envoyer au ministre cette acceptation, il voulut une dernière fois demander à la Reine du Ciel force et lumière. Il monta donc le 4 décembre à Fourvière, pour offrir le saint sacrifice dans cette chapelle où la Très-Sainte Vierge a si souvent manifesté la puissance de son crédit. Il paraît qu'elle lui mit au cœur la pensée que l'humilité avait assez longtemps fait valoir ses droits, et que le moment était venu où l'obéissance devait agir à son tour, car, une fois descendu de la sainte colline, il jeta à la poste la lettre qu'il avait préparée pour le ministre.

Ce jour-là même, l'affection autant que l'honnêteté le porta à faire une visite à M. Sauzet. Il lui fit part de la résolution suprême à laquelle il avait cru devoir s'arrêter et lui exprima en même temps le regret, puisqu'il lui fallait accepter un siège, de ne pas voir sa signature au bas d'une ordonnance qu'il avait le premier provoquée. M. Sauzet, avec sa grâce ordinaire, lui manifesta à son tour le bonheur qu'il éprouvait en voyant ses vœux accomplis. Il ajouta que, depuis Verdun, il avait insisté pour qu'on le nommât à Versailles dont le titulaire avait été désigné pour un autre siége, et que le refus de ce prélat avait seul empêché la réalisation de ce second projet.

Cependant la communauté ignorait ce qui venait de se passer. Quelques-uns de ses membres seulement avaient été mis dans la confidence, et d'une voix unanime ils avaient déclaré à M. Mioland qu'il ne pouvait plus reculer. Le soir, il fallut faire part de la triste nouvelle à tous les confrères présents dans la maison-mère. Ce fut alors une désolation générale. M. Mioland, selon la coutume, essaya de faire la prière du soir ; mais il ne put l'achever, il était suffoqué. Le plus ancien prit sa place ; bientôt les pleurs et les sanglots l'empêchèrent de continuer, et chacun se retira morne et silencieux.

M. Mioland, avec sa bonté ordinaire, s'empressa d'avertir les membres absents. Il écrivait le lendemain à M. Ballet cette admirable lettre : « Enfin, mon cher Père, le dernier mot est donc parti. Hier j'ai répondu au ministre. J'avais reçu mercredi l'ordonnance, brusquement, sans avis préalable. Depuis un mois et demi, je bataillais avec Mgr l'internonce et Mgr l'évêque de Meaux : tous mes arguments, mes prières, mes larmes, tout a été inutile. J'avais reçu à Saint-Germain les instances les plus pressantes de Rome ; l'évêque de Meaux m'écrivait le 15 novembre : « Tout « est arrêté. Seulement, il ne s'agit plus de Nîmes, « mais d'Amiens ; de grâce, n'insistez pas sur un

« refus qu'on est résolu, au château, à ne pas accep-
« ter. » Le 25, il me disait : « Tout est signé ; le
« ministre, le roi mettent une extrême importance
« à votre acceptation. N'essayez pas, je vous en con-
« jure, d'un refus qui ferait beaucoup de mal, sans
« rien produire pour vous, » et il finissait par les
considérations les plus touchantes. Ici, tout le monde,
jusqu'à mes confrères que j'ai réunis dans un conseil
intime pour tout leur soumettre, me disent : Dieu le
veut. Il a donc fallu baisser la tête. Je suis encore
tout étourdi du coup ; cependant, il ne faut plus penser qu'à aller en avant. »

Le prélat m'envoyait les mêmes détails ; puis, il
terminait par ces paroles trop belles pour que j'omette
de les rapporter ici : « Enfin, ce soir, j'ai baissé la
tête et envoyé mon acceptation... Dieu l'a voulu certainement ; mais quel coup, quel changement, quel
horrible déchirement de cœur ! Toutefois je ferme les
yeux sur le passé, je ne veux plus voir qu'en avant ;
le bon Dieu fera le reste. Adieu, mon cher ami, appre-
nez, en voyant tant d'évêques, à plaindre celui qui va
courber les épaules sous un tel fardeau, et croyez-lui
un cœur qui restera toujours le même pour les siens. »

On a pu le remarquer en parcourant ces deux dernières lettres : autant M. Mioland avait ressenti de
troubles et de tristesses avant d'accepter un fardeau
que redoutait sa modestie, autant, son parti une fois

arrêté, il se sentit affermi dans la volonté d'en subir toutes les conséquences : c'est le propre des grandes résolutions qui se prennent sous l'œil de Dieu. L'âme ne s'étant point recherchée elle-même, mais ne s'étant proposé que la volonté divine dont elle a généreusement accepté les lois, Dieu se hâte, en quelque sorte de la récompenser par cette paix intime qu'il lui envoie comme un témoignage sur lequel elle s'appuye avec bonheur, se disant à elle-même qu'elle n'a fait que son devoir. Cette récompense fut donnée à M. Mioland. Ses pensées tristes et sombres commencèrent à faire place à une douce sérénité. Son extérieur lui-même s'en ressentit, et comme quelqu'un lui en exprimait son étonnement : « Que voulez-vous ? lui répliqua-t-il agréablement, lorsque l'enfant de David était mourant, ce grand roi ne pouvait contenir sa douleur, et il allait jusqu'à se refuser la nourriture ; et lorsque l'enfant eut succombé, presque aussitôt il se fit servir son repas. Les gens de sa maison s'en étonnèrent et ils se disaient les uns aux autres : « Chose étrange, le roi jeû- « nait lorsque l'enfant n'était que malade, et maintenant « qu'il est mort il demande à manger ! » Ce qu'ayant su David, il leur dit à son tour : « Lorsque je crai- « gnais de perdre mon fils, je me disais à moi-même : « Qui sait si Dieu ne se laissera pas toucher par mes « larmes et mes jeûnes ?.. mais aujourd'hui puis-je « espérer de le rappeler de la région des morts ? »

Il n'y eut donc plus d'hésitation dans l'âme si généreuse de Mgr Mioland ; il ne songea dès lors qu'à se préparer à la grande mission que Dieu lui assignait, et c'est sans doute sous cette impression que, le 9 décembre, s'adressant à cette même personne qu'il avait rassurée un an plus tôt, en lui disant : *Tout est fini*, il lui écrivait la lettre qu'on va lire. Nous la laissons telle qu'elle est, avec ce mélange de gaîté et de sérieux, de bonhomie et de finesse, d'amabilité et de modestie qui lui donne un singulier charme. « Hélas! oui, me voilà contraint de baisser la tête, et toutes vos prophéties sur ce que je n'accepterais pas, renversées ; mais aussi pourquoi vous faire prophétesse ? Vous voyez bien que ce n'est pas votre vocation. Enfin, après deux mois de négociations où je me suis débattu de mon mieux, il m'est arrivé, la semaine dernière, une ordonnance royale, sans avis préalable du ministre. J'ai pris quelques jours, et lundi j'ai répondu par une acceptation. Bien m'en a pris ; car, du train que cela allait, ils auraient fini par me faire pape. Imaginez que le premier diocèse dont on a parlé pour moi, Ajaccio, a cent mille âmes ; le second, Gap, cent cinquante ; le troisième, Saint-Flour, deux cents ; le quatrième, Verdun, trois cents ; le cinquième, Versailles, trois cent cinquante ; et enfin, Amiens, où je m'arrête, en a six cents[1]. Je ne sais vraiment où l'on m'aurait mené ainsi.

---

[1] Ces chiffres ne sont pas exacts. (*Note de l'Auteur.*)

« Tout de même, je suis encore tout étourdi de ce coup ; il me semble que je rêve. Dieu sait à quels motifs, à quelles instances, à quelle autorité je cède. J'ai entendu saint François de Sales me dire aussi : *La vraie humilité fait refus des charges; mais l'humble simplicité n'opiniâtre pas le refus, et comme l'humilité les accepte simplement, la simplicité les exerce humblement.* Dieu veuille me mettre ces dispositions dans le cœur ! Vous prierez donc pour moi tout en boudant un peu : car l'épiscopat est une vocation à la sainteté ; et si je suis saint là-dessous, ce ne sera pas sans peine. Imaginez qu'il y a là plus de six cents paroisses... Au fond, cette réputation ridicule qu'on m'a faite à Paris où personne ne me connaît et où je n'ai pas été depuis vingt-quatre ans, ces instances de tant de prélats, ces sollicitations, ces prières parties de si haut, ce chagrin qu'on m'assure que mon refus causerait au Souverain Pontife, cette *importance extrême* qu'on mettait aux Tuileries à mon acceptation, cette résolution fixe du roi et du ministre de regarder tout refus de ma part comme non avenu : tout cela est bien pour moi la plus grande humiliation que j'aie reçue de ma vie, et il y a de quoi me mettre au front un pied de rouge. C'est pour moi un mystère incompréhensible. Qu'est-ce donc qui se prépare ? Quel triste sort que celui de l'Église de France, si elle en est réduite à une telle nécessité !

Quel dessein de la Providence de poursuivre ainsi pendant quatre ans un si pauvre homme qui ne demande que la paix, et qui n'aspirait qu'à rester ce qu'il était ! »

A ce moment-là, on le devine sans peine, Mgr Mioland avait à répondre à une multitude de lettres ; il préparait aussi le voyage qu'il avait à faire à Paris pour ses informations ; mais au milieu de toutes ces sollicitudes, la maison des Chartreux et son avenir apportaient à son cœur paternel de constantes préoccupations. Le 15 décembre, il m'écrivait pour me donner de bonnes nouvelles de nos œuvres, de notre noviciat, des dispositions qui animaient la communauté ; puis, s'abandonnant aux espérances que lui inspirait son zèle pour la cause de Dieu, il ajoutait : « Tout se prépare pour cet avenir de l'Église de France que j'ai toujours entrevu. J'ai représenté le plus fortement que j'ai pu au nonce, et à tous les prélats qui me pressaient, l'utilité et la nécessité pour les évêques, de former des communautés ecclésiastiques, des centres de lumières, d'esprit sacerdotal et de sagesse, des réunions qui, sans être religieuses, eussent l'esprit de la religion ; sans être du monde, y fussent jetées par le zèle ; sans être du clergé séculier, y fussent incessament mêlées, des réunions comme celles de Saint-Augustin, de Saint-Eusèbe, de Saint-Ambroise : voilà Mgr de Gap qui ne vit que de cette pensée ; Amiens en vivra également. Il ne tiendra pas à nous que tous nos collègues n'en vivent aussi ; et voilà la porte qui s'ouvre... Bénissons Dieu ensemble, serrons-nous autour de notre croix. Priez pour notre chapitre des élections, puisque vous n'y serez pas autrement que du cœur, et tenez bon contre tous les démons qui voudraient nous entamer. »

Ce n'est pas assez : M. Mioland crut devoir rendre compte de sa conduite à toute la communauté. Il avait à cœur de lui faire connaître la répugnance qu'il éprouvait à briser des liens qui lui étaient bien chers, les nombreuses instances qu'il avait repoussées, les motifs de conscience auxquels il avait cru enfin devoir céder. Dans ce but il réunit en assemblée, le 28 décembre, tous ceux de ses confrères qui se trouvaient à Lyon. Là, il dépouilla sous leurs yeux sa longue correspondance, et quand il fut arrivé à la fin de son récit, il ne fut plus maître de cacher son émotion, et, d'une voix altérée et tremblante, il leur dit : Qu'après de mûres réflexions, sa conviction intime était que son départ ne serait point nuisible à la communauté ; que peut-être la Providence l'avait ménagé pour donner à notre œuvre de plus grands développements ; que, depuis plusieurs années, son intention était de nous prier lui-même d'élire un nouveau supérieur, et de lui permettre d'être simplement comme l'un de nous. « Ce qui me console, ajouta-t-il, c'est que la bienveillance de Mgr d'Amasie pour la communauté sera toujours la même ; c'est que Dieu semble tout disposer pour étendre et propager notre Société ; c'est qu'après tout, les cœurs ne se séparent pas ;.. c'est que j'aurai toujours ma chambre dans la maison et que j'emporte la douce espérance de me trouver chaque année au milieu de vous pendant votre retraite.... » Il est plus aisé de comprendre que de dire sous quelle impression était toute l'assemblée en recevant de telles communications.

Le 1er janvier 1830, Mgr Mioland partait pour Paris. Il s'y trouva en même temps que Mgr Cart, évêque nommé de Nimes. Il y avait trop de rapports dans les pensées et les vues de ces deux prélats pour qu'ils fussent longs à se comprendre. Aussi, dès les premiers jours, ils s'unirent d'une amitié dont la mort seule a pu dénouer les liens. Pendant son séjour dans la capitale, il reçut la visite de plusieurs ecclésiastiques du diocèse d'Amiens qui eurent des conférences avec lui, sur diverses affaires auxquelles il put donner une solution favorable et il écrivait ensuite : « Grâce à Dieu, ils semblent tous apprécier mes intentions droites et simples, et depuis qu'on voit que je ne suis pas fin, tous les fronts se dérident et les cœurs s'épanouissent [1]. »

Les bulles ne se firent pas attendre. Elles étaient

---

[1] Lettre à M. B. 10 janvier 1838.

datées du 12 février. Par une heureuse coïncidence, M. l'abbé Loras, membre de la maison des Chartreux, qui, depuis plusieurs années, donnait en intrépide apôtre les travaux de son zèle aux missions de l'Amérique du Nord, avait été proposé, peu de mois auparavant pour le siége de Dubuque, au diocèse de Saint-Paul, près des Montagnes Rocheuses. Son sacre avait eu lieu le 8 décembre. Mgr Mioland, en recevant cette nouvelle, apprit en même temps avec bonheur que le prélat se disposait à faire un voyage en France et à Rome pour les intérêts de sa mission. Il arriva en effet à la fin de février, et Mgr Mioland m'écrivait le 8 mars : « Nous avons enfin reçu depuis dix jours Mgr Loras, fort bien portant, fort joyeux de s'en aller au bout du monde et fait vraiment pour cela. Il a la bonté de m'attendre jusqu'au dimanche de Quasimodo, pour être assistant au sacre avec Mgr de la Croix. Il ira à Rome après. »

Ainsi le nouvel évêque d'Amiens savait déjà qu'il serait assisté au jour de son sacre par deux prélats, ses amis, ses frères, nous pourrions dire ses fils. Ce n'était pas pour lui une médiocre joie. Elle semblait lui arriver du Ciel comme un dédommagement de tous ses sacrifices.

Une autre consolation lui était réservée. Le saint évêque de Bardstown, Mgr Flaget, devait être là aussi. Mgr Mioland avait grandement désiré sa présence. Depuis les derniers mois il ne m'écrivait pas une lettre sans me dire d'arranger et de disposer si bien les courses de ce vénérable apôtre qu'il se trouvât près de Lyon lorsque serait venu le moment du sacre. Mgr Flaget daigna se rendre à ses désirs et le nouvel évêque le reçut avec une joie facile à comprendre.

Tout était prêt. Mgr de Pins, pour donner à Mgr Mioland un nouveau témoignage de son affectueuse estime, voulut être lui-même le prélat consécrateur. L'auguste cérémonie se fit le dimanche, 22 avril 1838, dans l'église métropolitaine, au milieu d'un immense concours. Outre les évêques de Gap, de Dubuque et de Bardstown, on voyait Mgr Devie, évêque de Belley et Mgr de Forbin-Janson, évêque de Nancy. Plusieurs prêtres d'Amiens étaient accourus pour contempler, des premiers, les traits de celui que Dieu dans sa bonté envoyait à leur diocèse. Tout concourait donc à relever une cérémonie déjà si grande par elle-même. On sait quelle est la majesté que déploie le culte dans l'antique métropole. La dignité du prélat consécrateur, son ton toujours si religieux et si grave en augmentaient ce jour-là les beautés. Le nouvel élu, inclinant son front sous l'huile sainte qui devait le consacrer, était vraiment magnifique ; et lorsque, armé de sa crosse, il parcourut les rangs pressés des fidèles, en répandant ses premières bénédictions, il ne s'en trouva pas un seul qui ne dît en lui-même avec admiration : « C'eût été dommage qu'il ne fût pas évêque. »

Le soir du même jour, Mgr Mioland voulut donner les prémices de son épiscopat à cette paroisse de Saint-Bruno qu'il avait évangélisée pendant vingt-deux ans. Il officia pontificalement à vêpres, environné des évêques de Belley, de Nancy, de Gap et de Dubuque. Puis, étant monté en chaire, il prit pour texte de son discours la parole du Sauveur à ses apôtres : *Pax vobis : La paix soit avec vous*. Toute cette foule empressée, qui environnait la chaire d'où tombait cette douce parole, la recevait avec joie comme une bénédiction doublement précieuse; mais dans tous les cœurs, cette joie se trouvait mêlée au sentiment d'une invincible tristesse : car bientôt allait venir le moment de la séparation.

DEUXIÈME PARTIE

MONSEIGNEUR MIOLAND DEPUIS SON SACRE

CHAPITRE PREMIER

SON DÉPART POUR AMIENS — SON INSTALLATION

Au moment d'entreprendre l'histoire de Mgr Mioland pendant la période la plus importante de sa vie, c'est-à-dire pendant les années qu'il a passées sur le siége d'Amiens et sur celui de Toulouse, nous éprouvons le besoin d'exprimer un regret. Ce journal, écrit de sa main et auquel nous avons emprunté de nombreux et d'intéressants détails, s'arrête précisément à cette époque. Au lieu de ce fil conducteur qui nous permettait de le suivre pas à pas et de recueillir sur les années de son enfance et de sa jeunesse une multitude de précieux souvenirs, nous ne trouvons plus qu'une incomplète nomenclature suivie de pieuses réflexions. C'était pendant les jours consacrés chaque année à une retraite que le prélat, fidèle à la loi que lui avait imposée sa reconnaissance envers Dieu, notait avec soin les événements principaux qui avaient marqué l'année écoulée du sceau de la bonté divine. Ces notes suffisaient pour rappeler à sa mémoire des faits dont il connaissait tous les détails; mais elles ne sauraient suffire à son historien. Il nous a donc fallu chercher ailleurs, interroger, demander; et nous n'avons qu'à nous louer de la bienveillance avec laquelle on nous a répondu, et d'Amiens et de Toulouse.

Il est une autre source où nous avons été puiser nos renseignements : c'est la volumineuse correspondance de Mgr Mioland lui-même. Il aimait, en écrivant à ses amis qu'il avait laissés à Lyon, ou à ses frères dans l'épiscopat, à épancher son cœur. Facilement, il exprimait ses vues sur les événements, les hommes et les choses; et, aujourd'hui, en relisant ces lettres dans lesquelles jaillissaient ses pensées intimes, on est étonné de cette finesse d'aperçus, de cette justesse dans les appréciations, de ces paroles quelquefois prophétiques qui nous révèlent les dons que la main de Dieu avait versés dans sa grande âme. Nous pourrons donc nous consoler de ce qui nous manque, et, pourquoi ne le dirions-nous pas? ce qui nous reste de

Mgr Mioland est précisément ce que nous nous sommes proposé d'empêcher de périr. Il était, nous en avons déjà fait la remarque, en empruntant ses propres paroles, plus conservateur que créateur. Dès lors, malgré les utiles institutions qui sont son ouvrage, nous ne saurions rencontrer dans sa vie de ces créations éclatantes qui recommandent une mémoire à l'admiration des siècles. Quant à ces œuvres éminemment utiles, mais qui sont ordinaires dans l'existence d'un évêque capable et qu'anime l'esprit de Dieu, à quoi bon leur consacrer de longs récits qui seraient d'un mince intérêt pour le commun des lecteurs? Il suffira d'en dire quelques mots en passant. Ce que nous voulons avant tout, c'est édifier et instruire en montrant la belle âme de Mgr Mioland ; et, grâce à Dieu, nous trouverons dans sa correspondance privée, comme dans sa correspondance officielle, tout ce qu'il faut pour rendre cette âme transparente.

En partant pour Amiens, le nouvel évêque emportait avec lui de nombreux et puissants encouragements. Une multitude de prélats lui avaient écrit pour lui exprimer leur joie de ce qu'enfin il avait cédé aux instances que sa modestie trop longtemps avait repoussées. Nous aimerions à faire revivre ici toutes ces lettres. Elles nous montreraient ce qu'il y a de délicatesse, d'affectueux respect, de sentiments élevés dans le langage que nos évêques se parlent entre eux.

Qu'il nous soit permis du moins de donner ici quelques extraits :

Mgr Villecourt, alors évêque de la Rochelle, et depuis, mort à Rome, revêtu de la pourpre, avait écrit au nouvel élu aussitôt après sa nomination : « J'ignore si cette lettre vous trouvera encore à Lyon. Je voudrais n'être pas des derniers à vous offrir mes sincères félicitations. Je les ai déjà offertes du fond de mon cœur à l'Église d'Amiens en lisant aujourd'hui votre nomination dans l'*Ami de la Religion*. Il y a bien des années, Monseigneur, que tous vos amis attendaient cette nouvelle qui ne surprendra personne ; mais elle a dû me surprendre moins que qui que ce soit, puisque, sans être prophète, j'avais cru pouvoir, dès le séminaire, assurer avec la plus intime des convictions que la dignité épiscopale vous était réservée ; et, ce qu'il y a de plus remarquble, c'est qu'ayant cent fois renouvelé la même assurance, il ne m'est jamais arrivé de trouver un seul contradicteur [1]. »

Vers la même époque, le vénérable évêque de Bardstown, Mgr Flaget, écrivait de son côté : « Les feuilles publiques m'avaient déjà informé de votre promotion à l'évêché d'Amiens, lorsque votre lettre m'est parvenue. Connaissant votre répugnance pour des fonctions si relevées, j'ai pris la plus grande

---

[1] La Rochelle, 9 décembre 1837.

part à la douleur que doit vous avoir occasionnée cette effrayante dignité. Mais comme vous ne sauriez douter de la volonté de Dieu dans ce choix, il ne vous reste qu'à baisser la tête et accepter le pesant fardeau qui vous est offert par notre divin Sauveur lui-même... Dieu, qui a tout fait par rapport à votre nomination, saura bien vous donner un successeur qui mènera votre famille selon l'esprit que vous lui avez communiqué [1]. »

Mgr Cart, ce pieux évêque qui, dans son court passage sur le siège de Nîmes, a trouvé le secret de faire tant de bien et de laisser une mémoire si chère, avait été préconisé dans le même consistoire que Mgr Mioland. Dans une de ses lettres, nous trouvons ces lignes, qui témoignent tout à la fois de sa modestie et de son respect pour l'évêque d'Amiens : « Nous voilà donc en retraite et à la veille de notre sacre... Oh ! tenons-nous bien unis, puisque notre mission, notre consécration nous placent si près l'un de l'autre. Guidez-moi, vous qui êtes mon père, et soutenez-moi comme on soutient un pauvre petit enfant qui n'a ni intelligence pour se conduire, ni force pour marcher [2]. »

Mgr Turinaz, également préconisé dans le même consistoire et nommé à l'évêché de Tarentaise (Savoie), envoyait à son tour ces paroles pleines des encoura-

---

[1] Le Blanc, 19 décembre 1837.
[2] Besançon, 19 avril 1838.

gements de la foi : « Je félicite très-sincèrement le diocèse d'Amiens d'avoir en votre personne, Monseigneur, un digne successeur du vénérable M. de la Motte, et je vous félicite aussi, non pas du degré d'honneur auquel on vous a élevé en rendant justice à votre mérite, mais bien de la nouvelle preuve de dévouement que vous avez donnée à Dieu et à l'Église en acceptant le fardeau qui vous a été imposé. Il me semble vous voir vous animant à la confiance avec le pape saint Léon, comme je le fais moi-même, en pensant que Celui qui a donné la dignité aidera à la soutenir, et que Celui qui a imposé la charge aidera à la porter. Pour peu que l'on ait une juste idée de l'épiscopat, que deviendrait-on, si l'on ne devait pas croire fermement ces vérités [1] ? »

L'évêque d'Annecy, Mgr Rey, qui, après avoir été l'apôtre du clergé de France au sortir des mauvais jours de la grande Révolution, a laissé parmi nous une mémoire si vénérée et si chère, écrivait à son tour ces lignes honorables pour lui et pour celui auquel elles s'adressaient : « Oh ! oui certes, mon digne Seigneur, je me ressouviens de ce cher et béni voyage où nous avons eu une très-innocente altercation sur des points au sujet desquels très-probablement nous sommes entièrement d'accord. Ah ! Monseigneur, si

[1] Chambéry, 19 mars 1838

vous eussiez été témoin de la joie que j'ai éprouvée en lisant votre nomination au siége d'Amiens, sur l'*Ami de la Religion ;* vous auriez entendu le cri de bonheur que mon cœur laissa échapper en apprenant cette précieuse nouvelle. Oh! que l'Église de France est belle, à travers tous les nuages et toutes les tempêtes! Tant que l'aimable Providence, qui veille sur elle d'une manière si admirable en lui donnant des pontifes selon le cœur du Seigneur, renouvellera des choix tels que celui dont vous avez été l'objet, elle pourra toujours se regarder comme la fille aînée de l'Église de Jésus-Christ. Rien ne me rassure autant sur le sort de cette belle France que de la voir gouvernée par des hommes de foi, brûlant du zèle apostolique, et ne s'occupant absolument que des grands intérêts de l'éternité au milieu des peuples. Quel que soit son avenir politique, je réponds de son avenir religieux tandis que cet immense vaisseau aura des pilotes de ce genre. Allez donc, mon vénéré Seigneur, allez soigner ce beau diocèse d'Amiens ; Dieu vous y attend, parce que c'est lui qui vous y appelle. Que de grandes choses sa grâce opérera par votre ministère! Vous y réveillerez le souvenir de Mgr de la Motte, cet aimable imitateur du plus aimable des pontifes, saint François de Sales. Aussi, mon bon Seigneur, dimanche matin, j'irai dire la sainte messe pour vous, devant le corps de l'apôtre du Chablais, et je lui demanderai avec instance de vous léguer son zèle, sa douceur, sa charité et ses succès. J'associerai à mes vœux les dignes filles de saint François de Sales, et, tous de concert, nous appellerons sur votre sacre l'immensité des bénédictions du Seigneur, afin que vous soyez vraiment consacré *in cornu olei*.

« Me serait-il permis de mettre une condition à nos prières? Ah! Monseigneur, c'est que, à votre première bénédiction à l'issue de votre sacre, lorsque vous lèverez la main pour inonder votre immense auditoire des faveurs célestes attachées à la bénédiction d'un nouveau pontife, vous vous souveniez d'un pauvre vieillard qui sera en esprit à vos pieds, et qui réclame dès aujourd'hui une part aux bienfaits dont vous serez en ce moment le dispensateur[1]. »

Fortifié par tous ces précieux encouragements et plus encore par cette confiance en Dieu qui ne l'abandonnait jamais, Mgr Mioland quittait Lyon le 7 mai 1838, et partait pour Paris. Là, il devait rencontrer son vénérable prédécesseur, Mgr de Chabons, qui, à cause de son grand âge, avait cru devoir confier à une main plus vigoureuse que la sienne le bâton pastoral qu'il avait jusque-là si dignement porté. Mgr Mioland, dès le mois de décembre, lui avait écrit pour lui offrir un appartement près de lui, afin de lui épargner

---

[1] Annecy, 17 avril 1838.

la douleur de se séparer d'un diocèse qu'il aimait et dont il était aimé; mais Mgr de Chabons avait refusé cette offre obligeante par une lettre qui exhale un tel parfum de grâce et de délicatesse, que nous croyons devoir la transcrire ici presque en entier. La voici :

« Monseigneur, il est bien agréable et bien consolant pour moi d'apprendre que la divine Providence vous a désigné pour venir ici réparer les fautes que j'ai certainement faites pendant un si long épiscopat. La renommée a déjà publié à Amiens votre mérite comme votre modestie, et toute la ville applaudit au choix que le roi a fait de votre personne pour gouverner cet intéressant diocèse. Je me joins à toutes les saintes âmes qui vous désirent, et j'unis mes prières aux leurs pour que le Seigneur bénisse vos futurs travaux. Il m'est permis à moi plus qu'octogénaire de répéter le *Nunc dimittis* du vieillard Siméon, puisqu'il m'est donné de connaître le nouveau Samuel qui doit veiller au salut d'Israël. Toutefois, je le dirai toujours avec un souvenir bien doux, ce troupeau, comme celui qui est appelé à le conduire, ne me deviendront pas étrangers. Mon vieux cœur ne cessera jamais d'être sincèrement attaché aux ouailles et au pasteur.

« Je vous remercie beaucoup, Monseigneur, de l'offre si obligeante que vous me faites de rester à côté de vous. Je serais un témoin de plus pour admirer tout le bien que votre zèle opérera ; mais je l'entendrai dire de loin et j'en partagerai avec les autres la douce satisfaction. Je compte me retirer avec quelques membres de ma famille pour méditer sur les années éternelles qui, hélas ! commenceront bientôt pour moi. Dans mon humble retraite, je continuerai d'élever les mains vers le ciel, pour que Dieu fasse fructifier vos utiles travaux [1]. »

De leur côté, MM. les vicaires capitulaires du diocèse d'Amiens avaient publié un mandement dans lequel, parlant du nouvel élu, ils s'exprimaient ainsi : « Vous nous pardonnerez si nous redisons ici ce que la renommée nous a déjà appris de sa foi et de son zèle, de ses travaux apostoliques et des éminentes qualités qui le distinguent. Bientôt ses œuvres parmi nous parleront encore plus haut que nos éloges : *Et laudent eum in portis opera ejus*. Et d'ailleurs, le noble refus que plus d'une fois il a fait des augustes fonctions qu'on voulait lui imposer n'est-il pas un beau témoignage en sa faveur ? Heureux de faire le bien dans un vaste diocèse, et d'être l'âme d'une réunion de prêtres destinés à aider les pasteurs dans le ministère des paroisses, il ne voulait que continuer cette œuvre de salut ; et voilà que, malgré ses prières et ses larmes, il se voit obligé de courber la tête sous le fardeau, pour ne pas contrarier par une plus longue résistance les

---

[1] Amiens, le 9 décembre 1837.

desseins de Dieu sur lui. » C'est ainsi que parlaient MM. Voclin, Canaple et Cremery, chargés de diriger le diocèse pendant la vacance du siége. Ces messieurs ne tardèrent pas à apprécier par eux-mêmes combien ces éloges étaient fondés. Nous avons sous les yeux de nombreuses lettres dans lesquelles Mgr Mioland, avant son installation, réglait avec eux diverses affaires, et toutes portent un caractère de piété, de sagesse, de sens pratique qui dut les frapper. L'une de ces lettres traitait d'une question délicate et épineuse, et nous y lisons ces lignes remarquables : « Ne vous inquiétez point, je vous prie, de tout ce qu'on pourra dire. Laissez libre cours à toutes les langues... L'Église ne se gouverne pas par des paroles, mais par des actes. Le bon Dieu ne nous demandera pas compte de ce qu'on aura dit ou pensé de nous, mais de ce que nous aurons fait et surtout désiré de faire pour lui. Je sens combien il peut vous être pénible de ne pouvoir répondre ; mais c'est là la grande croix et le mérite de ceux qui gouvernent. Ils doivent faire le bien sans espérer de voir souvent eux-mêmes leurs actions et leurs intentions justement appréciées. Il leur faut servir les hommes malgré eux, et procurer le bien des âmes *per infamiam et bonam famam*. Du moins, Messieurs, il y aura quelqu'un qui appréciera toujours vivement tout ce que vous avez fait pour le bien de cette Église à laquelle me voilà maintenant irrévocablement voué, et il ne pourra jamais oublier tout ce que vous aurez essuyé de paroles et de tracas pour lui préparer les voies [1]. »

On le voit par tout ce qui précède, les esprits étaient heureusement prévenus en faveur de Mgr Mioland et le prélat pouvait se présenter en toute confiance à son diocèse. Aussi le 27 mai de l'année 1838 fut un jour de fête pour la ville d'Amiens ; c'était celui où le nouvel évêque, qui, le 14 du même mois, avait pris déjà possession par M. Voclin, vicaire général et son fondé de pouvoirs, était installé en personne. La magnifique basilique n'était pas trop vaste pour satisfaire l'empressement de la foule. Chacun voulait voir et contempler le père que lui envoyait le Ciel, et tous durent être satisfaits à la vue de cette noble figure aussi douce que majestueuse.

On sait que la nef de la cathédrale d'Amiens est réputée la plus belle de toutes celles que possède la France. Le premier empereur, nous raconte l'histoire, ayant pénétré sous sa voûte aérienne, frappé de la majesté de l'édifice, s'arrêta dès les premiers pas et laissa échapper cette grande parole : *Un athée serait ici mal à l'aise.* Qu'on se représente cette somptueuse basilique parée comme pour ses plus beaux jours de fête, son chapitre, son nombreux clergé, ses fidèles

[1] Lyon, 27 mars 1838.

accourus en foule, le soleil du mois de mai lançant au travers de ses immenses vitraux ses flots de lumière, le nouvel évêque s'avançant avec sa douce majesté, pour apporter l'espérance à la place de la tristesse qu'avait laissée le départ de son vénérable prédécesseur, et l'on aura quelque idée de l'imposante cérémonie. Mais au milieu de cette gloire extérieure, l'âme si pieuse et si réfléchie de Mgr Mioland ne perdait pas de vue les graves pensées de la foi. Il se rappelait sans doute la belle parole du marquis de Fénelon à M. de Harlay nommé à l'archevêché de Paris : *Il y a bien de la différence du jour où une telle nomination attire les compliments de toute la France à celui de la mort, où l'on va rendre compte à Dieu de son administration* [1].

[1] *Histoire de Fénelon*, liv. Ier, ch. VII.

CHAPITRE II

Vie intime de Mgr Mioland dans son palais. — Sa simplicité, ses goûts modestes.

Avant de raconter les œuvres du nouvel évêque, il sera bon de nous arrêter quelques instants à considérer le genre de vie simple et modeste qu'il adopta dès le premier jour et qu'il garda jusqu'à la fin. A l'aise au milieu des grandeurs, on eût dit qu'elles étaient faites pour lui ; mais il en connaissait tout le néant, et ces habitudes de simplicité et de régularité qu'il avait contractées dans la vie commune lui furent toujours chères. Mais laissons-le parler lui-même. Le 6 juin, c'est-à-dire dix jours après son installation, il envoyait cette lettre pleine d'enjouement à l'un de nos confrères, M. Ballet, pour lequel il a conservé toute sa vie une tendre affection : « On a toujours un instant pour ses amis, mon cher Père, que sera-ce pour ses confrères ? Il est vrai que je suis dans un tourbillon ; chaque matin, je vais dire la messe dans quelque communauté, puis je reçois tout le monde jusqu'à une heure, laïques, prêtres, curés. Le soir à six heures, je vais visiter cinq ou six personnes et une église. Comme je suis à pied, tous les gamins me courent après et tout le monde se met sur la porte ; car on n'a pas vu d'évêque à pied depuis longtemps. J'ai pourtant pris un brillant équipage pour faire, un matin, mes trois premières visites d'étiquette que tous les corps m'ont rendues dans le jour. Le lendemain, j'ai encore pris mon équipage, à tant par heure, pour rendre quinze visites aux autorités secondaires, et puis tout a été fini pour l'équipage. Dimanche, j'ai officié pontificalement avec une magnificence, une gravité de cérémonies, une beauté de chants, une richesse d'ornements que Saint-Pierre de Rome et Lyon n'égaleraient que difficilement. Figurez-vous une vaste église toujours pleine, et cependant il y avait une première grand'messe et de secondes vêpres. »

Dans cette même lettre, le prélat ajoutait : « Tout montre empressement, déférence, confiance. On m'avait dépeint si noir, si effrayant, si sévère, si monacal, disait-on, que je me trouve aimable à peu de frais. On avait si bien dit que je chasserais toutes les femmes de l'évêché, que ce n'est qu'hier, après dix jours, qu'un bureau de dames de charité s'est timidement hasardé à me faire demander si elles pourraient être reçues...

« L'heure court avec ma plume, mon cher Père, je ne peux plus vous parler de vous, bien que j'en eusse tant besoin : car un exil, quelque consolant qu'il soit, est toujours un exil, si on peut appeler exil le lieu où la main de Dieu nous place et où il nous veut. J'ai eu hier une grande joie : déjà j'avais appris par le cardinal Fransoni que le Saint-Père avait reçu ma lettre latine et qu'il m'en félicitait. Imaginez qu'hier j'ai reçu du Saint-Père même une lettre fort touchante, signée de sa propre main, où il me dit de si bonnes choses, que j'attends pour vous les dire moi-même que vous veniez les lire de vos propres yeux. »

Le palais qui est donné pour habitation aux évêques d'Amiens rappelle des temps qui ne sont plus. Trop vaste pour que les modiques revenus dont jouissent aujourd'hui nos évêques puissent suffire à son entretien, une portion de ses bâtiments était dans un état d'abandon complet, lorsque Mgr Mioland s'y installa. Sa chambre était simple et modeste, sa table frugale, ses abords faciles, son travail continu. Il s'était donné pour vicaires généraux MM. Voclin et Fornier. Le premier avait été l'un des trois vicaires capitulaires pendant la vacance du siége. Le second, ami de trente ans, après avoir rempli des fonctions importantes dans le diocèse de Lyon, avait accepté du ministère dans la capitale. Il était premier vicaire de la paroisse de Saint-Laurent, lorsque le prélat jeta les yeux sur lui. Mgr Mioland ne tarda pas à honorer les services de MM. Cremery et Canaple en les nommant vicaires généraux honoraires, et il accorda la même distinction à M. Dubas, curé de la cathédrale, et à M. Brioude, supérieur du grand séminaire.

M. Fornier, vicaire général, l'aumônier du prélat, les deux secrétaires de l'évêché avaient leur logement au palais et prenaient place à la table de l'évêque. Parmi les prêtres qui le visitaient dans la matinée, beaucoup étaient invités à venir également s'y asseoir. Tout se passait en famille.

Mgr Mioland était tout entier à son diocèse, menait les affaires avec autant de calme que de suite, et voulait tout voir par lui-même. Aussi, malgré sa longue habitude des hommes et des choses, ses journées étaient constamment remplies. Le 17 juin, alors que j'avais repris mes courses à la suite de Mgr Flaget, il m'écrivait : « Souvenez-vous bien que, puisque tout chemin mène à Rome, votre tournée de Gascogne doit nécessairement finir par Amiens ; vous verrez le pauvre exilé et son grand palais, puisque palais il y a, et ses nouveaux soucis et sa nouvelle vie. Adieu les promenades, le bon air, la belle vue ; adieu les livres, l'étude, le ministère des âmes. Toujours des paperasses, des plaintes, des écritures de ministre, de préfet, de maire, de fabriques, de mécontents, de plaignants... Enfin, c'est là le mauvais côté ; mais il y a un côté bien beau, c'est celui que vous verrez : belle église, belles cérémonies, beau chant, touchante affluence, saintes communions... Que je voudrais donc avoir du temps pour lire et relire certaines choses qui me seraient utiles ! J'aime à penser que beaucoup de bonnes âmes prient Dieu pour suppléer à mes courtes prières et à mon peu de temps à y donner... Vraiment il vaut mieux courir la poste, comme un Américain présumé, prêcher ses sermons, recevoir l'hospitalité, être si près d'un saint apôtre, et tâcher de devenir un saint, chemin faisant. Vous y êtes, mon cher ami, bénissez-en Dieu, comme je le bénis moi aussi de mon côté tout de même ; car je suis persuadé que je suis bien où il me veut. »

Toutes les lettres de Mgr Mioland respirent ce calme, cette paix, cet abandon dans les mains de Dieu. Il avait fini par se trouver bien partout ; et c'est chose merveilleuse que la manière enjouée avec laquelle il se comportait au milieu des embarras et des soucis dont la plupart des hommes se font un pénible tourment. On trouvera la confirmation de ce que nous avançons ici dans les lignes qui suivent. Elles sont extraites d'une lettre que le prélat écrivait à M. Ballet le 12 novembre de cette même année 1838 : « Vous viendrez un jour, mon cher ami, et je vous réserve une litanie ; mais ne venez pas avant trois mois ; car vous coucheriez je ne sais où. On vient de me vendre au nom de l'État mes vieux lits, matelas, etc... Il ne me reste plus que mon lit ; encore on en a vendu deux couvertures, *neuf francs les deux*, tant elles étaient bonnes, et il m'a fallu supplier l'acheteur de me les laisser deux jours pour me donner le temps d'en acheter pour mon compte. J'écris au préfet, j'écris au ministre, j'écris aux architectes, aux inspecteurs des domaines, je ne sais à qui je n'écris pas. On me renvoie de mois en mois, de paperasses en paperasses ; enfin on dit que les plâtriers, maçons, tapissiers, vont s'y mettre, mais quand finiront-ils ? Ma chapelle commencée reste là, parce qu'il manque des fonds pour les peintres ; on me fait de Paris des observations de dix pages sur mes devis. Vous voyez que, d'un côté, on peut pratiquer la pauvreté sous des airs de grand seigneur, et que, de l'autre, il faut malgré soi s'occuper de ce pauvre temporel, ce qui m'ennuie fort. Pourtant vous aurez une bonne chambre pour juillet : car maintenant j'argumente pour qu'on me restaure et meuble au moins mon appartement d'honneur. M. Barthe prétend qu'il ne faut qu'une chambre et un cabinet ; moi je dis qu'il en faut trois sous peine de passer dans un galetas pour arriver à cette chambre. Nous finirons bien par nous entendre. »

C'est ainsi que Mgr Mioland, inaccessible à l'enivrement des honneurs, restait toujours ami de la simplicité. Un nouvel horizon s'offrait à son regard, mais sans pouvoir l'éblouir ; la scène sur laquelle il avait à remplir le rôle que lui avait assigné la divine Providence s'était agrandie ; mais il n'avait rien à changer dans les pensées qui l'avaient animé jusque-là, et sous la robe violette de l'évêque on retrouvait avec bonheur le cœur, toujours assez grand, du prêtre vertueux que remplit l'esprit du sacerdoce.

CHAPITRE III

Ses premiers travaux. — Un mot sur ses visites pastorales.

A peine installé, Mgr Mioland fut appelé à donner la confirmation aux enfants de sa ville épiscopale. Puis vint bientôt le moment de la retraite ecclésiastique, qui eut lieu cette année-là vers le milieu de juillet. Ce fut pour le nouvel évêque une heureuse occasion de faire connaissance avec son clergé, et de montrer à ses prêtres ce qu'il leur apportait de zèle et de dévouement. Ceux-ci ne tardèrent pas à apprécier le trésor que Dieu venait de leur envoyer. Les abords de Mgr Mioland, on l'a déjà dit, étaient assez froids et sa haute taille comme son ton de dignité en intimidaient plusieurs. Mais il suffisait de le voir de plus près pendant quelques instants, de causer avec lui et de l'entendre, pour se trouver aussitôt à l'aise et reconnaître qu'on était en présence d'une ineffable bonté. Il y avait, dans sa conversation comme dans ses discours, une sagesse si éclairée, un sens pratique si rare, qu'il était impossible de ne pas se dire à soi-même : voilà une parole d'évêque. Depuis ses années de séminaire, Mgr Mioland avait constamment vécu au milieu de ses frères dans le sacerdoce. Son expérience était venue compléter les connaissances qu'il avait acquises dans des études consciencieuses et variées. Sa piété n'avait cessé de mettre au service de l'Église tout ce qu'il tenait du Ciel et tout ce qu'il avait pu acquérir par son propre travail. Aussi, en entendant ses premiers avis, donnés pendant la retraite, ses prêtres furent ravis de voir à leur tête un évêque qui connaissait si parfaitement leurs besoins et qui parlait si sagement de leurs devoirs.

Cette retraite était à peine terminée que Mgr Mioland, désireux de connaître tout son diocèse, entreprenait une tournée pastorale. Déjà il avait visité ses quatre sous-préfectures. Cette fois il allait visiter sept cantons dans le voisinage de la mer. Il regardait ces visites comme une des parties les plus importantes de son ministère. Aussi, lorsque l'on interroge sa correspondance, on est étonné de l'activité avec laquelle il s'y dévouait. Dès le 14 décembre de cette année de son installation, il pouvait écrire : « Dimanche, j'ai vu mon dix-septième chef-lieu de canton. » Malgré les fatigues inséparables de ces courses, c'était là qu'il trouvait son repos et sa consolation. « J'envie fort votre bonheur de pouvoir lire, écrivait-il : pour moi, me voilà condamné à parler, à recevoir, à écrire des lettres. Mon vrai délassement, c'est encore la visite des paroisses [1]. »

Le prélat logeait habituellement chez ses curés ; il lui arrivait cependant aussi d'accepter un logement chez les principaux personnages de la paroisse où il se trouvait, et c'était encore pour lui un moyen précieux de donner d'utiles avis, de détruire certains préjugés que l'on avait répandus à son sujet. Sa simplicité, sa rondeur, sa piété, sa sagesse lui avaient bientôt gagné tous les cœurs. « Quelquefois, écrivait-il, je loge dans les châteaux... Voilà comme il se faut faire tout à tous, et faire taire les mauvaises langues ; les uns disaient : Il ne logera pas dans les châteaux, il nous dédaigne ; les autres : Il ne logera que chez les légitimistes. Ceux-ci : C'est un moine qui ne viendra voir personne ; ceux-là : C'est un homme sec et dur, qui nous recevra mal. Enfin, je me fais tant aimable que je puis, et je ne saurais plaire à tout le monde. Cependant les choses ne vont pas mal, et au fond je n'ai point encore eu de vrais désagréments. Cela pourra venir [2]. »

---

[1] Lettre du 14 décembre, déjà citée.
[2] Même lettre.

Mgr Mioland donnait à ses tournées le caractère d'une véritable visite pastorale. Il interrogeait lui-même les enfants qui se préparaient à recevoir le sacrement de la confirmation, il vérifiait avec soin les comptes de fabrique, visitait les cimetières, s'enquérait des abus et donnait du haut de la chaire les avis que réclamaient les besoins spéciaux de la localité. Sa parole toujours simple était aussi toujours pratique. Elle se ressentait des habitudes qu'il avait contractées dans sa vie de missionnaire. Peu esclave de la forme, il allait droit au but. Aussi ses sujets étaient extrêmement variés. Nous avons sous les yeux une note écrite de sa main dans le but de conserver le souvenir des allocutions qu'il fit dans une seule année, et nous y trouvons plus de soixante sujets différents.

Mais ce qu'il y a peut-être de plus admirable, c'est la simplicité modeste avec laquelle Mgr Mioland appréciait tout cela. Son zèle était d'autant plus pur qu'il n'obéissait point à une certaine activité naturelle qui a besoin de mouvement. Il accomplissait un devoir, et après cela il croyait n'avoir rien fait qui pût mériter un éloge. « Voilà, écrivait-il à un ami, bientôt quatre semaines passées à changer d'église et de chaire chaque jour. Je me donne un air d'infatigable et de zélé à fort bon marché, je vous assure ; mais si la gazette parle si souvent de moi, tenez pour certain que c'est bien contre mon intention. Mardi dernier j'étais dans un village, chez le cousin d'un de nos gazetiers, qui y était aussi ; je lui ai fait toutes mes recommandations pour qu'il ne parlât jamais de moi, ni en bien ni en mal : il n'y a pas tenu, et a mis un article fort ridicule sur mon zèle à visiter et à prêcher, comme si c'était une chose bien nouvelle et bien louable qu'un évêque visitât son diocèse et prêchât [1]. »

Cependant ce que le prélat regardait comme quelque chose de si simple et de si naturel, il y déployait tant de zèle et de sagesse que ce fut pour lui un des moyens les plus puissants et les plus efficaces pour animer et vivifier son vaste diocèse. Grâce à ces visites si bien entendues, il lui fut donné de conquérir les cœurs de ses prêtres et de réveiller parmi les fidèles les saintes habitudes de la piété et de la foi auxquelles son vénérable prédécesseur, à cause de son grand âge, ne pouvait, depuis quelques années, porter un assez utile secours. Mgr Mioland ne tarda pas à reconnaître par sa propre expérience le bien immense qui était le fruit de ces visites, et l'année 1839 n'était pas encore écoulée, que déjà il pouvait écrire confidemment, à ce même ami auquel il avait adressé la lettre précédente, ces lignes pleines de grâce et d'enjouement : « Me voilà de retour de Ham ; je suis allé passer deux jours à Soissons pour y voir un saint évêque. Vous n'y étiez

---

[1] A M. Ballet, 8 avril 1839.

pas : aussi entre Compiègne et Noyon ma voiture en a cassé un essieu de chagrin. Mon ange ne m'accompagnait plus hors de mon diocèse, et quatre chevaux de poste m'entraînaient comme le vent sur une route pavée. Je suis rentré par Roye. Voilà trente-cinq cantons visités depuis Nouvion, en tout quatre-vingt-dix-sept paroisses. Dans quinze jours, je visiterai les cinq cantons qui restent. Je m'applaudis tous les jours de mon plan : je me suis montré partout ; j'ai vu partout ; j'ai mis à jour mes confirmations singulièrement arriérées dans quelques cantons. Les bons prêtres ont été consolés, affermis. S'il y en a de mauvais, ils tremblent. Je pourrai marcher à présent en connaissance de cause. Je me suis donné à bon marché une grande réputation d'activité. On semble faire beaucoup quand on ne fait que ce qu'on a à faire. J'ai vu tous mes châteaux, ce qui les a rassurés sur mon compte. J'ai prêché sans façon, ce qui a montré aux prêtres la prédication apostolique que j'estimerai ; enfin ce coup de collier de cette année me fait apprécier le bon conseil qu'on m'en avait donné. »

Cette lettre était du mois de mai 1839, c'est-à-dire écrite un an après l'installation de Mgr Mioland. Qu'on juge par là des fruits merveilleux que durent produire ces paternelles et apostoliques visites pendant les onze ans qu'il est resté sur le siége d'Amiens. En consultant les notes qu'il nous a laissées, nous voyons que le samedi des Rameaux de l'année 1844, il avait déjà terminé la visite de toutes les paroisses de son diocèse. Presque aussitôt après Pâques, il entreprit une seconde tournée moins générale, se bornant à visiter dans chaque doyenné quatre ou cinq églises dans lesquelles étaient convoqués les enfants des paroisses voisines, qui avaient été préparés pour recevoir le sacrement de confirmation. Il pouvait donc bien, en répétant la parole du divin modèle de tous les pasteurs, dire à son tour : *Je connais mes brebis et mes brebis me connaissent.*

CHAPITRE IV

Mort de M. Voclin, premier vicaire général. — Mgr de Chabons ne tarde pas à le suivre. — Mgr Mioland défend saint Acheul contre les menées ombrageuses du pouvoir. — Éloges des PP. Jésuites et des Prêtres de Saint-Vincent-de-Paul. — Son zèle pour les missions diocésaines. — Ses rapports avec son clergé.

Ceux-là se trompent étrangement qui se persuadent que, dans la vie d'un évêque, les honneurs, le bien-être et les consolations laissent à peine une place aux amertumes et aux douleurs. Mgr Mioland n'était installé que depuis quelques mois, et déjà la mort lui arrachait sans pitié un de ses vicaires généraux, M. l'abbé Voclin. On peut juger de la peine que lui causa cette mort, par l'éloge qu'il donnait, dans sa circulaire du 20 août, à celui qu'elle venait de lui ravir : « Nous nous estimions heureux, disait-il, de pouvoir recueillir les fruits de sa longue expérience et de l'esprit de Dieu qui l'animait ; nous nous applaudissions d'avoir près de nous un prêtre dévoué à tous ses devoirs et aussi aimé de Dieu que des hommes, lorsqu'une complication de maux divers ne nous fit que trop pressentir le sacrifice pénible que Dieu exigeait de nous.

« Combien, en le visitant chaque jour, en lui administrant les derniers sacrements, nous avons été édifiés de ses sentiments de foi, de piété et de confiance en Notre-Seigneur !

« Nous avons rendu les derniers devoirs à ce cher et respectable défunt, le dimanche 19 de ce mois, au milieu d'un concours immense, des larmes de tous les pauvres et des regrets de toute la ville d'Amiens. »

Ce fut sur M. Maillard, curé doyen de Nouvion, que Mgr Mioland jeta les yeux, pour remplacer M. Voclin. Le nouvel élu ne tarda pas à justifier pleinement le choix que l'on avait fait de lui.

Deux mois s'étaient à peine écoulés que la mort immolait une autre victime. Le vénérable Mgr Jean-Pierre de Gallien de Chabons, frappé subitement, rendait sa belle âme à Dieu. Mgr Mioland se hâta de recommander cette sainte mémoire aux pieux souvenirs du diocèse, et de lui payer en même temps un juste tribut d'éloges. « Vous vous souvenez, N. T. C. F., disait-il dans sa Lettre circulaire, de la sainte vie que ce pieux pontife a menée parmi vous, de cette aménité de caractère, de cette douceur angélique, de cet esprit de miséricorde et de charité, qui en firent constamment, dans son diocèse, un ange de paix, et qui le rendirent partout cher à Dieu et aux hommes.

« ..... Vous avez appris combien, au sein de sa retraite, il s'occupait dans un saint repos à méditer les années éternelles : autant de sujets pour nous d'espérer que Dieu aura reçu son serviteur dans sa miséricorde.

« Sa mort même si subite, bien que non imprévue, contribue à augmenter notre confiance, puisque c'est à l'instant où il allait monter au saint autel que Dieu lui a redemandé son âme ; en sorte que la préparation immédiate qu'il venait de faire pour recevoir Notre-Seigneur Jésus-Christ dans la sainte communion est devenue comme une préparation à paraître devant le souverain Juge avec tous les sentiments de foi, de componction, d'amour, d'esprit de sacrifice et d'union à Dieu, qui forment les dispositions les plus excellentes qu'on peut souhaiter sur son lit de mort [1]. »

Cette même année 1838 n'était pas terminée qu'une douloureuse affaire vint apporter à Mgr Mioland de graves sollicitudes. Le gouvernement, mal conseillé, laissait alors grandir et se fortifier les véritables ennemis qui, quelques années plus tard, devaient précipiter sa chute, et s'abandonnant à des craintes chimériques, il voyait des menaces là où régnait la paix.

[1] Circulaire du 31 octobre 1838.

C'était comme le prélude de cette effroyable crise d'où est sortie la révolution de 1848.

On sait que les Pères de la Compagnie de Jésus, par un privilége dont ils ont le droit d'être fiers, sont toujours les premières victimes de ces odieuses calomnies qu'invente une politique ombrageuse. Leur célèbre maison de Saint-Acheul, située aux portes d'Amiens, fut, à l'époque dont nous parlons, un point de mire sur lequel se portèrent les susceptibilités gouvernementales. Mgr Mioland avait trop à se louer des services de la pieuse Compagnie pour demeurer indifférent à ses épreuves : aussi, c'est avec une amère tristesse que le 16 décembre il écrivait : « Je viens de Saint-Acheul. Les Pères ont cru prudent de transporter à Brugelette en Belgique leur théologie et leur noviciat. Quarante jeunes gens sont déjà partis. Hier, deux mille volumes de leur bibliothèque théologique les suivaient sur une terre plus amie de la liberté. On vous dira sur cette détermination des Pères mille et mille choses : tenez pour certain que, de mon côté, j'ai fait ce qui était de mon devoir, et que mes conférences à Paris, qui n'ont pas été sans témoins, et mes lettres, que je conserve avec leurs réponses, sont ce qu'elles devaient être, dignes, fortes, sages et prudentes. Mgr l'évêque du Puy, intéressé comme moi dans la question, sur ma demande, me répondit dans mon sens. Je crus alors plus convenable de prendre moi-même l'affaire en main, et, au lieu de n'être que l'entremetteur d'une lettre des intéressés, que j'aurais envoyée, d'en écrire moi-même directement une autre, comme il convenait à ma position, et comme elle devait être pour mettre la raison, la justice, le vrai amour du pays de mon côté... Tout cela serait trop long à raconter : dites seulement dans l'occasion que ce n'est point moi qui ai donné l'ordre à Saint-Acheul de dissoudre sa théologie et son noviciat; que cet ordre même n'a été donné par personne : je n'aurais souffert ni l'un ni l'autre, surtout jamais le premier; que c'est d'eux-mêmes et de l'avis de leurs amis que les Pères ont pris cette résolution. Voilà ce que vous pouvez assurer ; et puis vous laisserez dire ce qu'on voudra[1]. »

Les derniers mots de cette lettre donnent à entendre que quelques personnes, mal informées, avaient fait peser sur l'évêque d'Amiens la responsabilité de la résolution à laquelle s'étaient arrêtés les Pères de Saint-Acheul. Toute la suite montrera l'injustice de ces odieux soupçons.

Cette guerre déloyale et passionnée contre les Pères de la Compagnie de Jésus, après s'être comme assoupie, se ranima plus vive et plus menaçante encore, quelques années plus tard. C'était au commencement de 1845. Il est beau de voir avec quelle ardeur et

[1] A M. Ballet, 16 décembre 1838.

quel généreux dévouement, Mgr Mioland prenait en main leur défense. Toute sa correspondance en rend témoignage. Il écrivait au cardinal de Bonald, archevêque de Lyon, pour lui exprimer ses vues et prendre ses conseils. « Mgr l'évêque du Mans, lui disait-il, m'apprend que, par une lettre confidentielle, M. le garde des sceaux insiste pour qu'il fasse renvoyer les novices jésuites de Laval, regardant cette mesure comme urgente et indispensable, aussi bien dans l'intérêt de la religion que dans celui de l'ordre public. Je m'attends à recevoir au premier jour une invitation semblable. » L'évêque d'Amiens disait ensuite dans quel sens il se proposait de répondre au ministre ; puis il ajoutait : « Il me semble, Monseigneur, que nous ne pouvons, ni en honneur, ni en conscience, prendre aucune part, même officieusement ou par conseil et insinuation, à aucune des mesures qui, outre l'odieux d'une persécution, auraient le mauvais caractère de violer ouvertement la liberté de conscience et la liberté civile qui protége tout citoyen... Je crois le gouvernement fort embarrassé, mais rien ne nous oblige à être les Jonas qu'on jette à la mer [1]. »

Cette lettre était à peine terminée, que l'évêque d'Amiens reçut celle à laquelle il s'attendait de la part du ministre des cultes. Celui-ci, voulant opposer quel-

[1] Lettre du 16 janvier 1845.

ques dénégations péremptoires aux accusations passionnées de la Chambre, demandait des renseignements sur la maison de Saint-Acheul, et Mgr Mioland lui envoyait en retour cette réponse aussi digne que sage : « Il n'existe en ce moment à Saint-Acheul aucune école de théologie comme Votre Excellence semblerait le croire. Les jésuites qui y sont réunis s'occupent du ministère de la prédication dans mon diocèse et dans les diocèses environnants. Quant au noviciat, il se compose d'ecclésiastiques, dont plusieurs sont prêtres, qui ne se livrent pas à l'étude, mais exclusivement à des exercices de piété. Je les emploie même dans certains temps de l'année, à aider les curés de la campagne dont les paroisses sont trop populeuses.

« Dans cet état de choses, monsieur le ministre, *le zèle et la prudence éclairée* dont vous me parlez, ne me laissent qu'une seule pensée : c'est de regarder ces Pères, en tant que citoyens et propriétaires, comme protégés par toutes les lois actuelles du pays ; et comme prêtres, de les tenir pour dignes, par leurs vertus sacerdotales et leurs services, de l'estime et de la confiance de leur évêque. »

L'évêque d'Amiens crut cependant n'avoir pas encore assez fait pour la défense d'une cause qui était celle de la religion et de la justice. Dans la crainte que le Souverain Pontife ne fût circonvenu et trompé par de faux rapports, il écrivait un peu plus tard à

Grégoire XVI : « Très-Saint Père, dans l'anxiété pénible où nous jettent les mesures prises ou à prendre contre les maisons des RR. PP. jésuites, j'ai pensé que Votre Sainteté permettra à un évêque, qui a le bonheur de posséder dans son diocèse depuis longtemps un établissement de ces zélés religieux, de joindre sa voix à celle de ses collègues pour confier à son cœur paternel ses alarmes à cet égard.

« J'ignore, très-saint Père, quels motifs de prudence ou de modération ont pu déterminer le R. P. général de cette Compagnie à prendre certaines résolutions ; mais tout ce que je peux dire à Votre Sainteté, c'est que les RR. PP. jésuites, qui sont les modèles de notre clergé, prêtent à mes pasteurs un concours très-utile et même nécessaire ; que les oppositions qui se sont élevées contre eux, ne sont point telles que les représentent certaines feuilles publiques, et que la moindre mesure qui tendrait à gêner la liberté de leur ministère ou de leur existence, jetterait la consternation dans tout ce que nous comptons de catholiques dignes de leur foi, comme dans tout le clergé de France, et ne pourrait qu'enhardir à de nouvelles attaques les ennemis de la foi parmi nous[1]. »

C'est ainsi que Mgr Mioland, essentiellement ami de la paix, savait, au besoin, sans abandonner les

---

[1] Lettre du 9 septembre 1845.

règles de la prudence, se montrer ferme et intrépide. Du reste, dans la circonstance présente, en protégeant les Pères jésuites, il défendait les intérêts de tout son diocèse. Ces Pères, en effet, parcouraient en apôtres les bourgs et les villes, évangélisant partout avec un grand succès. Dans une multitude de ses lettres, il parle de leurs travaux. Sans cesse il se faisait précéder par eux dans ses tournées de confirmation, et lorsqu'il arrivait, il trouvait des paroisses admirablement disposées. Comment un évêque, aussi judicieux et aussi zélé que l'était Mgr Mioland, aurait-il pu méconnaître de si importants services? Bien loin de là, il saisissait toutes les occasions de leur payer un juste tribut de gratitude; et c'est peut-être ici le lieu d'emprunter à l'une des lettres du vénérable évêque ces lignes si flatteuses pour les ouvriers apostoliques auxquels il se plaît à rendre hommage. « J'ai en courses, dit-il, cinq à six Jésuites qui me préparent les voies ; mais il m'en faudrait trente. Les bons Pères mangent peu, s'accommodent de tout, ne demandent rien, sont pieux, zélés, charitables, ont une théologie de saints, et laissent partout grande édification. Je suis fort heureux de ce secours. Cela n'empêchera pas les autres, quand le temps sera venu [1]. »

Les Pères jésuites n'étaient pas les seuls mis-

---

[1] A M. Ballet, jour de Pâques 1839.

sionnaires auxquels Mgr Mioland faisait appel pour l'évangélisation de son diocèse. Les prêtres de Saint-Vincent-de-Paul, communément connus sous le nom de Pères lazaristes ou de prêtres de la Mission, étaient également pour lui de précieux auxiliaires. C'est dans le diocèse d'Amiens, au bourg de Folleville, à quatre lieues ouest de Montdidier, que le saint fondateur fit sa première mission, et conçut le grand projet de créer une société de prêtres voués à l'évangélisation des campagnes. Mgr Mioland rappelle ce souvenir dans des notes écrites de sa main, et destinées à son successeur, puis il ajoute : « Les missions ont été dans tous les temps singulièrement en honneur dans le diocèse d'Amiens. Elles y sont nécessaires à cause du petit nombre de vicaires et du caractère des habitants.

« A cette époque surtout, c'est le moyen le plus puissant d'interrompre la prescription de l'incrédulité ou du vice, d'entretenir le zèle parmi le clergé, la piété et l'usage des sacrements chez les fidèles, d'apporter remède aux maux des consciences, etc.

« De tout temps les missionnaires de Saint-Lazare ont évangélisé le diocèse.

« J'ai trouvé leurs missions interrompues, continue le prélat dans ces mêmes notes, et la communauté de missionnaires dispersée. Un seul était resté chargé de la desserte de l'annexe vicariale de Sainte-Anne, église bâtie avec le secours des aumônes du diocèse, à laquelle était attachée une population de plus de mille âmes.

« Je crus ne pouvoir rien faire de mieux que de rétablir la mission de Saint-Lazare, avec le double but de desservir cette paroisse et de faire des missions gratuitement dans le diocèse. Dans cette pensée j'ai conclu avec la congrégation de Saint-Lazare un traité en date du 5 septembre 1841, traité qui a été modifié depuis, en date du 23 août 1843...

« J'ai toujours été très-satisfait des services de cette maison. Modestie, zèle, simplicité, docilité, désintéressement, absence de toute prétention et intrigue... »

Ces lignes si honorables pour le prélat qui les a écrites, et pour les ouvriers dont il se plait à faire l'éloge, il nous a semblé bon de les transcrire ici dans leur entier; elles nous donnent une idée du zèle intelligent avec lequel Mgr Mioland pourvoyait aux besoins de son diocèse.

On le voit par tout ce qui précède : les missions et les visites pastorales furent à ses yeux deux de ses plus précieuses ressources pour agir sur l'esprit du clergé comme sur celui des fidèles. Aussi, en usa-t-il largement. Ses prêtres profitaient de ses tournées pour le consulter, et ils ne se retiraient jamais d'auprès de lui sans avoir à se louer grandement de la sagesse de ses décisions. Ce qu'il avait commencé dans ses visites il le complétait dans sa correspondance. Lui-même répondait aux lettres innombrables qui lui arrivaient des quatre coins de son diocèse, et l'on ferait des volumes avec tout ce qui est sorti de sa plume aussi sage qu'obligeante.

Ce n'est pas tout encore. Il savait par une longue expérience que la vie d'un diocèse est en quelque sorte dans la main de son clergé. Aussi, il entretenait de fréquents rapports avec les professeurs et les élèves de son grand séminaire, croyant avec raison que l'on ne peut s'y prendre trop tôt pour former l'esprit et le cœur de ceux qui sont destinés au sacerdoce, et qu'un évêque gouvernera toujours avec plus d'autorité et de sagesse, quand il connaîtra mieux les hommes auxquels il doit confier des emplois. Dans cette pensée, il avait pris l'habitude d'examiner lui-même les jeunes clercs qui étaient appelés au sous-diaconat ou à la prêtrise. Il assistait, lorsque ses occupations lui en laissaient le loisir, à des exercices de théologie ou de philosophie. Il présidait un bureau à l'époque des examens. Enfin c'était encore dans son séminaire qu'il se renfermait ordinairement pendant les jours de sa retraite annuelle. De cette sorte, Mgr Mioland ne tarda pas à connaître son clergé et à être connu de lui, et, lorsque venait chaque année le moment de la retraite pastorale, il se trouvait au milieu de sa famille. Alors, s'inspirant du souvenir de son vénérable prédécesseur Mgr de la Motte, il aimait à faire chaque jour des conférences sur l'administration des paroisses, ou bien sur les sacrements, ou encore sur les prescriptions du rituel. C'est ce qui nous explique comment il put, en quelques années, mettre en honneur et populariser dans son vaste diocèse cette théologie pratique fondée sur les principes de saint Liguori dont il admirait la modération et la prudence.

Ajoutons encore un mot : Mgr Mioland, quand il le fallait, se montrait ferme et inflexible : plus d'un acte de son administration en fournit le témoignage. Mais il y avait chez lui un tel fonds de bonté que tous ses prêtres savaient avoir en lui un protecteur et un père. Nous nous contenterons de citer ici deux ou trois traits qui montreront combien cette réputation était méritée.

A l'occasion de la naissance du comte de Paris, un de ses curés avait reçu, trop tard pour le lire à la grand'messe, le mandement qui annonçait cette nouvelle importante et prescrivait des prières. Il s'était donc contenté d'en faire la lecture à vêpres. Le maire du lieu, seigneur de l'endroit, crut apercevoir dans cette lenteur la preuve d'une indifférence insultante pour la famille royale. Ce jour-là, Mgr Mioland était précisément dans la paroisse. Il fut invité par M. le maire à dîner au château ; mais lorsqu'il eut appris que M. le curé n'était pas du nombre des convives, il refusa nettement l'invitation. Puis, dans la crainte sans doute de laisser après lui un malaise fâcheux entre M. le maire et son curé, il se rendit au château, argumenta le maire, lui fit entendre que le curé devait être invité, qu'après le dîner quelques mots d'explications arrangeraient tout. C'est ce qui eut lieu, et, en partant, il laissa la paix dans la paroisse.

Une autre fois, un de ses prêtres s'était attiré par une conduite peu sacerdotale les reproches trop légitimes de son évêque. Ce malheureux prêtre, dans un moment d'emportement, s'oublia jusqu'à lui adresser une lettre pleine d'injures. Mgr Mioland ne répondit rien, mais attendit patiemment le moment de la retraite pastorale. Dès les premiers jours, il demanda si ce prêtre était du nombre des retraitants, et sur la réponse affirmative, il le fit venir dans sa chambre. Le pauvre prêtre avait eu le temps de comprendre sa faute. Il vint tout tremblant. Mais Mgr Mioland le fit asseoir, et lui remettant la lettre insolente qu'il en avait reçue, il lui dit avec bonté : « Vous regrettez sans doute, mon cher curé, cette lettre écrite dans un moment d'oubli. Tenez, prenez-la et n'en parlons plus. » Le prêtre aussitôt tomba à ses genoux et les baigna de ses larmes.

Dans une autre rencontre, un prédicateur voulant établir que, sans la loi de Dieu, les lois portées par les hommes sont peu de chose, avait cité imprudemment en chaire un vieil adage d'un ancien qui prétend que les lois humaines sont *comme des toiles d'araignées qui arrêtent les moucherons et laissent passer les éléphants*. Cette citation malheureuse avait soulevé bien des susceptibilités, et le parquet d'une grande ville était sur le point d'organiser des poursuites contre l'imprudent prédicateur, qui cependant était bien l'homme du monde le plus inoffensif et le plus ami de la paix. Mgr Mioland vint et arrangea tout avec sa prudence accoutumée. Mais il est beau de voir en quels termes affectueux il écrivait au prêtre qui avait soulevé cette petite tempête. Nous avons sous les yeux quatre lettres que lui adressait le bon évêque pour lui exposer la marche de toute cette affaire, calmer ses craintes, adoucir ses amertumes. « Ces accusations, lui disait-il, étaient bâties sur des ouï-dire; c'est pourquoi je tenais à avoir un démenti net de quelques auditeurs; mais enfin, il en résulte toujours que vous êtes épié soigneusement, que ceux qui ne sont pas accoutumés à venir à l'église ne comprennent pas le langage de la chaire; que, moins ils sont chrétiens, plus ils sont ombrageux; que, si Massillon prêchait, on l'arrêterait à chaque phrase, et que la belle digression de Bourdaloue dans son sermon sur Madeleine, serait encore de saison aujourd'hui : seulement alors la justice ne s'en mêlait pas. »

C'est par ces procédés pleins de bonté et d'indulgence que Mgr Mioland avait gagné le cœur de son clergé. Bien des années se sont écoulées depuis que le diocèse d'Amiens perdit ce digne évêque, et cependant, dans ces derniers jours, nous l'avons trouvé plein de son souvenir, comme si la séparation n'était que d'hier. Un de messieurs les curés [1], sachant que nous nous occupions de préparer cette biographie, après nous avoir exprimé dans une lettre chaleureuse le désir de voir tous les prêtres du diocèse invités à recueillir leurs souvenirs et à nous les communiquer, nous disait : « Jamais évêque, à ma connaissance, n'a réuni autant de titres pour être considéré comme le père du prêtre. Quelle gloire pour le clergé! Quel beau modèle pour l'épiscopat ! » On nous citait aussi le mot du provincial des Pères jésuites qui disait de lui : *C'est vraiment le bon sens incarné ;* et cette autre parole du supérieur du grand séminaire : *Cet évêque parle toujours comme l'Évangile.* Tant de sagesse unie à tant de bonté, on le comprend, dut opérer un bien immense. Aussi Mgr Boudinet, qui occupe si honorablement aujourd'hui le siège d'Amiens, daignait répondre à la lettre par laquelle nous lui annoncions notre projet d'aller recueillir auprès de lui quelques renseignements dont nous avions besoin : « Tout le diocèse d'Amiens, son évêque en tête, sera heureux de

---

[1] M. Hérey, curé de Proyart.

vous donner tous les renseignements qui seront en son pouvoir. La gloire de Mgr Mioland, c'est notre gloire, et son histoire ne peut être qu'un monument à cette gloire. Pour ce qui m'est personnel, je professe un véritable culte pour ce saint évêque. »

Il nous est doux d'ajouter ici que tout ce que Mgr Mioland a pu opérer de bien pendant les onze années de son épiscopat se continue et tend à se perpétuer en s'agrandissant. Dans notre passage, quoique trop rapide, nous avons pu admirer un grand diocèse plein de vie, où les œuvres se multiplient sous la sage et généreuse impulsion de Mgr Boudinet, et à l'heure même où nous écrivons ces lignes, voilà que, par ses soins, se fonde à Folleville une maison de missionnaires que saint Vincent de Paul doit protéger de son ombre.

CHAPITRE V

De quelques-unes des œuvres auxquelles Mgr Mioland a plus particulièrement attaché son nom.

Le diocèse d'Amiens occupe un des premiers rangs parmi les diocèses de la France, non-seulement pour son étendue, mais aussi à cause des nombreux établissements de charité et de zèle qui en font l'ornement et la richesse. Mgr Mioland, en prenant possession de son siége, n'eut donc qu'à s'applaudir des institutions que lui laissaient ses vénérables prédécesseurs; et naturellement plus porté à conserver et étendre qu'à imaginer et créer, il fut heureux de la portion d'héritage qui lui était assignée par la divine Providence. Cependant il est plus d'une œuvre dont il peut être regardé comme le père, plus d'une création qui lui doit son existence. Nous ne saurions tout dire : car plusieurs renseignements nous échappent. Nous voulons seulement en dire assez pour justifier cette affectueuse reconnaissance que réveille son souvenir dans tout le diocèse d'Amiens.

Une des premières préoccupations de Mgr Mioland fut d'assurer une honorable retraite à ses prêtres âgés et infirmes. L'année de son installation n'était pas encore terminée que, dans ce but, il avait acheté le vieux château de Pont-de-Metz avec ses dépendances. Voici comme il en parle lui-même dans une lettre du 8 décembre 1838 [1] : « Je viens de consommer ce matin une bonne œuvre. J'ai acheté à demi-heure de la ville une maison pour mes vieux prêtres. La maison est un petit castel qui a appartenu à Gabrielle d'Estrées, où Henri IV est venu quelquefois, où il a laissé son portrait qui y est encore, toutes circonstances qui ne sont pas le plus apostolique de l'affaire ; mais enfin le château, quoique vieux, pourra servir. Il est sur une éminence, on y respire un bon air. Ajoutez à cela un beau jardin, des promenades, un bois, une prairie, deux vaches, un cheval, une voiture… Cela nous ira très-bien. Nous bâtirons plus tard, et nous aurons un digne et saint établissement. »

Telles étaient alors les espérances qui remplissaient de joie le cœur de Monseigneur d'Amiens. Mais hélas ! il faut le dire, ces espérances ne purent se réaliser. Les anciens du sacerdoce auxquels on offrait cette

---

[1] Lettre à M. Ballet.

honorable retraite se montrèrent généralement assez peu disposés à en acheter les avantages par le sacrifice de leurs vieilles habitudes. Il fallut donc, après des essais infructueux, renoncer, au bout de quelques années, au premier projet, vendre avec douleur une maison que l'on avait achetée avec joie, et se contenter de servir à domicile une pension pécuniaire à ceux des prêtres âgés ou infirmes auxquels leurs propres ressources ne pouvaient suffire.

Dans une lettre du 24 août 1839, Mgr Mioland envoyait à un ami [1] ces lignes aussi simples que significatives : « Je bâtis mon petit séminaire de Saint-Riquier; je suis sur le point de bâtir pour mes pénitentes. Ma Visitation vient d'acheter un champ pour se bâtir un couvent selon les règles. Je viens d'acquérir avec l'argent de je ne sais qui un terrain pour bâtir une église dans mon faubourg. La ville en bâtit une autre pour un autre faubourg, sans compter Saint-Jacques. Voilà comment de conservateur que je suis par caractère, je deviens fondateur sans le savoir et sans le vouloir. »

Nous aurons occasion de revenir sur les constructions de Saint-Riquier, qui sont peut-être, en ce genre, la fondation la plus importante de l'épiscopat de Mgr Mioland ; quant aux autres œuvres dont il est

---

[1] Lettre au même.

question dans cette lettre, il faut ici en dire un mot.

Les pénitentes dont parle le prélat habitaient dans la ville même un refuge confié à la direction des religieuses du Bon-Pasteur d'Angers. On sait ce que sont ces religieuses. En France, en Italie, en Allemagne, en Amérique, partout, leurs nombreux établissements révèlent aux regards de tous ceux qui les approchent ce que le dévouement a de plus généreux, le zèle de plus pur, la charité de plus maternel. Les pauvres victimes que leur amène le repentir ne peuvent résister longtemps à l'entraînement de leurs exemples. Sous leurs mains habiles, le vice s'assouplit, les habitudes criminelles disparaissent pour faire place à des vertus toujours étonnantes, souvent héroïques ; et il n'est point rare, ou plutôt il est ordinaire de voir des existences, commencées dans le désordre et l'infamie, couronnées par une mort si glorieuse et si sainte, qu'elle est propre à exciter l'envie des âmes les plus justes. Ce sont ces religieuses que Mgr Mioland prit sous sa protection ; leur établissement était alors sans ressources et dans un état d'abandon qui pouvait faire craindre sa ruine. Certains préjugés, propres à le discréditer, avaient été répandus dans le public par la malignité ou par l'ignorance. On sait combien le monde, qui estime si grandement le pain que la charité donne à nos corps pour soutenir nos forces, dédaigne habituellement les secours cependant plus précieux qui empêchent nos âmes de mourir. Le courageux évêque entreprit de relever un asile qui devait abriter tant de repentirs et préparer des élus pour le Ciel. « Je vais, écrivait-il le 19 mars 1841, bâtir pour le Bon-Pasteur une grande maison, sans argent, dans un local qu'un curé me vend à bon marché, à dix minutes de la ville. » Dieu bénit l'entreprise. Le Bon-Pasteur fut sauvé, et aujourd'hui, dans le pieux asile, le nom de Mgr Mioland n'est prononcé qu'avec l'accent du respect et de la plus affectueuse reconnaissance.

Les maisons de la Visitation, on le sait, sont destinées à perpétuer l'esprit de saint François de Sales et de sainte Françoise de Chantal. Fidèles à leur vocation, elles sont encore aujourd'hui ce qu'elles apparurent le premier jour. On y respire le céleste parfum d'une vertu aussi douce qu'elle est austère. C'est la croix avec ses souffrances, voilée pour ainsi dire sous des fleurs. Or, la maison que possédait la Visitation à Amiens, était un vieux monastère situé dans la rue Saint-Jacques et tombant en ruines. On acheta du terrain aux portes de la ville, et dès le 29 mai de 1840, Mgr Mioland pouvait écrire : « Nous bâtissons une magnifique Visitation, dans toutes les règles et dimensions fixées par saint François de Sales. » Les constructions n'étaient pas encore terminées que les religieuses se virent en face de difficultés qui les jetèrent dans tous les embarras d'un procès. Leur évêque les protégea de son autorité et les éclaira de ses conseils. Sur son avis, elles se décidèrent à ériger un pensionnat, et cette résolution devint leur salut. Aujourd'hui, le monastère se trouve situé au milieu des riches quartiers de la nouvelle ville.

Quant à l'église dont parle la lettre du prélat citée plus haut, c'est celle de Saint-Firmin dans un des faubourgs de la ville. Il reçut pour cette œuvre quarante-cinq mille francs de dons et fournit le reste. Il eut la joie d'en faire la bénédiction solennelle dans le courant de l'année 1843.

L'année 1841 vit éclore à Amiens plusieurs autres œuvres importantes dont cette histoire doit au moins faire mention.

Les Conférences de Saint-Vincent-de-Paul furent fondées : institution merveilleuse qui, en offrant à nos jeunes hommes l'occasion de voir les pauvres, de les soulager, de les réconcilier avec les riches, donne à la divine miséricorde un motif de plus de répandre sur leurs bienfaiteurs des dons mille fois plus précieux que cet argent ou cet or dont ils se dépouillent. Qui est-ce qui ignore le beau mot de saint Vincent de Paul : « Dieu a tant d'amour pour les pauvres qu'il regarde comme fait à lui-même ce que l'on fait pour eux, et que les amis des pauvres deviennent ses amis ?... » L'expérience de longues années est venue démontrer la vérité de cette doctrine. Les conférences n'ont pas été seulement une immense ressource pour nos pauvres ; elles sont aussi devenues le salut d'une multitude de nos jeunes gens qui, par elles, ont été initiés aux habitudes d'une vie chrétienne. Ils sont donc bien malheureux ceux qui ont été assez mal inspirés pour combattre une si louable institution, digne de toutes les sympathies de la France.

L'œuvre de Saint-Jean-François-Régis, instituée pour la réhabilitation des mariages, fut également établie avec succès. Qui pourrait compter les unions scandaleuses que cette société a fait disparaître en appelant sur elles les bénédictions de l'Église, et les enfants plus nombreux encore qu'elle a remis sur la voie du salut, après avoir effacé de leur front, autant qu'il est en son pouvoir, la trace ignominieuse d'une naissance illégitime ?

C'est à la même époque que, par les soins de Mgr Mioland, les dames pieuses de la ville furent invitées à se réunir en congrégation, dans le double but d'entretenir dans les familles le véritable esprit du christianisme, et de créer un centre d'action pour répandre les bienfaits de la charité. Vouloir faire régner la charité sur la terre, sans la véritable piété qui l'inspire, c'est demander les effets sans la cause, c'est essayer de bâtir sans donner un fondement à l'édifice. Les dames de la ville d'Amiens l'ont bien compris : aussi, leur œuvre s'est soutenue jusqu'ici, ou plutôt n'a fait que grandir avec les années, et il serait impossible de dire les fruits merveilleux de salut qu'elle a produits et qu'elle donne encore tous les jours.

Enfin, dans cette même année 1841, à la suite d'une retraite pastorale prêchée par M. Dufêtre, l'évêque d'Amiens créait l'œuvre des bibliothèques de village, pour la propagation des bons livres, et constituait dans sa ville épiscopale un comité chargé de veiller à l'extension et à la direction de l'œuvre tout entière.

Nous ne parlerons pas ici de toutes les églises que Mgr Mioland a consacrées, de toutes les nouvelles paroisses dont il a sollicité et obtenu l'érection. Le récit en serait long et peut-être fastidieux pour le lecteur ; mais le moment est venu de dire ce qu'il a fait pour donner au petit séminaire de Saint-Riquier l'importance qu'il a aujourd'hui. Cet établissement, qui est situé dans le voisinage d'Abbeville, appartenait autrefois aux Bénédictins. Ses bâtiments, d'une noble simplicité, ont cet air de grandeur que cet ordre célèbre savait donner à toutes ses œuvres. Sa vaste terrasse, ses cours, ses dépendances offraient déjà de précieux avantages pour une maison d'éducation : aussi, les élèves y affluaient en si grand nombre qu'il fallut songer à agrandir les bâtiments. Mgr Mioland entreprit cet important travail en 1839 et le termina heureusement en 1843. La belle façade laissée par les Bénédictins a été doublée. Au centre de cette façade, on a construit un portail monumental par où l'on descend dans l'immense cour des récréations. Une inscription placée au sommet de ce portail est chargée de rappeler aux âges futurs le nom du généreux bienfaiteur. Nous avons visité cet établissement. Il nous a paru l'un des plus beaux parmi tous ceux que possèdent nos diocèses de France ; et aujourd'hui, voilà qu'une gloire nouvelle vient de lui être donnée. L'image sculptée d'un de ses anciens élèves couronne son frontispice. C'est celle d'un de nos modernes martyrs, de Mgr Daveluy, cet illustre évêque de la Corée dont Amiens a le droit d'être fier et qui, en 1866, eut le bonheur de mêler son sang à celui de huit autres martyrs, tous enfants de la France [1].

Elle est là cette image, présidant aux récréations des élèves, bénissant leurs jeux innocents, et versant dans leurs jeunes âmes les souvenirs les plus propres à préparer une nouvelle génération d'apôtres.

Mgr Mioland ne s'est pas contenté de doubler les bâtiments du petit séminaire de Saint-Riquier. Il a fait encore en sa faveur d'importantes acquisitions de

---

[1] V. *Annales de la Propagation de la Foi*, t. XL, p. 33

terrains qui contribuent à assurer son existence, en augmentant ses ressources annuelles; et cependant, malgré tous les sacrifices qu'il dut s'imposer pour arriver à de si beaux résultats, au moment de laisser en 1849, le siége d'Amiens à son vénérable successeur, il pouvait écrire, dans des notes destinées à l'éclairer sur l'état financier du diocèse, ces lignes significatives : « En 1850, le diocèse aura payé toutes ses dettes et se trouvera dans une situation prospère. »

Nous le répétons encore, nous n'avons point la prétention de tout dire. Mais comment passer sous silence le zèle si attentif avec lequel le regard de Mgr Mioland se porta sur toutes les sources de l'enseignement religieux dans son diocèse ? C'est par une inspiration de ce zèle que, devant donner une nouvelle édition du catéchisme, il ne la publia qu'après y avoir introduit des modifications dont chaque phrase, chaque mot témoigne de l'importance qu'il attachait à ce livre élémentaire. Lorsque l'on suit une à une ces diverses modifications, on est étonné de l'attention minutieuse qu'elles supposent dans le travail dont elles sont le fruit. Pour laisser à chaque réponse un sens complet dans l'esprit des enfants, l'évêque d'Amiens y répète presque toujours textuellement la demande; précaution qu'on ne saurait assez louer, car, sans cela, les réponses étant séparées de la demande qui les a provoquées ne rappellent rien de précis à la mémoire de l'enfant. « Un catéchisme, disait Mgr Mioland dans le mandement du 16 mai 1844 qui annonçait cette nouvelle édition, c'est le plus clair et le plus simple de tous les livres dans sa forme ; dans le fond, le plus beau et le plus nécessaire ; le livre des savants par sa profondeur, des ignorants par sa clarté, du peuple par la simplicité de sa méthode, la précision des mots qu'il emploie, le tour populaire qu'il sait donnner à tout ce qu'il enseigne. Enfin, c'est l'abrégé et le précis de toute la doctrine chrétienne, c'est-à-dire de tout ce que Notre-Seigneur Jésus-Christ nous a enseigné comme nécessaire à croire et à pratiquer pour être sauvés. »

L'année suivante Mgr Mioland publiait une édition du rituel. Elle avait été commencée par son vénérable prédécesseur. Ce premier travail servit de base à celui auquel il se livra lui-même ; mais il crut devoir le compléter et l'augmenter, et en étudiant la nomenclature des additions, qui se lit à la suite du Mandement qui annonce cette publication [1], il est impossible de ne pas reconnaître tout à la fois leur importance, et l'étendue des pieuses sollicitudes du vénérable prélat. Ce livre, qui renferme les règles à suivre dans l'administration des sacrements et le gouvernement des paroisses, était digne à ses yeux de fixer

---

[1] Mandement du 15 juin 1845.

toute l'attention d'un évêque : aussi, après avoir expliqué à ses prêtres dans quel esprit avait été préparée cette nouvelle édition, il terminait sa lettre pastorale en leur disant : « Il ne nous reste plus, NOS TRÈS-CHERS FRÈRES, qu'à vous rappeler que le *Rituel* est le livre sacerdotal par excellence, et que ce n'est pas sans dessein que nos *Pères* l'appelaient si judicieusement : Le Manuel des Prêtres, *Manuale Sacerdotum*. C'est là, en effet, que nous trouvons un abrégé de tout ce que le dogme, la morale, la liturgie, le droit canonique contiennent de plus applicable au ministère de la sanctification des âmes. Le Pasteur qui l'a sans cesse entre les mains, et qui en fait une étude assidue, y trouve donc tout ce qui peut l'aider à enseigner à son troupeau la *science du salut* [1], et à *préparer au Seigneur un peuple parfait* [2]. Ce livre deviendra pour lui un conseil journalier qui l'éclairera dans ses doutes, et qui, le tenant également éloigné du relâchement et de la rigueur, l'aidera à catéchiser avec exactitude et précision, à annoncer la parole de Dieu d'une manière instructive et apostolique, à établir ou à maintenir de sages pratiques, à extirper prudemment les abus, et à conduire sa paroisse avec piété et zèle. »

Il nous faut terminer cette longue liste des Œuvres

---

[1] Luc. I. 77.
[2] Luc. I. 17.

de Mgr Mioland, et ce sera en faisant une mention particulière d'une publication à laquelle il a consacré tous ses soins, et qui n'est pas une des moindres œuvres de son épiscopat.

Nous voulons parler d'une riche collection formant deux volumes in-octavo et à laquelle le prélat donna pour titre : *Actes de l'Église d'Amiens, Recueil de tous les documents relatifs à la discipline du diocèse, de l'an 811 à l'an 1848, avec une notice sur tous les évêques d'Amiens.* Homme des traditions et des souvenirs, Mgr Mioland était à peine installé sur son siège qu'il s'empressa d'interroger tous les écrits qui dans le cours des siècles avaient exercé quelque influence sur la discipline et les habitudes du diocèse. Cette étude qui était en parfaite conformité avec ses goûts, l'amena à conclure que son clergé pourrait en tirer d'immenses avantages s'il venait à bout de la lui faire partager. Il se mit donc à l'œuvre, et, sans se laisser rebuter par les difficultés de l'entreprise, il compulsa tous les monuments de la tradition diocésaine. Au moment de publier son travail, il le fit précéder d'une lettre pastorale qui porte la date du 2 février 1848 et dans laquelle nous lisons : « Nos chers coopérateurs, nous avons l'intention de publier sous le titre : d'*Actes de l'Église d'Amiens*, un recueil de tous les documents émanés de nos prédécesseurs, relatifs à la discipline du diocèse, et nous venons vous proposer de vous associer à cette œuvre, en nous aidant à l'accomplir... Quelques-uns de ces documents n'existent qu'à un très-petit nombre d'exemplaires, souvent à un seul exemplaire. En les réimprimant nous sauverons de l'oubli, et peut-être de la destruction, des matériaux importants pour l'histoire de l'église d'Amiens. »

« La plupart d'entre eux vous sont restés inconnus jusqu'ici : car il faut les aller chercher soit dans les collections scientifiques, comme celle de dom Martenne ou des conciles, soit dans quelques recueils des bibliothèques publiques ; nulle part on ne les voit rassemblés en un corps d'ouvrage. »

« Le clergé du diocèse, trouvant dans un seul recueil la réunion complète de tous les monuments qui nous restent de sa discipline, pourra facilement, ou les lire, ou les étudier, ou les consulter. Avec ce secours, on comprendra mieux l'origine de certains usages de liturgie ou de discipline qui sont encore en vigueur ; on mettra plus d'importance à les conserver précieusement. Dans ce siècle où il est si nécessaire de se mettre en garde contre le mépris du passé et la manie des innovations, n'est-on pas heureux de trouver dans son église une tradition toute faite, et de pouvoir invoquer sur chaque point de discipline, les règles consacrées par l'autorité de nos pères, sur lesquelles on voit de siècle en siècle, et souvent d'année en année, une suite de saints évêques insister avec une persévérance que rien ne lasse? Quel avantage d'avoir ainsi sous les yeux comme un corps complet de droit canonique, fondé sur les décrets des conciles généraux ou provinciaux, sur les constitutions des Souverains Pontifes, et appliqué par nos évêques à l'Église à laquelle nous appartenons !..... »

« Une sainte émulation vous portera à ne pas laisser périr entre vos mains un si sacré dépôt; et le zèle pour la régularité cléricale et pour les fonctions du ministère pastoral, qui depuis deux cents ans surtout a fait l'honneur du clergé d'Amiens, se perpétuera parmi nous, à la grande édification des peuples. »

Le prélat indiquait ensuite l'ordre chronologique dans lequel les documents devaient être classés et publiés ; puis il ajoutait : « Nous nous proposons d'éclaircir au besoin par des avertissements, des notes historiques ou chronologiques, tous les documents qui nous en paraîtront susceptibles... Nous avons aussi l'intention d'imprimer au commencement du premier volume, une notice sur tous les évêques d'Amiens, depuis Saint-Firmin jusqu'à nos jours, en indiquant sommairement ce qui, dans l'épiscopat de chacun, nous semblera plus intéressant. »

Ces quelques lignes donnent de ce beau travail une idée assez complète pour que, du premier coup, on en saisisse toute l'importance : qu'il nous suffise d'ajouter ici que le programme indiqué fut exactement rempli.

Mgr Mioland corrigeait les dernières épreuves du second volume, au moment même où il allait se séparer de ses anciens diocésains. Il leur léguait ainsi un monument durable de son dévouement affectueux pour un diocèse d'où on pouvait bien l'arracher, mais auquel il laissait en partant une portion de lui-même.

CHAPITRE VI

Conduite de Mgr Mioland pendant la lutte avec l'Université pour la liberté de l'enseignement.

Mgr Mioland, par caractère comme par vertu, abhorrait la dispute. Il pouvait bien dire avec l'Apôtre : *Si quis autem videtur contentiosus esse, nos talem consuetudinem non habemus* [1]. Mais il aimait trop l'Église et les âmes pour rester simple spectateur d'une lutte qui mettait en présence toutes les forces vives de la société, et d'où devaient sortir, ou des générations sans éducation chrétienne, ou des générations formées par la foi. D'un côté, les amis de l'Université disaient à l'Église : Nous vous permettons de donner vos leçons maternelles à la première enfance ; mais

---

[1] Que celui qui aime les disputes sache qu'elles ne sont point dans nos habitudes. Cor., xii, 16.

c'est à nous de distribuer la science, à nous de former les hommes, à nous de délivrer les brevets de capacité qui doivent ouvrir la porte de toutes les carrières importantes. De l'autre, l'Église, par la voix de ses évêques et des plus nobles de ses enfants, répliquait : Avez-vous donc oublié les dix-huit siècles de christianisme qui vous ont faits ce que vous êtes ? Nous ne refusons point à l'État le droit d'avoir ses écoles ; mais ce monopole que vous réclamez en son nom, nous le repoussons de toutes nos forces. Parmi vos professeurs, il est vrai, nos regards en découvrent plusieurs qui nous inspirent une pleine confiance ; mais dès lors que vous invoquez le droit de confier l'éducation de nos générations naissantes à des hommes sans foi, qui blasphèment ou ignorent les doctrines qui ont sauvé le monde, et auxquelles nous tenons plus qu'à la vie, nous ne cesserons de faire entendre nos réclamations jusqu'à ce que vous nous ayez accordé une liberté qui est conforme à la justice, à la raison et à l'esprit de vos lois.

Au milieu de ces débats, pas un seul de nos évêques ne resta froid et impassible. De trop grands intérêts se trouvaient engagés. Mais chacun d'eux prit part à la lutte selon la trempe de son caractère et de son âge, et dans la mesure de ses forces. Mgr Mioland parut peut-être moins souvent à la brèche que plusieurs de ses collègues dont les écrits jetèrent un vif éclat, et dont les noms resteront éternellement chers à l'Église ; mais je ne sais s'il en est beaucoup que cette grande question ait plus fortement et plus constamment préoccupés. Lorsque je parcours les notes, les consultations, les lettres adressées aux évêques, aux ministres, que nous a laissées Mgr Mioland, je suis étonné de ce que ce caractère, naturellement froid, a déployé d'activité et s'est imposé de fatigues et de sollicitudes pendant les longues années que dura la lutte. Il aimait peu le bruit ; mais il était heureux de voir quelques-uns de ses collègues dans l'épiscopat jeter la lumière dans le public, par leurs savants écrits ; et lui les soutenait en secret par les lettres les plus sages et les plus fermes. Nous ne pourrions, nous n'oserions tout dire : nous en dirons assez cependant pour faire apprécier sa noble et courageuse conduite au milieu de ces temps agités.

Le 24 mars 1840, dans une lettre confidentielle adressée à un ami [1], le prélat envoyait ces belles paroles : « Comme j'avais su que le roi et M. Teste verraient avec plaisir que les évêques leur adressassent des observations sur les petits séminaires, j'allais écrire, mais seul, quand le ministère est tombé. Je ne crois pas maintenant le temps opportun, ni les hommes disposés. Il me semble dangereux de brûler sa

---

[1] M. l'abbé Ballet.

poudre inutilement, et de dépenser son courage et son nom sans fruit. Je crois qu'il se fait, sous ce rapport comme sous quelques autres, dans la société, un travail sourd et lent que nous devons observer, aider, mais dont il faut attendre les résultats qui arriveront tôt ou tard. L'Université meurt du peu de vie morale qu'elle avait. Bientôt il ne lui restera que la science sèche et creuse ; les comités d'instruction se lasseront, et le mal arrivant à son comble, on recourra à nous, d'abord d'une manière cachée et détournée, puis patente si nous savons profiter humblement de l'occasion. Le monde tourne dans un cercle, loin de progresser. Je ne suis pas de ceux qui voient tout couleur de rose dans l'avenir ; mais je suis persuadé que, par la force des choses, nous irons en avant, et que d'ici à cinquante ans nous verrons bien des changements. C'est de Rome, et de Rome seule cette fois, que partiront ces changements, quand le temps sera venu ; et vous voyez que l'épiscopat se prépare doucement à accepter tout en esprit d'obéissance et d'union. Je crois que tout mouvement collectif des évêques ne pourrait qu'entraver ce grand dessein de Providence. Je sais que plusieurs prélats qui ont visité Rome récemment en ont rapporté ce bon conseil. Le mal assurément est grand dans le peuple, dans la science, dans la classe moyenne des campagnes ; mais tout bien considéré, il n'est pas sans remède. Sachons attendre, veiller, épier les moments de Dieu, et lui préparer des hommes et des cœurs dignes de la charité, de la science, du zèle dont ils seront appelés à être les instruments et les organes. »

Un an plus tard il devint absolument nécessaire de rompre le silence. M. Villemain était ministre de l'instruction publique. Un projet de loi menaçant pour l'Église de France avait été présenté à la Chambre. Ce projet devait provoquer comme il provoqua en effet, la désapprobation de l'épiscopat. Mgr Mioland se hâta d'adresser, le 26 mars, à M. le garde des sceaux, ministre de la justice et des cultes, une lettre aussi digne que concluante, dont voici les principaux passages :

« Monsieur le ministre, je crois de mon devoir de vous faire part des réflexions pénibles que m'inspire le projet de loi présenté le 11 mars à la Chambre des députés pour la liberté d'enseignement...

« Je ne considère ici cette loi que dans les rapports qu'elle veut établir entre l'Université et nos petits séminaires. Or, il est manifeste, qu'elle méconnaît tout à fait l'origine, la nature et le but de ces derniers établissements.

« Car les évêques ont pour premier devoir de pourvoir à la perpétuité du sacerdoce. L'Église leur ordonne de préparer, dès leurs plus tendres années, de jeunes enfants à la science et aux vertus sacerdotales;

dans chaque siècle et dans tous les pays, ils ont rempli ce devoir, qui est aussi un droit inhérent à leur charge pastorale.

« Or, la loi nouvelle tend à priver les évêques de ce droit, et à entraver l'accomplissement de ce devoir.

« Ainsi, 1° par la disposition de l'article 4, elle se rend maîtresse, ou du moins arbitre du local de nos petits séminaires ;

« 2° Par les articles 7, 10, 14 et 15, elle se rend maîtresse de nos professeurs, supérieurs, directeurs spirituels, qu'elle se donne le droit d'admettre, de repousser, d'examiner, de réprimander, de suspendre à son gré et de mettre à l'amende ;

« 3° Par l'article 6, elle se rend maîtresse de nos séminaires mêmes, dont elle soumet l'existence à un jury où elle dominera manifestement ;

« 4° Par l'article 4, elle se rend maîtresse et juge du *programme d'études, des livres d'instruction, du régime intérieur, et de la discipline de nos établissements.*

« Mais dès lors, que seront les évêques dans leurs séminaires, quand tout y sera sous la dépendance absolue de l'Université ? Lors même qu'elle pourrait sans injustice et sans usurpation se substituer ainsi aux évêques, comment pourrait-elle devenir la maîtresse et l'arbitre d'établissements catholiques destinés à former la pépinière du sacerdoce catholique ? »

Le prélat développait ensuite sa pensée sur tout ce que renfermaient d'intolérable de telles prétentions, puis il continuait ainsi :

« Je ne dis rien de cet étrange certificat de moralité délivré par un maire à un prêtre choisi par son évêque, pour les fonctions les plus graves et les plus délicates de son ministère.

« Mais j'insiste sur ce point : pourquoi, sous un régime de liberté de conscience, et dans un royaume catholique, les évêques seraient-ils moins libres de gouverner leurs petits séminaires qu'ils ne le sont en Belgique, en Angleterre, en Amérique, à Constantinople et dans l'Inde ? L'Église ne demande ni privilége, ni monopole, elle ne demande que le droit commun ; mais le droit commun dans la liberté, non le droit commun dans la servitude [1]. »

Cette lettre n'était pas destinée à la publicité; mais un journal ayant faussement présenté l'évêque d'Amiens comme approbateur du projet de loi, il se vit forcé de la livrer aux feuilles publiques.

Ce malencontreux projet ne pouvait aboutir. Il souleva l'indignation de tout l'épiscopat. Mgr de Tarbes, exprimant la pensée commune, allait jusqu'à se plaindre en ces termes : « Ne dirait-on pas que ce fatal projet n'a été mis en avant que pour nous faire trouver

---

[1] V. l'*Ami de la religion*, t. CVIII, p. 609.

douce la législation de 1828, nous engager à invoquer le *statu quo*, et nous faire chérir nos premières chaînes [1] ? »

Au milieu de toutes ces luttes, Mgr Mioland, sans se laisser déconcerter, écrivait dans l'épanchement de l'amitié : « Nous voyons s'avancer un avenir gros d'orages : il y aura de rudes assauts. Dans ce pêle-mêle effroyable de bien et de mal, de vrai et de faux, de juste, d'exagéré, d'attaques et de défenses, dans ce cahos où nous combattons, qui est-ce qui peut prévoir ce que le Ciel nous réserve ? Le plus certain, c'est que Dieu tirera le bien du mal, et que l'Église n'a jamais perdu dans ces controverses animées ; elle s'y retrempe, elle s'éclaire, elle développe sa doctrine ; ses prêtres y deviennent plus savants, plus zélés, ses enfants plus fervents, ses œuvres plus fécondes [2]. »

Après de longues discussions, le ministère renonça à placer les petits séminaires sous le joug de l'Université ; mais il ne pouvait se décider à donner la liberté d'enseignement promise par la charte et réclamée de toutes parts. Un nouveau projet de loi s'élaborait dans l'ombre, et M. Martin du Nord, alors ministre de la justice et des cultes, redoutant une nouvelle levée de boucliers de la part des évêques,

---

[1] V. l'*Ami de la Religion*, t. CIX, p. 117.
[2] A M. Ballet, mai 1841.

leur adressa, le 5 avril 1843, une circulaire confidentielle, dans laquelle il se plaignait amèrement de la polémique passionnée de certains journaux contre l'Université, et les invitait à n'y prendre aucune part, ajoutant que des abus en ce genre pourraient être déférés au conseil d'État. Dès le 14 du même mois, Mgr Mioland se hâta d'envoyer au ministre la réponse que l'on va lire. Nous avons cru devoir la faire revivre ici ; les réflexions si sages et si judicieuses qu'elle renferme sont de toutes les époques et de tous les temps :

« J'ai reçu la circulaire confidentielle que Votre Excellence m'a fait l'honneur de m'adresser en date du 5 de ce mois, et qui a rapport aux attaques récentes dont l'Université a été l'objet.

« Je ne peux assurément que partager les sages observations qu'elle renferme sur le calme et la mesure que réclame une question aussi délicate, de la part de ceux qui la traitent.

« Mais puisque vous me faites l'honneur de m'entretenir d'un sujet qui doit m'inspirer un si vif intérêt, je prends la confiance, Monsieur le ministre, de vous exposer en toute simplicité ma pensée à cet égard. Elle m'est inspirée par le sentiment de mes devoirs comme pasteur et comme dépositaire et gardien de la foi.

« En principe, je crois que la liberté d'enseignement est essentiellement liée à la liberté des cultes, et que l'une et l'autre sont également compromises par la constitution présente de l'Université. Il est évident que les catholiques doivent regarder comme une atteinte à leur liberté de conscience d'être forcés de faire instruire leurs enfants par des maîtres qui ne professent pas, ou peuvent ne pas professer leurs croyances.

« En fait, l'Église catholique ne voit qu'avec une profonde douleur les dangers auxquels ses enfants sont exposés, pour leur foi, en fréquentant les écoles de l'Université : 1° parce que les professeurs, ayant le droit d'être juifs, protestants, rationalistes, athées comme catholiques, il est à craindre que leurs opinions religieuses ne se glissent facilement dans leur enseignement, surtout sur l'histoire et la philosophie qui touchent de si près au dogme et à la morale catholique ; 2° prrce que, fussent-ils toujours assez prudents pour ne pas les laisser percer dans leurs paroles, l'esprit judicieux et pénétrant des enfants les aura bientôt devinées, et que de là naîtra nécessairement pour eux, ou le mépris de leurs maîtres, ou un secret penchant à partager leurs erreurs, ou au moins un déisme vague et une funeste indifférence en matière de religion : triple résultat dont nous nous apercevons tous les jours, et que les parents, les maîtres et les enfants nous signalent également.

« Le décret constitutif de l'Université veut que les préceptes de la religion catholique soient la base de l'enseignement universitaire ; mais comment un juif, un protestant, un rationaliste, pourront-ils, en conscience ou en honneur, enseigner ces préceptes ou y conformer leurs leçons ?

« Sans doute, un aumônier catholique enseignera la religion ; mais l'instruction religieuse, pour être complète et utile, doit résulter de l'ensemble de toute l'éducation. Elle n'est pas une science ; mais elle les embrasse et les domine toutes. La reléguer dans la chaire ou le catéchisme d'un aumônier, c'est l'annuler.

« De plus, pour former un chrétien, il ne suffit pas de l'instruire : il faut lui inspirer l'obéissance aux devoirs que la religion impose, et l'y accoutumer comme à une obligation rigoureuse sans laquelle la foi est vaine ; mais ici l'exemple est plus puissant que les leçons. Or, un maître non catholique, comment pourra-t-il, ou remplir ces devoirs sans hypocrisie, ou les omettre sans laisser penser aux enfants qu'ils sont indifférents, et contredire par là ce qu'on leur aura enseigné ailleurs ?

« En vain penserait-on échapper à ce danger en recommandant à tous les maîtres le respect le plus profond pour les croyances religieuses : car, outre qu'il est difficile de respecter ce que l'on croit faux ou absurde, les chrétiens ont besoin d'être élevés non-seulement dans le respect, mais dans la foi et la pratique de leurs croyances.

« De ces courtes observations, monsieur le Ministre, je tire une double conséquence.

« Premièrement : Comme pasteurs et comme évêques, nous ne voyons qu'avec douleur et effroi nos enfants catholiques forcés de recevoir l'instruction nécessaire, au péril de leur foi.

« Deuxièmement : nous appelons de tous nos vœux une liberté d'enseignement qui, d'ailleurs en harmonie avec nos institutions politiques, laisserait tout ensemble, et au gouvernement la légitime et nécessaire surveillance qu'il doit exercer sur les doctrines et les mœurs dans l'instruction publique, et aux parents la faculté de choisir pour leurs enfants des maîtres qui professassent leur foi, et aux enfants le libre accès à toutes les carrières que la constitution du pays ouvre à tous les Français.

« Ce vœu, du reste, que nous inspire notre sollicitude pastorale, est fondé sur l'expérience comme sur la justice et la raison. Partout en effet, mais notamment aux État-Unis, en Angleterre, en Belgique, où l'on admet comme chez nous le principe de la liberté des cultes, nous voyons, à côté d'Universités dotées et soutenues par l'État, d'autres Universités locales ou particulières, qui restent libres d'admettre les règlements intérieurs et les dogmes religieux qui conviennent à ceux qui les fréquentent. »

Quoi de plus sage, quoi de plus raisonnable que ces

simples observations ? Quel esprit impartial pourrait en contester la solidité ? Mais hélas ! telle était alors la force des préjugés et des défiances injurieuses envers l'Église, que l'on était encore bien loin de s'entendre.

Vers la fin de cette même année 1843, M. Martin du Nord écrivait à l'évêque d'Amiens : « Vous n'ignorez pas que la liberté d'enseignement secondaire est en ce moment l'objet des sérieuses préoccupations du gouvernement du roi. J'ai moi-même réclamé près de vous divers documents qui devront éclairer certains points de cette grave question. Tout fait penser que, sincèrement discutée, elle peut recevoir une solution équitable. Par cela même, il importe que des publications, insolites dans la forme et excessives au fond, ne viennent pas d'avance aigrir et compliquer les débats. Telle est certainement votre pensée [1]. »

Le moment était mal choisi pour une semblable communication. Un mois auparavant, un professeur protestant avait été envoyé pour enseigner la philosophie au collége d'Amiens, et, dans le cours de la même année, un autre professeur de philosophie, dont les leçons scandalisaient le collége d'Abbeville, avait osé, dans un discours public, tenir le langage d'un pur déiste. Mgr Mioland, dans sa réponse à M. le Ministre de la justice et des cultes, se plaignait amèrement de ce

[1] Lettre du 31 octobre 1843.

double outrage infligé à la foi de ses diocésains, et terminait ainsi : « Vous voyez, monsieur le Ministre, combien cet état de choses doit éveiller vivement ma sollicitude pastorale, dans l'intérêt du bien des âmes que Dieu m'a confiées, comme dans l'intérêt de la paix des familles et du bien de l'État, j'oserais même dire dans l'intérêt bien entendu de l'Université [1]. »

Enfin parut le fameux projet de loi élaboré avec tant de peines et de lenteurs. Il était bien loin de tenir les promesses si souvent données : aussi, il provoqua de nombreuses réclamations de la part des évêques, comme de celle des hommes du monde, amis de l'Église et d'une sage liberté.

La province de Reims dont le diocèse d'Amiens est suffragant, fut une des premières à faire entendre à M. le Ministre de l'instruction publique ses respectueuses mais énergiques observations. Sa lettre est du 13 février 1844. Elle était signée du métropolitain et de ses quatre suffragants. Elle portait également les signatures de Mgr l'archevêque de Cambrai et de son suffragant l'évêque d'Arras, qui était le cardinal de la Tour-d'Auvergne. Dans cette lettre collective, les évêques, après avoir formulé leurs griefs contre certaines énormités du projet, concluaient ainsi : « En résumé, voici ce que nous demandons :

[1] Lettre du 2 novembre 1843.

« 1° Que le gouvernement du roi ne donne pas suite au projet de loi sur l'enseignement secondaire, récemment présenté à la Chambre des pairs par M. le Ministre de l'instruction publique ;

« 2° Qu'on reconnaisse ou du moins qu'on accorde la liberté d'enseignement, la liberté par conséquent pour tous de former, à côté des établissements universitaires, des établissements particuliers, indépendants, non de la surveillance que le gouvernement a toujours le droit d'exercer sur tout ce qui se fait dans l'État, mais de l'autorité, de la direction et de la surveillance de l'Université. Autrement il n'y aurait pas de concurrence possible entre les différents établissements, pas de liberté ni pour l'enseignement, ni pour l'éducation morale et religieuse ;

« 3° Qu'on restreigne la nécessité des grades, si toutefois on les juge nécessaires, et que, dans tous les cas, l'examen de ceux qui aspirent aux grades pour pouvoir former une école, ou entrer dans l'enseignement, soit fait par un jury tout à fait indépendant de l'Université. Placer ce jury sous la dépendance d'un ou de plusieurs établissements universitaires, c'est enlever aux aspirants toute garantie d'un jugement impartial. Cependant, sans la stricte impartialité du jury, la liberté d'enseignement ne serait plus qu'une fiction ;

« 4° Que les aspirants aux grades ne soient pas

obligés d'exhiber des certificats d'études, ni de déclarer les lieux ou établissements dans lesquels ils ont étudié. Qu'importent, en effet, ces sortes de certificats, et à la capacité, et à la science d'un jeune homme ? Selon les lois imprescriptibles de l'équité, *tous les Français étant également admissibles aux emplois civils* doivent également être admis à donner des preuves de leur capacité, non par des certificats d'études, mais bien en répondant aux mêmes examens. »

Rien de plus légitime que de semblables vœux : aujourd'hui nous avons de la peine à comprendre qu'il ait fallu tant d'efforts, tant de luttes pour obtenir, en partie du moins, leur réalisation. Cependant tel était à cette époque l'engouement universitaire, qu'aux yeux du pouvoir, ce que les évêques avaient à faire de mieux, c'était de garder le silence. Ils ne pouvaient jeter dans le public leurs réclamations et leurs plaintes sans aigrir la dispute, et rendre par là plus difficile encore une solution pacifique qui était dans les vœux du gouvernement du roi. M. Martin du Nord adressa à l'évêque d'Amiens une lettre dans laquelle il se plaignait de la part qu'il avait prise à la démarche collective des évêques de sa province. Mgr Mioland se hâta de justifier sa conduite par cette réponse pleine de dignité : « En signant la lettre que mon métropolitain et mes collègues de la province ecclésiastique ont adressée à Votre Excellence le 13 février dernier, j'ai agi selon les règles et usages de l'Église.

« L'esprit, le caractère de l'Église catholique, c'est l'unité : ses pasteurs aiment le concert dans leurs démarches. L'Église gallicane spécialement a toujours singulièrement affectionné cette manière d'agir : elle l'a employée sous les empereurs païens et sous tous les gouvernements. Sa division en métropoles a surtout pour but de resserrer les liens qui unissent les évêques, et de leur donner plus de facilité pour s'entendre sur les questions de foi, de morale ou de discipline. Et je vous avoue en toute simplicité, monsieur le Ministre, que loin de voir dans une lettre collective, dans cette circonstance, la moindre inconvenance, je l'ai accueillie, au contraire, comme le mode le plus canonique, le plus légal, le plus honorable et le plus digne que nous pussions employer, pour faire connaître au gouvernement du roi, à l'exemple de nos prédécesseurs, notre manière de voir sur une question importante qui touche de si près aux intérêts religieux des catholiques, dont nous sommes les premiers pasteurs. »

A l'époque où la France était agitée par ces fameuses disputes, quelques personnes mal informées, voyant l'évêque d'Amiens prendre moins de part aux débats publics, l'avaient soupçonné peut-être d'une neutralité indifférente, ou d'une timidité excessive ;

et c'est un des motifs pour lesquels nous avons cru devoir accumuler ici les témoignages de son zèle épiscopal. Non, ce digne évêque n'était ni indifférent, ni timide ; mais, pendant que des voix éloquentes s'élevaient bien haut pour défendre la cause des libertés de l'Église, sa modestie lui persuadait que la sienne pouvait servir plus utilement cette même cause, en parlant le plus ordinairement à l'oreille du pouvoir.

Quant à la liberté de l'enseignement, tous savent que, constamment promise et toujours refusée, elle sortit de la révolution de 1848. M. de Falloux, cet homme d'État, aussi habile que consciencieux, comprit mieux les intérêts de la société moderne que n'avaient su le faire ses devanciers. Il ne put accorder à l'Église toutes les libertés qu'elle avait le droit de réclamer ; mais il nous donna le régime sous lequel a vécu depuis cette époque l'enseignement, régime infiniment plus tolérable que celui qui avait régné jusque-là.

CHAPITRE VII

Jugements et appréciations de l'évêque d'Amiens sur les événements et les choses de son temps.

Mgr Mioland, habituellement froid et réservé dans la conversation, était beaucoup plus ouvert et communicatif dans les lettres qu'il adressait à ses amis. Sa correspondance est remplie de traits qui peignent son caractère au naturel, de jugements et d'appréciations qui font ressortir la finesse et la solidité de son esprit. Il nous a semblé bon de faire un choix au milieu de toutes ces richesses, et de confier à quelques pages de sa biographie ce qu'il serait dommage de laisser périr.

Dans ce simple récit qui ne saurait avoir la prétention de suppléer à une histoire complète, nous n'essayerons pas de suivre un autre ordre que celui que nous apportera naturellement la suite des faits.

La *Vie de saint Dominique* par le P. Lacordaire venait de paraître. Cet ouvrage remarquable devait, dans la pensée de l'auteur, aider à l'accomplissement de son grand projet. Il songeait à faire revivre en France l'ordre des Frères Prêcheurs. Ce projet gigantesque, rencontrait beaucoup de contradicteurs, et il paraît que Mgr Mioland s'était lui-même laissé effrayer par la grandeur de l'entreprise. Mais la lecture de la nouvelle biographie lui rendit l'espérance, et, sous l'impression qu'il en avait reçue, il écrivait à un ami : « Vraiment cette vie de saint Dominique que je lis en ce moment, me réconcilie avec le P. Lacordaire et son projet. Un homme doué d'une telle énergie et d'un tel talent pourrait fort bien être dans les mains de la Providence un de ces instruments que tout le monde attend : aussi, voyez ce merveilleux sermon à Notre-Dame, et cet auditoire plus merveilleux encore. Allons ! à l'œuvre ! Il se remue quelque chose dans notre France, et toute l'Europe est dans l'attente ; tout l'univers aussi, on peut le dire. On ne sait ce qu'on attend ; mais on ne sait ce que l'on est et où l'on va, et il n'y a rien qui ne puisse sortir de cet inexplicable chaos. Quand Dieu voudra, il suscitera quelque homme à qui il donnera de prévaloir, et d'étranges desseins peuvent s'accomplir. Attendons, prions, espérons, tenons-nous prêts, chacun à notre poste. »

On sait si l'événement n'a pas justifié ces espérances. Qui pourrait dire l'influence que le P. Lacordaire a exercée sur son siècle, et en particulier sur nos jeunes hommes?

Vers la fin de 1843, une question avait été agitée par quelques écrivains. Fallait-il, pour entrer dans l'esprit de l'Église, donner à MM. les curés un titre inamovible, ou bien valait-il mieux conserver le régime actuel sous lequel nous vivons, et en vertu duquel la plupart de MM. les curés, n'ayant que le titre de simples desservants, sont révocables au gré de leur évêque? M. le Ministre des cultes crut devoir consulter à ce sujet nosseigneurs les évêques. Il leur adressa donc une Lettre circulaire dans ce but. La réponse de Mgr Mioland était renfermée en quelques lignes ; mais elle nous a paru si sage et si mesurée ; il nous semble que, tout en admettant avec respect les principes du droit canon, elle tient un compte si légitime des exigences de l'époque où nous sommes, que nous avons cru devoir la donner tout entière. La voici :

« J'ai l'honneur de répondre à la lettre confidentielle de Votre Excellence, en date du 30 septembre dernier, relative à l'inamovibilité des desservants.

« 1° Je pense que l'inamovibilité des pasteurs du deuxième ordre est conforme à l'esprit de l'Église et à l'intérêt spirituel des peuples ;

« 2° Que cette inamovibilité existe de fait parmi nous ; et pour moi je l'admets en principe dans le gouvernement de mon diocèse, ne déplaçant un desservant que pour l'élever à un poste supérieur, ou pour condescendre à ses désirs, ou pour l'éloigner d'une paroisse où, de son propre aveu, son ministère se trouve paralysé ;

« 3° Que cet état de choses actuel peut sans doute présenter quelques inconvénients, bien que j'aie la satisfaction de voir qu'il ne donne lieu dans mon diocèse à aucune plainte ;

« 4° Que ces inconvénients sont incomparablement moindres que ceux qui naîtraient de l'inamovibilité qu'on lui substituerait. L'état de nos mœurs et des esprits dans les campagnes ; la publicité acquise aux moindres débats ; la nécessité où nous sommes dans ces diocèses du Nord de confier des succursales à de jeunes prêtres au sortir du séminaire ; l'absence de tribunaux d'officialité légalement reconnus, et, dans ces officialités, l'absence d'un code de procédure régulier, de mesures canoniques adaptées à l'état présent de nos Églises en France, tout cela me persuade que le *statu quo* est ce qui convient le mieux, ce qui est même seul possible dans l'intérêt de la tranquillité de l'Église et de l'État, dans l'intérêt de l'édification et du bien des peuples, dans l'intérêt bien entendu des desservants eux-mêmes [1]. »

[1] Lettre du 27 octobre 1843.

JUGEMENTS ET APPRÉCIATIONS

C'est ainsi que Mgr Mioland, toujours ami de la règle, savait concilier dans son esprit éminemment pratique, le respect qui lui est dû avec les exigences du moment. Les principes de droit canonique admis par l'Église, il se serait bien gardé de les rejeter ; mais, dans leur application, il lui semblait impossible de ne pas tenir compte du milieu dans lequel nous vivons.

Dans les premiers mois de 1845, Son Éminence Mgr le cardinal de Bonald, archevêque de Lyon, lançait une lettre pastorale qui devait avoir une grande célébrité. Cette lettre réfutait dans une dissertation savante, et condamnait avec une pleine autorité, un livre de M. Dupin, intitulé *Manuel du Droit ecclésiastique*. La haute position de l'auteur du *Manuel*, le caractère du prélat qui, malgré sa modération bien connue, avait cru devoir frapper un si grand coup, l'importance du siége du haut duquel il était porté, et enfin la nature des erreurs qui étaient condamnées, et que prétendaient défendre, au nom de l'État, les hommes du pouvoir, tout concourut à donner un grand éclat à l'acte courageux de l'archevêque de Lyon. Cet acte fut dénoncé au conseil d'État, et le cardinal de Bonald fut déclaré coupable d'abus.

C'est un repos et un charme, après vingt-cinq ans de silence, de considérer aujourd'hui avec calme et sang-froid cet événement qui passionnait alors tant d'esprits, parmi lesquels plusieurs sans doute croyaient défendre la justice et la liberté, en imposant à l'Église, au nom de l'État, d'humiliantes servitudes. Mgr Mioland ne se laissa pas troubler par le bruit de la dispute, et ce qu'il pensait alors paraîtra à tous les hommes judicieux dicté par la sagesse. Voici ce qu'il écrivait à Son Éminence le cardinal Donnet, archevêque de Bordeaux :

« Que pensez-vous de Lyon, mon cher seigneur, et de l'abus ? Voilà qui augmente singulièrement le gâchis où nous sommes.

« 1° De ce que l'État d'autrefois, sous une toute autre constitution, enregistrait des bulles pour en faire une loi politique, et prêter main-forte à leur exécution, les rois très-chrétiens ayant reçu de l'Église le glorieux titre de protecteurs des saints canons, voilà que le conseil d'État d'un pays constitutionnel, où la liberté des cultes est loi de l'État, conclut que les bulles dogmatiques n'obligent pas les fidèles quand il ne les a pas enregistrées, que les évêques qui les citent abusent, que les fidèles qui en font la règle de leur foi sont de mauvais Français ;

« 2° Le deuxième article de 1682 dit que les jugements doctrinaux du pape sont irréformables quand le consentement de l'Église s'y joint. Or, une bulle dogmatique est devenue un jugement irréformable depuis cinquante ans, et le conseil d'État le trouve mauvais et rejette cette bulle ;

« 3° Le troisième article veut que le pape gouverne l'Église selon les canons ; et quand le pape réclame contre les canons violés par les articles organiques, le conseil d'État trouve qu'il a tort et qu'il ne faut pas l'écouter ;

« 4° On ne peut croire, selon ce conseil d'État, que ce que la loi de l'État autorise. Quelle loi a autorisé le symbole des apôtres et les autres ;

« 5° Tout ce qui est contre une loi de l'État est un crime : la loi c'est une religion, un culte, le seul culte même à suivre. A ce compte, les apôtres étaient fort blâmables ; les martyrs aussi avaient tort ; Néron et les persécuteurs étaient de bons citoyens, les vrais amis de la vérité et du droit ;

« 6° L'édit de Louis XIV, la déclaration, la loi organique, les décrets impériaux, tout cela est loi de l'État ; alors la charte est loi de quoi ;

« 7° La loi de l'État fait d'une opinion un dogme. Que fait-elle de la liberté de conscience ? L'Église enseigne sa doctrine et laisse les opinions libres : le conseil d'État avec M. Mignet protestant, et peut-être M. Anspach juif, et d'autres, croyant ce qui leur convient, ou ne croyant rien du tout, décident que l'Église doit croire et enseigner ceci ou cela, et qu'une bulle dogmatique oblige ou n'oblige pas en conscience les catholiques. Voilà bien les huit choses les plus incroyables de notre temps où il s'en voit tant d'incroyables. »

A ces observations si sensées, dont tout esprit impartial reconnaîtra la sagesse, l'évêque d'Amiens ajoutait ces autres paroles qui témoignent de sa prudente réserve :

« J'ai adhéré au jugement de Lyon et de Reims. Je ne sais si je parlerai publiquement... Si M. le garde des sceaux m'envoie l'ordonnance, ou quelque chose d'analogue, comme par exemple son discours, je lui répondrai vivement, fortement, peut-être publiquement. J'attends. Que ferez-vous, mon cher seigneur ? On demande plus à un métropolitain qu'à un obscur évêque d'Amiens... Nous devons agir prudemment, ne pas avancer inconsidérément, imiter Rome, qui laisse longtemps les disputes s'agiter avant d'intervenir par autorité, et ne rien publier que de noble, de fort, de docte et de grave. Le petit écrit de Mgr de Paris sur l'*usage* et l'*abus* me semble un parfait modèle de tout cela. J'attends avec grande impatience ce qu'il annonce sur les appels. »

Nous avons sous les yeux une seconde lettre de Mgr Mioland sur le même sujet, et dans laquelle il traite de quelques autres questions du temps. Elle était adressée à Mgr Angebault, évêque d'Angers, qui lui-même avait consulté l'évêque d'Amiens dans

JUGEMENTS ET APPRÉCIATIONS 289

les lumières duquel il avait pleine confiance. Cette lettre s'exprime ainsi :

« Je partage en tous points votre sage manière de voir sur les affaires présentes :

« 1° Nous n'avons point de raisons d'adhérer à des démarches particulières de tel ou tel de nos collègues, dans telle ou telle affaire.

« 2° S'il s'agissait d'un jugement doctrinal du Saint-Siége ou d'un concile, ce serait autre chose.

« 3° Je n'ai point goûté en conséquence les adhésions des curés à l'opinion des évêques, dans la question de la liberté d'enseignement. Une adhésion de ce genre est une approbation : l'approbation ne peut venir d'en bas. Des curés obéissent à leur évêque qui enseigne. Quant aux démarches de leur évêque dans les affaires du gouvernement, ils n'ont rien à y voir. De plus, l'approbation suppose le droit d'improbation, ce qui est le presbytérianisme. C'est d'ailleurs là une manière d'agir tout à fait insolite dans l'Église. Plus de dix archevêques, à qui j'ai écrit dans le temps, partageaient mon opinion, entre autres ceux de Lyon, Reims, Bordeaux, Besançon, Rouen, Cambrai, Auch, prélats que je connais beaucoup et dont la prudence et la sagesse sont remarquables.

« 4° Quant à la censure de M. Dupin, chaque évêque est juge de ce qui est dangereux à son diocèse. Le *Manuel* étant inconnu ici et n'y faisant aucun mal, je ne vois aucune nécessité de m'en occuper officiellement. Je n'en dirai donc rien.

« 5° Pour ce qui est d'adhérer à la censure portée par Mgr le cardinal de Lyon, rien ne m'y oblige. Aucun exemple pris dans l'histoire de l'Église, surtout dans les deux derniers siècles, ne m'impose ce devoir. Au contraire.

« 6° Tout en approuvant une censure comme fondée en raison, comme juste, comme canonique, je n'ai aucune raison de la faire mienne, bien que j'en partage la doctrine. J'ai écrit à Son Éminence, en la remerciant de son envoi, et en lui témoignant cette union de mes sentiments avec les siens, mais sans aller plus loin, surtout sans publicité.

« 7° Si M. le garde des sceaux m'envoie le discours qu'il a prononcé à la Chambre des pairs, je lui répondrai confidentiellement pour lui faire remarquer que la bulle *Auctorem fidei* est règle de foi pour les catholiques gallicans, en vertu même du troisième article de 1682 qui la déclare *irréformable ;* que plusieurs des articles organiques sont contraires à la discipline de l'Église et à ses canons, et que le pape, en réclamant contre ces dispositions, a agi selon le quatrième article de 1682 qui l'oblige à maintenir les canons dans le gouvernement de l'Église : enfin, qu'il est de la sagesse du gouvernement, comme d'une bonne politique, de laisser là ces questions controversées, et d'abolir peu à peu par la désuétude certains articles organiques anticanoniques et opposés à la charte, comme on en a déjà abandonné plusieurs qui étaient devenus d'une exécution ridicule ou impossible.

« Je trouve très-bien les écrits de Mgrs de Digne et de Langres, très-bien le dernier de Mgr de Paris, de l'*abus*. Celui qu'il annonce sera certainement de même ; mais quand saint Augustin, saint Hilaire, saint Irénée parlaient, tous les évêques ne se croyaient pas obligés de parler. Aussi, laissons traiter ces grandes questions par ceux que leur talent, leur position y appellent. Il faut éviter, ce me semble, tout ce qui aurait un air de parti, de passion, de coalition organisée humainement. »

Nous avons cru devoir rapporter cette lettre *in extenso*. Quelques-uns peut-être en blâmeront la modération comme accusant un peu de timidité. Mais comment ne pas rendre hommage à cette crainte de compromettre la dignité épiscopale ? Chez Mgr Mioland ce n'étaient point les appréciations qui étaient vacillantes ; bien loin de là, il y avait une singulière netteté dans ses vues, et souvent (on vient de le voir) une rare vigueur dans la manière de les exprimer, surtout lorsque, écrivant dans le secret à un ami, il pouvait épancher son âme tout entière. C'est ainsi qu'avant d'adresser les deux lettres que nous venons de citer, il écrivait à l'un de nos Pères [1] : « Je suis enchanté de la condamnation de M. Dupin. L'auteur n'est pas de Lyon, ni son livre ; mais il convenait qu'un livre de si mauvaise théologie fût censuré par une Église comme Lyon ; et il ne pouvait l'être ni plus doctement, ni plus sagement, ni plus dignement. C'est un véritable événement. Mais que va dire l'auteur ? Il ne pourra rien dire. Pourquoi sort-il de sa robe ? De quel droit nous propose-t-il une doctrine canonique ? et quelle doctrine ! »

Mais, redisons-le encore, ce que redoutait l'évêque d'Amiens, et si, en cela, il fut parfois excessif, qui oserait le blâmer, ou mettre en doute la pureté de ses vues ? c'était de compromettre la dignité épiscopale en donnant à la polémique religieuse un caractère trop humain. Avant de s'engager publiquement dans la lutte, il attendait que la nécessité lui en fît une loi : « Je pense, disait-il à l'évêque d'Angers, qu'on est souvent plus fort à se taire qu'à parler, et l'on prépare ainsi plus d'autorité à ses paroles pour le cas où viendra le moment de rompre le silence [2]. »

Ce moment de rompre le silence arriva bientôt pour Mgr Mioland. M. le Ministre des cultes lui ayant envoyé le discours auquel font allusion les lettres qui précèdent, il se hâta de lui adresser en retour, sous

[1] M. Ballet, 18 février 1845.
[2] Lettre citée plus haut, mars 1845.

la date du 17 mars, la réponse pleine d'une noble indépendance que l'on va lire :

« J'ai reçu l'exemplaire que vous m'avez fait l'honneur de m'adresser du discours prononcé par votre Excellence à la Chambre des pairs.

« Je saisis cette occasion, monsieur le Ministre, pour vous faire connaître mon opinion sur les points de doctrine incontestables qui dominent ces questions délicates. J'ai la confiance que vous voudrez bien l'accueillir avec votre bienveillance accoutumée.

« 1° La bulle *Auctorem fidei*, émanée du Saint-Siége le 28 août 1794, est revêtue de tous les caractères qui, selon les théologiens, soit gallicans, soit ultramontains, constituent une bulle dogmatique. Adressée solennellement à toute l'Église qui, depuis cinquante-ans, y a adhéré par un consentement manifeste, elle est devenue règle de foi, et, selon le troisième article de la déclaration de 1682, un jugement irréformable du Saint-Siége. Tout catholique qui lui refuserait obéissance cesserait par cela même d'être catholique.

« Sans doute cette bulle n'est pas reçue en France par l'autorité civile, c'est-à-dire elle n'est pas loi de l'État ; l'État ne se charge pas de veiller à son exécution. Mais elle est loi de l'Église, obligatoire pour tous ses enfants, les articles de foi ne pouvant recevoir pour la conscience aucune autorité de la loi civile qui les approuverait, ni aucun détriment de la loi civile qui les condamnerait.

« C'est du reste à tort qu'on penserait que cette bulle a condamné l'opinion exprimée par les quatre propositions de la déclaration de 1682. Elle n'a condamné que la prétention du synode de Pistoie qui les érigeait en dogme de foi. Aussi ces propositions se sont enseignées dans l'Église, après la bulle comme auparavant, sans aucune difficulté, et sont restées exemptes de toute flétrissure théologique.

« 2° Les quatre propositions contenues dans la déclaration de 1682 n'ont jamais été enseignées que comme des opinions théologiques. Ni ces opinions, ni les opinions contraires n'ont jamais été imposées par l'Église universelle comme dogme de foi. Elles ne l'ont pas été, elles n'auraient pu l'être par l'Église gallicane seule, encore moins par la puissance séculière. Elles conservent aujourd'hui le même caractère : car, dans tout ce qui n'est pas de foi, la liberté d'opinion est entière dans l'Église catholique. Je partage du reste tout à fait à cet égard les réflexions si sages que Mgr l'archevêque de Paris vient de publier dans un écrit récent : *De l'Usage et de l'Abus des opinions controversées*.

« 3° Quant à la loi du 18 germinal an X, sur soixante et dix-sept articles quelle contient, vingt-deux sont tombés en désuétude et abrogés par le fait, les changements survenus dans les mœurs, dans la constitution du pays les ayant rendus ou inutiles ou d'une exécution impossible. Des cinquante-cinq autres, quelques-uns sont une violation manifeste des saints canons de l'Église. C'est contre ce petit nombre d'articles que le Saint-Siége, selon son devoir, indiqué même par le quatrième article de 1682, n'a cessé de réclamer, notamment par la dépêche si docte et si mesurée du cardinal Caprara, du 18 août 1803.

« Il serait digne de la sagesse, de la justice du gouvernement du roi, j'oserais même dire, digne d'une bonne politique, de laisser ces articles anticanoniques tomber peu à peu en désuétude, comme les vingt-deux dont j'ai parlé, puisqu'ils forment d'ailleurs un contresens manifeste avec les institutions qui nous régissent.

« Quand les passions irréligieuses, qui maintenant égarent tant d'hommes, seront calmées, on s'étonnera de l'intérêt qu'on semble mettre aujourd'hui à des questions controversées qui, dans la pratique, aboutissent au même résultat. L'État ne peut que gagner en dignité, comme le bien public en progrès, à laisser l'Église poursuivre dans la paix et sous la liberté commune son ministère divin de vérité et de salut. Agréez, etc... [1] »

Inutile sans doute de faire remarquer ici que

---

[1] 17 mars 1845.

lorsque l'évêque d'Amiens tenait ce langage, en 1845, l'Église n'avait pas encore condamné certaines opinions réputées gallicanes, qu'elle a depuis solennellement rejetées dans le concile de 1870. Du reste, parlant à un ministre de France, le prélat était beaucoup plus fort, en se tenant sur le même terrain que lui et en le combattant avec ses propres armes.

Cette lettre, Mgr Mioland crut devoir la communiquer à neuf archevêques et sept évêques qui, d'une commune voix, l'approuvèrent en tous points : et comment ne pas approuver un langage si digne, si sincère, si épiscopal ?

Dès les premiers mois de 1846, une autre question des plus graves vint éveiller les pieuses sollicitudes de Mgr l'évêque d'Amiens et provoquer de sa part de nouvelles démarches auprès du pouvoir. Le gouvernement du roi, voulant écarter de son chemin toute opposition par laquelle l'épiscopat pourrait le gêner dans sa marche, songeait à se donner un clergé dynastique entièrement dévoué. Plus d'un symptôme alarmant révélait cette intention comme quelque chose de fixe et d'arrêté. Mgr Mioland, qui avait toujours l'œil ouvert sur les dangers de l'Église en France, était inquiet à la vue du nouveau péril. Toutes ses lettres portaient l'empreinte de ses douloureuses préoccupations. Il m'écrivait sous la date du 29 mars : « C'est une voie pleine de périls où entre le gouvernement et qu'il avait fait profession d'éviter jusqu'à présent. Le roi lui-même, il y a six ans, me l'avait manifesté de sa propre bouche. Où cela nous mènera-t-il ? » Le 5 avril, il exprimait les mêmes craintes dans une lettre à un ami, et il nous annonçait à l'un et à l'autre son projet d'adresser au ministre des cultes quelques observations sérieuses dont il nous donnait par avance le résumé. Cette lettre ne se fit pas attendre. Elle porte la date du 17 avril 1846. D'une part, elle est une réfutation si complète des projets que nourrissait alors le gouvernement du roi, d'autre part, elle est un exposé si lumineux des principes qu'aucun gouvernement de la terre ne devrait jamais perdre de vue, qu'elle nous a semblé avoir sa place marquée dans cette histoire. La voici tout entière :

« Monsieur le Ministre,

« J'ai pensé que Votre Excellence accueillerait avec intérêt quelques réflexions que je crois devoir lui soumettre. Je la prie de n'y voir que l'effet de la confiance qu'inspire à l'épiscopat une bienveillance dont nous nous plaisons à reconnaître que nous avons reçu plus d'un témoignage.

« Si j'en crois certains bruits sourds, le gouvernement du roi se préoccuperait de la pensée de se préparer un clergé plus dynastique, et dans ce but, il se proposerait d'employer certains moyens.

« Or, monsieur le Ministre, 1° si par un clergé dynastique on entend un clergé lié au roi et à son gouvernement, comme sous l'ancien régime, la chose serait impossible : nos institutions politiques présentes ne le permettent plus;

« 2° Si on entend un clergé *purement* fonctionnaire public, et, à ce titre, prêtant directement son ministère à toutes les mesures du gouvernement, la chose serait également impossible : on n'aurait plus par là un clergé catholique, mais un clergé russe;

« 3° Si on entend un clergé estimant, aimant les institutions politiques de son pays, c'est-à-dire respectant profondément la royauté, ami de toutes les libertés publiques, favorisant, dans les limites de la liberté et de la dignité de son ministère, les efforts des pouvoirs publics pour le bien du pays, ce clergé-là vous l'avez. Tous les jours, il entre de plus en plus dans ces dispositions. Peu de chose et peu de temps suffiraient pour qu'elles fussent partagées universellement par tous ses membres : car rien, dans les principes, ni dans les institutions catholiques, ne s'y oppose; au contraire, tout les favorise.

« Quant aux moyens de développer cet esprit dans le clergé, on se proposerait, dit-on, entre autres mesures à prendre, les deux suivantes : 1° d'établir auprès du chapitre de Saint-Denis, exempt de la juridiction de l'ordinaire, une haute école de théologie, d'où l'on tirerait des professeurs de Faculté de théologie, des supérieurs de séminaire, des vicaires généraux et des évêques; 2° de ne choisir désormais les évêques que parmi les ecclésiastiques qui auraient donné des gages publics et éclatants de leur zèle pour le roi et son gouvernement, et qui seraient disposés à suivre la même conduite dans l'administration de leur diocèse.

« Or, monsieur le Ministre, je crois pouvoir vous assurer que ces deux mesures manqueraient totalement le but qu'on se propose; même qu'elles en atteindraient un tout contraire.

« Car, 1° toute exemption de l'ordinaire est odieuse en France. De plus, une école de théologie, où l'on apercevrait trop l'influence plus ou moins directe de l'autorité temporelle, n'obtiendrait aucune confiance. On le voit par les Facultés de théologie des académies, quelque respectables que soient individuellement les professeurs qui les composent;

2° Je ne répéterai pas ce que j'ai eu l'honneur déjà d'exposer à Votre Excellence, dans ma lettre du 9 mars dernier, sur le genre de dévouement que le gouvernement doit attendre des évêques. Mais j'ajoute que des évêques dévoués, dans le sens qu'on semble le désirer, verront généralement leur ministère paralysé, soit qu'ils persévèrent dans leur manière d'agir, soit que, changeant de langage et de conduite, ils se donnent le mauvais caractère d'hommes peu sincères. Or, quel fruit le roi et le gouvernement pourraient-ils retirer d'un dévouement sans influence ? L'un ou l'autre de ces inconvénients se serait déjà, dit-on, manifesté dans quelques diocèses.

« Si maintenant, monsieur le Ministre, vous désiriez que j'indiquasse les mesures qui seraient les plus propres à atteindre le but louable qu'on se propose, les voici, ce me semble :

« 1° Choisir des évêques animés du genre de dévouement dont j'ai parlé. Pour cela se tenir en garde contre les influences de députations, de préfectures, de fonctionnaires ;

« 2° Laisser tomber en désuétude certaines dispositions des articles organiques contraires aux saints canons, ou à nos institutions politiques présentes, comme on en a déjà abrogé par le fait vingt-deux sur soixante et dix-sept ;

« 3° Réformer ou modifier dans la pratique certaines règles d'administration et de bureau, qui nous affligent et qui entravent notre ministère, comme par exemple : les décisions récentes sur l'entretien des cimetières communaux mis à la charge des fabriques, sur les réparations des presbytères et des églises, sur la défense faite aux communes annexes de s'imposer pour l'entretien de leurs édifices religieux et le supplément de traitement de leurs pasteurs. De plus, la maxime qui a prévalu depuis trois ans, par laquelle les églises et les presbytères sont déclarés appartenir aux communes, ne sert souvent qu'à faire conclure aux conseils municipaux et aux maires qu'ils sont maîtres de tout régler dans l'Église et de disposer seuls des aumônes des fidèles. De là une cause d'irritation et de mécontentement contre le gouvernement de la part des bons chrétiens, et une cause de vexation contre les curés, de la part des mauvais chrétiens trop nombreux souvent dans les conseils municipaux. Je ferai observer que ces mesures administratives ne datent pour la plupart que de peu d'années, et qu'elles vont se multipliant et s'aggravant de jour en jour ;

« 4° Prendre quelques précautions pour que les revues, conseils de révision, ou autres assemblées publiques, ne se tiennent pas, dans les campagnes surtout, précisément à l'heure de l'unique office religieux du matin ;

« 5° Dissiper la funeste erreur de la plupart des fonctionnaires publics, surtout dans les campagnes, lesquels se croient obligés de ne paraître jamais de toute l'année dans leurs églises, hors le jour de la fête du roi, ce qui laisse dans l'esprit des chrétiens et des pasteurs de funestes préjugés ;

« 6° Accueillir avec réserve les plaintes contre les prêtres, lesquelles, provenant trop souvent d'hommes hostiles à la religion, ou d'intérêts purement humains ou politiques, ne peuvent qu'encourager les passions irréligieuses. Les plaintes vraiment fondées sont ordinairement adressées directement aux évêques qui y font droit, sans bruit, plus souvent qu'on ne pense ;

« 7° Introduire quelques modifications dans la manière dont se prennent les renseignements sur nos nominations aux titres ecclésiastiques. Celle qui est en usage, depuis douze ans, outre d'autres graves inconvénients, a encore celui de faire croire aux populations que le clergé est tenu dans un état permanent de suspicion de la part du gouvernement ;

« 8° Assurer à nos vieux prêtres une pension de retraite, qui les exempte de la fâcheuse ressource de recourir, après quarante ou cinquante ans de travaux, à l'aumône que leur font leurs confrères si pauvres eux-mêmes ;

« 9° Laisser les évêques établir trois ou quatre maisons de hautes études ecclésiastiques, à Paris, à Lyon, à Toulouse, à Rennes, par exemple, où le gouvernement n'interviendrait au besoin que pour donner le local, payer les professeurs ou fonder les bourses ;

« 10° Enfin prendre annuellement, sur ce qui intéresse le bien de l'Église de France, l'avis d'une commission d'évêques, comme on prend l'avis de divers conseils spéciaux sur les intérêts de l'armée, de la marine, de l'agriculture, du commerce et des sciences.

« De tels témoignages de bienveillance et de haute

confiance, ajoutait le prélat, ne seraient-ils pas propres à inspirer à l'Église ce religieux dévouement qu'on lui désire ?

« Ce sentiment, elle le nourrit déjà dans son cœur par principe de foi et de devoir. Elle aimera toujours à lui donner le caractère de l'affection et de la reconnaissance, comme elle l'a fait dans tous les siècles et sous tous les régimes. Car que désire-t-elle, sinon rendre à chacun ce qui lui est dû, et accomplir, dans la paix et sous la protection de la liberté commune, le divin ministère que Jésus-Christ lui a confié pour le salut des âmes ? »

Ainsi parlait cet évêque d'Amiens que l'on a peut-être soupçonné de garder trop timidement le silence. Pour nous, nous sommes doublement heureux, en faisant revivre ses nobles et courageuses protestations, de lui restituer son véritable caractère et d'appeler peut-être sur les conseils qu'avait mûris sa sagesse le regard de quelques-uns de ceux qui ont le redoutable honneur de gouverner les hommes. Puissent-ils tous comprendre enfin que, si l'Église se donne à ceux qui se montrent dignes d'elle, elle ne saurait se vendre à quiconque l'outrage au point de vouloir l'acheter !

CHAPITRE VIII

Mgr Mioland pendant la Révolution de 1848.

Lorsque l'année 1848 se leva, le ciel était gros de tempêtes. Le pouvoir, abusé par les plus mauvaises passions qui s'étaient données à lui pour conseillères, courait à sa ruine. Tout faisait pressentir un orage. Nul cependant ne supposait que le coup de tonnerre dût être si prochain et si terrible.

Dès le 3 janvier, Mgr Mioland écrivait à un ami [1] : « Je pense tout comme vous que nous n'allons ni à la paix, ni à la prospérité. Les passions irréligieuses s'exaltent. C'est un mauvais signe. Qu'attendre de gens qui souffrent et qui ne s'irritent que contre le remède ? Quant aux saints, ajoutait-il avec ce ton de piété qu'exhalent toutes ses lettres, ils font ce qu'ils ont à faire sur la terre, souffrir, édifier, mériter, com-

---

[1] M. P. Dugas.

battre pour leur foi et se dévouer à la charité. Les deux cités se dessinent plus que jamais. Heureux ceux à qui Dieu a fait la grâce de connaître et d'estimer la foi et ses œuvres ! »

Le 31 janvier l'évêque d'Amiens était à Paris. Il se rendit auprès de la reine qu'il trouva triste et douloureusement préoccupée, et, parlant de cette visite dans une de ses lettres [1], il donnait ces touchants détails : « Étant chez la reine seul avec elle, cette pauvre princesse, que je n'avais pas vue depuis dix ans, me fit une impression profonde avec son air vieilli, son grand deuil, ses réflexions mélancoliques. « Ah ! me disait-elle, je vous en conjure, priez pour « nous. Je n'ai d'autre ambition que mon salut et celui « des miens. Qu'est-ce que tout cela ? (Et elle me « montrait les meubles de son salon et les murs du pa- « lais.) Où cela mène-t-il ? A quoi cela nous servira- « t-il ? Mais sauver mon âme, celles du roi et de mes « enfants, je ne veux que cela, etc... etc... »

Enfin, l'orage éclata avant la fin du mois de février, au moment où on s'y attendait le moins. Une révolution qui devait changer la face de la France sortit d'une protestation pacifique où nul ne savait qu'elle fût renfermée. L'émeute renversa le trône qu'elle avait élevé dix-huit ans auparavant ; un roi qui se

---

[1] Au même, 2 mars.

croyait populaire prit la route de l'exil avec sa nombreuse famille, et la France, qui la veille encore était une monarchie, presque sans le savoir, se trouva tout à coup constituée en république.

Mgr Mioland était à Soissons au moment où éclata la foudre. Il y avait été appelé pour assister le vénérable Monseigneur de Simony donnant la consécration épiscopale à son successeur. L'auguste cérémonie eut lieu le 25 février. Elle se fit avec une grande solennité. Huit prélats étaient présents, et tous ignoraient la gravité des événements dont les échos ne leur avaient encore apporté que quelques bruits sourds et assez vagues. On était à peine sorti de l'église que la grande nouvelle arriva dans toute sa réalité. Les évêques précipitèrent leur départ et Mgr d'Amiens était de retour chez lui le 27 février. Il est aisé de comprendre combien les réflexions les plus graves et les plus sérieuses durent se presser dans une âme comme la sienne. Habitué dès son enfance à considérer tous les événements de la terre au point de vue de l'éternité, son calme ne l'abandonna pas un seul instant, et il ne voyait, dans toutes ces secousses passagères, qu'un motif de plus pour s'abandonner sans réserve à la conduite mystérieuse de la Providence. Mais laissons-le parler lui-même : « Ce coup de foudre, mon cher ami, écrivait-il, le 2 mars [1], ne

---

[1] Lettre déjà citée, à M. P. Dugas.

vient pas de la terre. Dieu a de grands desseins sur nous. Ni la sagesse, ni l'habileté, ni la force, ni la prévoyance, ni rien de ce qui assure le succès parmi les hommes n'a pu conjurer la tempête ; et plus on considère tout cela sous de nouvelles faces, plus on demeure stupéfait... Pour vous, pensez toujours que Dieu est là, qu'il nous veut souples dans sa main, calmes, charitables, sincères, dévoués au bien public comme au bien du prochain, et donnant à tous l'exemple de l'esprit de foi et des œuvres de la solide piété et charité chrétienne. »

Toutes les lettres qu'écrivait le prélat dans ce moment de crise sont remplies des mêmes sentiments. Toutes respirent le même calme, la même paix, le même abandon à la Providence ; et en les lisant on voit que c'est pour lui un besoin de rappeler ceux auxquels il les adresse à ces vues qu'inspire la foi. « J'ai toujours l'espérance, écrit-il à une personne qui s'était placée sous sa direction [1], que Dieu tirera sa gloire de ce chaos. Le commerce, l'industrie, les fonctionnaires, la jeunesse dorée, les ouvriers sans religion, voilà ce qui était le plus arrogant contre Dieu. C'est ce qui souffre le plus de la tempête. Les saints y sont mêlés comme toujours ; mais ils souffrent saintement et utilement. Notre-Seigneur ne nous a

---

[1] Lettre du 15 avril 1848, à Mme H.

pas tracé un chemin de roses. Prenez donc patience et confiance. Vous voyez bien que vous êtes moins à plaindre que tous les vôtres. Il n'y a que votre nièce partie la première pour le Ciel qui soit mieux. Grande grâce que Dieu lui a faite ! Dans ces épreuves générales il y a une bonne réflexion à faire : c'est d'examiner, non ce qu'on souffre, mais ce qu'on pourrait souffrir et ce que souffrent les autres. De plus on n'a qu'à penser que tout cela porte son fruit, fruit d'autant plus précieux qu'on y met plus de pureté d'intention. Au fond, qu'est-ce que le monde? l'empire du démon. Pourquoi vouloir s'y faire un paradis, ou même une demeure douce ? Cherchons-y la croix, et restons-y. »

Et à cet ami dont nous parlions il n'y a qu'un instant le prélat envoyait ces lignes admirables : « Dieu fait son œuvre et la fait en Dieu. Nous étions des enfants de Babel, fiers de notre crédit, de nos richesses, de nos fortifications, de notre gouvernement constitutionnel, de notre royauté élue, de notre prospérité croissante... Nous semblions dire à Dieu de nous laisser la terre et de se contenter de son Ciel. Il n'a eu qu'à souffler sur ce château de cartes, et nous voyons ce que c'est. Il suspend son châtiment : il veut éclairer, désabuser, punir, mais aussi purifier, sanctifier, sauver. Par quels moyens, qui le sait ? Heureux les cœurs droits, purs, fidèles ! Tout sera trésor pour eux dans ce cahos ; mais il faut se détacher de ce qui passe, aspirer à ce qui demeure, voir, adorer, aimer Dieu dans tout ce qu'il fait ; car il fait tout pour ses élus. Pas un cheveu de leur tête ne tombera sans lui. Tout leur profitera, les enrichira, les glorifiera [1]. »

Cette paix inaltérable, cette sérénité d'une âme éminemment religieuse, qui s'abandonne sans réserve aux soins de la Providence, ne se manifestaient pas seulement dans les lettres de l'évêque d'Amiens ; elles animaient toute sa conduite et dictaient toutes ses démarches. Comme si rien n'eût changé autour de lui, il continuait tranquillement ses tournées pastorales, et se livrait avec la même activité aux œuvres de son saint ministère. Partout il était accueilli comme l'ange de la paix, et sa présence rassurait les populations. « Je suis ici très en paix, » écrivait-il le 2 juin, et prenant un ton enjoué, il ajoutait : « On va me rogner une quinzaine de cents francs jusqu'en décembre. Il faut bien fêter la république pour sa bonne venue. Je viens de faire mes belles processions des Rogations : j'étais revenu exprès d'une visite pastorale pour les faire. Je repars demain matin... Voilà comme je mène ma vie républicaine, sans m'ennuyer, allant de château en château, de cure en cure, dans des campagnes fort paisibles et plus effrayées qu'enthousiasmées. Il n'y a rien qui leur prouve mieux la divinité de notre ministère que ce calme à tout

---

[1] Lettre du 23 mars, à M. P. Dugas.

faire comme autrefois, au milieu du bouleversement de ce monde [1]. »

Plus d'une fois l'évêque d'Amiens fut prié de bénir lui-même ce qu'on appelait alors les arbres de la liberté. C'était un vieux souvenir que la république de 1848 avait emprunté à sa devancière. Mais les temps étaient bien changés. Au lieu de proscrire avec une fureur brutale l'Église et ses ministres, l'expérience qu'elle avait acquise dans nos malheurs, lui avait appris qu'elle ne pouvait s'en passer. Mgr Mioland savait bien que ces arbres prétentieux ne trouveraient pas une terre qui leur permît d'étendre au loin leurs racines; mais il se prêtait de la meilleure grâce du monde aux désirs de ceux qui réclamaient sa bénédiction. Il voyait là un moyen de montrer la condescendance de l'Église, de lui concilier les cœurs, de faire entendre de salutaires enseignements à des foules plus ignorantes que perverses. On nous a conservé le texte de plusieurs de ces discours de circonstance. Voici celui qu'il prononça le 2 avril, à Amiens, sur la place de l'Hôtel-de-Ville : « L'Église catholique, mes chers frères, se mêle volontiers à tout ce qui peut intéresser le bonheur temporel des peuples. Elle est mère ; elle répand d'un cœur maternel ses bénédictions et ses prières sur ses enfants, et avec une joie encore plus

[1] Lettre à madame H.

grande, quand ce sont eux-mêmes qui les demandent ; car elle voit là une preuve de leur foi dans la prière. Bénir, est-ce, en effet, autre chose que prier ?

« Quelle est donc cette bénédiction à laquelle vous nous conviez, avec tous ces prêtres du Seigneur, et en présence de ces dignes magistrats, de la garde nationale, de l'armée, de ces braves ouvriers et de toute la cité ? Est-ce à un signe insensible qu'elle s'adresse, cette bénédiction sacrée ? A Dieu ne plaise ! car ce ne serait alors qu'une cérémonie puérile, ou une grossière superstition, indigne d'hommes éclairés, encore plus indigne d'hommes chrétiens. Non, cette bénédiction, elle va plus loin ; elle atteint jusqu'à vos cœurs.

« Honorables dépositaires de l'autorité publique, si vous appelez la religion à votre aide, c'est que vous sentez que l'homme travaille en vain, si Dieu ne le secourt ; qu'en vain on veille au salut public, au bonheur de la patrie, si Dieu ne veille, ne travaille avec nous, et qu'en fondant une république, vous avez besoin que Dieu soutienne l'édifice.

« Sentiments dignes de vous, et qui vous honorent parce qu'ils sont vraiment chrétiens. Nous vous en félicitons, nous vous en bénissons ; nous en accueillons l'expression avec joie, au nom de l'Église notre mère.

« En prononçant cette bénédiction solennelle, c'est donc pour vous que nous allons prier, comme votre premier pasteur et votre évêque à qui le Saint-Esprit a imposé la charge redoutable de vous conduire dans les voies du salut, pour vous et pour cette cité si chère à notre cœur paternel et si chrétienne, pour vous tous qui êtes ici rassemblés dans cette solennité nationale.

« Et qu'allons-nous demander par les mérites de Notre-Seigneur Jésus-Christ votre Sauveur et votre Dieu ?

« Nous lui demanderons de nous éclairer pour connaître tout ce qui est juste, tout ce qui est utile, tout ce qui est chrétien.

« Nous lui demanderons de nous inspirer à tous de travailler avec une fraternelle unanimité à la prospérité commune, de protéger parmi nous l'ordre, la liberté, la paix, d'éteindre à jamais tout sentiment de haine, de division ou d'égoïsme, et de ne laisser dans tous les cœurs de ceux qu'il a faits frères et enfants du même pays qu'un seul désir, un seul sentiment, l'amour éclairé de la patrie et le désir de se dévouer à son bonheur. »

Ces paroles si simples, mais en même temps si dignes, si éminemment apostoliques, furent accueillies avec une sympathie universelle par les multitudes auxquelles elles s'adressaient ; et il ne faut pas nous en étonner : un instinct populaire, qui ne trompe jamais, estime un évêque qui reste à sa place ; et si la dignité sait en lui s'unir à la bonté, il lui rend un invincible hommage. Aussi Mgr Mioland pouvait, dans une confidence intime, écrire à un ami : « Vous lirez dans la gazette mon discours que j'ai prononcé mitre en tête et papier à la main. Vous verrez que je n'y ai pas dit un mot de politique. Il a été parfaitement goûté de tous, et à la fin, au lieu de vive la République, on n'a crié que vive Monseigneur, vive notre Évêque. » Puis il ajoutait : « Je suis persuadé au fond que nous pouvons encore en suivant cette voie, commander respect et confiance. Je ne sais si je m'abuse, mais je suis intimement convaincu que tout ce que nous voyons, tout ce que nous souffrons, mène et tournera à bien, et qu'il ne nous restera qu'à en bénir Dieu. Certainement nous en bénirons Dieu éternellement, mais même dans ce monde, et de plus, nous en deviendrons plus détachés de la terre et moins fiers de progrès, de civilisation, d'industrie, de crédit, de prospérité croissante et de tout ce qui nous avait rendus de vrais enfants de Babel. Nous avons construit la tour ; nous voilà dans la confusion des langues, remettant tout en question comme des enfants, flattant les uns, opprimant les autres, applaudissant en étourdis toutes les folies de nos voisins, et parodiant à l'eau de fleur d'orange toutes les extravagances de 1790, 1791, 1792, en paroles, en démonstrations et en œuvres. Nous n'irons pas jusqu'en 1793, nous sauterons à 1795 et puis il arrivera ce qu'il plaira à Dieu ; mais, dans dix ans nous ne pourrons pas comprendre qu'avec tant de lumières nous ayons roulé dans ce vieux cercle¹. »

Un mois plus tard, Mgr Mioland, après avoir exprimé les mêmes espérances, concluait par ces lignes vraiment dignes d'être conservées sur la terre, et que nous voudrions bien voir écrites aussi dans le Ciel :

« C'est toujours ma pensée que Dieu veut nous reprendre en miséricorde. Nous resterons la noble nation des Francs, chers à Dieu et à l'Église, malgré nos fanfaronnades d'impiété qui ne nuisent ni à notre générosité de caractère ni à nos instincts élevés². »

Le 1ᵉʳ juin de cette même année 1848, Mgr Mioland fut appelé dans sa cathédrale par une cérémonie à moitié civique, à moitié religieuse, dont il profita encore pour donner de salutaires enseignements. On était à la belle époque des échanges de témoignages de fraternité. La garde nationale de Paris avait offert un drapeau à la garde nationale d'Amiens. Il s'agissait de le bénir. Mgr Mioland crut que c'était à lui de répandre cette bénédiction. Il jugea l'occasion heureuse pour faire entendre une parole d'évêque. Il monta donc en chaire avec la mitre et la chape, et, avant de bénir, il adressa une courte allocution, destinée à faire saisir le sens de la cérémonie, puis il la termina par ces paroles aussi sages que chrétiennes :

[1] Lettre du 4 avril, à M. P. Dugas.
[2] Au même, 10 mai.

« Puisse ce drapeau, sur lequel nous appellons les bénédictions célestes, rester parmi nous comme le monument de l'union de tous les cœurs, et comme un gage de paix !

« Puisse-t-il vous guider constamment dans la voie de l'honneur et du devoir, et apprendre à tous à oublier souvent leurs propres intérêts pour se dévouer au bien de leurs semblables !

« Et, puisque nous le bénissons en ce saint jour de Pentecôte, où nous célébrons la mémoire de notre vocation à la foi, puisse-t-il nous rappeler à jamais ce titre de notre véritable grandeur et cette divine source de la charité chrétienne ! »

Hélas! cette paix souhaitée à la France avec tant d'effusion et d'une manière si solennelle ne fut pas de longue durée. Ce mois de juin n'était pas terminé que les rues de la capitale virent ruisseler le sang. Une émeute formidable, disposant de ressources inconnues jusque-là, tint Paris et la France pendant plusieurs jours dans de mortelles alarmes. La Providence avait heureusement préparé, pour la combattre et la vaincre, l'habileté, le courage et le dévouement de nos généraux d'Afrique, et la France encore une fois fut sauvée. Mais que de victimes furent immolées dans cette lutte fratricide ! Parmi ces victimes, il en est une, pure et sainte entre toutes, qui en donnant librement son sang forma le vœu que ce sang *fût le dernier versé*. Le

Ciel entendit sa prière et agréa son offrande : ce fut à dater de sa mort que l'émeute se retira vaincue et que la France se reprit à espérer. On sait que nous parlons ici de l'archevêque de Paris, Mgr Affre, dont le généreux martyre rendit à la société de plus importants services et couvrit l'Église de plus de gloire que n'aurait pu le faire la plus belle et la plus longue vie. A ce sujet, on nous a rapporté un mot de Mgr Mioland, qui nous révèle ce qu'il y avait dans son âme de calme et de grandeur [1]. Il s'était éloigné d'Amiens pour consacrer une église, et le bruit de l'émeute étant venu jusqu'à lui, il était avide de nouvelles. Sur ces entrefaites arrive un de MM. les curés de la ville; Mgr Mioland l'interroge : « Qu'y a-t-il de nouveau, monsieur le curé ? » Celui-ci de répondre en disant que l'archevêque de Paris s'étant avancé sur les barricades avait reçu une blessure mortelle. « *Belle mort pour un évêque !* » s'écria Mgr Mioland. Puis, comme si une telle mort lui eût semblé quelque chose de simple et de naturel, il reprit sans émotion : « Qu'y a-t-il encore de nouveau, monsieur le curé ? » Tout ceux qui ont connu l'évêque d'Amiens le reconnaîtront à ce trait. Chez lui ce n'était pas de l'insensibilité ; c'était le calme de la vertu contemplant sans pâlir l'esprit de sacrifice pratiqué avec héroïsme.

---

[1] M. le curé de Saint-Riquier.

L'ordre était rétabli ; la France respirait. Mgr Mioland avait repris ses visites pastorales, et le 1ᵉʳ juillet il écrivait à un ami [1]. « Nous avons vécu vite depuis huit jours, mon cher ami, qu'est-ce qui va sortir de toutes ces tempêtes ? Que les hommes sont peu de chose, et que Dieu se montre bien dans ces événements qui déjouent toutes les combinaisons des habiles ! Ces dernières secousses nous ont fait faire un pas vers le bien ; mais nous en sommes bien loin encore. Que d'ignorance des vrais intérêts des sociétés bien organisés ! Que de vague dans les têtes et de corruption dans les cœurs ! Vous voyez que l'on ne pense guère encore à se tourner vers Dieu, et cependant tout y ramènerait des cœurs droits et dociles. » Puis le prélat ajoutait : « Je me suis applaudi de n'avoir rien retranché de mon plan de visites pastorales. Il n'y a rien qui frappe les peuples comme de voir que la religion est toujours de même, et qu'elle passe à travers tous ces événements, prêchant les mêmes choses et exerçant le même ministère. J'insiste fort dans toutes les chaires de campagne et de ville sur le prix de la foi, le soin de la conserver et de la faire valoir par une vie chrétienne.

« Adieu, mon cher ami, prenez toujours bon courage, parce qu'il n'y a rien qui doive consoler les chrétiens

---

[1] M. P. Dugas.

comme de voir que Dieu fait son œuvre tout seul, punissant ceux-ci par eux-mêmes, éclairant ceux-là, apprenant à tous à se détacher de la terre et à gagner le Ciel par tout ce qu'ils trouvent sous la main. Et puis sa volonté est toute sainte, toute sage et doit nous être toujours aimable et bénie en tous les événements publics et particuliers. Heureux ceux qui le savent, qui le comprennent, le sentent, le pratiquent et y mettent leur bonheur ! »

C'est ainsi que l'évêque d'Amiens, habitué dès son enfance à porter ses regards bien au-dessus de la terre, en était venu à ne voir dans les événements qui passionnent le plus les hommes que l'expression de la volonté divine. Cette volonté souveraine, il lui était facile de l'adorer, soit qu'elle commande, soit qu'elle se contente de tolérer et de permettre ; car il savait que, toujours infiniment sage, elle se propose en toutes choses une fin digne d'elle. De là ce calme imperturbable et cet immuable repos qu'il trouvait dans son abandon absolu à la divine Providence. C'était, nous l'avons dit, sa vertu favorite ; et, on vient de le voir, elle débordait de son cœur et aimait à se répandre.

Qu'ajouterons-nous à ce qui précède ? Peu de jours avant de quitter Amiens pour Toulouse, une imposante cérémonie fournit à Mgr Mioland l'occasion de faire entendre, mais avec plus de solennité, les utiles leçons qu'ils avait données tant de fois. C'était le 15 juillet 1849. Le président de la République faisait à la garde nationale du département de la Somme l'honneur de lui apporter ses drapeaux. Les diverses communes avaient envoyé leurs députations, le président était là en personne ; les vastes espaces de la Hautoye suffisaient à peine à contenir les multitudes accourues pour la fête. L'évêque d'Amiens, toujours animé de cet esprit apostolique qui inspirait chacune de ses démarches, avant de bénir, prononça une grave allocution qu'il terminait ainsi : « Comment nous qui sommes vos pasteurs et vos pères dans l'ordre du salut, et à qui vos intérêts même temporels doivent être chers, comment n'appellerions-nous pas avec effusion de cœur sur ces signes de la prospérité publique des bénédictions qui iront en même temps jusqu'à vos âmes pour y laisser d'utiles et religieuses pensées ? »

« Ah ! qu'elles se répandent avec abondance sur ces nobles étendards qui vont servir de guides à tant de populations, qu'elles s'y répandent et qu'elles y reposent, les bénédictions de la paix ! Mais souvenez-vous, selon la belle définition d'un grand docteur, que la paix c'est la *tranquillité de l'ordre*, l'ordre qui soumet chacun aux lois qui régissent la société, l'ordre qui, nous montrant plus haut Dieu comme notre maître et notre père, veut que nous restions, comme ses enfants, soumis à sa parole et à ses lois.

« Qu'elles se répandent avec abondance sur ces

étendards les bénédictions de la liberté, de cette liberté politique qui, en respectant, en protégeant les droits de tous, fait fleurir les États ! Mais élevez encore ici vos pensées plus haut ; souvenez-vous de cette autre liberté plus précieuse dont Notre-Seigneur Jésus-Christ a dit : « Si vous gardez mes préceptes, vous « connaîtrez la vérité, et la vérité, en vous affran- « chissant de la servitude de l'erreur et des passions, « vous rendra vraiment libres. »

« La liberté, l'ordre, la paix, autant de biens qui fondent la prospérité publique. Qui est-ce qui n'en sent pas le besoin, après tant d'agitations et de malheurs ? Tous les désirent ; tous les recherchent avec la plus louable ardeur. Cherchons-les où Dieu les a mis ; demandons-les à celui de qui ils viennent et qui les donne à qui s'en rend digne ; et n'aspirons à en jouir que pour son service et pour sa gloire. »

Quel est celui qui, en lisant ces lignes, ne dira pas : Voilà une parole d'évêque ? Non, Mgr Mioland n'a jamais, par de coupables condescendances, encouru le reproche de *retenir la vérité captive*. Toujours lui-même, devant les grands comme devant les petits, en face du pouvoir comme en présence des multitudes, il eut pour unique boussole le sentiment du devoir ; et c'est ce qui nous explique la sagesse de ses démarches dont pas une seule ne lui donna jamais à rougir.

CHAPITRE IX

Mgr Mioland et sa vie intime pendant ses retraites annuelles.

Nous venons de considérer Mgr Mioland dans sa vie publique. Une autre étude se présente à nous, étude non moins digne d'intérêt, celle de sa vie intime et cachée en Dieu. La première est comme la manifestation extérieure des sentiments qu'il était allé demander à la seconde. Il sera donc bon de remonter à la source d'où ont jailli tous les actes de sa belle vie, en d'autres termes, après avoir admiré les effets, d'en interroger la cause.

Mais comment pénétrer dans l'âme de celui que nous voudrions faire revivre ? Ah! sans nul doute, Dieu seul en connait tous les secrets. Lui seul entend tous les soupirs, recueille toutes les larmes, compte tous les généreux désirs de ceux qui se donnent à lui. Toutefois réjouissons-nous : le pieux évêque d'Amiens n'a pas tout emporté dans la tombe. Nous l'avons déjà dit : chaque année il était dans l'usage, pendant les jours de sa retraite personnelle, de fixer sur le papier le souvenir des principaux événements qui avaient marqué l'année courante, et souvent il lui arrivait d'y épancher son âme en quelques paroles que Dieu seul entendait. Ce qu'il se proposait alors, c'était, en relisant ces pages, au milieu du tourbillon des affaires, de réveiller en lui les saintes pensées, les encourageants souvenirs. Mais nous croyons pouvoir, sans indiscrétion, aller y puiser de quoi nous édifier nous-même avec ceux qui liront cette histoire.

Pendant sa retraite de 1841, Mgr Mioland avait jeté un coup d'œil sur le journal de sa vie, et, avant de terminer ces exercices spirituels, il écrivait ces lignes touchantes par leur simplicité : « En finissant ma retraite annuelle au séminaire, j'éprouve une vraie consolation à relire ces pages et à retrouver l'expression de ces sentiments qui m'animent habituellement. C'est pour moi une joie toujours nouvelle dans le Saint-Esprit que de me rappeler les divers événements de Providence dont ma vie, quoique si peu agitée, porte le sceau : ma jeunesse, la mort de mon père, mon premier maître, ma pension, Saint-Sulpice pendant un an, Saint-Irénée, pendant six ans comme séminariste, pendant quatre ans comme directeur, ma vie de communauté et de missionnaire pendant vingt-deux ans aux Chartreux, mon nom, prononcé à Paris par je ne sais qui, malgré mon désir de rester caché, et enfin cet enchaînement de petites choses qui m'ont toujours amené à n'être pas où je voulais être, ni ce que je désirais être... Mais comme, malgré ces contrariétés apparentes, j'ai toujours été très-content où j'étais, j'en tire la conséquence pratique de ne point m'inquiéter de l'avenir, et de m'abandonner avec une confiance sans bornes aux soins de cette adorable Providence. »

Le prélat récapitulait ensuite les principaux événements qui avaient marqué sa vie depuis son arrivée à Amiens, et comme on le pressait de divers côtés, ainsi que nous aurons bientôt occasion de le dire, d'accepter un siége archiépiscopal, il se raidissait contre cette pensée, et ce qu'il se disait à lui-même, il l'exprimait en ces termes : « Que signifiaient toutes ces instances ? Est-ce que je ne devais pas mourir à Amiens ? J'ai du reste si formellement répondu de toutes parts, que j'espère bien qu'on me laissera en paix mourir où je suis. *Hic habitabo quoniam (non) elegi eam*, et malgré mes pressentiments je ferai si bien que rien ne pourra me séparer de cette chère Église. Pourquoi perdre le fruit de mes études et de mes travaux pendant trois ans ? Pourquoi aller ailleurs recommencer une épreuve qui, après tout, pourrait être moins favorable ? Quel diocèse où plus de bien se présente à faire ou à consolider ?...

Qu'est-ce qu'un peu d'honneur de plus, et un peu plus d'argent?

« Il me faudrait une manifestation bien évidente de la volonté de Dieu pour me déterminer, et encore je regarderais tout changement comme un malheur et une rude croix, et un horrible sacrifice.

« Je finis ma retraite dans ces dispositions et je prie Notre-Seigneur de me donner sa paix et de laisser mes os mêlés ici à ceux de tant de mes saints prédécesseurs. »

Si ces lignes que nous transcrivons ici avec un religieux respect, tombent sous les yeux des anciens diocésains de Mgr Mioland, ils ne les liront pas sans éprouver un sentiment de joie, en voyant quelle affectueuse tendresse ils avaient inspirée à leur évêque.

Dans sa retraite de 1842, le prélat, après avoir rappelé les noms des nombreux évêques ou archevêques qui l'avaient récemment honoré de leur visite, écrivait ces lignes remarquables : « J'admire comment, dans l'état d'isolement où sont les évêques, ils partagent cependant les mêmes sentiments, les mêmes craintes, les mêmes espérances, et mènent une vie toute semblable. C'est une grande marque de la protection de Dieu sur son Église, et le caractère visible de l'unité. Peut-être est-ce par une disposition de la même Providence que nous ne nous assemblons pas en conciles. Que deviendraient nos délibérations commentées, envenimées par la presse? Les mesures de discipline qu'on pourrait prendre, à quoi aboutiraient-elles avec le gouvernement, les Chambres, la manie si répandue de faire chacun son plan de réforme ? Nous serions jugés sévèrement. Dieu nous laisse attendre, et pèse dans le secret et le silence les éléments de l'avenir. De plus, il laisse s'effacer peu à peu de toutes les têtes les impressions défavorables contre Rome et ce qui en vient, idées si tristement répandues depuis deux siècles. Tout cela annonce que Dieu prépare quelque grand dessein dont il se réserve le secret. Il n'y a qu'à se tenir prêt de son côté pour y répondre quand le temps en sera venu. »

Un grand et douloureux événement avait attristé l'âme de Mgr Mioland, dans l'intervalle qui séparait cette retraite de 1842 de la précédente. Mgr Cottret, évêque de Beauvais, l'avait invité à venir officier dans sa cathédrale le jour de la Toussaint 1841. Les offices se firent avec une grande solennité, et le sermon fut prêché par l'évêque de Beauvais lui-même, qui jouissait alors d'une belle santé. Quinze jours après, Mgr Mioland retrouvait cette même cathédrale revêtue de ses ornements de deuil. Il allait présider aux obsèques de son ami ; à ce souvenir qui lui revenait plus vivant encore dans la solitude de sa retraite, il confiait à sa plume ces lignes amères, mais où respire sa foi : « Qu'est-ce que la vie ? Qu'est-ce que les honneurs ? Qu'est-ce que les éloges? A quoi servent les projets? Et qu'y a-t-il de digne de nos pensées, de nos soins, de nos espérances, que de travailler pour Dieu seul, et d'être toujours prêt à aller lui rendre compte de son administration? Ces pensées m'ont fortement pénétré, et j'en bénis Dieu. Je sens que je me détache fort de toutes choses. Il me semble que je ne tiens à rien. Est-ce une préparation que Dieu me donne à quelque grande croix ou persécution? Est-ce l'annonce d'une mort prochaine? C'est toujours assurément une grande grâce dont je sens vivement combien il est important que je profite. Je m'en suis occupé sérieusement pendant cette retraite. Dieu veuille me conserver toute l'année les bons sentiments qu'il m'y donne! »

Les notes que Mgr Mioland a laissées sur sa retraite de 1843 nous apprennent qu'il fit alors une étude particulière sur saint François de Sales. « J'ai été, dit-il, surtout bien frappé des dispositions de ce grand saint dans ses rapports avec le prochain et dans les divers événements de la vie. Il me semble qu'en l'imitant mieux en ce point, je serai moins indigne de la charge pastorale.

« Je sortirai de la retraite avec cette pensée : *Les entreprises que les amis font sur notre liberté sont merveilleusement fâcheuses ; mais enfin il les faut supporter, puis porter, et enfin aimer comme de chères contradictions.*

« Et cette autre : *Aimez bien Jésus-Christ dans les retraites que vous faites pour le prier et adorer ; aimez-le quand vous le recevez en la sainte communion ; aimez-le quand votre cœur sera arrosé de sa sainte consolation ; mais aimez-le surtout quand il vous arrivera des tracas, des importunités, des sécheresses, des tribulations.*

« Lorsque je ne rapporterais de ma retraite que ce double sentiment, cette double résolution, ajoutait ici l'évêque d'Amiens, elle me semblerait bien faite. »

C'est dans ces mêmes exercices que le prélat, selon son habitude, repassant dans son esprit les principaux événements qui avaient marqué l'année récemment écoulée, se rappelait avec joie comment il avait pu repousser encore une fois un siége archiépiscopal qu'on lui avait offert avec mille instances. Il remerciait Dieu de cette heureuse issue et le bénissait de l'avoir conduit comme par la main.

De nouvelles propositions ne tardèrent pas à être faites à l'évêque d'Amiens. Nous en parlerons bientôt. Il s'agissait d'un autre siége archiépiscopal qu'il refusa comme les précédents avec fermeté, et dans la retraite qui suivit, c'est-à-dire en 1844, s'étant mis en face de ce souvenir, il laissait échapper de son cœur ces pages admirables, où nous croyons voir son âme comme dans un miroir : « Les motifs qui m'ont déterminé jusqu'à présent me paraissent plus puissants que jamais. Tous les jours je me félicite de ma conduite passée à cet égard, et je me persuade de plus en plus que j'ai agi en cela selon Dieu. La paix intérieure, la joie du Saint-Esprit, qui remplissent mon cœur, l'état de mon diocèse où je n'éprouve point de contradictions graves, et où tout marche avec une grande facilité au bien, me confirment dans mes résolutions de mourir ici quand il plaira à Dieu, et de travailler jusqu'au bout à conserver, à perfectionner ce qu'une suite de prédécesseurs tout apostoliques ont laissé de bien dans le diocèse.

« Toutefois, ajoutait le prélat, les temps deviennent orageux, l'avenir paraît plus sombre : si une révolution politique s'accomplissait, le ministère épiscopal deviendrait difficile et délicat. Mais les grâces répondront aux épreuves, et, puisqu'après tout je ne désire rien en ce monde que remplir mon ministère et glorifier Notre-Seigneur, peu importe pour moi de savoir comment Dieu voudra que j'atteigne ce but, et les moyens qu'il daignera me donner pour cela. Je m'abandonne donc à sa Providence avec une confiance sans bornes, lui demandant de purifier de plus en plus dans mon cœur le désir que j'éprouve de faire sa volonté. Il me semble qu'à la fin de ma retraite, je me mets dans une indifférence complète pour la vie et pour la mort, la santé ou la maladie, la réputation ou le mépris, le succès ou les revers, la pauvreté ou l'abondance, la douceur de la vie ou l'isolement, les empressements des amis ou leurs froideurs ; mais il n'y a que Dieu qui puisse donner à cette disposition la grâce qui en fera une vertu agréable à ses yeux. N'est-ce pas une grande misère d'avoir toujours à craindre, même dans les meilleures choses, dans les sentiments les plus chrétiens en apparence, de prendre les dispositions de caractère pour des vertus, et de ne suivre que son tempérament quand on pense n'obéir qu'à une disposition de grâce ? Dieu veut ainsi éprouver notre cœur et nous maintenir dans notre néant.

« Ce que je viens de voir dans ma retraite ne me prouve que trop que je ne dois pas m'endormir, ni trop compter sur les bonnes intentions. Personne ne m'avertira : on me laissera facilement m'égarer dans de mauvaises habitudes... Aussi je sens plus que jamais la nécessité de m'attacher fortement aux exercices spirituels... Voilà ce que me présente de réflexions l'année qui finit. Je suis frappé de la pensée de voir le temps fuir si vite. La vieillesse se hâte d'arriver. Les parents disparaissent, les contemporains s'en vont. Qu'est-ce que le monde, la terre et la vie, et tout ce qui semble le plus désirable au cœur ? Il n'y a donc qu'une seule chose à faire et à rechercher : se sanctifier, se perfectionner, se donner sans réserve à Dieu, pour le glorifier, faire sa sainte volonté, servir son Église, sauver les âmes qui lui sont chères, préparer à tous les moyens d'atteindre à leur éternelle destinée. Je bénis Dieu de me donner ces saintes pensées à la fin de ma retraite. Qu'il daigne les imprimer dans mon cœur et m'aider à les mettre en pratique. »

Lorsque Mgr Mioland écrivait ces lignes, il avait encore quinze ans à vivre, et, en les lisant, on serait porté à les regarder comme une préparation à une mort prochaine. C'est ainsi que Dieu, qui est un habile ouvrier, polit et façonne les âmes de ses amis. Chaque année leur apporte un nouveau perfectionnement. A mesure qu'ils avancent, ils secouent les restes de la poussière qui s'était attachée à leurs pas, et lorsque la mort arrive, elle les détache sans violence comme un fruit mûr pour le Ciel.

Nous voyons par les notes que le vénérable évêque rédigea pendant sa retraite de 1845, qu'une de ses grandes préoccupations d'alors était la crainte de se laisser entraîner à la faiblesse des vieillards qui, trop souvent, lorsque la vie semble leur échapper, essayent de la retenir et s'accrochent avec plus de force aux biens de ce monde. « Je dois, disait-il, redouter la tentation d'attache à l'argent. Je ne l'ai vue que de loin, et même, cette année, je trouve que mes aumônes ont doublé, que je n'ai pas eu un franc d'économie sur mes revenus, et enfin je vois que l'emprunt fait sur mon patrimoine en 1838 pour mon établissement est encore loin d'être remboursé... Je n'en redoute pas moins pour ma vieillesse cette tentation d'amasser pour moi et pour les miens, et je demande de tout mon cœur à Dieu de m'en préserver... Je prends des mesures pour cela... Je n'aurai à Amiens que la réserve nécessaire pour un semestre et pour mes funérailles. Chaque année je veux m'examiner sérieusement là-dessus quand j'en serai arrivé à ce point. »

La retraite de 1846 roula tout entière sur la préparation à la mort. Pendant celle de 1847, Mgr Mioland éprouvait encore une fois le besoin de remercier le Ciel de l'avoir laissé sur le siège d'Amiens, malgré les nouvelles tentatives que l'on avait faites pour l'en arracher. « Tout le monde, disait-il, me conseillait d'accepter par des raisons du plus grand bien de l'Église, et de sacrifier toute considération particulière à ce motif du plus haut intérêt. Je priai très-vivement, très-simplement Notre-Seigneur de m'éclairer. Je me suis mis entre ses mains ; jamais, je crois, je n'ai éprouvé une plus intime persuasion que Dieu m'exaucerait. Jamais je n'ai ressenti une plus parfaite indifférence. Et puis, sans que j'y misse d'autre industrie que la plus commune sagesse, tout a tourné à me laisser où je suis, et où, du reste, mon goût naturel me portait. Je ne puis donc que me reposer avec confiance dans la pensée que Dieu a ménagé toutes choses pour arriver à ce but et que je suis vraiment où il me veut.

« Loin de me repentir de ce que j'ai fait, ajoutait modestement le prélat, je m'en félicite fort. Je m'en réjouis : j'en attends de nouvelles grâces pour l'avenir... n'ayant d'autre désir que de finir ma vie au milieu de mon troupeau. »

Cependant, malgré cette affection si vive qui l'attachait à son diocèse, Mgr Mioland était, depuis quelques années, poursuivi par un pressentiment qu'il ne pouvait étouffer. Toutes ces démarches, toutes ces tentatives, répétées tant de fois pour l'arracher à son siège, lui donnaient grandement à réfléchir. Il regardait du côté du Ciel, et il n'entendait pas de réponse ; il s'interrogeait lui-même, et il ne rencontrait que doute et obscurité. Mais quelque chose lui disait intérieurement qu'il serait appelé ailleurs, et que les liens dans lesquels il se plaisait à rester captif, un jour seraient brisés. C'est alors que cherchant à deviner les vues de la Providence, il se tenait à lui-même ce modeste langage : « Un nouvel évêque à Amiens, d'un caractère plus ferme, plus entreprenant, plus propre à fonder, à commander, à se créer des ressources, à former des hommes, à donner une impulsion forte aux études, à gouverner avec plus de vigueur, d'autorité et d'éclat... un évêque de ce caractère ne serait-il pas un bienfait pour ce diocèse où se trouvent tant d'éléments de bien ? Ne suis-je pas arrivé au point où, ne trouvant pas dans mon caractère assez d'énergie, je m'endormirais dans la routine, et où le clergé, dirigé mollement, se laisserait aller au relâchement ?.. Tout ce que je peux faire ici n'est-il pas achevé ? Tout autre évêque ne fera-t-il pas mieux et plus que moi ? »

Il est beau, vraiment, d'assister ainsi aux luttes d'une conscience d'évêque qui ne prend conseil que de son devoir et du désir de glorifier Dieu. Nous y trouvons une leçon en même temps qu'un modèle. Nous y apprenons aussi à admirer les conduites mystérieuses de la grâce qui, sans faire violence à la liberté humaine, arrive à ses fins avec autant de force que de douceur; et lorsque viendra le jour où les pressentiments de l'évêque d'Amiens devront se réaliser, tout ce qui vient d'être dit nous aidera à mieux comprendre les voies de la Providence sur cette âme si humblement soumise à ses ordres.

Pour éviter des redites qui pourraient être fastidieuses, nous ne parlerons de la retraite de 1848 que pour en faire simplement mémoire. Mais à l'époque où Mgr Mioland fit cette retraite, la révolution qui avait bouleversé la France, à la suite d'une émeute populaire, était déjà consommée. L'évêque d'Amiens profita de sa solitude pour étudier sous l'œil de Dieu ce grand événement. Il le jugeait en homme sage et en évêque ; et nous croyons qu'on ne lira pas sans intérêt les quelques pages qu'il laissait alors tomber de sa plume. Elles n'étaient certainement pas destinées à voir le jour ; mais tant de sagesse y a été déposée qu'il serait fâcheux de les laisser périr dans l'oubli.

« Un changement politique aussi subit et aussi complet, disait le vénérable évêque, un bouleversement aussi universel a de quoi surprendre. Comment tant de force, d'habileté, de ressorts de gouvernement et d'administration, comment ce crédit, cette richesse d'industrie, de commerce, comment tant d'éléments de prospérité matérielle ont-ils été anéantis dans quelques heures? Le colosse n'avait que des pieds d'argile. Quelle humiliation pour une grande nation si fière de ses savants, de sa civilisation, que de se trouver tout à coup refoulée dans la barbarie, jusqu'à mettre en question les principes même de toute morale et de toute société ! Dieu a voulu donner au monde, comme au jour de la confusion de Babel, ce second exemple de la faiblesse de la raison humaine quand l'orgueil de sa propre excellence la domine. Toutefois, quelque secret de Providence se cache sous ces événements, et je suis persuadé que c'est un secret de miséricorde. A voir comment ce mouvement embrasse toute l'Europe, s'étendant successivement du Bosphore à la mer du Nord, il est impossible de n'y pas admirer un de ces grands moyens que la Providence tient en réserve, dans les trésors de sa sagesse, pour l'accomplissement de ses desseins sur son Église et sur ses élus. Comme au temps de Constantin, de l'invasion des Barbares, de Charlemagne, du protestantisme, de la grande Révolution française. évidemment Dieu veut opérer quelque grand changement dans cette Église. Quel sera ce changement? Tout fait présager que ce sera un changement heureux. Il est impossible d'un côté que l'esprit humain reste dans l'état de doute et de scepticisme où il flotte ; de l'autre, que l'Église demeure dans la dépendance honteuse où elle est dans tout le Nord vis-à-vis de l'autorité séculière, et dans le dénûment où elle gémit en France. A aucune époque on n'avait contesté à l'Église le droit de posséder, et cela est devenu chez nous un principe de droit administratif. L'Église en France, d'un côté plus libre qu'ailleurs des entraves qui limitent l'exercice de l'autorité pastorale, se trouve cependant, pour mille objets, enlacée dans des règlements absurdes et vexatoires, triste héritage, tout à la fois, des anciennes prétentions parlementaires, des décrets oppressifs de la Révolution, des articles organiques de l'empire, des décrets tyranniques de 1812 et 1813, et des empiétements bureaucratiques de la royauté de Juillet. C'est un chaos complet. Enfin l'esprit moderne, dans sa basse jalousie contre le christianisme, après lui avoir usurpé ses hôpitaux, ses prisons, ses établissements de charité, ses collèges, ses édifices religieux et ecclésiastiques, s'étudie à le tenir soigneusement éloigné de toutes les œuvres de charité ou de science. Tout au plus quelquefois emploie-t-il son concours, mais avec tant de formes hostiles, de précautions qui déguisent mal ses craintes ou sa haine, qu'on voit facilement dans ces mesures son dépit de ne pouvoir rien faire sans lui, plutôt qu'une véritable confiance. Le monde se croit assez fort pour se passer de Dieu et de son Église, oubliant déjà les leçons d'une époque peu éloignée. Eh bien, Dieu s'apprête à démontrer, par tous les événements qui se passent sous nos yeux, ou qui se préparent, que sa prétention n'est qu'orgueil, folie et impiété.

« Comment le montrera-t-il ? Seul il le sait ; mais, qu'il le fasse tôt ou tard, c'est une intime conviction que je sens, et je vois avec une singulière consolation que ce sentiment est partagé par un grand nombre de personnes graves... Il ne faudrait pourtant pas espérer que ces desseins de miséricorde de Dieu sur son Église se développent sans secousse. Dieu n'agit pas ainsi ; il mêle toujours les croix aux consolations, et les persécutions amènent le triomphe de son Église. Il y aura donc probablement des temps fâcheux, peut-être des persécutions violentes ; il le faudra pour réveiller les uns, punir les autres, éprouver ceux-ci, enrichir ceux-là de mérites. Nous devons nous y attendre... Je dois donc, dans ma retraite, ajoutait le prélat, demander à Dieu trois grandes vertus pour moi, et pour le clergé de mon diocèse : amour de la croix, charité et zèle. C'est ce qui m'occupe exclusivement pendant ces saints jours. »

C'est ainsi que Mgr Mioland, appréciant toutes choses avec les vues de la foi, ne connaissait ni le dépit, ni le trouble, ni le découragement qui trop souvent obscurcissent les pensées des hommes et les jettent dans des partis extrêmes. Qui n'admirerait ici ces réflexions pleines de sagesse sur notre société moderne dont tant d'ennemis semblent avoir conjuré la ruine, et que Dieu veut sauver, et ce regard prophétique sur ces *temps fâcheux* qui doivent apporter, pour remède à nos maux, *des persécutions violentes* ? Sans doute les prévisions du vénérable évêque n'allaient pas si loin qu'a été l'extrémité de nos humiliations et de nos malheurs ; mais nous aimons à croire qu'il ne s'est point trompé, lorsqu'il nous a annoncé que la main qui devait s'appesantir sur nous, n'emploierait le fer et le feu que pour guérir nos plaies gangrenées et nous rappeler à la vie.

Aurions-nous trop longtemps insisté sur cette vie intime de Mgr Mioland considéré dans la solitude de ses retraites ? Nous ne pourrions le croire. Ne fallait-il pas, avant tout, dans cette biographie d'évêque, faire ressortir ce qui éclaire, touche, édifie ; et puis n'était-il pas convenable de faire connaître à ses anciens diocésains tout ce qu'il lui en a coûté pour se séparer d'eux ? Qu'ils le sachent donc : pendant cette retraite de 1848, la dernière qu'il fit avant de les quitter, il luttait encore contre les bruits de changement qui lui venaient de toutes parts, contre les pénibles pressentiments qui l'obsédaient, et il écrivait ces lignes, aussi glorieuses pour sa vertu que flatteuses pour le diocèse d'Amiens : « Je veux m'attacher à mon Église, comme si je ne devais jamais la quitter. C'est bien du reste mon intention arrêtée, et j'agis en conséquence. Si plus tard Dieu en dispose autrement pour quelque raison que ce soit, ce sera pour moi un sacrifice. S'il permet que je parte d'ici pour l'éternité, je l'en bénirai à jamais. »

CHAPITRE X

Mgr Mioland, après avoir refusé plusieurs sièges métropolitains, accepte la coadjutorerie de Toulouse.

Mgr Mioland était à peine installé sur le siége d'Amiens que déjà on songeait à lui pour une métropole. Son caractère conciliant, sa sagesse, sa mesure, eurent bientôt fixé l'attention du pouvoir. Le siége d'Auch étant au moment de vaquer par la nomination du cardinal d'Isoard à celui de Lyon, M. de Bréville fut chargé de pressentir l'évêque d'Amiens et de le disposer à accepter ce poste ; mais le prélat répondit par un refus nettement exprimé. Le siége de Lyon devint bientôt également vaquant par la mort du cardinal d'Isoard. Il paraît que le nom de l'évêque d'Amiens fut alors prononcé ; mais à cette annonce, Mgr Mioland se contenta de dire que c'était le comble du ridicule.

Sur ces entrefaites, Mgr de Bonald, évêque du Puy lui écrivait : « Vous aurez appris par les journaux ma nomination au siége de Lyon. J'ai opposé la résistance la plus soutenue et telle que me la prescrivait ma conscience. J'ai déclaré qu'un ordre du pape pouvait seul me déterminer à accepter un fardeau qui est bien au-dessus de mes forces. Le pape m'a écrit, et j'ai reçu aussi l'ordonnance royale. Je me suis soumis, mais non sans la plus vive douleur, et je vous avoue, Monseigneur, que je suis quelquefois à me demander si je ne renverrai pas l'ordonnance royale pour rester au milieu d'un troupeau que je chéris, et qui, dans ce moment, me donne mille témoignages d'attachement. »

Cette nomination à peine connue, Mgr Mioland se hâta d'écrire à un de nos missionnaires, avec une satisfaction visible : « Voilà donc, mon cher Père, une affaire conclue ; c'est vraiment un arrangement de Providence admirable pour Lyon. Rien ne pouvait arriver de plus à propos. Il sera, ce cher diocèse, gouverné, visité, édifié, instruit et digne de ce que Dieu et l'Église attendent de lui.

« Mon seul, mon vrai chagrin en tout cela, c'est le bon, le digne, le pieux archevêque d'Amasie : vraiment, il lui faudrait une position digne de son âge, de ses services, de ses mérites. »

Puis le prélat ajoutait dans cette même lettre :

« Savez-vous bien entre nous que *cette autre combinaison* dont vous me parlez, pour laquelle on en réserve *un autre*, ne m'amuse point du tout et me tranquillise encore moins : car je ne vois que Reims, et plus tard Rouen. Or, tout cela ne peut me sourire ; et il me faudra encore batailler, riposter, et recommencer cette fâcheuse guerre qui a fini, il y a deux ans, par me laisser étendu sur le carreau. Je fais le mort tant que je peux ; je ne sors pas de mon coin et invoque tous les saints du paradis, pour qu'on m'oublie tout de bon [1]. »

Il paraît que cette fois encore le Ciel fut sourd à la prière du pieux évêque : car le siége de Reims étant devenu vacant par la mort de Son Éminence Mgr le cardinal de Latil, laquelle arriva le 1er décembre de cette même année 1839, on jeta les yeux sur Mgr Mioland, et dès les premiers jours de janvier, on lui fit dire que, s'il y consentait, dans trois jours il serait archevêque de Reims. Le modeste prélat se garda bien de donner ce consentement, et l'affaire n'eut pas de suite.

Mais en 1842 il lui fallut soutenir un véritable assaut. Il s'agissait de l'archevêché de Tours. Monseigneur de Reims lui écrivait qu'on songeait sérieusement à lui et le suppliait de ne pas attrister le roi

---

[1] A M. l'abbé Ballet, 11 décembre 1839.

par un refus, dans le cas où une nomination lui serait proposée. Cette lettre jeta Mgr Mioland dans la consternation. Il se hâta dès le lendemain d'écrire à Mgr l'internonce, pour le supplier de détourner le coup qui le menaçait.

Cependant, l'*Ami de la Religion* annonça que l'évêque d'Amiens était désigné pour Tours. Le jour même où il eut connaissance de cet article, le prélat écrivit une seconde lettre à Mgr l'internonce, pour lui rappeler, en les fortifiant encore, les motifs qu'il lui avait exposés, soit par lettre, soit de vive voix, pour rester à Amiens. Le 4 juin, M. Dessauret, directeur des cultes, envoyait de son côté à Mgr Mioland une lettre, qui est un modèle de grâce et d'honnêteté, pour pressentir ses dispositions. Il lui disait : « Chargé depuis fort longtemps par M. le garde des sceaux de lui préparer un travail relatif à la nomination d'un archevêque pour la province de Tours, j'ai dû employer toute ma sollicitude à rechercher, parmi les plus hautes lumières du clergé de France, le sujet dont les vertus et le talent pourraient mieux assurer l'avenir de cette fraction importante de l'Église catholique dans mon pays. Toutes mes recherches, Monseigneur, toutes les analyses auxquelles je me suis livré m'ont conduit à cette pensée que je crois inspirée de Dieu même, que le prélat vénéré, maintenant assis au siége épiscopal d'Amiens, occuperait plus convenablement que tout autre la chaire insigne illustrée par Grégoire de Tours. »

Mgr Mioland était en visite pastorale lorsque cette lettre lui fut remise. Cependant sa réponse ne se fit pas attendre : elle était négative. On passa outre, et alors s'établit un long commerce de lettres entre Son Excellence le ministre de la justice et des cultes et Mgr l'évêque d'Amiens. Le ministre voulait attirer l'évêque à Paris pour l'aboucher avec le roi. L'évêque prétextait toujours ses tournées pastorales pour ajourner une visite dont il redoutait l'issue.

On finit par comprendre aux Tuileries qu'il fallait respecter de si honorables répugnances, et le roi termina la querelle en adressant à l'évêque d'Amiens une lettre signée de sa main, que nous avons sous les yeux, et dans laquelle, agréant son refus, il lui disait : « Je comprends votre attachement à un diocèse où vous remplissez si dignement les devoirs de votre saint ministère. Continuez donc à faire le bien là où le succès a répondu à votre zèle. »

Mgr Mioland fut joyeux à la réception de cette lettre, et il écrivait ensuite : « Je regarde cet événement et l'heureuse issue qu'il a eue comme une des plus grandes grâces que Dieu m'a faites. » Mais il n'était pas au bout de ses peines.

Au commencement de 1844, le nonce lui parla de Rouen et lui répéta à plusieurs reprises que, s'il était consulté, c'était son nom qu'il mettrait en avant. L'évêque d'Amiens renouvela les refus qu'il avait opposés tant de fois et l'affaire en resta là.

En 1846, les choses allèrent beaucoup plus loin et furent au moment d'aboutir. Il s'agissait de l'archevêché d'Aix. Mgr Mioland, ainsi pressé sans relâche, avait donné comme un demi-consentement; mais, n'ayant pu s'entendre avec le ministre sur la question de son successeur, il revint avec énergie sur ses pas, et opposa des refus si formels que toute négociation fut rompue sans retour. Le prélat, encore une fois, rendit à Dieu de vives actions de grâces pour ce dénouement, et c'est alors que, s'interrogeant lui-même, il se demandait, dans la solitude de la retraite, comme nous l'avons dit en son lieu, ce que signifiaient, dans les pensées de Dieu, toutes ces sollicitations, toutes ces tentatives pour l'arracher à son cher diocèse d'Amiens.

Enfin vint l'année 1849. C'était celle où la divine Providence devait dénouer des liens qu'elle-même avait formés il y avait onze ans. Mgr d'Astros gouvernait le diocèse de Toulouse. Sentant ses forces diminuer, il songea à se donner un coadjuteur, et ses regards se portèrent sur l'évêque d'Amiens, dont il avait pu apprécier la piété, la sagesse, la modération, le tact dans le maniement des affaires. Il ne se contenta pas de lui écrire une lettre dont Mgr Mioland disait ensuite qu'*elle aurait arraché un mort du tombeau;*

il députa auprès de lui son vicaire général, M. l'abbé Berger, prêtre savant et vénérable qui jouissait d'une estime aussi universelle qu'elle était méritée. Ce négociateur s'acquitta avec tant d'habileté du mandat qui lui avait été confié par son archevêque que le modeste évêque d'Amiens céda aux instances qui lui étaient faites, et, après avoir refusé plusieurs fois d'être le titulaire d'importantes métropoles, accepta une simple coadjutorerie à Toulouse. On s'étonna de cette détermination. Ceux qui sont habitués à ne porter dans leurs appréciations que des vues purement humaines en cherchèrent la cause. Ils crurent la trouver dans des embarras et des difficultés dont l'évêque d'Amiens était heureux de s'affranchir. Mais ils montraient par là qu'ils connaissaient bien peu un prélat qui, dans toutes ses démarches, ne s'inspirait que de sa conscience. Nous ne saurions nier qu'à l'époque où nous sommes arrivés Mgr Mioland ne rencontrât autour de lui quelques sujets de tristesse. Les notes qu'il nous a laissées en portent le témoignage. Il est à croire que l'amertume d'une cruelle séparation fut adoucie pour lui par la cessation de ces peines. Mais il alla chercher plus haut les considérations qui lui firent accepter Toulouse. Il regardait son ministère à Amiens comme ayant porté, pendant les onze ans de son administration, tous les fruits qu'il pouvait en attendre. Il se disait que sa mission sans doute était remplie, qu'un autre évêque serait plus habile à perfectionner le bien qu'il avait commencé. Il était heureux d'aller prêter son concours à un saint archevêque que toute la France vénérait. Non, cet esprit de foi qui l'avait guidé toute sa vie ne l'abandonna pas dans une occasion si solennelle.

On pourra en juger par les lignes suivantes que le prélat écrivait pendant la première retraite qu'il fit à Toulouse pour fixer ses souvenirs : « Je n'étais point touché, grâce à Dieu, disait-il, de me voir échanger ma position contre celle d'un coadjuteur en second ordre, sous un archevêque âgé, infirme, d'un caractère peut-être tout opposé au mien, avec l'inconvénient de ne pouvoir, pendant plusieurs années, agir par moi-même, vivre chez moi, et selon mes propres goûts. Je ne m'arrêtais même pas à ces pensées, et lorsque, demandant à M. Berger quelles seraient les conditions pécuniaires de cet arrangement, celui-ci me répondit que le prélat n'y avait pas pensé, ni lui non plus, cette réponse m'édifia plus qu'elle ne me surprit et contribua encore à me faire envisager tout cela comme une chose de Providence. »

Le grand embarras de Mgr Mioland, au moment de prendre sa résolution, fut de ne rencontrer autour de lui personne qui pût lui donner un conseil désintéressé. Aussi, M. l'abbé Plantier, aujourd'hui évêque de Nîmes, étant venu à Amiens, il se hâta de le prendre à part, de lui confier son secret, son inclination à accepter pour les motifs qu'il lui exposa, et de lui demander son avis. Sur sa réponse pleinement approbative, il se décida à remettre à M. Berger, partant le lendemain pour Paris, une lettre pour le ministre. Dix jours après, il se rendit lui-même à la capitale, s'aboucha avec le ministre, consentit au choix de son successeur, qui était le vénérable abbé de Salinis, et, le 9 février, il écrivait à Mgr l'archevêque de Toulouse qu'il se rendrait à son invitation.

On le voit par tout ce qui précède, Mgr Mioland ne se décida à quitter Amiens que parce qu'il crut entendre la voix de Dieu qui l'appelait à Toulouse. Notre qualité d'historien nous imposait le devoir de mettre cette vérité dans tout son jour. Voilà pourquoi nous avons insisté sur des détails qui la font briller à tous les yeux. Il nous eût coûté de laisser sur un nom si pur l'ombre d'une tache. Aussi, nous bénissons le Ciel d'avoir rencontré sous notre main des documents authentiques, qui ne laissent aucun doute sur la constance et la fermeté avec lesquelles l'évêque d'Amiens s'efforça de resserrer les liens qui l'attachaient, par le cœur autant que par le devoir, à son premier diocèse. Et nous pouvons maintenant dire bien haut à ce beau diocèse que, s'il a voué à son vieil évêque un culte d'affectueuse vénération qui, après plus de vingt ans, dure encore, ce n'est que justice, puisque cet évêque a tout sacrifié pour lui demeurer fidèle et que c'est la main de Dieu elle-même qui a rompu les nœuds par lesquels il aurait voulu lui rester uni toujours.

CHAPITRE XI

Derniers mois passés à Amiens. — Départ définitif. — Sacre de Mgr de Salinis. — Arrivée à Toulouse. — Nouveau genre de vie.

Aussitôt que le diocèse d'Amiens connut le malheur qui le menaçait, Mgr Mioland se vit environné des témoignages de l'affection la plus vive, de la douleur la plus profonde. Chacun voulait le voir une dernière fois et lui dire de quels regrets il serait accompagné. Pour lui, quelle que fût son émotion au milieu de ces protestations et de ces larmes, il se reposait avec confiance sur une résolution qu'il avait prise devant Dieu. Déjà nous en avons fait la remarque au moment de son sacre, si, avant de prendre un parti, il se montrait parfois indécis et irrésolu, sa détermination une fois arrêtée, il demeurait ferme et inflexible, appuyant sa confiance sur la pureté des motifs auxquels il avait obéi. Aussi, dans les jours d'une position si fausse qu'il devait encore passer à Amiens, ne se laissant troubler ni par le souvenir de ce qu'il allait perdre, ni par la perspective des sollicitudes qui l'attendaient, il écrivait à un ami : « Oui, je suis de plus en plus content de ma résolution. Je devais faire cela, et ces embarras futurs de Toulouse que je sais, sans compter ceux que j'ignore, ne m'épouvantent pas du tout... Si je rencontre quelques contrariétés, je les combattrai sans politique, sans finesse, sans grands efforts, et je pense que Dieu arrangera tout, puisqu'il a tout fait[1]. »

Et un peu plus tard, exprimant les mêmes pensées dans une autre lettre, il ajoutait ces paroles que l'on croirait empruntées à saint François de Sales : « La meilleure politique, c'est de n'en pas avoir, et la simplicité réussit mieux que la finesse, sans compter qu'elle s'accommode mieux avec l'esprit de Dieu[2]. »

Lorsque Mgr Mioland fut nommé coadjuteur, le pape, exilé de Rome, s'était réfugié à Gaëte. Le prélat, pour éviter tout embarras et tout conflit, eut le soin de lui demander la continuation de sa juridiction jusqu'à l'installation de son successeur, ce qui lui fut accordé. Un journal qui ignorait ces choses, mais qui devait les supposer, se permit de rappeler les principes du droit pour éclairer le diocèse et empêcher des actes

---

[1] A M. Ballet, 31 mars.
[2] A M. Dugas, 15 mai.

qui eussent été frappés de nullité. Le prélat gémit, sans faire entendre une plainte ; mais dans une lettre confidentielle, il flétrissait en ces termes une si haute inconvenance : « Tout cela est fort déplorable. Je n'ai pas écrit, je n'ai pas soufflé un mot là-dessus. Vous savez mon horreur pour les journaux. Quel singulier devoir ils s'arrogent de faire la police de nos églises ! Quel danger pour nos diocèses que des hommes qui souvent n'y entendent rien se croient en droit de mépriser leurs pères et de diriger leurs évêques[1] ! »

En prenant le parti de rester à Amiens jusqu'à son départ définitif, Mgr Mioland ne s'était point dissimulé ce que les visites, les lettres, les condoléances lui apporteraient de fatigues et de tristesses ; mais il se proposait de maintenir son diocèse dans l'ordre et la paix, et de lui éviter les inconvénients qu'occasionne la vacance d'un siége. Il n'eut qu'à s'applaudir de ce parti. Il continua donc, comme à l'ordinaire, ses fonctions pastorales, assistant aux offices, officiant le jeudi saint et le jour de Pâques, présidant les processions des Rogations et de la Fête-Dieu. Sa préconisation eut lieu le 2 avril. Il était alors en tournée ; et ce ne fut qu'à son retour qu'il trouva la lettre du nonce lui annonçant officiellement sa translation.

Pendant que ces choses se passaient à Amiens,

---

[1] A M. Ballet, 15 mai.

Mgr d'Astros publiait une lettre pastorale par laquelle il annonçait en ces termes au diocèse de Toulouse la prochaine arrivée de son coadjuteur : « Notre intention sans doute, N. T. C. F., n'est pas de vous offrir le tableau des vertus et des qualités qui le distinguent ; qu'il nous suffise de vous dire que c'est un prélat éminent par ses lumières et par sa piété. Chargé pendant de longues années, avant sa promotion à l'épiscopat, de la direction supérieure d'une maison ecclésiastique, il avait préludé aux travaux de l'apostolat par de grands services rendus à la religion. Ses talents, ses succès, son zèle, les suffrages unanimes du clergé l'appelaient depuis longtemps aux honneurs de l'épiscopat, mais son humilité reculait devant ce redoutable fardeau ; il ne fut pas facile de triompher de ses répugnances, et ce n'est pas sans attendrissement que le Souverain Pontife rappelait, il y a quelques semaines, les nombreux combats que soutint l'humilité de M. Mioland avant que de se déterminer à accepter le siége d'Amiens. Cette humilité est bien touchante, N.T.C. F., elle est plus éloquente que tous les éloges ; elle suffit pour vous dépeindre votre futur pasteur et pour vous faire apprécier son mérite qu'embellissent encore les charmes d'une aimable simplicité, pleine de bonté et de douceur. Du reste, cette humilité ne s'est pas démentie un seul instant ; elle ne s'est point évanouie au milieu des gloires de l'épiscopat; il y a deux ans à peine, elle s'est montrée en caractères bien éclatants lorsque le pieux évêque d'Amiens a refusé de se séparer de son Église et de monter sur le siége archiépiscopal d'Aix, qui lui était offert ; et si, à notre prière, il a consenti à venir partager le poids de notre sollicitude pastorale, son acceptation, qui nous a comblé de joie, est pour nous une nouvelle preuve de son zèle et de son humilité. Il gouvernait seul avec succès depuis de longues années l'Église d'Amiens. Ses vertus, ses travaux, ses bienfaits lui avaient gagné tous les cœurs ; il était entouré de l'estime et de l'affection de tous ses diocésains, qui le vénéraient comme un apôtre et qui le chérissaient comme un père ; et il se dérobe à leurs hommages ! et il consent à partager avec nous notre autorité pastorale, à devenir l'appui de notre faiblesse, la lumière de notre administration et la consolation de nos vieux ans ! Quel dévouement ! quelle abnégation ! quelle humilité ! Mais en se séparant de sa chère Église d'Amiens, il n'a pas voulu la laisser veuve et désolée, et la livrer sans protection et sans tutelle à l'incertitude des événements ; il l'a léguée comme une épouse toujours chère à son cœur, à un protecteur et à un époux qu'il a honoré de son agrément et de son suffrage, et dont il apprécie le zèle et les lumières. »

Le 26 juillet 1849, Mgr Mioland quittait Amiens pour toujours. Il avait pu voir de près son successeur, s'entendre avec lui, lui confier ses pensées et ses désirs, et c'est après avoir passé avec lui quelques jours à Paris qu'il écrivait : « En voyant de près fréquemment M. de Salinis, je m'applaudis de plus en plus d'avoir accepté un tel successeur [1]. »

Il se rendait à Bordeaux pour assister à la cérémonie du sacre. Cette cérémonie eut lieu le 29 juillet avec une grande solennité. Deux évêques y reçurent en même temps la consécration épiscopale : Mgr de Salinis, appelé à occuper le siège d'Amiens, comme on vient de le dire, et Mgr Jacquemet, destiné au siège de Nantes. Le consécrateur était Mgr Donnet, archevêque de Bordeaux ; les évêques assistants, Mgr Mioland et Mgr Dupuch, évêque d'Alger ; et les évêques de Périgueux, de Nevers et de Valence, ayant voulu donner aux deux nouveaux prélats un témoignage de leur sympathie, ajoutaient encore par leur présence un nouvel éclat à la solennité.

A peine sacré, Mgr de Salinis adressait à ses diocésains une lettre pastorale dans laquelle il leur disait, avec une délicatesse qui l'honore autant que celui dont il fait l'éloge : « La divine Providence, par le même décret qui nous appelle au milieu de vous, éloigne de vous un pontife en qui vous voyiez revivre l'esprit de ces grands évêques qui ont laissé une trace si glorieuse sur le siège d'Amiens... Comment nous faire pardonner de

---

[1] A M. B., 29 février.

venir occuper au milieu de vous la place de celui qui s'était acquis, depuis onze ans, tant de titres à votre reconnaissance, à votre vénération ?

« Cependant, en considérant avec plus de foi cette circonstance de notre vocation, nous avons cru y voir une faveur de Dieu, un trait de sa compassion envers nous. Par là il a voulu ménager des lumières à notre inexpérience, un appui à notre faiblesse. Saint et vénéré pontife, vous nous l'avez promis, vous ne serez pas perdu pour nous. Si, après le troupeau qui espérait vous posséder sans partage, Dieu vous a donné un nouveau troupeau, c'est que votre âme de pasteur peut suffire à un double amour. Vous n'avez pas une seule bénédiction dans votre cœur, ô Père [1] ! »

Le 2 août 1849, Mgr Mioland faisait son entrée à Toulouse. L'accueil le plus sympathique et le plus flatteur l'y attendait, et deux jours après il écrivait à un ami : « Je n'ai pu encore me reconnaître, environné de visites de corps comme au premier jour de l'an. Demain je dois officier pontificalement pour la fête patronale de la cathédrale, et la semaine prochaine je confirmerai toute la ville dans quatre églises. Du reste, compliments, sérénades, empressement de tout le monde, rien n'y manque, et le prélat m'accable de témoignages d'affection et de confiance [2]. »

[1] Genes., XXVII. 38.
[2] A M. Dugas, août 1849.

On le comprend assez, sans qu'il soit nécessaire de le dire, ce n'était pas pour recueillir de semblables honneurs que Mgr Mioland était venu à Toulouse. Bien loin de là, on ne saurait admirer assez comment un prélat de son âge, qui avait occupé pendant onze ans un des premiers siéges de la France, put s'accommoder si facilement aux exigences de sa nouvelle position. Ce second rang qui était devenu le sien, cette résidence dans une demeure qui n'était plus la sienne, cette autorité diminuée et soumise, tout cela parut à sa modestie quelque chose de si simple, de si naturel, que ce ne fut pas même pour lui l'occasion d'un sacrifice; et à peine installé, il pouvait écrire en toute vérité : « Me voilà redevenu comme aux Chartreux. Au son de la cloche je me rends au déjeuner à onze heures, au dîner à six heures. J'ai un petit appartement, des meubles qui ne sont pas à moi, enfin je suis comme un missionnaire chez un curé. Mais aussi je n'ai à payer que les dépenses d'entretien, le traitement d'un aumônier, et les gages de mon valet de chambre... Au fond tout va à merveille et me plaît fort ici [1]. »

Cette simplicité de goût, cette humble condescendance, Mgr Mioland les portait partout. Dans ses visites, dans les cérémonies religieuses, dans les tournées pastorales, il ne lui arriva jamais d'oublier qu'il

[1] A M. L., 13 août.

n'était que coadjuteur. Si ce n'eût été sa crosse et sa mitre, on l'eût pris pour un simple vicaire général. Nous l'avons entendu nous-même dans une église de campagne, au moment de terminer une cérémonie, ayant dit aux nombreux fidèles qui étaient là : « Je vais vous bénir ; » il se reprit aussitôt et dit : « ou plutôt, mes frères, c'est la bénédiction de votre vénérable archevêque qui va passer par mes mains. »

Assurément le nouveau coadjuteur trouvait dans les hautes qualités et la sainteté éminente de Mgr d'Astros tous les titres désirables au plus affectueux respect ; mais personne n'ignore que les différences de caractère et d'habitudes peuvent créer des causes journalières de malaise et de souffrance lorsque deux vieillards ayant à exercer une même autorité, vivent sous un même toit. Or, on ne saurait nier, sans manquer à la vérité que doit respecter l'histoire, que quelles que fussent les rares vertus qui caractérisaient les deux prélats, il y avait entre eux de grandes dissemblances. L'un était plus sérieux et plus austère ; dans l'autre on remarquait plus de laisser-aller et d'abandon ; le premier renfermait ses pensées dans un plus rigoureux silence ; le second aimait davantage à communiquer ses vues. Chez Mgr d'Astros, la longue habitude d'un commandement aussi ferme que juste le faisait craindre autant que vénérer ; chez Mgr Mioland, un fonds de paternité toujours digne, sans diminuer le respect, lui conciliait tous les cœurs. Cependant, malgré ces divergences, l'harmonie ne cessa de régner dans le palais archiépiscopal de Toulouse, et tout le diocèse en recueillait les fruits.

Le savant historien de Mgr d'Astros en a fait la remarque avant nous ; nous ne saurions mieux faire que de lui emprunter ses propres paroles, et nous sommes heureux de redire après lui : « En les contemplant ainsi rapprochés, leur troupeau remarquait avec amour combien ils se ressemblaient, et combien ils ne se ressemblaient pas. Ils se ressemblaient par les habitudes ecclésiastiques ; ils ne se ressemblaient point par le caractère. Il fallait la ressemblance parce qu'ils devaient se succéder ; il fallait la dissemblance parce qu'ils devaient se compléter en se succédant. Quand on parcourt certaines phases historiques, il n'est point rare de voir Dieu confier à deux hommes de moitié, l'exécution d'un seul dessein. C'est ainsi qu'un roi guerrier est suivi d'un roi pacifique, celui-là avec mission de conquérir, celui-ci avec mission de conserver, et leurs noms seront à jamais unis dans les souvenirs de l'histoire, par les contrastes même qui semblent en faire une sorte d'antithèse. Telle est l'analogie qui explique la transition de Mgr d'Astros à Mgr Mioland. L'un était le conquérant qui fonde, l'autre est le sage qui affermit [1]. »

[1] *Vie du cardinal d'Astros*, par le R. P. Caussette, p. 603.

CHAPITRE XII

Premiers travaux. — Mgr Mioland assiste au concile provincial de Lyon. — Il préside celui de Toulouse. — Mgr d'Astros reçoit le chapeau de cardinal. — Jubilé de Saint-Bertrand de Comminges. — Installation du collége des Jésuites. — Grand Jubilé à Toulouse. — Visites pastorales.

Mgr d'Astros s'était réservé le gouvernement de sa maison et la haute administration de son diocèse. Il présidait ses conseils avec une lucidité d'intelligence et une vigueur de volonté que l'âge n'avait point affaiblies. Mais il avait confié à son coadjuteur le soin de diriger les communautés, de présider les réunions des diverses œuvres de la ville, de visiter tout le diocèse, et Mgr Mioland s'acquittait de ces diverses fonctions avec autant de docilité que de zèle. On voit par sa correspondance combien il se donnait peu de repos. Dès les premières semaines qui suivirent son installation, il était occupé à parcourir le diocèse, et deux ans ne s'étaient pas encore écoulés qu'il pouvait écrire : « Vendredi, je rentre à Toulouse, et tout sera fini pour cette année en visites. J'aurai enfin vu tout le diocèse, m'arrêtant dans une paroisse sur quatre[1]. »

Vers la fin de 1849, il put prendre un peu de repos ; il en profita pour pousser une pointe sur Lyon. Chaque année il était dans l'usage de venir passer quelques jours dans sa chère maison des Chartreux. Mais cette fois, sa translation d'Amiens à Toulouse nous ayant privés de le posséder au milieu de nous, il avait voulu nous dédommager et il accourait au commencement de novembre. A cette époque, la révolution de 1848 avait quelque chose d'indécis et d'embarrassé dans sa marche ; rien de plus vague, de plus incertain que son avenir. Mgr Mioland, avec son coup d'œil d'évêque et son cœur éminemment français, jugeait et appréciait les événements, et dans la lettre par laquelle il annonçait à un ami son projet de venir dans notre ville, il lui disait : « Nous aurons donc tout ce mois de novembre pour nous voir et deviser. Je suis toujours dans les prévisions d'autrefois. Ce qui arrive ne m'émeut guère. Dieu ne va pas si vite que le veulent les hommes, surtout les Français. Ne voyez-vous pas un travail lent, mais prodigieux qui se fait ? C'est encore le chaos, un horrible chaos ; mais il se débrouillera : quand et comment ? c'est le secret de Dieu. Nous sommes fort malades, têtes à l'envers, cœurs vides,

[1] A M. H., 24 juin 1851.

ambitions folles, appétits désordonnés; mais nous avons du sens commun, du cœur, de la générosité, de l'honneur ; avec cela on revient de loin, et comme tout se voit en France, et que d'un autre côté nous papillonnons lestement sur toutes choses, nous sommes insaisissables pour les philosophes qui veulent raisonner sur l'avenir. Dieu nous fera miséricorde en faveur de notre bon cœur, et, parce que dans toutes nos extravagances, Notre-Seigneur peut dire de nous comme de ses bourreaux : *Ils ne savent pas ce qu'ils font.* Qu'il vienne une bonne chance, un événement, un homme, que sais-je ? et nous voilà remis à flot. C'est donc ce secret que Dieu se réserve. Heureux ceux qui espèrent en lui et qui, en toutes choses, ne voient, n'adorent, n'aiment et ne veulent glorifier que lui et sa sainte volonté qui se fait sur les élus [1]. »

Mgr Mioland vint donc à Lyon en novembre 1849. Il y passa un mois ; et cette visite combla de joie sa famille et ses nombreux amis. A peine de retour à Toulouse il eut à s'occuper d'une grave et importante affaire. C'était l'époque où nos évêques, profitant d'une liberté qui trop longtemps leur avait été refusée, se réunissaient en conciles provinciaux. La province de Toulouse devait avoir le sien au mois de septembre suivant, et l'état de santé de Mgr d'Astros ne lui permettant

---

[1] A. M. P. Duzas, 28 octobre 1849.

pas de diriger les travaux préparatoires, ce soin revenait naturellement à son coadjuteur. Celui-ci ne partageait que faiblement les espérances qui remplissaient le cœur d'un grand nombre de prélats. Il craignait que, vu l'état des esprits, ces assemblées conciliaires n'eussent pas tous les résultats que l'on se promettait d'en retirer. Il redoutait surtout que le droit que s'attribuaient certaines feuilles publiques, de blâmer, de censurer tout ce qui ne concordait pas avec leurs vues dans ces doctes assemblées, n'allumât parmi nous une guerre déplorable. Mais, faisant le sacrifice complet de ses appréciations personnelles, il se mit à l'œuvre. Il proposa de nommer une commission composée de trois chanoines, de trois directeurs du séminaire et d'un vicaire général, laquelle commission, sous la présidence du coadjuteur, préparerait les matières à traiter, et rédigerait les projets des décrets. Cette commission entreprit ses travaux au commencement du carême de 1850. Chaque rédaction, confiée d'abord à un ou deux membres, était ensuite examinée, discutée, et enfin arrêtée en commission. Puis, le texte ayant été imprimé, on en adressa un exemplaire à chacun des évêques suffragants. On avait pris pour principes fondamentaux de ne traiter aucune question controversée et de ne se servir d'aucune expression qui pût blesser une opinion libre. Mgr Mioland n'avait pas été conduit là seulement par son esprit essentiellement pratique et ennemi de la dispute ; sa position particulière lui avait fait regarder cette mesure comme dictée par la prudence. Il savait que Mgr d'Astros ne pourrait pas présider le concile, et il se disait à lui-même que, dans le cas où quelque controverse délicate viendrait à se produire, il n'aurait peut-être pas, lui, simple coadjuteur, assez d'autorité pour dominer les débats.

Toutes choses étant ainsi préparées, Mgr Mioland apprit que le concile de la province lyonnaise était convoqué pour la fin du mois de juin. Il s'empressa de s'y rendre pour y étudier par lui-même la marche des opérations : car depuis de longues années l'Église avait été privée en France de ses conciles provinciaux, et nos évêques avaient comme perdu le souvenir des traditions et des usages consacrés par le droit. Mgr de la Croix, ami intime de Mgr Mioland, et alors archevêque d'Auch, vint le rejoindre à Toulouse, et ils partirent ensemble. Les deux prélats n'eurent qu'à s'applaudir de ce voyage. Le coadjuteur de Toulouse rapporta avec lui, nous dit-il, le règlement du concile de Lyon, et ses diverses formules, ce qui lui fut d'un grand secours pour diriger les opérations de celui qu'il devait présider lui-même. Ce concile s'ouvrit le 10 septembre. Mgr d'Astros trouva dans son zèle et sa piété assez de force pour célébrer la messe le jour de l'ouverture ; mais il laissa le soin de conduire les travaux à son coadjuteur, pour lequel il avait demandé à Rome le droit de présider comme métropolitain, afin d'éviter toute contestation qui pourrait naître à ce sujet.

Les décrets de ce concile provincial, ayant été imprimés sur grand papier in-quarto, vingt-cinq exemplaires furent envoyés à Rome qui accompagna leur approbation d'une lettre très-laudative.

L'année 1850 fut marquée pour le diocèse de Toulouse par un événement qui doit trouver ici sa place. C'est le R. P. Caussette, l'auteur déjà cité de la vie de Mgr d'Astros, qui va nous le raconter : « Les représentants de la Haute-Garonne avaient fait une visite collective à M. le président de la république, pour solliciter en faveur de Mgr d'Astros un des chapeaux que Pie IX, reconnaissant, allait accorder à la France. En l'apprenant, le vieillard écrivit à l'honorable chef de cette députation, pour lui dire que ses épaules fatiguées se refusaient à porter une pareille charge, et que le témoignage d'hommes aussi considérables lui serait un honneur suffisant. Il était fermement résolu, en effet, à rejeter la pourpre, ne croyant pas devoir occuper, dans une décrépitude condamnée à l'immobilité, la place d'un prélat qui remplirait les obligations de sa principauté. Mais on lui fit observer que le respect dû à cette dignité et au siége de Toulouse lui faisait un devoir de l'acceptation : la crainte de mécontenter son troupeau, surtout de paraître mépriser un titre auguste, lui fit sacrifier ses répugnances.

« C'est vers la fin de 1850 qu'il fut préconisé avec deux illustres collègues, Mgr Gousset, archevêque de Reims et Mgr Mathieu, archevêque de Besançon. La calotte lui fut portée par le garde-noble Troïli, la barette par Mgr Appolloni. Le vénérable pontife, infirme et chargé d'années, ne pouvant faire le voyage de Paris, Mgr Fornari, nonce de Sa Sainteté, manda Mgr l'archevêque de Bordeaux, pour remettre à celui de Toulouse les insignes de sa nouvelle dignité[1]. »

Mgr Mioland applaudit avec tout le diocèse, ou plutôt, comme il le dit lui-même, avec toute la France, à des honneurs si bien mérités ; mais pendant que le le nouveau cardinal s'en allait en disant, avec le sentiment d'une profonde humilité : *Ils ont voulu honorer mon tombeau*, lui, de son côté, il voyait dans le spectacle d'une gloire si fragile d'utiles enseignements, et il écrivait : « Tout s'est passé à merveille dans nos augustes cérémonies. Pour moi j'y ai trouvé un vrai sermon sur la vanité des honneurs, en voyant le suprême honneur ecclésiastique tombant si tard sur une tête si inclinée et si près de la tombe[2]. » Ces grandes pensées qu'inspire la foi, et qui, à mesure que les années s'accumulent, se font plus facilement jour dans

---

[1] *Vie du cardinal d'Astros*, par le R. P. Caussette, p. 604.
[2] A M. H., 17 décembre 1850.

un cœur qu'elle anime, remplissaient alors l'âme de Mgr Mioland. On les retrouve dans toute sa correspondance, et c'est vers cette même époque qu'il les traduisait ainsi dans des pages qui étaient pour lui seul : « Depuis plusieurs mois, je me sens porté à penser sérieusement à la mort. Tous ceux que j'ai connus et aimés disparaissent successivement. Un grand nombre étaient de mon âge. En revenant à Lyon, en interrogeant mes souvenirs, je vois, ce semble, un monde tout nouveau. D'un autre côté, je sens mes forces diminuer insensiblement et les premiers pronostics des infirmités de la vieillesse. Bien des illusions s'évanouissent : je ne ressens plus ce goût, cet empressement qui aident la jeunesse à entreprendre les œuvres de zèle. Heureux si je puis au moins conserver le dévouement que donne la foi à tout ce qui est de devoir ou qui peut procurer la gloire de Dieu!.. Je veux donc me préparer fréquemment à la mort, y penser, tenir toutes mes affaires temporelles constamment prêtes, me détacher peu à peu de toutes choses. Dieu me facilite ce détachement par la mort de ce qui m'est cher, par l'indifférence de beaucoup d'autres, par la séparation de mon ancien diocèse où mon cœur tenait plus que je ne pensais, par mille et mille circonstances ou dispositions qui dénouent peu à peu les liens qui pourraient m'attacher à ce monde.

« C'est encore une grâce dont je bénis Dieu, et dont

je dois me servir pour m'attacher d'autant plus à lui et à tout ce qui pourra lui plaire [1]. »

Toutefois, qu'on se garde de croire que ces graves pensées assombrissaient l'âme de Mgr Mioland, au point de le jeter dans l'abattement de la tristesse, ou dans les rêves d'une sotte mélancolie. Non, il ne connut jamais ces faiblesses. Ce que nous l'avons vu dans toute cette histoire, il le resta jusqu'à la fin. Impossible de rencontrer une âme plus maîtresse d'elle-même, plus attachée au devoir de la dernière heure, comme elle l'avait été au devoir de la première.

Du reste, dans ce beau diocèse de Toulouse, où la foi a poussé de si profondes racines, et fait encore germer tous les jours les fruits d'une piété si sincère, les consolations et les joies ne manquaient pas au nouveau coadjuteur. Parmi ces joies, une des plus douces à son cœur d'apôtre fut celle que lui apporta le célèbre jubilé de la petite ville de Saint-Bertrand de Comminges. Il en rend compte lui-même, dans une lettre datée du petit séminaire de Polignan, où on voit qu'il laisse courir sa plume avec son cœur : « Je pourrais, mon cher ami, dater ma lettre de trois siècles plus tôt. Je suis ici en plein moyen âge. Imaginez qu'un jubilé ayant lieu à Saint-Bertrand de Comminges, ancienne

---

[1] Retraite de mars 1851.

ville épiscopale, à une lieue d'ici, à l'entrée des gorges des Pyrénées, je suis venu l'ouvrir par une procession avant-hier. Dans une heure je vais le clore par une autre procession. Or, toutes les routes sont encombrées de pèlerins et de processions pendant ces trois jours. Nous avons fait une réquisition de confesseurs : cinquante du diocèse et trente de Tarbes. Nous les avons placés dans une dizaine d'églises paroissiales voisines, et ils ne suffisent pas. La chapelle du séminaire où je suis en a une dizaine qui ne se sont pas couchés ces deux nuits. Chacun vient se confesser, communier, puis va visiter l'église de Saint-Bertrand qui est assez vaste ; mais l'ancienne ville, ruinée depuis douze cents ans, n'a plus que cinq cents âmes. Tous les âges, toutes les classes y affluent : diligences, omnibus, chars, chevaux, de trente lieues à la ronde, tout y accourt. Chacun ne pense qu'à se confesser, à gagner le jubilé et à se convertir. Hélas ! les simples emportent le Ciel, et les savants, les politiques, les prudents de ce siècle s'évanouissent dans leurs pensées [1]. »

Ces détails sont certes assez beaux ; cependant ils ne rendaient pas encore la vérité tout entière. Aussi, une de nos gazettes les ayant reproduits, Mgr Mioland crut devoir rectifier, à l'aide de nouveaux renseignements, le récit qu'il en avait fait d'abord ; et dans sa se-

[1] M. P. Dugas, 3 mai 1850.

conde lettre il disait : « On comptait *cent cinquante* confesseurs de Toulouse, Tarbes, Pamiers, Auch…Chaque église en avait de dix à vingt qui confessaient jour et nuit, pendant trois jours. A Saint-Bertrand seul il y a eu de dix à quinze mille communions et cinq à six mille dans chacune des dix ou douze églises voisines. Le dernier jour, pendant les vêpres que je chantais à trois heures, on donnait encore la communion [1]. »

Ceux qui nous prêchent que le christianisme est mort devraient bien nous dire si un si vif empressement, accompagné de tels sacrifices, est à leurs yeux l'indice d'une foi morte.

Une autre joie fut accordée à Mgr Mioland dans cette même année 1850. Le 3 novembre, il ouvrait à Toulouse le collège des RR. PP. jésuites, qui est aujourd'hui un des plus florissants de ceux que possède en France l'illustre compagnie. On y comptait déjà une centaine de pensionnaires, et ce début était accueilli avec un empressement si général qu'il était aisé de prévoir pour le nouvel établissement un riche avenir. Mgr Mioland s'associait à la joie des nombreuses familles qui étaient heureuses de trouver dès lors auprès d'elles des instituteurs que recommandait une longue expérience et qui les aideraient à transmettre à leurs fils l'héritage de ces vertus antiques dont

---

[1] Au même, 16 mai 1850.

Toulouse est justement fière. Parmi les Pères qui étaient attachés à la direction de ce collége, on en voyait plusieurs envoyés par le diocèse de Lyon, ce qui augmentait encore la satisfaction du coadjuteur.

Le grand jubilé de 1850 se prêchait à Toulouse, dès les premiers mois de 1851. Il s'ouvrit par une procession solennelle à la cathédrale qui fut imitée en cela par presque toutes les paroisses de la ville. Mgr Mioland était dans son centre; une longue expérience lui avait appris les fruits merveilleux que produisent ces grâces exceptionnelles, et, dans les circonstances critiques où se trouvait alors la France, il y attachait encore plus de prix. La république était mal assise; son impuissance égalait sa présomption; les esprits étaient inquiets, et tout concourait à faire pressentir quelque crise nouvelle. Aussi, Mgr Mioland, parlant de ce jubilé à un ami, lui disait : « Nous conjurerons ainsi la république rouge. Cela vaut encore mieux que toutes les philosophies et brochures et autres moyens humains. Que si la *sociale* nous vient, elle nous trouvera au moins sur notre terrain ; mais je pense qu'elle ne viendra pas..... D'un côté, on voit que Dieu veut nous punir, nous humilier, nous instruire ; de l'autre, qu'il nous aime et nous conduit tout seul. Quant à être humiliés, nous le sommes profondément ; pour ce qui est de la protection de Dieu, elle est visible à tous les yeux [1]. »

Les exercices du jubilé une fois terminés, Mgr Mioland reprit le cours de ses tournées pastorales. Dans les deux premiers mois de l'année, il avait visité toutes les paroisses rurales des quatre cantons de la ville, donnant partout le sacrement de la confirmation à de nombreux fidèles. Parmi eux se rencontrèrent beaucoup d'adultes et même des vieillards, le vénérable Mgr d'Astros n'ayant pu, à cause de son grand âge, visiter ces paroisses depuis quelques années. Il paraît aussi que beaucoup d'entre eux s'étaient effrayés outre mesure, en l'entendant annoncer dans un de ses mandements qu'il interrogerait tout le monde, sans excepter les plus âgés, et qu'il renverrait ceux qui ne seraient pas suffisamment instruits. Mgr Mioland, pour détruire ces impressions de frayeur, crut ne devoir interroger que les enfants. Cette mesure rassura les esprits, et les hommes faits et les vieillards accoururent en foule. Le 7 mai 1851, le prélat pouvait écrire : « En juillet, j'aurai vu tout le diocèse..., et tout mon monde sera confirmé. Je compte déjà vingt-neuf mille confirmations depuis septembre 1849 [2]. »

Ces visites, nous l'avons déjà dit, malgré l'acti-

---

[1] A M. Ballet, 26 février 1851.
[2] A M. Ballet, 7 juin 1851.

vité qu'y déployait Mgr Mioland, étaient pour lui comme un temps de repos. Il aimait à voir ces populations pleines de foi se presser dans les églises pour y recevoir les sacrements, ou accourir sur son passage pour implorer sa bénédiction. Le diocèse de Toulouse offrait à son cœur d'évêque un autre genre de consolations : ce diocèse possède un grand nombre de chrétiennes et honorables familles dont la rencontre était pour lui un véritable bonheur. Nous aimerions à nous arrêter avec le prélat pendant quelques-unes de ces haltes qu'il fit au milieu d'elles. Qu'il nous soit permis du moins de faire revivre ici un de ces édifiants souvenirs.

Dans la dernière lettre que nous venons de citer, on lit les lignes suivantes : « Il y a dix jours, j'ai logé chez M. de Villèle, fils du ministre, famille patriarcale, modèle, providence du pays par sa piété et ses bonnes œuvres. École, remèdes, médecin, vêtements, pain, travail, le village trouve tout au château, outre les bons conseils et les bons exemples. Père, mère, enfants, domestiques, tous sont venus communier à la messe de la confirmation. Cette famille a perdu cinq enfants ; il n'en reste plus que deux, avec une dame toujours malade, et cent vingt mille francs de rente, dont les trois quarts s'emploient chaque année en bonnes œuvres. N'allez pas croire cette fortune venue du ministre; elle vient de la femme et de ses héritages. Le ministre n'est pas plus riche qu'avant son ministère, sinon en honneur. Hélas! il perd la mémoire; il vit seul, retiré, souffrant. Je n'ai pu le voir cette année en janvier [1]. »

Avouons-le, notre France autrefois si belle, alors qu'elle s'inspirait de l'esprit du christianisme, combien ne serait-elle pas belle encore, si ces dignes familles que lui avait formées la foi, elle savait les conserver! Comment le génie du mal pourrait-il ameuter les multitudes si, parmi nous, ceux que le Ciel a pourvus abondamment des dons de la fortune savaient en faire un si noble usage?

[1] Même lettre.

CHAPITRE XIII

Sainte mort de M. l'abbé Berger. — Le cardinal d'Astros ne tarde pas à le suivre. — Premiers travaux de son successeur. — Sa réception à l'Académie des jeux Floraux. — Le coup d'État. — Passage du prince-président à Toulouse. — Église qui croule. — Fondations.

L'année 1851 devait être marquée pour le diocèse par deux pertes bien cruelles. La première victime que la mort fut chargée d'immoler était ce saint abbé Berger que nous avons vu naguère envoyé à Amiens, pour arracher de son siége Mgr Mioland et l'amener à Toulouse. Le vénérable cardinal dont il était l'ami, le conseiller, le soutien, avait compté sur lui pour l'aider à mourir. Aussi, lorsqu'il apprit qu'il était menacé de le perdre, il ne put contenir sa douleur. C'était le 22 juillet. Rien de plus touchant que les détails qui nous ont été conservés à ce sujet par son historien. « Comprenant que, par ménagement, on l'éloignerait du dernier soupir de son ami, s'il demandait à le recueillir, il n'en parla point à ceux qui avaient coutume de l'accompagner pour soutenir ses pas chancelants ; mais, dès qu'il fut seul, il se leva, et, en s'appuyant aux murs de son palais, il se dirigea vers son grand-vicaire expirant. Il était déjà au pied de l'escalier qui les séparait, quand il fut aperçu par ses prêtres, défaillant et sur le point de tomber. Ceux-ci, effrayés de la crise que pouvait donner cette scène à deux vieillards si affaiblis, le conjurèrent, au nom du Ciel et de l'amitié, de ne point avancer. Il ne fut pas aisé de l'y déterminer. Il y consentit cependant, par esprit de sacrifice, mais en demandant qu'on le conduisît à la chapelle, pour attendre devant le Saint-Sacrement le malheur qui le menaçait. Là, il commença à haute voix les oraisons pour les agonisants ; bientôt des sanglots l'obligèrent de s'interrompre. Alors, il accompagna d'une prière intime mais fervente l'âme de son ami aux pieds du Juge suprême..... On peut dire que ce trépas fut le commencement du sien [1]. »

Mgr Mioland, parlant de cette mort dans une de ses lettres, disait : « M. Berger est mort en saint. Le jeudi soir, il s'était alité ; je lui ai donné les derniers sacrements dimanche, à dix heures, et mardi matin, je lui ai fermé les yeux, après la recommandation de l'âme. C'est un grand vide pour beaucoup

---

[1] *Vie du cardinal d'Astros*, p. 626, 627.

d'œuvres publiques et particulières, et plus encore pour les premières que pour les secondes[1]. »

A dater de ce jour, le cardinal d'Astros, ne trouvant dans son palais que des souvenirs pleins de tristesse, alla abriter sa douleur chez les missionnaires du Calvaire. Le désir de se préparer à la mort le conduisait dans cette pieuse demeure. Là, tous les soins lui furent prodigués, avec une tendresse filiale, par des prêtres qu'il aimait et dont il était vénéré; mais, en dépit de ces soins, les forces du saint vieillard allaient toujours en déclinant. Cependant, on espérait le conserver encore, et son coadjuteur crut pouvoir se séparer de lui pendant quelques jours pour se rendre à Lyon, vers le milieu de septembre ; mais une dépêche inquiétante ne tarda pas à le rappeler. Mgr Mioland partit aussitôt pour Toulouse, et, le lundi 29 septembre, il écrivait à un ami : « Je suis heureusement arrivé ici samedi et j'ai trouvé mon saint cardinal encore de ce monde, mais dans un état qui empire d'heure en heure. Je l'ai vu en arrivant, puis encore le soir, puis hier deux fois, puis ce matin. Il est toujours chez les missionnaires, d'où il n'a pu être transporté. Nous nous attendons, à chaque instant, à le perdre. Je bénis Dieu d'avoir pu arriver assez à temps pour le voir encore. La première parole qu'il m'a dite, à mon

---

[1] A M. l'abbé Callot, aujourd'hui évêque d'Oran, 15 août 1851.

arrivée, a été celle de Job : *Expecto donec veniat immutatio mea* [1]. Depuis lors, il ne peut guère parler [2]. » Hélas ! ces douloureux pressentiments ne tardèrent pas à se vérifier : le jour où partait cette lettre, le saint cardinal rendait sa belle âme à Dieu.

Le premier soin de Mgr Mioland, après avoir répandu et sollicité des prières sur les dépouilles du vénérable défunt, fut de lui préparer des obsèques dignes d'un si grand nom. Elles eurent lieu le 7 octobre suivant, et leur solennité fut rehaussée par la présence de nosseigneurs les archevêques d'Auch et d'Albi, des évêques de Carcassonne, Pamiers, Aire, Limoges, et de Mgr d'Arbou, démissionnaire du siège de Bayonne. Le 12 novembre, un service solennel fut célébré dans l'Église métropolitaine, en l'honneur de l'illustre défunt. Mgr l'archevêque de Bordeaux présidait la cérémonie et M. l'abbé Caussette, supérieur des missionnaires diocésains, chargé de prononcer l'oraison funèbre, fit entendre à une assemblée saintement émue les accents d'une éloquence apostolique inspirée par le cœur.

Par la mort du cardinal d'Astros, Mgr Mioland devenait archevêque de Toulouse. Mais ce changement de position ne changea rien à la simplicité de ses

---

[1] J'attends que vienne ma dissolution. (JOB., XIV, 14.)
[2] A M. P. Dugas, 29 septembre 1851.

manières. De toutes parts il recevait des paroles de félicitation, comme il arrive dans ces sortes de rencontres. Mais lui, ainsi qu'on le voit par ses lettres, il y attachait peu d'importance. Ce qui lui semblait plus sérieux, c'étaient les sollicitudes d'une administration considérable dont il devait maintenant porter seul tout le poids. Aussi, dans la lettre pastorale par laquelle il annonçait au diocèse la perte qu'il venait de faire, après avoir payé un tribut d'éloges bien sentis à l'illustre défunt, il terminait en disant : « Et nous, N. T. C. F., que cet auguste pontife avait voulu appeler à partager son ministère pastoral et qui devenons aujourd'hui son successeur, ce n'est qu'en tremblant que nous recevons ce dépôt que l'Église nous confie. Comme l'Apôtre, *nous vous en conjurons, par Notre-Seigneur Jésus-Christ et par la charité du Saint-Esprit, aidez-nous de vos prières auprès de Dieu.* Aidez-nous à conserver cet héritage qui fut si cher à celui que nous pleurons : alors tant de saintes œuvres ne périront point entre nos mains ; son esprit les animera toujours, son paternel souvenir les protégera contre notre faiblesse et il nous aura été donné de recueillir, comme le legs le plus précieux de notre Père, son amour pour vous, N. T. C. F., et son dévouement à vous servir et à vous sauver. »

Mgr Mioland, on l'a déjà dit, succédait à un prélat dont l'austère vertu et le rare mérite avaient conquis le respect de tous. Avec un caractère tout opposé et des habitudes de simplicité et d'abandon qui établissaient un contraste propre à frapper tous les yeux, il lui fallait saisir le bâton pastoral que lui abandonnait l'illustre défunt. Mais ses vues étaient trop pures pour qu'il se laissât troubler par de semblables considérations. Il se mit résolûment à l'œuvre, se répétant son mot favori : que la meilleure politique est de n'en point avoir. Nous ne le suivrons pas dans tous les détails de son administration. Il y aurait pour nous danger de fatiguer le lecteur par des redites qui ne lui apprendraient rien de nouveau, car il sait déjà, par tout ce qui précède, avec quelle sagesse, quelle mesure, quel zèle, le vénérable évêque s'acquittait de toutes les fonctions de sa charge pastorale. Nous nous bornerons donc à consigner ici quelques faits plus importants, dont il nous a paru convenable de ne pas laisser perdre le souvenir.

Il existe à Toulouse, on le sait, une académie célèbre, connue sous le nom d'académie des *jeux Floraux*. Société essentiellement littéraire, elle se propose surtout de conserver et d'entretenir le bon goût dans les œuvres de la poésie. Son origine remonte au commencement du XIVe siècle, et le nom sous lequel on la désigne lui vient sans doute de ce que des fleurs, la violette ou l'amaranthe d'or, l'églantine et le souci d'argent, récompensaient les poëtes vainqueurs dans le concours. C'est Louis XIV qui en fit une académie, titre qu'elle a conservé jusqu'à nos jours. Or, cette académie voulut honorer le nouvel archevêque de Toulouse et s'honora elle-même en lui ouvrant ses rangs. Mais il est bon de voir avec quelle simplicité et quel enjouement le modeste prélat parlait de ces nouveaux honneurs : « Vous savez, écrivait-il, que me voilà académicien, et il faut faire un petit discours de réception pour le mois prochain. Comment ramener les muses effarouchées d'un tel choix ! Le deuil est sur l'Hélicon, Pégase est sous la remise et le Parnasse se croit frappé de la foudre. Nos jeux Floraux ont pourtant trois titres à ce qu'un archevêque ne soit pas déplacé parmi leurs membres : les fleurs qu'on y distribue sont déposées sur l'autel d'une paroisse de la ville, où le curé les bénit et les remet aux députés qui viennent, séance tenante, les chercher ; ils proscrivent tout ouvrage qui choquerait la religion ou les mœurs ; chaque année, ils distribuent un lys d'argent à la meilleure pièce de vers en l'honneur de la sainte Vierge. Voilà pourquoi je vais m'y trouver après mes trois prédécesseurs [1]. »

Ce fut le 7 mars qu'eut lieu la séance solennelle de réception. Mgr Mioland, voulant en rendre compte à un ami, se contenta modestement de lui dire : « Di-

---

[1] A M. P. Dugas, 19 février 1852.

manche dernier, j'ai été reçu aux jeux Floraux. Belle assemblée! Tout s'est passé à merveille et je n'ai pas paru plat ni ridicule, ce qui était ma grande peur ; il est vrai que je n'ai parlé que dix minutes [1]. »

Vraiment, il eût été difficile à un prélat d'un esprit aussi cultivé, d'un goût aussi sûr, d'être plat ou ridicule. Il ne parut point tel à la docte assemblée ; nous en avons pour garant l'éloge si sagement pensé, si habilement écrit que prononçait en séance publique, le 9 avril 1860, M. l'abbé Duilhé de Saint-Projet, l'un des quarante mainteneurs. Après avoir justement vanté la précision, la pureté, l'exactitude, la netteté, la sobriété du style de Mgr Mioland, il disait : « Une seule fois, peut-être, et ce n'est pas au milieu de vous, Messieurs, que je craindrai de le rappeler, une seule fois, l'archevêque de Toulouse voulut oublier ses habitudes d'austérité littéraire : vous lui ouvriez les portes de l'académie. Encore sur le seuil, il vous parla le langage de l'effusion la plus intime ; il croyait ne vous ouvrir que son cœur, et toutes les grâces de son esprit fin et délicat se trahirent dans ce premier entretien [2]. » Et le même écrivain ajoutait : « Je ne puis mieux terminer cet éloge qu'en vous parlant de son amour pour notre académie. Vous fûtes les témoins

[1] Même lettre.
[2] P. 21.

de cette assiduité qui ne se démentait pas, tant que duraient nos jeux; il eût mieux aimé dérober à son sommeil le temps qu'il nous avait destiné. Toulouse sait d'ailleurs la part qu'il prenait à nos fêtes solennelles[1]. »

Heureuses les nobles cités qui, fidèles à nos antiques traditions, possèdent, comme Toulouse, des sociétés littéraires qui abritent la pureté du goût et la probité de leurs travaux sous la protection de la religion et des bonnes mœurs! Là, un prince de l'Église se trouve à l'aise, et, en honorant de telles sociétés de son haut patronage, il remplit un devoir de son ministère, en même temps qu'il se donne une des plus douces satisfactions que puisse goûter le cœur d'un évêque.

Mais est-ce bien ici le moment de parler de jeux Floraux, de compositions littéraires? Nous sommes arrivés à l'année 1852, année qui devait être marquée pour la France par de si grands événements politiques. L'échafaudage de la nouvelle république craquait de toutes parts; un ébranlement, dont elle devait ressentir les secousses, lui avait été imprimé, vers la fin de 1851, par ce que l'on est convenu d'appeler le coup d'État. Le prince-président avait alors dissous l'Assemblée nationale et s'était fait nommer à une présidence de dix ans. C'était comme une première

[1] *Ibid.*

étape sur le chemin qui devait le conduire à l'empire, par les votes des 21 et 22 novembre 1852. Nous n'avons point à juger ces grands événements. Ce n'est pas un livre politique que nous écrivons, mais la vie d'un évêque, et ce que le lecteur attend de nous, c'est que nous lui fassions connaître quelles étaient les pensées et quelle fut la conduite de cet évêque pendant la nouvelle crise. Nous essayerons d'autant plus volontiers de satisfaire sa légitime impatience que nous trouverons là l'occasion de montrer Mgr Mioland toujours semblable à lui-même, c'est-à-dire toujours observateur aussi judicieux que chrétien attentif et résigné aux ordres de la divine Providence.

Le 6 décembre 1851, presque aussitôt après le coup d'État, le prélat écrivait à un ami[1] : « Nous étions prévenus, et cependant nous avons été aussi stupéfaits que vous. Voilà comme Dieu se joue de la sagesse humaine et de nos progrès dont nous sommes si fiers, et de la liberté de la presse, et du régime représentatif, et de la liberté de la tribune, et du consentement de l'impôt, et de tant de conquêtes de notre temps. L'humilité nous siéra à l'avenir, et encore si c'était seulement l'humilité! Je vous engage fort et vos dames aussi à ne pas trop vous effrayer. Quand on sait que rien n'arrive que par l'ordre ou la permis-

[1] M. P. Dugas.

sion de Dieu et, de plus, que tout ce que Dieu veut ou permet n'est que pour le bien des élus, pourquoi trembler ? Que voulons-nous, après tout, sinon que la volonté de Dieu se fasse, et que son règne arrive, et que son nom soit béni ? C'est ce qui se fera, et Dieu sera trouvé juste comme miséricordieux en toutes ses œuvres. »

Deux jours après, écrivant au même ami et revenant sur le même sujet, Mgr Mioland développait sa pensée en ces termes : « Dans des temps de révolution, Dieu agit, le plus souvent, par voie de permission. Il faut le voir, l'étudier et l'adorer en tout ce qui arrive. Nous avions une constitution absurde ; pourquoi s'étonner que Dieu permette qu'un grand sabre nous en délivre ? Aurions-nous pu mieux faire ? Nous avions à passer, en 1852, par une double élection simultanée. Personne ne voyait comment nous traverserions cet abîme infranchissable. C'était un problème redoutable, insoluble... La presse, le journalisme, ont fait la révolution de Juillet, la garde nationale celle de Février. Qui aurait osé le leur reprocher et les en punir ? On avait passé en dogme les assemblées souveraines, les lois faites de pièces de marqueterie, que chaque parti, chaque bavard venait apporter on ne sait d'où. Aurait-on été admis à contester la sagesse de tout cela et de tant d'autres choses ? Et tout cela s'en va en fumée, à l'ébahissement de tous les politiques et de tous les sages. La science des barricades, des conspirations, paraissait arrivée à sa perfection ; or la voilà tombée en poussière. Enfin, mon cher ami, je pourrais pousser ces observations bien loin... Je pense donc qu'il n'y a qu'à bénir Dieu de tout et à nous en rapporter à lui : évidemment il y met la main. Vous verrez que le scrutin du 21 sera *oui*... Nous aurons un Corps législatif, un Sénat, un consul ou empereur, chef de la république, et voilà [1] ! »

C'est ainsi que l'archevêque de Toulouse, avec son esprit de foi, faisait remonter tout à Dieu, ne voyant, dans les causes secondes, que des instruments dociles se pliant, souvent sans le savoir, à l'accomplissement de ses desseins, et son regard pénétrant devinait plus d'une fois l'avenir. Dans la circonstance présente, il ne se trompa point dans ses prévisions. Les choses se passèrent comme il les avait annoncées, et l'année n'était pas arrivée à son terme que la France avait un empereur : un voyage habilement conduit avait préparé ce dénoûment. Le prince-président parcourut plusieurs de nos provinces ; ce fut comme une suite d'ovations chaleureuses. Les cris de *Vive l'Empereur!* retentissaient sur son passage, et, dès lors, il fut aisé de prévoir le dernier acte, dont les autres n'avaient été que le prélude. Toulouse fut une des villes qui

[1] A M. P. Dugas, 8 décembre 1851.

reçurent la visite du prince. Son archevêque fut appelé à le complimenter, et, dans cette circonstance comme toujours, sa parole fut simple, digne, épiscopale. Il évita, et les convenances lui en faisaient un devoir, de faire aucune allusion à une époque où l'un et l'autre s'étaient déjà rencontrés, alors que le château de Ham avait été donné pour prison au prince et que l'évêque d'Amiens était allé l'y visiter ; mais pourquoi ne le dirions-nous pas, puisque la vérité appartient à l'histoire? Le président rappela lui-même à l'archevêque ce jour de tristesse et d'humiliation, qui faisait un si étonnant contraste avec la gloire extérieure dont il était à cette heure environné. Il sembla même qu'il trouvât, dans ce souvenir, un motif de plus pour combler le prélat d'honneur et de bienveillance. A table, il le fit asseoir deux fois à sa droite, et il voulut lui remettre, de sa propre main, la croix que Mgr Mioland n'osa pas refuser. Mais, en véritable évêque, le prélat profita de ces heureuses dispositions pour plaider la cause de l'Église, et voici ce que nous lisons dans une de ses lettres : « Nous avons eu nos fêtes et magnificences. Le prince a montré beaucoup de sens et de tact. J'étais à table, lundi et mardi, à sa droite ; j'avais à ma droite M. Fortoul. Or, ce dernier louait fort le premier empereur du Concordat et des articles organiques. Je niais le second point et ajoutais que, sur 71 articles, 22 étaient abrogés par désuétude et que le cardinal Caprara, par une dépêche du 18 août 1803, avait présenté des observations très-fortes contre quelques autres de ces articles très-contraires à la discipline de l'Église. Le prince ajouta : « Oui, faites bien comprendre cela à Fortoul. » Je dis ensuite au prince qu'il serait digne de lui de trouver quelque moyen, non d'abolir tous ces articles qui règlent, après tout, les rapports entre l'Église et l'État, mais de les mettre en harmonie avec la bonne doctrine. Il m'interrompit pour me dire ce que j'allais dire moi-même : « Oui, mais il faut s'entendre sur cela avec le pape. » J'ajoutai que cela pourrait se faire, en prenant pour base de la négociation les observations du 18 août 1803. « C'est bien ainsi que je l'entends » reprit-il, et il ajouta même qu'il en avait parlé, en ce sens, à un évêque qui partait pour Rome, le priant de prendre là-dessus des informations [1]. Hélas ! pourquoi faut-il que ce qui devrait être fait depuis longtemps reste encore à faire aujourd'hui ?

Quelques mois s'étaient à peine écoulés et le nouvel archevêque de Toulouse faillit être la victime d'un terrible accident. Le Ciel, encore une fois, veilla sur ses jours et lui laissa le temps d'achever sa couronne. Le prélat était en visite pastorale ; une chapelle nouvellement réparée s'écroula et peu s'en fallut que l'archevêque et de nombreux fidèles ne fussent ensevelis

---

[1] A M. l'abbé Callot, aujourd'hui évêque d'Oran, 8 octobre 1852.

sous ses ruines. Voici le récit qu'il nous fait lui-même, dans une de ses lettres ; il l'adressait à un membre de sa famille : « Vendredi dernier, j'ai manqué l'occasion de vous faire faire un beau service pour le repos de mon âme. J'étais dans un village ; une belle chapelle sortait depuis deux jours des mains des ouvriers. Belles colonnes, entablements, frises, frontons, tout cela est tombé tout à coup et a brisé l'autel en mille pièces, une heure avant notre cérémonie. La veille, j'avais porté le saint Sacrement, à une procession du soir, sur ce même autel et donné la bénédiction. Grâce à Dieu, personne n'a été blessé de cet accident [1]. » On le voit par ce récit, un édifice qui croule ce n'était pas assez pour troubler cette âme résignée et pacifique.

Nous voudrions parler ici des œuvres ou fondations de Mgr Mioland, mais nous n'avons pas la prétention de les connaître toutes; nous n'en dirons donc que quelques mots.

Mgr d'Arbou, évêque démissionnaire de Bayonne, avait mis à sa disposition la somme de 20,000 fr. pour commencer la fondation d'une maison de Capucins, dans la ville de Toulouse. Le pieux archevêque crut voir dans cette offre généreuse une indication de la Providence, et il se hâta de faire

---

[1] A M. Dugas, 7 juin 1853.

un appel à MM. les curés de la ville, par une circulaire qui porte la date du 8 juin 1853 ; dans cette circulaire, il disait : « Notre population si religieuse conserve encore la tradition du bien qu'ont fait dans ce pays les pieux enfants de saint François. On se souvient de leur vie exemplaire, de leur pauvreté évangélique, de leur dévouement aux pauvres, de leur zèle infatigable pour le ministère de la prédication et de la pénitence. Qui ne sait avec quelle confiance on recourait à leur charité et les regrets causés par leur dispersion ?

« Vous accueillerez donc leur retour, Monsieur le curé, comme une nouvelle source de bénédictions pour le diocèse. Nous nous féliciterons ensemble de pouvoir ainsi offrir à nos fidèles, dans un siècle qui en a tant besoin, des modèles d'abnégation et d'humilité, et des ouvriers apostoliques qui contribueront puissamment aux succès de vos travaux. » Les espérances du vénérable archevêque ne furent point trompées. Peu de temps après l'envoi de cette circulaire, les RR. PP. Capucins vinrent s'établir à Toulouse où ils n'ont cessé de faire beaucoup de bien.

Vers la même époque, les fils de saint Dominique étaient appelés à Toulouse par une multitude de vœux empressés. La parole entraînante du P. Lacordaire s'était fait entendre dans cette ville ; elle y avait produit les merveilleux effets qui l'accompagnaient partout. Mgr Mioland, malgré le calme de son esprit peu porté à l'enthousiasme, ne pouvait refuser son admiration à ce talent marqué du sceau du génie, à ce dévouement digne d'un apôtre. Il en parlait avec complaisance dans ses lettres. Certaines hardiesses, que quelques critiques traitaient avec sévérité, n'échappaient point à son regard pénétrant ; mais son âme grande et généreuse les envisageait avec indulgence, et se trouvait comme désarmée par l'éminente vertu et les qualités de premier ordre qu'il n'était pas possible de contester au restaurateur de la famille de saint Dominique en France. Aussi, il favorisa avec bonheur la fondation demandée pour Toulouse, et, le 6 janvier 1854, il écrivait : « Récemment, j'ai installé ici le P. Lacordaire et trois de ses Dominicains. J'ai béni la maison et la chapelle. Le Père a parlé et trèsbien. J'ai dit la messe et, à la fin, j'ai parlé à mon tour, mais moins brillamment [1]. » Peu de jours après, le prélat nous écrivait à nous-même : « J'ai eu, hier, le P. Lacordaire, qui a prêché des dames dans une chapelle, et fort bien, délicatement, finement, pieusement. En expliquant le *mulierem docere in Ecclesia non permitto* de saint Paul, il leur a dit que, si elles s'en mêlaient, elles prêcheraient admirablement pour le cœur, la sensibilité, le *pectus quod facit disertos*,

[1] A M. l'abbé Ballet.

première qualité de l'éloquence ; fort bien pour l'esprit et la finesse, moins bien pour la force du discours ; mais que leur mission est de prêcher leurs enfants, de secourir les pauvres et d'assister les apôtres, comme les saintes femmes qui suivaient Notre-Seigneur [1]. »

Dans la retraite qui suivit cette fondation, Mgr Mioland, selon son usage, récapitulant ses souvenirs, comptait l'établissement des Dominicains à Toulouse parmi les grâces que Dieu lui avait faites et qui devaient provoquer sa reconnaissance ; puis il ajoutait ces lignes flatteuses pour l'ordre des Frères prêcheurs : « Je ne pouvais qu'accueillir la demande que me faisait le P. Lacordaire : la présence de saint Dominique à Toulouse, la possession de la tête de saint Thomas, l'éclat que les Dominicains ont répandu sur la ville, pendant tant de siècles, l'espérance du bien qu'ils peuvent y faire, ne me laissent aucune hésitation. Ils donneront des exemples de pauvreté, de retraite, d'amour de l'étude, de bonne et solide prédication. »

Un mot encore. Une œuvre bien digne d'intérêt avait été fondée, à Toulouse, par un digne prêtre, M. l'abbé Chazotte : nous voulons parler de l'institution des sourds-muets. Le fondateur crut ne pouvoir rien faire de mieux que de la laisser, par testament, à Mgr Mioland qui, en 1858, devint le propriétaire de

---

[1] 11 janvier 1854

cet établissement Son premier acte fut de payer et d'approprier aux besoins de l'œuvre une maison que M. l'abbé Chazotte, peu de jours avant sa mort, avait donné commission d'acheter, mais sans laisser des ressources suffisantes. Mgr Mioland, loin de reculer devant ce sacrifice, accepta avec empressement le legs onéreux que l'on imposait à sa charité et, jusqu'à son dernier soupir, il se montra le père des sourds-muets, en leur prodiguant les témoignages de son généreux et inépuisable dévouement.

N'oublions pas de mentionner ici que c'est Mgr Mioland qui a établi à Toulouse l'œuvre si touchante et si bénie de l'adoration nocturne; lui encore qui, pour exciter dans ses deux petits séminaires l'émulation des élèves, a institué le concours et les prix d'honneur ; lui enfin qui, en 1854, ayant fait venir d'Amiens à Toulouse trois religieuses de la Sainte-Famille, a donné à cette fondation une bénédiction si bien ratifiée dans le Ciel que la congrégation de ces modestes institutrices compte aujourd'hui une douzaine de maisons dans diverses paroisses du diocèse.

CHAPITRE XIV

Béatification de Germaine Cousin. — Définition du dogme de l'immaculée Conception de la sainte Vierge. — Spirituelle prophétie de Mgr Mioland sur la guerre de Crimée.

Le moment est venu de parler d'un événement qui a eu un grand retentissement dans le monde religieux et auquel Mgr Mioland a prêté son généreux concours : nous avons en vue la béatification de Germaine Cousin.

A deux lieues de Toulouse existe une bourgade nommée Pibrac, dont le nom figure à peine sur quelques cartes de France. Là, vivait dans l'obscurité, il y a plus de deux cents ans, une pauvre bergère disgraciée de la nature, ignorée du monde, méprisée par ses maîtres, qui ne lui épargnaient ni les mauvais traitements, ni les coups. Mais son cœur était si pur que Jésus-Christ avait dit à ses anges d'inscrire en lettres d'or, dans le livre de vie, les moindres actions de l'humble vierge. Germaine Cousin était son nom.

Les années s'étaient écoulées, en emportant dans leur course rapide tout ce qui avait vécu autour d'elle, et elles n'eussent pas manqué d'emporter jusqu'à son souvenir, si des faveurs insignes, des guérisons miraculeuses, attestant son crédit auprès de Dieu, n'eussent germé de sa tombe. Il était réservé, dans les desseins de la Providence, à l'épiscopat de Mgr Mioland de préparer définitivement l'exaltation de la pauvre bergère, et, pour que rien ne manquât à sa gloire, c'était l'auguste main de Pie IX qui devait recueillir cette petite fleur dérobée aux regards des hommes et l'attacher resplendissante au diadème de l'Église. Ainsi Dieu se joue-t-il des pensées de la terre ! Qu'on ne nous parle plus d'égalité, ou bien qu'on nous en parle comme l'Évangile ; c'est ce livre divin qui nous apprend la véritable égalité devant Dieu, car c'est lui, et lui seul, qui nous enseigne que tout homme a, dans les richesses que la grâce verse en son cœur, de quoi racheter toutes les inégalités de la naissance, de la fortune et du génie.

On sait ce qu'un procès de béatification coûte de soins, de sollicitudes, d'écritures, de fatigues. Rome se montre avec raison si sévère avant de prononcer sur des vertus qu'on lui présente comme héroïques ou sur des faits qu'on lui donne comme miraculeux ! Le monde, malgré ses exigences, ne pousserait jamais si loin ses précautions prudentes et craintives : c'est que nulle part on ne porte aussi loin que dans l'Église le respect de la vérité. De là, des enquêtes, des voyages, des plaidoyers, des mémoires, et, par suite, de nombreuses dépenses ; et, lorsque tout est prêt, la solennité de la fête préparée sur la terre devant donner une idée de la gloire qui éclate au Ciel, entraîne dans des dépenses nouvelles, d'autant plus lourdes à porter que la famille à laquelle appartenait ici-bas le Bienheureux ou la Bienheureuse était plus dépourvue des dons de la fortune.

Il n'est donc pas difficile de comprendre que Mgr Mioland, ayant pris à sa charge toutes les difficultés du procès dont il est ici question, dut se trouver dans de grands embarras. Aussi écrivait-il à une personne pieuse, qui s'était placée sous sa direction, cette lettre pleine de grâce et d'enjouement : « Je vous envie cette douce semaine que vous allez passer dans la retraite. Pour moi, je suis dans le matériel : il me faut d'abondants secours pour ma Bienheureuse ; je ne sais où les prendre. L'empereur et l'impératrice m'ont donné mille francs. J'écris aux évêques, aux ministres, à l'ambassadeur à Rome, etc... J'attends toujours. Je vais m'adresser à mes communautés, puis à mes paroisses. Le pain, le pain qui est cher est un terrible adversaire. N'allez donc pas vous faire sainte : ce serait un terrible embarras pour Lyon, c'est-à-dire n'allez pas prendre l'envie de vous faire canoniser ou béatifier. A devenir une sainte à force de retraites, d'oraisons, il y a moins de dangers. Il vous coûtera peu de prendre votre cœur entre vos mains et de le garder en paix, confiance, patience, support du prochain et de vous-même. Ce n'est que cela ; mais vous le trouvez bien rude, et voilà pourquoi c'est cela qui vous fera sainte, car on a beau faire et dire, la sainteté aura toujours un sentier rude, une porte basse, et il faudra se faire violence pour y atteindre. Sortez donc de la retraite, courageuse, désirant suivre Notre-Seigneur partout où il vous mènera, tenant tout pour égal, pourvu que cela vous conduise à Dieu et vous y laisse [1]. »

Le 18 janvier 1854, Mgr Mioland publiait un mandement par lequel il ordonnait une quête pour subvenir aux frais de la fête de béatification de la vénérable servante de Dieu, Germaine Cousin. Après avoir rappelé quelques-uns des traits édifiants de sa belle vie, il disait : « Le tombeau, N. T. C. F., qui est l'écueil de toute gloire humaine, n'a pas obscurci celle de notre pieuse bergère ; il en est devenu, en quelque sorte, le berceau le plus éclatant. Fidèle gardien du précieux dépôt qui lui avait été confié, il l'a conservé sans altération ; et lorsque, après un demi-siècle d'intervalle, les dépouilles de Germaine Cousin

---

[1] A madame L... 15 décembre 1853.

revirent de nouveau la lumière, leur état d'intégrité, de souplesse, de fraîcheur même, frappa tous les esprits et excita l'admiration universelle. C'était le moment marqué par la sagesse de Dieu pour manifester le crédit et la gloire de son humble servante. Le souvenir de ses vertus se réveilla dans tous les esprits, à l'aspect de son corps inanimé affranchi de la corruption ; des larmes d'attendrissement coulèrent de bien des yeux, et divers miracles qui accompagnèrent cette manifestation devinrent comme le premier anneau de cette longue chaîne de prodiges qui se sont succédé sans interruption pendant deux siècles et qui ont consacré la mémoire de la pieuse bergère. »

Le prélat rappelait ensuite que la dévotion inspirée aux fidèles par le nom de la vénérable servante de Dieu, loin de s'affaiblir avec les années, avait pris d'âge en âge de nouveaux accroissements, et que les faveurs obtenues par le crédit de l'humble bergère attiraient une multitude de pèlerins autour de son tombeau ; puis, il continuait ainsi : « Frappés de ce spectacle offert à leurs méditations, les pontifes qui se sont succédé sur le siége de Toulouse depuis deux cents ans ont tous rivalisé de dévotion avec les simples fidèles pour la pieuse bergère de Pibrac ; ils sont venus souvent se prosterner sur son tombeau, se recommander à sa puissante médiation. Ils ont veillé avec zèle à la conservation et à l'intégrité de ses précieuses reliques; ils ont fait constater avec soin plusieurs de ses miracles, et l'un d'entre eux, l'illustre cardinal d'Astros, de pieuse mémoire, celui dont nous avons partagé l'apostolat, admiré les vertus, recueilli l'héritage, reconnaissant que le doigt de Dieu était marqué dans les œuvres de Germaine Cousin, ordonna qu'on instruisît canoniquement sa cause et, de concert avec plusieurs de ses collègues dans l'épiscopat, il sollicita sa béatification auprès du Souverain Pontife.

« Vous savez, N. T. C. F., poursuivait Mgr Mioland, l'intérêt que cette cause sainte inspirait non-seulement à notre vénérable prédécesseur, mais encore au Souverain Pontife lui-même et à tous les membres du sacré Collége; vous savez l'impulsion rapide que le zèle du pieux cardinal lui avait imprimée, les démarches qu'il avait faites, les sacrifices qu'il s'était imposés pour en préparer le triomphe, et votre mémoire conserve encore religieusement le souvenir des exhortations touchantes qu'il vous adressa plus d'une fois pour exciter votre zèle, enflammer votre charité et vous associer à une œuvre si glorieuse pour la religion en général et pour le diocèse en particulier. Cette œuvre était chère à son cœur; c'était la consolation de sa vieillesse et, malgré ses infirmités et son âge avancé, il semblait sourire à l'espérance de la conduire à sa perfection. Cette faveur ne lui a pas été accordée; ses efforts ont été, il est vrai, couronnés par le succès ; mais il n'a pas eu, sur la terre, la joie d'en être le témoin, le Ciel a réservé cette consolation à notre ministère ; mais, en la recueillant, nous aimons à la faire remonter à sa source primitive et à en attribuer l'initiative, le mérite et la gloire à notre vénérable prédécesseur. »

Quatre mois plus tard, Mgr Mioland était au comble de ses vœux. Il lui était donné de publier le décret de béatification tant désiré, et, dans son mandement du 22 mai 1854, il le faisait en ces termes : « Un décret du Saint-Siége apostolique, publié à Rome le 7 de ce mois, vient de déclarer Bienheureuse la vénérable Germaine Cousin. Après les formalités canoniques, si sagement prescrites par l'Église, après un long procès, dont l'auguste bienveillance du Souverain Pontife a daigné encore abréger les délais, il nous est enfin permis de rendre solennellement, dans tout le diocèse, à notre humble bergère les honneurs que l'Église décerne aux Bienheureux. » Puis, avec cette modestie qui accompagnait toutes ses démarches, le prélat ajoutait : « Ainsi, N. T. C. F., nous recueillons avec reconnaissance le fruit des sollicitudes et des travaux de notre illustre prédécesseur. Ce *procès de béatification* était un dépôt que nous avions reçu de ses mains comme un précieux héritage. Il nous semble encore le voir, à notre tête, bénir l'empressement de tous ceux qui ont si efficacement contribué à seconder les efforts de son zèle et applaudir à la gloire de la Bienheureuse qui lui était si chère. »

Conformément aux dispositions prises dans ce mandement, l'humble bergère fut solennellement fêtée dans toutes les églises paroissiales et chapelles du diocèse. Toulouse eut son *triduum* les 12, 13 et 14 juin, et, à cette occasion, les vertus de la Bienheureuse furent exaltées par les voix éloquentes du P. Caussette, supérieur des missionnaires du Sacré-Cœur, du P. Chocarne, Dominicain, et du P. Corail, Jésuite.

Dans une lettre du 20 juin, Mgr Mioland rendait compte de ce *triduum* en ces termes : « Je ne vous dis rien de nos fêtes dont les journaux ont parlé : tout a été à souhait, hors Mgr l'archevêque d'Auch qui devait officier le dernier jour et n'a pu tenir sa parole. Je l'ai remplacé. En attendant mon autre *triduum* de Pibrac, où j'aurai l'archevêque d'Alby et l'évêque de Poitiers, je pars tout à l'heure pour une quinzaine, fort embaumé de dévotion, après celle que je viens de passer ici. »

En vérité, lorsque l'on voit tant de gloire environner une pauvre fille de la campagne qui a quitté cette terre depuis plus de deux siècles, on croit apercevoir un rayonnement du Ciel, et l'on est tenté de s'écrier avec le Roi-Prophète : C'est trop d'honneur pour vos amis, ô mon Dieu! *Nimis honorificati sunt amici tui, Deus* [1].

Mgr Mioland, voulant donner plus de célébrité au pèlerinage de Pibrac et offrir à la piété des fidèles une plus grande facilité pour l'assistance aux offices et pour les confessions, se rendit aux pieux désirs du curé de la paroisse. Il confia la direction de cette paroisse où reposent les précieuses reliques de la Bienheureuse aux prêtres du Sacré-Cœur, appelés aussi missionnaires du Calvaire, du nom de la maison qu'ils occupent à Toulouse, et le curé fut admis parmi les membres de leur société. Dans cette même année Mgr Mioland confia à cette congrégation son petit séminaire de Toulouse, et, par cette mesure, une fois encore il combla les vœux du titulaire, le vénérable M. Izac, qui était venu lui-même la solliciter, et auquel fut assurée une honorable retraite dans cette maison qu'il avait gouvernée pendant plus de trente ans.

Vers la même époque, l'Église était appelée à contempler un spectacle d'une plus grande importance encore. Le pape Pie IX, chassé de Rome en 1848 par le souffle des révolutions, s'était réfugié, comme on le sait, dans la petite ville de Gaëte; de là, oubliant en quelque sorte ses immenses infortunes, il avait adressé à l'épiscopat

---

[1] *Psalm.* CXXXVIII, 17.

tout entier une lettre encyclique devenue célèbre, par laquelle il interrogeait les évêques sur la tradition de leurs Églises respectives par rapport à un privilége de la très-sainte Vierge, celui de sa Conception immaculée. Le saint pape exprimait le désir de voir ce privilége, si glorieux pour la mère de Dieu, consacré par une décision solennelle qui élèverait à la hauteur d'un dogme irréformable ce qui avait été tenu jusque-là par les fidèles, comme une pieuse croyance, et il avouait que ce désir avait été dans son cœur depuis le jour où il avait été appelé à s'asseoir sur le siége de saint Pierre. En même temps, il demandait des prières pour obtenir du Ciel les lumières dont il avait besoin dans une affaire de si haute importance. Mgr Mioland n'avait pas attendu jusque-là pour manifester sa foi à l'immaculée Conception de Marie. A peine sur le siége d'Amiens, il avait sollicité et obtenu de Rome une double autorisation : celle de donner le titre d'*immaculée* à la mère de Dieu dans la célébration des saints mystères et celle de transférer au deuxième dimanche de l'avent la solennité de la fête de sa Conception, afin que les fidèles pussent y accourir en plus grand nombre, n'étant plus retenus par les travaux de la semaine. Dans son mandement du 29 octobre 1839, par lequel il faisait connaître cette double concession du Saint-Siége, il disait à ses diocésains : « Vous vous réjouirez avec nous de voir ainsi plus solennellement proclamée cette croyance de l'immaculée Conception de la Vierge Marie. De tout temps elle a été autorisée dans l'Église, soutenue publiquement par les docteurs, enseignée dans les écoles et dans les chaires; même le saint concile de Trente, où le Saint-Esprit présidait, l'a honorée d'un suffrage solennel et tel qu'il ne pouvait rien dire de plus exprès, à moins d'en faire un dogme de foi, en déclarant que : *dans le décret où il s'agit du péché originel, son intention n'a pas été de comprendre la bienheureuse et immaculée Vierge Marie, mère de Dieu* [1]. » Aussi, après la réception de la lettre encyclique dont on vient de parler, l'évêque d'Amiens s'était empressé d'ordonner dans tout son diocèse des prières aux intentions de Sa Sainteté, et, dans sa réponse au Souverain Pontife, après lui avoir exposé que, dans son diocèse, prêtres et fidèles avaient les mêmes pensées et professaient la même doctrine que leur évêque sur le glorieux privilége de Marie, il terminait en disant: « Du reste, bienheureux Père, tout ce qu'il plaira à Votre Sainteté de décider et de définir sur cette question une fois décrété par le Siége apostolique, nous sommes déterminés à le recevoir, sans hésitation, comme la véritable règle de notre foi et de notre conduite, et nous nous écrierons avec nos pères et toute l'anti-

---

[1] *Concil. trid. Sess. V.*

quité chrétienne : *Pierre a parlé par la bouche de Pie IX* [1]. »

Les évêques du monde entier s'empressèrent d'affirmer la foi de leur diocèse au glorieux privilége de la mère de Dieu. Mais l'Église n'a pas l'habitude de précipiter ses jugements. Ce n'est qu'au mois de décembre 1854 que fut promulguée la fameuse bulle dogmatique *Ineffabilis Deus* qui fixait d'une manière irrévocable la croyance catholique sur l'immaculée Conception de Marie. Mgr Mioland se hâta de la publier dans son nouveau diocèse de Toulouse. Son mandement est du 25 janvier 1855. « Enfin, y disait-il, le Souverain Pontife, au milieu d'un concours immense d'évêques, de prêtres, de fidèles de tous les pays, vient de définir solennellement que « la doctrine
« qui enseigne que la bienheureuse Vierge Marie, dès
« le premier instant de sa conception, par un privilège
« singulier et une grâce spéciale de Dieu, en vertu des
« mérites de Jésus-Christ, sauveur du genre humain,
« a été exempte de toute faute et tâche originelle, est
« une doctrine qui a été révélée par Dieu, et que tous
« les fidèles sont tenus de la croire fermement et de la
« professer. »

[1] Cœterum, Beatissime Pater, quidquid ea de re decernere atque definire Sanctitati Vestræ placuerit, decretum sedis apostolicæ ut veram et firmiter tenendam credendi agendique regulam accipiemus, cum patribus nostris totaque retro antiquitate christianâ conclamantes : *Petrus per Pium locutus est.*

Le prélat, voulant ensuite éloigner toute fausse interprétation qui pourrait être introduite par l'ignorance, exposait, avec la rigoureuse exactitude que comportent ces sortes de matières, les principes de la théologie. « N'est-ce pas là, disait-il, un dogme nouveau, et l'Église peut-elle formuler de nouveaux dogmes et les imposer ainsi dans la suite des siècles à ses enfants ?

« Non, N. T. C. F., ce n'est point là un dogme nouveau.

« Non, l'Église ne peut jamais proposer à ses enfants des dogmes nouveaux...

« Que fait l'Église aujourd'hui ? Elle juge dans sa sagesse que le moment est venu de proclamer cette vérité d'une manière plus précise. Et le Souverain Pontife, successeur de Pierre, à qui il a été donné d'enseigner toute l'Église et de confirmer ses frères, avec la promesse de l'assistance divine, pour que sa foi ne manque jamais, après de longues et universelles prières, après avoir mûrement consulté et délibéré, prononce enfin, du haut de la chaire apostolique, que le privilége de « l'immaculé Conception de la Vierge « Marie est contenu dans le dépôt de la révélation di« vine, confié par Jésus-Christ à son Église. »

« Sans doute, N. T. C. F., cela ne vous apprend rien de nouveau : vous n'en doutiez nullement, et vous aimiez avec l'Église à vous reposer dans cette croyance ;

car, selon la parole célèbre d'un de nos grands docteurs : *En vérité, cette opinion a je ne sais quelle force qui persuade les âmes pieuses. Après les articles de foi, je ne vois guère de chose plus assurée*[1].

« Qu'est ce donc que vous aurez à faire désormais ? le voici :

« Vous ne croirez rien de plus, mais vous le croirez autrement ; vous ne professerez plus l'immaculée Conception de Marie comme une antique, universelle et pieuse croyance, mais comme un point de doctrine, comme un de ces dogmes de la foi chrétienne enseignés par l'Église et solennellement définis.

« Ce sera, de plus, pour vous un juste sujet d'une joie toute spirituelle que de voir ainsi votre divine mère recevoir de toute l'Église cet accroissement de gloire extérieure. »

Mgr Mioland n'eut pas le bonheur de se trouver à Rome au moment de la définition du dogme. Lorsqu'il fut invité à s'y rendre, il était engagé dans plusieurs affaires importantes et retenu dans son diocèse par les ravages qu'y exerçait le choléra. La ville de Toulouse n'échappa point au fléau ; toutefois elle fut moins maltraitée que quelques villes du voisinage. Cent trois communes du diocèse furent frappées ; mais, au milieu de ces populations qu'éclaire et anime la foi, le

---

[1] Bossuet. Premier Sermon sur la Conception de la sainte Vierge.

fléau destructeur produisit partout des fruits de salut et de conversion.

Mgr Mioland, pendant ces jours de désolation, se montra grand comme toujours. Après avoir visité les malades dans sa bonne ville de Toulouse, il se rendit au milieu de plusieurs des paroisses ravagées par le fléau. A Revel, il passa plusieurs jours au milieu des morts et des mourants. Sa présence rassurait les populations, et il les édifiait par la noble simplicité de son dévouement en même temps qu'il les soulageait par les bienfaits de sa charité.

C'est du sein de ces douloureuses préoccupations que le prélat écrivait à une dame qui avait peine à contenir sa frayeur : « Ne vous inquiétez pas trop du choléra pour votre compte, d'abord parce que c'est le meilleur préservatif ; puis, parce que si le choléra vous prenait, ce ne serait que pour vous porter en Dieu où vous ne seriez pas trop mal. Il faut toujours mourir. Qu'importe où et quand ? Il n'y a qu'à tenir ses comptes en règle et tous les matins offrir à Dieu sa vie simplement et en confiance [1]. »

Vers le même temps on se préoccupait beaucoup de la guerre de Crimée, de cette guerre qui, après avoir coûté à la France et à l'Angleterre de si rudes sacrifices, devait, hélas ! amener pour nous de

---

[1] 11 septembre 1854.

si faibles résultats. Dans une lettre adressée confidentiellement, sous le manteau de l'amitié, Mgr Mioland exposait ses vues à ce sujet. C'était avec cette finesse et cette justesse d'aperçus dont il nous a donné déjà tant de témoignages. Qu'on nous permette de la citer. Quelques-uns peut-être trouveront que c'est ici un hors-d'œuvre; mais on nous le pardonnera à cause de son aimable originalité. « Vous voulez que je prophétise, mon cher ami, mais j'ai trop peur de perdre à présent la belle réputation que vous m'avez faite depuis 1848. Si je rêvais, je dirais que nous allons guerroyer en bons croisés; rendre à la Turquie ses deux provinces envahies, et de plus la Bessarabie; nous faire donner en récompense la Terre-Sainte et Rhodes; laisser prendre aux Anglais l'Égypte, et, avec nous, la libre navigation de la mer Noire; concourir à la résurrection de la Pologne, obtenir la convocation d'un grand concile général à Vienne; ramener à l'Église romaine la Russie, la Prusse, la Suède, et ouvrir une nouvelle ère de foi commune, de reconstruction politique, de prospérité universelle, en attendant la fin du monde. Eh bien, de ce rêve je ne crois rien, sinon que c'est un rêve. On se battra, on se brouillera, on tirera le mieux possible son épingle du jeu, et nous, aimables Français que nous serons toujours, nous en retirerons honneur et gloire : mais les autres mangeront les marrons. »

CHAPITRE XV

Mgr Mioland s'occupe de donner à son diocèse la liturgie romaine. — Son voyage à Rome. — Ses sentiments sur la question liturgique. — Son obéissance filiale envers le Souverain Pontife.

Le diocèse de Toulouse était de ceux qui n'avaient point encore opéré le retour à la liturgie romaine. Le récit de ce que Mgr Mioland a fait pour opérer ce retour met dans un si grand jour sa déférence pour le Saint-Siége et son esprit de piété qu'il nous a semblé bon de lui assigner une place à part dans sa biographie.

Avant que Mgr Mioland quittât le siége d'Amiens, était venu pour lui le moment de donner une nouvelle édition des livres liturgiques, et il avait cru devoir conserver le bréviaire et le missel laissés par le vénérable Mgr de la Motte en 1746. De là, bien des récriminations de la part de quelques esprits plus ardents pour le retour à la liturgie romaine. Nous nous garderions de blâmer leur zèle, mais peut-être aurait-il pu être plus mesuré à l'égard d'un prélat dont toutes les démarches étaient marquées du sceau de la piété et de la sagesse. En conservant le bréviaire de Mgr de la Motte, Mgr Mioland avait cru rester dans son droit d'interprétation, car, plus d'une fois, les Souverains Pontifes avaient répondu que, quel que fût leur désir de voir nos diocèses de France se conformer à la liturgie de Rome, ils laissaient aux évêques le soin d'apprécier l'opportunité du moment. Or, aux yeux de l'évêque d'Amiens, le moment opportun n'était pas encore venu pour son diocèse. On pourra en juger par les notes qu'il a laissées et que nous transcrivons ici :

« Tous les livres de chant sont conformes au missel et au bréviaire. Depuis trois ans, il s'est répandu plus de douze mille exemplaires de livres portatifs de chant, d'un prix très-réduit.

« Toute notre liturgie est donc homogène. Elle date de cent ans.

« Elle vient d'un prélat vénéré.

« Tout le monde connaît et suit le chant dans le diocèse.

« Dans beaucoup de paroisses on chante matines et tout l'office à certaines fêtes.

« Les fabriques sont pauvres.

« Les habitants fort attachés à leur routine, à leurs usages.

« Ces considérations et plusieurs autres me laissent

la persuasion intime que, quelque désirable que soit l'introduction de la liturgie romaine, elle est impossible dans les circonstances présentes, et que, si on la tentait, on causerait un grand scandale, on anéantirait le culte public, sans réussir même dans cette introduction. »

Mgr Mioland s'était-il exagéré les difficultés qui se dressaient alors devant lui? C'est possible ; nous serions même porté à le croire, car son successeur put opérer, sans trop de secousses, la réforme qu'il désirait lui-même sans oser l'entreprendre.

Toutefois, il paraît bien que Mgr de Salinis jugeait aussi la chose difficile, car, pour la faire accepter, il eut soin de s'environner de toutes les précautions et d'employer tous les tempéraments que lui dicta sa prudence. Quant à Mgr Mioland, qui pourrait mettre en doute l'obéissance vraiment filiale qu'il a toujours professée pour le Saint-Siége et son désir d'entrer dans ses vues? Il vient de nous exprimer lui-même ce désir, et sa conduite à Toulouse, quelques années plus tard, va nous en fournir un témoignage sans réplique.

Le 16 décembre 1852, le prélat adressait au Souverain Pontife une lettre que Mgr de Carcassonne, alors à Rome, était prié de déposer aux pieds de Sa Sainteté. Dans cette lettre, il disait : « Je sais, très-saint Père, quels sont les désirs de votre Sainteté, relativement à la question si délicate et si épineuse de l'introduction, dans nos diocèses, de la liturgie romaine, et il n'a pas tenu à moi qu'ils ne fussent déjà satisfaits pour le mien. En attendant, j'ai pris pour règle invariable de ma conduite, jusqu'à ce jour, le bref du Souverain Pontife Grégoire XVI, d'heureuse mémoire, adressé à Mgr l'archevêque de Reims. A cet Égard, nos églises sont dans des conditions fort diverses : ce qui est désirable assurément pour toutes n'est pas toujours praticable pour chacune, en même temps et de la même manière. Nous estimons heureux les diocèses qui ont déjà pu, sans nuire à la bonne discipline du clergé, à l'édification des fidèles et à la paix, entrer dans la voie où votre Sainteté désire les voir, et nous hâtons de nos vœux et de nos prudents efforts le moment où il pourra nous être donné de suivre leur exemple et de répondre aux désirs de notre Père commun. »

Pie IX daigna répondre, le 18 janvier 1853, à l'archevêque de Toulouse, par une lettre italienne tout entière de sa main, lettre bienveillante et paternelle, comme tout ce qui vient d'une telle source : « Relativement à mon désir de voir régner l'uniformité liturgique, disait le pape, vous apprendrez de Mgr l'évêque de Carcassonne que ce désir, quelque vif qu'il soit, est néanmoins subordonné aux circonstances locales et aux règles de la prudence chrétienne. Ce que je désire par-dessus tout c'est de voir l'épiscopat faire toujours de nouveaux progrès dans la voie de cette cordiale entente avec ce centre de l'Unité; car de cette entente surgit une force invincible pour combattre les ennemis de Jésus-Christ et les oppresseurs de la liberté de l'Église. Pour obtenir l'accroissement de cette heureuse union et de cet accord avec le Chef de la religion catholique, je compte beaucoup sur notre très-cher archevêque de Toulouse et je suis persuadé qu'il ne négligera aucun moyen d'atteindre ce but[1]. »

Cependant l'archevêque de Toulouse, qui ne se trouvait pas en face des difficultés qu'avait rencontrées l'évêque d'Amiens, mit tout en œuvre, mais avec sa prudence ordinaire, pour hâter le moment où il pourrait donner à son nouveau diocèse la liturgie romaine. Il commença à parler vaguement de ce projet à ses prêtres, pour tourner leurs pensées de ce côté-là et mûrir l'opinion de son clergé en ce sens. Il prépara si bien les choses que, deux ans plus tard, il pouvait écrire au Saint-Père qu'il était disposé à réaliser ses

---

[1] Circa il mio desiderio sulla uniformità della Liturgia Ella sentira dal prelato suddetto, che il mio desiderio quantunque vivissimo, pure e subordinato alle circonstanze locali, ed alle regole della christiana prudenza. Fra tutti i miei desideri il principale di tutti si è quello di vedere l'Episcopato progredire di bene in meglio in quella cordiale intelligenza con questo centro della Unità, della quale intelligenza nasce poi quella forza invincibile per combattere contro i nemici di G. Cristo e contro i violatori della libertà della Chiesa. Per ottenere il proseguimento di questa beata unione e concordia col Capo della Cattolica Religione, confido molto anche in Lei carissimo Mr. Arcivescovo, e sono persuaso che non lascera intentato ogni mezzo per ottenere lo scopo.

désirs, et Sa Sainteté lui envoyait en retour un bref de félicitation. Le prélat écrivait ensuite : « Le clergé, que j'ai instruit de ce changement, à la retraite, y sera amené sans secousse. La commission s'occupe du *propre*, le chapitre également. Je me propose d'aller moi-même à Rome, en avril prochain, et de soumettre ce *propre* à la sacrée Congrégation. Ce sera une grande opération, exécutée sans bruit, sans répugnance et sans enthousiasme, et propre à faire un bien réel [1]. »

Les choses se passèrent ainsi. Le *propre*, c'est-à-dire la partie du missel et du bréviaire qui est consacrée aux offices par lesquels sont fêtés les saints plus particulièrement chers à chaque localité, fut disposé et traité avec de très-grands soins. Le travail une fois terminé, Mgr Mioland partit tout joyeux pour Rome, non pas au mois d'avril, comme il en avait eu d'abord la pensée, mais le 23 octobre. C'était en 1857.

Dans la lettre pastorale par laquelle il annonçait son départ à ses diocésains, il leur disait : « Avant de recommander notre voyage à vos prières et saints sacrifices, il nous semble utile de vous faire part des motifs qui nous portent à l'entreprendre et à nous séparer de notre troupeau pour quelques semaines.

« En vénérant le tombeau des bienheureux apôtres

---

[1] Notes de la retraite du 15 décembre 1856.

Pierre et Paul, en célébrant l'auguste Sacrifice sur leurs cendres sacrées, nous espérons d'abord augmenter en nous l'esprit de charité et de zèle, si nécessaire pour prêcher la foi de Jésus-Christ qu'ils ont cimentée de leur sang et pour la défendre contre toutes les erreurs qui l'attaquent.

« Nous voulons aussi rendre personnellement hommage à cette Église romaine qu'ils ont fondée, à cette Église mère qui tient en sa main la conduite de toutes les autres, à cette Chaire apostolique, chaire principale d'où part le rayon du gouvernement, chaire unique en laquelle seule toutes gardent l'unité.

« ... Nous sommes impatients de déposer aux pieds du glorieux Pontife assis aujourd'hui dans cette chaire immortelle l'hommage de notre vénération profonde et de notre filiale obéissance; car nous avons appris de nos pères et de toute la tradition catholique que Pierre vit toujours dans son successeur, qu'il parle toujours par sa bouche, et qu'en sa personne nous honorons le Vicaire de Jésus-Christ, le Chef de son Église, le pasteur suprême à qui tout le troupeau a été confié, brebis et pasteurs; en sorte que, pasteur à votre égard, N. T. C. F., nous sommes brebis à l'égard de Pierre et de son successeur. »

Le prélat, après avoir dit ensuite avec quel bonheur il parlerait au Souverain Pontife du bon esprit qui animait le clergé et les fidèles de son diocèse, disait à ses prêtres : « Nous sommes bien sûr de consoler aussi son cœur paternel, en lui apprenant avec quelle simplicité et unité de sentiments vous vous préparez à entrer dans ses vues et ses désirs si hautement manifestés pour rétablir dans notre Église la liturgie romaine. »

Mgr Mioland trouva auprès du Saint-Père un accueil plein de grâce, et Pie IX, après lui avoir donné une première audience, disait à son entourage qu'il avait eu un grand plaisir à entretenir l'archevêque de Toulouse. Comme ce dernier assistait, dans la chapelle Sixtine, au sacre de Mgr de Hohenlohe, qui recevait la consécration épiscopale des mains du pape lui-même, Pie IX, ayant aperçu Mgr Mioland, députa auprès de lui Mgr Pacca, son maître de chambre, pour l'inviter à passer dans ses appartements après la messe. Là, une modeste collation fut servie à quelques assistants. Le pape, qui avait placé l'archevêque de Toulouse tout près de la petite table où il siégeait seul, lui adressa plusieurs fois la parole et l'invita, avec une grâce singulière, à venir le voir de nouveau. Mgr Mioland me donnait ensuite ces divers détails dans une lettre où respirait le sentiment du bonheur, tant il lui semblait doux d'aborder ainsi le successeur de saint Pierre et d'en recevoir une parole de bienveillance et de satisfaction.

L'archevêque de Toulouse put, dans diverses audiences, entretenir le pape à son aise des affaires de son diocèse et obtint de lui plusieurs concessions relativement à l'introduction de la liturgie romaine qu'il allait donner à ses diocésains ; mais la mort devait le surprendre avant qu'il eût achevé tous les travaux préparatoires, et ce ne fut que sous l'administration de Mgr Desprez, son successeur, que la réforme liturgique fut consommée.

Mgr Mioland, cette fois encore, profita largement de son séjour à Rome pour satisfaire les attraits de sa piété. Il ne passa presque pas un jour, ainsi que le témoignent les notes qu'il nous a laissées de son voyage, sans visiter quelque sanctuaire, sans assister à quelque cérémonie religieuse. C'est pendant ce pèlerinage qu'il se lia d'une étroite amitié avec le vénérable évêque de Metz, Mgr du Pont-des-Loges : les deux prélats ne tardèrent pas à se comprendre. Une certaine communauté de vues et une estime mutuelle en eurent bientôt fait deux amis intimes, et le pape les confondit l'un et l'autre dans les effusions de sa paternelle bienveillance.

Toutes choses étant réglées, Mgr Mioland quittait Rome le 29 décembre. Une fois arrivé à Marseille, il se détourna de sa route pour apporter tout joyeux à sa communauté des Chartreux une bénédiction spéciale écrite de la main du Souverain Pontife, ainsi qu'il a été dit dans la première partie de cette histoire ; et cette bénédiction a été transcrite avec un religieux respect au bas du portrait de Pie IX que possède la communauté. Il voulait aussi rendre une visite et porter une bénédiction à son ami Mgr de La Croix-d'Azolette qui, ayant fait agréer sa démission comme archevêque d'Auch, s'était provisoirement retiré dans une modeste habitation du Beaujolais avant de venir se fixer, comme il le fit un peu plus tard, auprès de nous, dans une ancienne cellule des Pères chartreux. Nous ne possédâmes Mgr Mioland que très-peu de jours. Il était pressé de rejoindre son diocèse ; mais nous eûmes le temps de voir et de comprendre combien il était heureux de son pèlerinage aux tombeaux des saints apôtres. Le prélat nous honora l'année suivante d'une autre visite qui, hélas! devait être la dernière ; et comme il me racontait avec une véritable satisfaction que son diocèse se trouverait muni d'un bréviaire dont le *propre* avait été préparé avec soin, et que tout s'était bien passé relativement à cette mesure, je me permis de lui dire que j'avais cru comprendre, par certains récits, qu'il avait vu d'abord d'un œil assez peu favorable ce mouvement que l'on se donnait en France pour le changement de nos liturgies diocésaines. Il s'empressa de me désabuser, et, non content de cette réponse, une fois de retour à Toulouse, il m'envoya cette lettre où il se peint tout entier : « J'ai toujours sur le cœur que vous m'ayez cru hostile à cette mesure d'introduction de la liturgie romaine dans nos églises; vraiment je ne le suis pas du tout. Je peux avoir blâmé la controverse soulevée à ce sujet, la passion qu'on y mettait, les pauvres raisons qu'on alléguait, les troubles qu'on pouvait exciter dans certains diocèses mal préparés pour cela; mais, au fond, il y a loin de là à improuver la mesure en elle-même. D'abord, j'ai toujours regardé comme dangereuse pour l'unité la disposition à se modeler sur Paris dans les choses de discipline. Puis, l'intention du Souverain Pontife ayant été si manifestement énoncée par le bref de Grégoire XVI et les diverses réponses de son successeur, j'ai toujours cru et répété que la liturgie romaine deviendrait exclusive partout en France et que ce n'était plus pour les diocèses qu'une question de temps.

« Enfin, je suis persuadé que cette mesure n'a été prise par le Saint-Siège que par une profonde sagesse. Toutes les habitudes sociales tendent à devenir universelles dans le monde. Les catholiques ne sont plus assez instruits pour comprendre les raisons des différences des rites. Les liturgies particulières, déjà fort altérées depuis cent ans, tendaient à se dénaturer tout à fait. Plus de Facultés savantes, de corps puissants et permanents comme les chapitres d'autrefois, pour les maintenir intactes, le premier évêque, ou grand-vicaire, ou maître de cérémonies, pouvant à chaque édition changer, supprimer, ajouter, bouleverser de fond en comble la liturgie ; l'arbitraire substitué à la règle, la bigarrure sans limites à l'uniformité, etc., etc... Tout cela et mille autres considérations doivent faire comprendre les motifs si graves qui poussent le Saint-Siége à presser une mesure qui tend à donner plus de poids, d'autorité, de fixité, d'universalité à la prière publique. Devant ces considérations tombent naturellement celles qui seraient prises de la plus grande perfection de nos bréviaires [1]. »

Cette déférence pour le Saint-Siége, cette obéissance filiale à l'autorité souveraine du Vicaire de Jésus-Christ, Mgr Mioland ne les portait pas seulement dans la question liturgique, mais en tout et partout. Il était du nombre des évêques (pourquoi ne le dirions-nous pas ?) qui gémissaient du ton âcre, violent, passionné, que certains esprits, trop peu mesurés à ses yeux, mettaient dans les disputes religieuses. Il se demandait avec inquiétude où cela pouvait nous conduire. Le scandale des fidèles, l'éloignement des hérétiques, dont plusieurs se montraient disposés à revenir à l'unité, lui apparaissaient comme de funestes conséquences qui sortiraient de ces violents débats. Toute sa correspondance est remplie de réflexions semblables. Il voyait également avec peine des laïques

---

[1] Toulouse, 7 avril 1859.

s'arrogeant la mission de diriger leurs évêques et se servant de la presse pour leur adresser des leçons. Mais ce saint vieillard, qui était souvent interrogé, consulté, regardé comme une lumière par ses frères dans l'épiscopat, était disposé, comme un enfant, à abaisser ses vues devant celles du Vicaire de Jésus-Christ, et ce n'est pas sans une religieuse émotion que, parcourant les notes de ses diverses retraites, nous y avons lu ces paroles vraiment dignes d'un saint : « Il me reste de toutes ces controverses de tristes pressentiments pour l'avenir. J'ai voulu, dans la retraite, demander à Dieu de ne jamais m'égarer dans ces temps difficiles. J'ai sérieusement médité là-dessus et je suis bien résolu, dans toutes les choses de foi, dans toutes les mesures prescrites par l'autorité, de sacrifier tout à fait mes idées, mes répugnances, mes opinions même, quelque fondées qu'elles me paraîtraient, à l'obéissance simple et filiale envers l'autorité... Je me sens tout disposé, comme à un devoir de conscience, à me soumettre, en toute simplicité, à des ordres, à des prescriptions, à des mesures de discipline, de quelque manière qu'elles me soient notifiées. Je demande à Dieu de me conserver, par sa grâce, dans ces saintes dispositions si nécessaires, comme je l'ai déjà demandé à Rome, en 1833, au tombeau des saints apôtres, la veille de mon départ, sans pressentir qu'elles dussent un jour me devenir plus nécessaires encore dans la position où Dieu m'a placé [1]. »

Après cela, ne serait-il pas superflu de rechercher quelles ont été les opinions de Mgr Mioland sur l'étendue des privilèges du Souverain Pontife ? Nous l'avouerons sans détour, nous croyons qu'il inclinait du côté de ce que l'on appelait alors les opinions gallicanes, mais dans le sens le plus modéré. Toutefois, il était aisé de voir qu'il ne s'en était pas fait un corps de doctrine auquel il attachât un grand prix. Une seule fois nous l'avons entendu exposer devant la communauté ses pensées à ce sujet, et c'était pour établir que, dans la pratique, quelles que fussent les divergences d'opinion, tout finissait par l'obéissance. Esprit peu tourné à la dispute, il discutait rarement, mais se montrait toujours heureux d'obéir ; un désir du Souverain Pontife eût été pour lui un ordre. Aussi, nous ne saurions mettre en doute un seul instant que, s'il eût vécu quelques années de plus, voyant la doctrine de l'Église sur l'infaillibilité du Vicaire de Jésus-Christ se dessiner, s'accentuer et s'affirmer avec cette précision qui ne laisse plus de place aux interprétations autrefois tolérées, il eût été des premiers à sacrifier ce qui pouvait lui rester d'hésitations et de doutes et à dire avec bonheur : *Je me soumets et je crois.*

---

[1] Retraite de 1853.

CHAPITRE XVI

Continuation des rapports de Mgr Mioland avec sa maison des Chartreux de Lyon.

Amiens et Toulouse, malgré la distance qui les sépare de Lyon, ne pouvaient rompre les liens qui attachaient Mgr Mioland à sa maison des Chartreux. Il l'avait vue naître; lui-même avait dirigé ses premiers pas. Il avait été l'inspirateur de ses règles et de son esprit, et pendant vingt-deux ans il en avait été le supérieur et le père : comment aurait-il pu l'oublier ? De son côté, la maison des Chartreux gardait le fidèle souvenir de tout ce qu'elle lui devait : ses exemples, ses conseils, les dons de sa générosité restaient gravés dans son cœur sur une de ces pages qui ne se déchirent jamais; et parmi ses membres, parmi les anciens surtout, il en était plusieurs chez qui le nom seul de Mgr Mioland amenait des larmes dans les yeux. On nous permettra de nous arrêter quelques instants sur ces souvenirs de famille. C'est un besoin pour notre reconnaissance.

Au moment où Mgr Mioland, pressé de toutes parts, fut obligé de quitter Lyon pour Amiens, l'amertume de cette séparation, on se le rappelle sans doute, fut adoucie pour lui par l'espérance de revoir souvent ceux auxquels on l'arrachait. Il nous en manifesta alors le désir et nous en fit la promesse. Cette promesse, il y a été fidèle. Je ne sais si une seule année s'est passée sans qu'il nous consacrât quelques jours. On voyait qu'il était heureux de se retrouver parmi nous, d'occuper sa chambre, de reprendre ses habitudes de communauté. Son bonheur était partagé par tous, et sa présence était pour nous un stimulant précieux. Rentré dans son diocèse, il ne perdait pas de vue ce qui se passait d'important aux Chartreux. Une active correspondance l'en informait toujours. Souvent il appelait auprès de lui quelques-uns de nos Pères pour leur confier le ministère de la prédication, et il tâchait de se persuader alors que nous n'étions plus séparés. Mais, on peut bien le dire, il ne se laissa jamais aveugler par l'amitié qu'il nous portait. Un seul d'entre nous[1] reçut de lui un camail d'honneur; et encore fallut-il que le chapitre d'Amiens, après deux bril-

---

[1] M. l'abbé David, aujourd'hui évêque de Saint-Brieuc.

lantes prédications de carême, sollicitât pour lui cette faveur.

Nous avons sous les yeux une lettre que Mgr Mioland adressait d'Amiens, le 13 décembre 1839, à quelques-uns de nos séminaristes qui se disposaient à prendre part à une prochaine ordination. Elle dira mieux que nous ne saurions le faire nous-même tout ce qu'il y avait dans son cœur de zèle sacerdotal et de paternité à notre égard. « Soyez, leur disait-il, les bienvenus dans le sanctuaire où vous entrez. Je demande au commun Maître qu'il vous rende vraiment siens. Après cela, peu importent votre santé, votre talent, votre ministère futur, le lieu où vous vivrez, celui où reposeront vos os. Oh! que l'avenir appelle des docteurs et des apôtres! Vous ne sauriez croire le plaisir que m'a fait la liste complète des nôtres que M. le supérieur m'a envoyée avec votre lettre. J'ai lu et relu tous ces noms, comme un exilé que je suis, quoique mon exil me soit doux, puisque c'est la main de Dieu et l'obéissance qui m'y ont poussé, et qu'il n'y a point d'exil pour celui qui ne veut faire que ce que Dieu veut, où il veut, comme il veut, quand il veut. Il n'y a point même de séparation pour les apôtres. On est toujours réuni, toujours *un* dans le sein de Celui pour qui on travaille, et qui a prié pour que ses disciples fussent consommés dans l'unité, *un* en lui, avec lui, partout où ils seront. Vous voilà bientôt trois prêtres. Ne vous tourmentez pas de n'être pas encore apôtres. Je me souviens qu'en sortant de l'ordination, j'avais quelque peine à rester dans un emploi fort minime, au lieu du saint ministère après lequel je soupirais depuis l'âge de dix ans. A présent, je m'applaudis de ces années passées dans la solitude, dans les livres, dans la règle. Oh! que Dieu est admirable dans ce qu'il fait! Un prêtre n'est pas à lui, il est à Dieu. Laissons faire ce bon Maître de son bien ce qu'il veut, et reposons-nous en enfants dans le sein de sa paternelle Providence...

« A l'époque de la Trinité, comme je penserai à Lyon! Lyon, Paris, Amiens, les Chartreux, Saint-Sulpice, Saint-Irénée, mon séminaire! Dieu veuille envoyer partout l'esprit qui fait les saints et celui qui les garde jusqu'à la mort! »

Un des jeunes ecclésiastiques auxquels s'adressait cette lettre était allé, quelques années plus tard, vouer ses services aux chrétiens de Jérusalem [1]. Le spectacle de cette Église désolée excitait son zèle, et il était tourmenté du désir d'appeler à son aide quelques apôtres lyonnais. En cela il n'était, du reste, que l'interprète du patriarche, Mgr Valerga, qui, lui aussi, avait tourné ses regards du côté de Lyon ; et comme il espérait que la maison des Chartreux pour-

---

[1] M. l'abbé Poyet.

rait répondre à cet appel, il voulut avoir l'avis et, au besoin, l'appui de Mgr Mioland, alors archevêque de Toulouse. Le prélat lui écrivit : « Ce sera à Mgr le cardinal de Lyon à se prononcer sur la demande de Mgr le patriarche de Jérusalem. Pour moi, j'avoue que je verrais avec une grande consolation se réaliser un pareil projet. Il serait utile à Lyon, utile aux Chartreux, utile à ceux qui se dévoueraient, et encore plus utile à Jérusalem ; mais savez-vous le grand obstacle que j'y vois? c'est que nous ne sommes pas assez saints pour en être dignes. Toutefois, comme les positions font souvent les hommes, je ne désespère pas que cela ne réussisse.

« Vous voyez par là que je suis un peu d'accord avec vous. Je joins mes vœux aux vôtres : au besoin je dirai mon avis en ce sens et je recommanderai l'affaire à Notre-Seigneur à qui ce saint pays doit être si cher. »

Puis, avec l'accent d'une piété d'apôtre, il ajoutait : « Je ne vous dis rien d'ici. Que dire à Jérusalem, sinon : Rursum *œdificaberis* [1]. Tout pâlit devant un tel nom. »

Cependant cette affaire traînait en longueur, le projet rencontrait plus d'un obstacle; on n'était pas prêt pour le réaliser, et Mgr Mioland, fidèle à son grand

---

[1] De nouveau *tu seras rebâtie*. (ISAIE. XLIV, 28..)

principe de soumission à la Providence, écrivait quelques mois plus tard : « Je pense, mon cher ami, que si Son Éminence refuse de détacher quelques sujets des Chartreux, et si M. le supérieur oppose un refus semblable, ce sera une marque que le bon Dieu ne veut pas la chose, ou ne la veut pas à présent, ou ne la veut pas par nous, et qu'il a quelque autre dessein là-dessus que nous ne devons pas contrarier. Cela n'empêche pas de le prier instamment de nous faire connaître sa volonté et d'incliner le cœur de tous à s'y soumettre, à s'y plier en toute simplicité, humilité, obéissance et abnégation. »

Nous ignorons ce que Dieu réserve à l'avenir. Ce que nous savons, c'est que des obstacles qui parurent insurmontables à ceux qui étaient chargés de traiter cette grande affaire empêchèrent alors le projet d'aboutir ; mais quels que soient les anathèmes qui pèsent sur la malheureuse Jérusalem, nous aimons à caresser l'espérance que, dans un avenir peu éloigné, les généreux désirs de l'archevêque de Toulouse se réaliseront et que de nouveaux apôtres, s'unissant à ceux que possède déjà cette ville coupable, attireront sur elle les bénédictions du sang adorable qu'elle a osé verser.

Nous l'avons déjà dit : dans les visites que Mgr Mioland rendait à sa maison des Chartreux, il choisissait préférablement les jours où ses prêtres vaquaient aux exercices de leur retraite annuelle. C'était l'unique époque de l'année où il pouvait espérer de les trouver réunis. Sa présence était alors pour tous une joie et un encouragement. Il ne les laissait pas sans leur adresser les avis de sa sagesse et de son expérience, et, en l'entendant, les anciens croyaient voir revivre les beaux jours où ils le possédaient au milieu d'eux. Mais plus d'une fois il arrivait que des devoirs impérieux le retenaient dans son diocèse ; alors Mgr Mioland essayait de suppléer par ses lettres à ce que sa parole ne pouvait nous dire. C'était pour lui une consolation, pour nous un précieux secours. « Vous voilà donc encore rassemblés dans le Saint-Esprit, mes chers confrères, nous écrivait-il en 1839. Combien il m'en coûte d'être absent de cette retraite, pour la première fois depuis vingt-trois ans ! Dieu sait que c'était bien mon intention pourtant d'y assister, mais il ne l'a pas voulu. Au moins, j'y suis bien présent de cœur, je vous assure, et je vous suivrai dans vos exercices du matin et du soir. Dieu veuille vous consoler tous, vous diriger, vous inspirer des sentiments, des résolutions dignes de notre vocation, dignes de ses desseins sur nous, qui se développent lentement, mais enfin qui se développent ; dignes de nos vingt-trois ans de travaux, de missions, d'œuvres apostoliques ; dignes du diocèse que nous sommes appelés à édifier, à évangéliser, à sanctifier par toutes sortes de bonnes œuvres, en toute humilité.

Deux ans plus tard (c'était en 1841), Mgr Mioland fut encore retenu dans son diocèse, à l'époque de notre retraite annuelle. Dans la lettre par laquelle il nous annonçait cette fâcheuse nouvelle, il disait : « Voilà vingt-cinq ans, un quart de siècle, que ce divin Sauveur nous a convoqués pour la première fois dans ce même lieu. Que de choses! Que d'événements! Que de morts! Que de dispersions, et aussi que d'œuvres faites, établies! Que d'âmes évangélisées! Que d'autres déjà sauvées! Que de péchés évités! Sans doute il ne faut pas trop considérer ces derniers points, pour n'être pas tenté de dérober à Notre-Seigneur une gloire ou des succès qui ne sont qu'à lui, mais ce divin Sauveur ne nous défend pas d'y chercher au moins quelque sujet de consolation, d'espérance pour l'avenir, et de bonnes et saintes résolutions pour aller toujours en avant. »

Mgr Mioland, dans cette même lettre, passait ensuite en revue chacune de nos œuvres, signalait, avec autant de discernement que de délicatesse, les abus à éviter, les améliorations à introduire ; puis il nous faisait entendre ce langage digne de saint Vincent de Paul : « Chaque communauté doit avoir son esprit, et le grand soin c'est de le conserver. Le nôtre, c'est l'obéissance à notre premier pasteur et la disposition habituelle à être prêt à faire ce qu'il voudra pour la gloire de Dieu. Ne sortons pas de là. Plus cet esprit est simple, plus il nous doit être précieux et cher. Donc il faut être prêt. Mais si on ne nous veut pas, si on ne nous emploie pas, si on n'a pas besoin de nous, il faut être prêt à ne rien faire, prêt à n'être bon à rien, et c'est beaucoup que d'être ainsi. Un prêtre, après tout, n'a-t-il pas toujours l'autel, l'Écriture sainte et le prie-Dieu ? Que faut-il de plus pour devenir saint ?.. La vie est si courte ! il est si difficile de la rendre méritoire par des œuvres de son choix ! N'est-on pas heureux de penser que l'obéissance marque tout pour nous du sceau de la divine volonté ? »

C'est ainsi que Mgr Mioland, malgré les sollicitudes d'un vaste diocèse, pour lequel il se prodiguait tout entier, avait encore ses regards tournés du côté de sa maison des Chartreux et s'efforçait de l'entretenir dans cet esprit dont ses exemples lui avaient, pendant vingt-deux ans, offert le modèle.

Cependant la maison allait en se développant. Dieu lui envoyait de nouveaux renforts, et, à la vue de cet accroissement, le cœur de Mgr Mioland ne pouvait que goûter une grande joie. Mais, à mesure que les années s'écoulaient, la mort passait aussi dans nos rangs, et, fidèle à la mission qui lui a été donnée de détruire sur la terre pour peupler le Ciel, elle abattait plus d'une victime. Lorsque le prélat venait au milieu de nous, il était rare qu'il ne rencontrât pas quelque

vide. Une nouvelle génération pleine d'ardeur s'était
formée ; mais plusieurs de ceux qui avaient partagé
les travaux du vénérable prélat avaient disparu, et
cette absence attristait son cœur paternel. Dieu daigna lui ménager dans sa vieillesse un dédommagement pour ce qu'il avait perdu. A quelques pas de
notre habitation, on l'a déjà dit, était venu se retirer,
dans une ancienne cellule de la Chartreuse, son intime
ami, Mgr de La Croix-d'Azolette, qui, après avoir
occupé les siéges de Gap et d'Auch, avait voulu se
préparer, dans cette humble solitude, au grand voyage
de l'éternité. Ce n'était pas pour Mgr Mioland un
médiocre sujet de joie de retrouver sur cette colline
celui avec lequel il avait jeté les fondements de notre
Société, et dont les vues et les pensées n'avaient jamais cessé d'être en harmonie avec les siennes ; et
pour nous c'était une satisfaction toujours nouvelle
lorsqu'il nous était donné de contempler ces deux vénérables prélats que nous regardions comme nos
pères. Plus d'une fois leur présence au milieu des
exercices de notre retraite est venue leur donner un
accroissement de vie, et lorsqu'ils étendaient ensemble la main pour nous bénir, nous sentions que le Ciel
était avec nous.

Mgr de La Croix avait quelques années de plus
que Mgr Mioland. Sa santé frêle et délicate semblait
ne tenir qu'à un fil. La paix, la tranquillité d'une âme

simple comme celle d'un enfant, en était l'unique soutien. Aussi, lorsque l'archevêque de Toulouse nous rendit sa dernière visite en 1859, il eut grand soin de me dire, au moment de nous quitter : « Si Mgr de La Croix tombe malade, ne manquez pas de m'en avertir aussitôt par une dépêche. » Hélas! la précaution était inutile. Le nombre des jours était compté pour chacun des deux prélats, et Mgr Mioland devait, le premier, voir le terme de ceux qu'il avait à couler. Ce n'est que deux années plus tard que Mgr de La Croix, quittant à son tour la terre de l'exil, allait rejoindre son illustre ami.

Un prélat qui avait été admis à l'intimité des deux augustes défunts, Mgr Plantier, évêque de Nîmes, répondant à la lettre par laquelle nous lui avions annoncé la mort de Mgr de La Croix, faisait son éloge en ces termes : « Les honneurs ne l'ont pas plus enivré que les tribulations ne l'ont aigri. Tout le monde sait que l'esprit de pauvreté fut l'une de ses vertus distinctives. Vicaire général, évêque et archevêque, il coucha constamment sur un lit de trappiste ; on prétend que, se servant à lui-même de domestique, il aimait à nettoyer de ses mains ses habits et sa chaussure, imitant ainsi le bon Maître qui se disait envoyé pour servir et non pour être servi. Qu'il y a de grandeur dans ces abaissements pratiqués avec amour pendant plus d'un demi-siècle ! Après avoir traversé les honneurs avec modestie, il les a quittés par une abdication volontaire et sans faste. D'un palais il a passé sans effort dans une cellule; et, sous le toit de cette humble retraite, il sembla que la jeunesse de son âme se fût renouvelée. Son corps octogénaire fut impuissant à l'appesantir, et sa vieillesse s'est éteinte dans le recueillement d'un cénobite, la tendre piété d'un juste, et les sereines espérances d'un élu. »

Dans cette même lettre, l'évêque de Nîmes, comme pour consoler sa douleur et la nôtre, essayait de faire revivre les deux vénérables défunts dans un parallèle où il restituait à l'un et à l'autre leur physionomie propre en des traits si justes et si vrais qu'il nous serait impossible d'offrir deux portraits plus ressemblants : « Entre Mgr de La Croix, disait-il, et Mgr Mioland, une amitié non pas ardente, mais intime et profonde, avait toujours existé. Avec des différences marquées, ces deux âmes étaient admirablement faites pour s'entendre. Mgr Mioland portait dans sa personne les airs de la grandeur; Mgr de la Croix avait ceux de la bonhomie. L'un quoique modeste, par sentiment, semblait être dans les honneurs comme dans son élément naturel; le second paraissait s'y résigner, sans toutefois affecter d'en gémir. Dans le premier, c'était une piété qui, sans négliger les pratiques secondaires, s'attachait surtout à ce qu'il y a de plus substantiel et de plus élevé dans l'esprit de foi; celle du second, sans manquer de fortes racines, prenait visiblement ses délices dans les petites observances. Celui-là, doué, dans une mesure remarquable, du génie des affaires, se jouait en quelque manière avec l'administration de son troupeau et mêlait largement son âme au mouvement général de l'Église; on voyait celui-ci concentrer la plus grande part de sa vie dans les soins de son diocèse et ne donner dans sa sollicitude aux événements publics qu'une place secondaire. Enfin, le premier, plein d'expansion dans ses rapports, ne pouvait que rarement provoquer l'abandon, tandis que le second, sobre de paroles, s'exprimant par demi-mots, avait le secret de mettre à l'aise à force de mansuétude. Et toutefois, à travers ces nuances, ces deux caractères offraient des analogies frappantes. Même calme, même simplicité, même droiture, même immutabilité dans la pratique du devoir; même plénitude de l'esprit sacerdotal au sein des positions les plus variées; même intégrité dans tout l'ensemble de la vie. Pour tous les deux, le fleuve a conservé ses eaux sans trouble et sans mélange depuis sa source jusqu'à son retour à l'Océan d'où il était parti. »

Que pourrions-nous ajouter à ces admirables paroles, sinon l'expression de l'espérance qui nous remplit? Disons-le donc, ô Pères vénérés, pour l'honneur de votre nom et pour la consolation d'une Société qui vous fut si chère : vous avez pris l'un et l'autre une même route; aussi, malgré les nuances qui vous distinguaient, nous en avons la douce certitude, vous vous êtes rencontrés là où le sein de Dieu, devenant un centre commun, toutes les distinctions s'abîment dans'une merveilleuse unité.

CHAPITRE XVII

Dernières années de Mgr Mioland. — Sa mort. — Ses funérailles.

La vie tout entière de Mgr Mioland avait été une longue préparation à la mort. Cette enfance si docile, cette jeunesse si pure, ces années de séminaire si ferventes, ce sacerdoce si saintement compris, ce double épiscopat où on le vit se prodiguer pour le service de l'Église, qu'est-ce que tout cela, sinon une même vie toujours semblable à elle-même qui s'en va chercher le Ciel? Cependant, à mesure que les années s'écoulaient dans cette noble existence, aux approches surtout de la vieillesse, les pensées de Mgr Mioland se portaient plus habituellement encore du côté de l'éternité, non pour y trouver un sujet de frayeur, mais pour s'y préparer plus sûrement une place.

Dieu a disposé les choses de telle sorte que, si tous

les âges ont leurs dangers, tous aussi ont des secours qui ont été ménagés par sa Providence pour chaque genre d'épreuves. Les vieillards, qui ont moins de force pour la lutte, rencontrent à chaque pas des leçons qui viennent en aide à leur faiblesse. Pour eux, cette courte vie a perdu les illusions et les charmes qui séduisent la jeunesse. Ils voient le monde dans sa réalité. A mesure qu'ils avancent, le vide se fait autour d'eux, leurs amis les quittent pour ne plus revenir, les infirmités remplacent les plaisirs, ce qu'ils avaient cru solide s'écroule, et la terre semble manquer sous leurs pas mal assurés. De tels enseignements devraient leur ouvrir les yeux et leur apprendre à fixer leurs espérances sur les biens que la mort ne pourra jamais atteindre. Mais, par un renversement déplorable, trop souvent ils essayent de s'aveugler encore ; ils luttent vainement contre le géant qui déjà les saisit dans ses étreintes; ils s'accrochent aux débris de l'équipage, pendant que le torrent les emporte avec lui, et ils ne voient pas qu'ils s'exposent à un redoutable naufrage.

Mais les justes, les amis de Dieu, avertis par toutes ces voix, se recueillent pour comprendre la grande leçon. Ils détachent insensiblement leur cœur de tous ces biens qu'il leur faudra bientôt laisser ; ils achèvent de secouer la poussière qui s'est attachée à leurs vêtements le long du pèlerinage et chaque jour ils ajoutent une fleur ou un diamant à leur couronne.

Telle fut la vie de Mgr Mioland pendant ses dernières années : toute sa correspondance nous en fournit l'édifiant témoignage ; dans toutes ses retraites annuelles, il est préoccupé de la mort qui approche. Chacun des coups qu'elle frappe autour de lui, chacun des amis qu'elle lui arrache, les événements politiques, qui font de ce monde une scène constamment mouvante, et, selon l'expression de l'Apôtre, une *figure qui passe*, tout reporte ses pensées, ses espérances et ses vœux plus haut que la terre et dispose son âme au dernier départ.

« J'ai, pendant ma retraite, écrivait-il dans ses notes personnelles, en 1853, sérieusement médité sur la mort et le jugement. Je suis frappé de voir tant de mes contemporains disparus de ce monde. Je sens que mes forces diminuent, que les infirmités s'annoncent ; je compte facilement les jours qui me restent et que tant de causes peuvent abréger : dix ans de vie tout au plus. Les cinq ans au delà, que seront-ils, s'ils viennent ? Aurai-je ces dix ans, et dans quel état ? Qu'est-ce qui reste ? Je me sens heureusement peu attaché à la terre ; parents, amis, la plupart ne sont déjà plus. Les saintes illusions du zèle des premières années sont bien dissipées. Tout me paraît terne, froid ; si la foi ne me soutenait pas, je tomberais facilement dans la misanthropie et l'amour du repos.

« J'ai demandé à Notre-Seigneur de me donner, jusqu'à la fin, ce zèle pur, actif, constant, qui a animé les saints pour la gloire de Dieu et le salut des âmes. Souvent j'ai eu sous les yeux d'admirables exemples de ce genre. Je ne trouve rien de plus touchant, rien de plus grand devant Dieu qu'un vieillard fervent, zélé, s'intéressant à la sanctification des âmes, aux bonnes œuvres, s'y donnant dans la mesure de ses forces, sans aspirer au repos, et ne cessant de travailler avec zèle que par impuissance, tout en conservant son cœur égal et soumis jusque dans cette impuissance. C'est là ce que j'ai demandé à Dieu d'imiter jusqu'à la fin. »

L'année suivante et toujours pendant sa retraite, Mgr Mioland, revenant sur ces mêmes pensées, écrivait encore, et pour lui seul : « Tout tend à me détacher et à me préparer à la grande séparation. Les anciennes illusions disparaissent, les objets de zèle semblent évanouis, quoique réellement ils soient les mêmes ; le cœur n'est plus si vivement porté au bien, parce qu'on a une trop vive expérience de l'ingratitude, de l'inconstance des hommes. Je regarde cette tentation comme la plus dangereuse que puisse éprouver la vieillesse. C'est par là qu'on voit des hommes si zélés, si dévoués au bien dans leurs premières années, tout à coup paralysés et insensibles aux maux de l'Église, aux besoins des âmes, au service du prochain, et morts à toute œuvre de zèle. Je suis touché profondément de cette considération et je demande vivement à Dieu de me préserver de ce malheur. »

Qu'on nous permette de citer encore; la leçon est trop belle pour que nous nous lassions de l'entendre. Pendant les exercices de sa retraite, en 1856, Mgr Mioland semble avoir fait un pas de plus dans la voie du détachement le plus pur et le plus généreux. « Tout me détache insensiblement de cette terre, écrit-il, et il me semble vraiment qu'il n'y a que la volonté de Dieu et le désir de travailler à sa gloire, au service de son Église et au salut des âmes qui lui sont chères, qui me retiennent dans ce monde. »

Qui n'admirerait ici, dans ce vénérable vieillard, ce combat de la nature et de la grâce, combat où la grâce reste toujours victorieuse ? Il éprouve, il ressent ce que ressentent, ce qu'éprouvent tous les hommes : ces abattements, à la vue d'une vie qui s'en va ; ces tristesses, au souvenir d'amis qui ne sont plus ; ces amertumes, en pensant aux déceptions et aux ingratitudes par lesquelles trop souvent sont payés les dévouements et les bienfaits ; mais tout cela, il le surmonte, en allant demander à la grâce des forces que refuse une vie prête à s'éteindre. Par une erreur trop commune, beaucoup se persuadent que nos justes et nos saints sont dispensés d'une lutte dans laquelle eux-mêmes succombent. Non, non, il n'en est rien : la lutte est pour tous ; c'est la loi de l'humanité. Mais tandis que les uns, habitués à s'appuyer sur un roseau fragile, le voient se briser sous le souffle de la mort et tombent avec lui, les autres, qui n'ont jamais eu pour soutien que le bras de Dieu, sentent ce bras plus puissant et plus secourable, alors que leurs propres forces les abandonnent ; voilà tout le mystère. Mgr Mioland, pendant sa longue vie, n'avait cessé, nous l'avons vu, de se reposer sur Dieu. Ce Dieu, de tous les amis le plus fidèle, ne pouvait l'abandonner à la dernière heure, et c'est ce qui nous explique comment les années, en accumulant les ruines autour de lui, ne purent abattre son courage ni sa confiance.

Les sentiments si généreux qui remplissaient l'âme du vénérable prélat, il s'efforçait de les communiquer à ceux qui réclamaient ses conseils. « Vous pensez donc à la mort, écrivait-il à une dame : c'est une bonne pensée. Elle viendra bien cette mort, tôt ou tard ; comptez-y et soyez toujours prête. Quand on vieillit, Dieu permet que les contemporains meurent. Les familles se brisent par la mort ou par les rapports nouveaux et l'on finit par rester isolée et détachée comme un fruit mûr qui n'a plus qu'à tomber ; c'est la grâce des vieux. Loin d'en être triste, il faut s'en réjouir, comme d'une délivrance. Dieu fait bien tout ce qu'il fait ; il vaut mieux s'en rapporter à lui pour cela, comme pour le reste [1]. »

A une demoiselle qui se préoccupait avec tristesse de la pensée de la mort Mgr Mioland écrivait : « Vous êtes très-heureuse de sentir que le monde n'est rien, que vous déclinez, qu'il n'y a plus que la mort à attendre, c'est-à-dire le Ciel. A vingt ans, on parle de tout cela ; on ne le sent pas. Quand on le sent, il faut en bénir Dieu. Je finis de lire une admirable vie nouvelle de saint François de Sales ; j'en suis tout embaumé. Il faudra que vous lisiez cela un jour. Vous y verrez comment ce grand saint souhaitait la mort, qui lui arriva à cinquante-six ans, et comme il s'y préparait [2]. »

L'année où il devait lui-même mourir, le vénérable prélat écrivait encore à la même personne : « Vous prenez bien au sérieux cette idée de mort, ma chère fille. Certainement vous mourrez un jour ; vous êtes même plus près de votre mort que de votre naissance, mais enfin vous ne la voyez pas encore... Faites, chaque mois, une petite préparation à la mort, communiant comme en viatique, lisant les prières de la recommandation de l'âme et vous entretenant dans ces bonnes et salutaires pensées d'offrande de votre vie,

---

[1] 29 juillet 1853.
[2] 13 octobre 1854.

de désir d'aller à Dieu et de confiance en lui, et lui disant : *Seigneur, je remets mon âme entre vos mains.* C'est la parole de Notre-Seigneur, c'est le modèle qu'il nous offre ; qu'y a-t-il de mieux que de mourir comme lui, et dans les mêmes sentiments, et avec les mêmes paroles sur les lèvres? Et puis, cela fait, demeurez en paix pendant un mois, et, à quelque instant qu'on vous appelle, vous serez prête [1]. »

Dans une lettre que le vénérable prélat écrivait à l'un de nous, après lui avoir dit que de grandes fêtes se préparaient à Toulouse, il ajoutait : « ...Et, après ces fêtes, tout recommencera comme auparavant : c'est la vie. Elle se désenchante après la cinquantaine ; qu'est-ce donc après la soixantaine? Mais elle s'enrichit de choses solides. Alors, plus que jamais, on sert Dieu pour lui seul. Les hommes semblent bien secs, bien injustes, bien indignes d'être aimés autrement qu'à travers le cœur de Notre-Seigneur. Le zèle n'est plus dans la tête, mais dans le cœur vivant de la foi. Le succès, les compliments, les déboires ne sont plus rien ; les louanges, les injures sont vues d'un œil égal. Mais la gloire de Dieu est toujours chère, toujours uniquement chère, et on la cherche dans le silence, la croix, les infirmités de la vieillesse et le bonheur de tenir sa volonté si bien unie à celle de Notre-Seigneur qu'il n'y

[1] samedi-saint 1859.

ait rien entre deux. Ce n'est plus de lait que l'on vit, mais de nourriture solide. Qu'importe qu'on serve Dieu d'une façon ou de l'autre, pourvu qu'on le serve comme il veut! Or, rarement il veut comme nous; il est plus simple de vouloir comme lui [1]. »

Un de nos missionnaires les plus infatigables, ayant écrit à Mgr Mioland que la maladie le condamnait au repos, en reçut cette réponse : « Je vous plains de tant de douleurs qui vous clouent dans votre chambre ; ce sont les diamants de la vieillesse apostolique. Ne voilà-t-il pas aussi l'évêque de Nevers qui est pris par un mal de jambe, à ce que m'annonce le cardinal de Bordeaux, et on ajoute d'ailleurs qu'il se résigne admirablement à ce repos forcé. On a vraiment un grand mérite, quand, après une vie apostolique si active, on se plie à ne rien faire et à garder sa chambre et son oratoire. Cette dernière sainteté de saint Vincent de Paul me paraît plus méritoire que toutes les autres [2]. »

On voit, par tout ce qui précède, quels étaient les sentiments qui remplissaient la belle âme de Mgr Mioland aux approches de la mort et à la vue des infirmités par lesquelles elle a coutume de faire annoncer sa visite. Mais l'or le plus pur à nos yeux a besoin de passer par le creuset, pour achever de se débarrasser

---

[1] Lettre du 25 mai 1854.
[2] 2 juin 1858.

de tout alliage, et le regard de Dieu découvre dans nos justes des taches qui doivent disparaître avant qu'ils puissent être appelés à contempler sa gloire.

Mgr Mioland ne pouvait être dispensé de cette loi commune. Dieu lui épargna les infirmités de la vieillesse ; à part un mal de jambe qui, à la suite d'une blessure, le fit souffrir dans les dernières années, il fut exempt du tribut que presque tous les vieillards payent à la maladie. Son esprit conserva toute sa lucidité ; aucune de ses facultés intellectuelles ne s'altéra jusqu'à son dernier jour. Mais il eut à souffrir des peines du cœur. Certains actes de son administration, médités cependant avec maturité et accomplis avec sagesse, trouvèrent des contradicteurs qui, sans doute, ignoraient les motifs qu'il avait eus d'agir. Il en était profondément affligé ; mais jamais on ne le vit sortir de sa mansuétude habituelle ; jamais il ne regarda comme ennemis ceux qui avaient d'autres pensées que les siennes. Il savait que la raison humaine, comme le dit Bossuet, *est toujours courte par quelque endroit ;* que les hommes, en se mettant à des points de vue divers, trop souvent se disputent entre eux, alors que leurs cœurs semblent le mieux faits pour s'entendre : aussi, lorsqu'il se trouvait en butte à quelque critique, il se recueillait en lui-même et s'en rapportait à Dieu, en lui offrant la pureté de ses intentions. Quand on interroge la correspondance de Mgr Mioland, il est aisé de reconnaître que les épreuves dont la vie est remplie, au lieu de l'abattre, avaient fini par établir au fond de son âme un entier détachement de toutes les créatures et un abandon toujours plus complet dans les mains de Dieu. Le 26 décembre 1858, il écrivait à ce vieil ami dont le nom est si souvent revenu dans ces pages [1] : « Comme le monde roule vite ! Je viens de lire, sur l'*ordo* lyonnais, la nécrologie de vos prêtres. Que de morts, et de morts nos contemporains ou même plus jeunes que nous ! Notre tour vient. Depuis six mois, j'ai enterré deux évêques ici : le dernier évêque de Pamiers et l'ancien évêque de Bayonne. J'ai déposé ce dernier dans le caveau de notre cathédrale, qui ne se rouvrira plus que pour m'inviter à y prendre place. Vous ne croiriez pas que cela ne m'afflige pas du tout ; je ne redoute que de longues infirmités qui me cloueraient sur un fauteuil ou me mettraient la raison à l'envers, et encore il faudrait bien le prendre ainsi de la main de l'aimable Providence, comme firent saint Liguori et tant d'autres. »

A l'époque où Mgr Mioland envoyait ces lignes, une peine d'un autre genre affligeait son cœur. Il était heureux au milieu de ses trois vicaires généraux, et voilà qu'on venait de lui en prendre un pour le met-

---

[1] M. l'abbé Ballet.

tre sur le siége de Pamiers : c'était M. l'abbé Bélaval. Il l'avait à ses côtés depuis la mort de M. Berger, arrivée, comme on l'a dit, peu après l'entrée de Mgr Mioland à Toulouse. Ce fut pour lui une véritable douleur de s'en voir séparé. L'éloge de ce prêtre, modeste autant que zélé, se trouve dans toutes les lettres que le prélat écrivait alors : « Voilà M. l'abbé Bélaval évêque de Pamiers, me mandait-il, ce qui m'afflige fort et lui encore plus. Je le lui ai annoncé hier, la dépêche m'étant arrivée pour lui. Il ne pouvait se consoler ; il n'a point dormi cette nuit. Il n'ose refuser, de crainte de manquer à la Providence, et il s'effraye du fardeau : il n'en est que plus digne. Mais je perds en lui un ami précieux ; il m'aidait de cœur et nous pensions tous deux ensemble. Tout Pamiers l'a demandé ; c'est une des plus touchantes élections qui puissent se faire et un grand témoignage de la miséricorde divine sur ce diocèse [1]. »

Six semaines après l'envoi de cette lettre, Mgr Mioland, écrivant à une dame de Lyon, lui disait : « M Bélaval, qui devient évêque de Pamiers, avait déjà refusé trois évêchés. Il a été surpris ici par sa nomination qu'on m'a envoyée par le télégraphe, une demi-heure après la signature. Il s'est fort désolé ; il en a encore le cœur fort gros, et nous tous aussi, et moi sur-

[1] Lettre du 30 juillet 1858.

tout qui perds un ami dévoué. Mais enfin, il faut bien aimer l'Église plus que soi-même. »

Le sacre du nouvel évêque eut lieu le 30 novembre de la même année. Mgr Mioland fut le prélat consécrateur, et quelques jours après il écrivait encore à l'un de nous : « J'ai donc sacré un évêque autour de moi ; ce sera un excellent prélat, d'un grand cœur, d'une grande humilité, d'un grand sens. Il laisse ici des regrets unanimes et autour de moi un vide immense. M. Ruffat le remplace en beaucoup de points ; il voit comme lui juste et loin et montre un dévouement de cœur parfait dans un oubli total de lui-même[1]. »

M. Ruffat, dont parle ici Mgr Mioland, avait été son aumônier depuis l'arrivée du prélat à Toulouse. Il l'accompagnait dans tous ses voyages, ne le quittait pas plus que son ombre, et dès lors ses aptitudes pour les affaires avaient pu être justement appréciées. Mgr Mioland, en lui confiant les fonctions de vicaire général comblait un vide et cicatrisait une plaie ; mais, hélas! il ne devait pas longtemps jouir de ses services. Quelques mois encore, et la mort venait frapper à la porte du vénérable archevêque, et l'appeler à son tour. Elle pouvait se présenter ; il était prêt à la recevoir. Elle n'avait pas même besoin de s'armer de sa faux : tous les liens qu'elle aurait pu couper

[1] A M. Ballet, 26 décembre 1858.

étaient déjà brisés. L'amour de Dieu avait opéré dans l'âme de Mgr Mioland ce détachement complet.

Le vendredi 15 juillet 1859, rien ne faisait pressentir le coup terrible qui menaçait le diocèse de Toulouse. Ce jour-là même, chose vraiment digne de remarque, le prélat venait de terminer une lettre circulaire par laquelle il annonçait à son clergé une double retraite, l'une au grand séminaire de Toulouse, l'autre au petit séminaire de Polignan. Le manuscrit a été trouvé prêt à être envoyé à l'imprimeur, mais n'a point été publié : aussi, croyons-nous être agréable aux si dignes prêtres du diocèse de Toulouse en détachant ici une page du testament spirituel de leur Père. « Nous savons, sans doute, disait le vénérable archevêque au moment de descendre dans la tombe, que plusieurs d'entre vous ont soin de vaquer à ces saints exercices, soit dans les communautés des PP. jésuites ou des Trappistes, soit en particulier; mais quelques avantages qu'ils aient trouvés dans ces retraites privées, qui ne sait qu'il en est d'autres attachés spécialement à la retraite pastorale ?

« C'est là en effet qu'on retrouve les souvenirs encore vivants de son éducation cléricale, et des saintes dispositions pour la réception des saints ordres. Tout y rappelle les résolutions qu'on y avait formées, les avis, les conseils qu'on y avait reçus, la doctrine qu'on y avait puisée pour la prédication de la divine parole et l'administration des sacrements.

« On s'y retrouve avec ses confrères; leur vue, leurs exemples touchent et édifient; on y ressent comme une nouvelle vie de ferveur et de zèle ; enfin on y entend des conseils qui ont rapport à la discipline du diocèse et à certains points de vie pastorale qui méritent une attention particulière. »

Dans cette même matinée du 15 juillet, Mgr Mioland venait de donner dans sa chapelle le sacrement de la Confirmation à vingt-trois enfants. Il avait offert le saint sacrifice sans fatigue et adressé une allocution à l'assemblée. La cérémonie fut suivie d'un déjeuner en petit comité, durant lequel le prélat parut mieux portant que jamais; puis il rentra dans son cabinet de travail où il donna plusieurs signatures à M. le secrétaire général de l'archevêché. A dix heures et un quart, M. l'abbé Ruffat, vicaire général, entra providentiellement dans ce même cabinet. Le prélat était debout, mais abattu. Voyant venir à lui son vicaire général, il lui dit : « Je ne sais ce que j'ai, je ne suis pas bien, » et en même temps il lui montrait son bras droit engourdi et comme immobile. M. Ruffat aussitôt le fit asseoir, et, comprenant la gravité du mal, il s'empressa d'en avertir les personnes de la maison et de réclamer les secours d'un médecin habile. Mgr Mioland, assis dans son fauteuil, prit un visage calme et serein et dit à ceux qui l'entouraient : « Ne vous troublez pas, ce n'est rien. » Mais en même temps il montrait sa main droite paralysée, et ce n'était qu'avec peine qu'il achevait ses phrases. Cependant le médecin étant arrivé, ordonna une application de sangsues, et il essayait de rassurer le malade ; mais celui-ci se contenta de répondre, avec une touchante sérénité, par cette douce parole qui était comme l'écho de toute sa vie : *Je suis entre les mains de Dieu ; que sa volonté soit faite ; il en sera ce qu'il voudra.* Puis, sur l'invitation du docteur, il se leva pour regagner son lit. Il marcha, sans aucun aide, de son cabinet à sa chambre. A onze heures et demie eut lieu l'application de sangsues ordonnée par le médecin. Une demi-heure après, le malade parut fort absorbé, et on l'entendait murmurant cette parole d'espérance : *Deus meus, misericordia mea*[1] *!*

Ce furent là les dernières paroles tombées de ses lèvres ; mais son cœur sans doute en avait d'autres que les anges purent recueillir. A quatre heures, le chapitre de la métropole vint en corps. Le sacrement de l'Extrême-Onction fut administré au malade et toute l'assistance fondait en larmes. Après une nuit pendant laquelle Mgr Mioland ne parut pas avoir recouvré l'usage de ses sens, il rendait sa belle

[1] Mon Dieu, ma miséricorde !

âme à Dieu à sept heures du matin, le samedi 16 juillet, jour où l'Église célèbre la fête de Notre-Dame du Carmel. Nous aimons à consigner cette date : car elle nous donne l'espérance que la Mère des miséricordes se sera empressée d'accourir au devant de celui qui lui avait toujours été fidèle pendant sa longue et belle vie.

Aussitôt que nous eûmes été averti, par une dépêche, de ce douloureux événement, nous nous mîmes en route, accompagné de notre confrère M. Ballet, celui-là même auquel ont été adressées plusieurs des lettres citées dans cette biographie. Nous avions à cœur, on le comprendra sans peine, de rendre nos derniers devoirs à notre commun père. Hélas! en descendant au palais archiépiscopal, nous ne rencontrâmes plus ce prélat qui nous y avait fait un si riche accueil, mais il fallut nous agenouiller devant une froide bière, qui reposait là dans la petite chapelle, en attendant le jour des funérailles. Ces funérailles furent belles et splendides, autant que peut l'être une cérémonie funèbre, et, ce jour-là, le cœur n'était pas attristé, comme il l'est trop souvent par le contraste d'une grande pompe et d'une mort qui laisse peu d'espérance. L'âme pouvait, au contraire, se reposer sur cette douce pensée, que, pendant que nous formions sur la terre un glorieux cortége aux dernières dépouilles d'un saint évêque, les anges, dans le

Ciel, lui décernaient de plus grands honneurs encore.

Mgr de Jerphanion, archevêque d'Alby ; Mgr Doney, évêque de Montauban ; l'abbé mitré de la Trappe de Notre-Dame du Désert, étaient présents aux obsèques. Son Éminence le cardinal Donnet, archevêque de Bordeaux, présidait la cérémonie. Arrivé en toute hâte du fond de la province lyonnaise, il voulut, malgré les fatigues d'une nuit passée en voyage, payer un tribut d'éloge à son vénérable ami. Il prit pour texte cette parole du livre de Job, qui, dans la circonstance présente, était d'une si juste application : ERAT VIR SIMPLEX ET RECTUS, TIMENS DEUM AC RECEDENS A MALO. *Il était simple et plein de droiture, craignant le Seigneur et évitant le mal.* Puis, l'éminent cardinal débutait ainsi : « On comprendra aisément l'émotion dont mon cœur est saisi dans un si douloureux moment.

« J'arrivais ce matin, à Toulouse, d'un pèlerinage au berceau du saint archevêque, placé si près du mien. Je m'attendais à le trouver plein de force et de vie ; il devait m'accompagner demain à Bordeaux, pour y partager quelques-uns de mes travaux apostoliques, et ce trône vide, ces insignes voilés, ces chants funèbres, la consternation peinte sur les visages, tout m'annonce, N. T. C. F., que je n'étais attendu que pour présider à des funérailles. »

Ce touchant exorde fut suivi d'une esquisse rapide de la belle vie que nous venons de raconter nous-même. Puis, la cérémonie étant terminée, le corps de l'illustre défunt fut déposé dans un caveau que recouvrent aujourd'hui les dalles du sanctuaire, ce même caveau où Mgr Mioland, quelques mois auparavant, ainsi que nous l'avons vu, plongeant son regard, se disait avec le calme du juste : « Voilà la place qui m'attend. »

La nouvelle de cette mort imprévue fut bientôt portée par toute la France. Elle jeta la consternation dans le cœur des nombreux amis de l'archevêque de Toulouse et provoqua un concert d'éloges unanimes.

MM. les vicaires généraux capitulaires, dans le mandement qui prescrivait des prières publiques pour le repos de son âme, exprimaient leurs regrets en ces termes :

« Quelle perte ! N. T. C. F., et qui pourrait en mesurer l'étendue ? Quel retentissement n'a pas eu dans le diocèse le coup fatal qui vient de nous frapper ! Quels regrets n'a-t-il pas excités dans tous les cœurs ! Vous en avez vu le magnifique témoignage dans cet immense concours de magistrats, de prêtres, de fidèles de tout âge, de toute condition, se réunissant autour des dépouilles mortelles de leur pontife bien-aimé et lui offrant le tribut de leurs regrets et de leurs prières... Spectacle imposant, dont la muette éloquence.

préférable à tous les éloges, nous révèle l'existence de toutes les vertus qui font les pontifes selon le cœur de Dieu !

« Du reste, N. T. C. F., ces vertus du pasteur que nous pleurons n'étaient pas pour vous un mystère : car qui de vous n'a béni, qui n'a souvent admiré les qualités éminentes qui le distinguaient : la droiture de son jugement, l'élévation de ses pensées et de ses sentiments, la variété de ses connaissances, l'étendue de sa science ecclésiastique, les délicatesses de sa piété, cette humilité profonde si ennemie du faste et de l'ostentation, cette charité inépuisable, le soutien de toutes les bonnes œuvres, l'espérance de tous les pauvres affligés, et cette prudence consommée qui savait si bien écarter les obstacles, aplanir les difficultés ou les changer en éléments de succès, et cette douceur pleine d'affabilité qui se peignait sur son visage, se reflétait dans sa parole et le rendait constamment accessible au plus humble, au plus petit de ses diocésains ! Que vous dirons-nous de son zèle, de ce zèle ardent qui est comme le caractère distinctif du pasteur et du pontife ? Mais cette vertu était l'âme de toutes ses pensées, la règle de toute sa conduite. Vous l'avez vu dans le cours de ses visites : est-il un seul village de son vaste diocèse qu'il n'ait, en peu d'années, une ou plusieurs fois consolé par sa présence, évangélisé par sa parole ou confirmé dans la foi, sans que jamais les rigueurs de la saison ou les difficultés des chemins aient pu faire pâlir son courage ou refroidir l'ardeur de son zèle ? »

Mgr Boudinet, qui, depuis la nomination de Mgr de Salinis à l'archevêché d'Auch, occupait le siége d'Amiens, était allé demander aux eaux des Pyrénées leur vertu bienfaisante. A la première nouvelle de la mort de Mgr Mioland, il se hâta de le recommander aux pieux souvenirs de ses anciens diocésains, par une lettre où respire le sentiment de la plus affectueuse vénération pour l'illustre défunt. En voici quelques passages :

« Y a-t-il une seule paroisse qui n'ait recueilli les fruits de ses visites, une chaire d'où il n'ait fait entendre les paroles du salut ? Nous conservons et nous lèguerons à nos successeurs, comme un témoignage de son zèle infatigable, cette carte de ses travaux apostoliques, qui nous le montre ayant visité chacune des neuf cents églises et chapelles de son vaste diocèse avant la cinquième année de son épiscopat ; zèle d'autant plus digne d'éloge qu'il ne prenait pas sa source dans une de ces natures ardentes, qui souvent se consument sans mérite devant Dieu, à cause de l'attrait tout sensible qui les pousse, et qui reçoivent peut-être ici-bas la meilleure part de leur récompense...

« Cet attrait de son cœur, qui le portait à continuer,

évêque, sa vie apostolique des missions, ne l'empêchait pas d'être appliqué aux affaires, et tous les prêtres qui ont eu à traiter avec lui des intérêts de leurs paroisses savent qu'il était toujours au courant de tout. Il étonnait même par cette précieuse mémoire des hommes, des lieux et des choses, qui eût fait croire à chacun qu'il n'avait que de lui à s'occuper.

« Mais ce qui est resté le plus profondément gravé dans vos cœurs, messieurs et chers coopérateurs, c'est le souvenir de cette mansuétude inaltérable, de cette angélique bonté ; la simplicité et la droiture venaient s'y joindre. Et si l'illustre panégyriste qui a parlé à ses obsèques a pris pour texte avec tant de justesse ces paroles de Job, que c'était un homme *simple et droit*, n'eût-il pas pu, avec le même à-propos, le comparer à Moïse *le plus doux des hommes*, ou l'appeler *bienheureux*, et lui promettre l'*héritage éternel*, puisqu'il a été l'homme pacifique par excellence ? Et voilà pourquoi, messieurs et chers coopérateurs, les sept années de l'épiscopat si glorieux qui a suivi, années fécondes en œuvres éclatantes et solides, et qu'un autre que nous (nous le demandons à Dieu), louera un jour, n'ont pu faire oublier cette mémoire bénie, ni effacer cette image si pleine de douceur et de simplicité. »

Mgr du Pont-des-Loges, évêque de Metz, m'écrivait, trois jours après celui où Mgr Mioland avait rendu le dernier soupir : « La mort de Mgr l'archevêque de Toulouse est pour vous la cause d'un grand chagrin. Toute l'Église de France doit partager cette douleur. Je l'avais rencontré à Rome, je n'ai rien vu de plus vénérable. »

Mgr Bélaval, évêque de Pamiers, après m'avoir exprimé son admiration pour l'illustre défunt, ajoutait : « Oui, il est bien vrai, comme me l'a écrit un vénérable archevêque, Mgr de Tours, que l'Église de France a perdu en lui un de ses pontifes les plus pieux et les plus sages, et le clergé une tradition vivante des pures maximes qui constituent et conservent l'esprit apostolique. »

De son côté, Mgr Plantier, évêque de Nîmes, qui, pendant plusieurs années, avait vécu si près de Mgr Mioland, et qui, depuis, ne l'avait jamais perdu de vue, m'envoyait, quelques jours après les funérailles, ces lignes toutes détrempées de ses larmes : « Vous avez eu raison de le dire, mon cher Père, la nécessité seule a pu m'empêcher d'assister aux funérailles du vénérable archevêque de Toulouse. Le cœur, s'il eût été libre, m'eût donné des ailes pour aller prendre part à cette cérémonie et rendre au Père que nous avons perdu les suprêmes devoirs de la piété filiale. Il avait tant de titres aux témoignages de nos regrets, après en avoir tant eu à notre amour ! Fondateur de notre Maison, il n'avait cessé d'en être l'ami, le conseiller, le défenseur et le soutien. L'épiscopat l'avait éloigné de nous, mais il n'était pas absent. Le souvenir de ses exemples d'autrefois et de ses allocutions si pleines de choses, la sagesse de ses correspondances, ses retours annuels aux Chartreux et les paroles si judicieuses qu'il y faisait entendre, tout cela perpétuait au sein de notre institut le fond de sa vie et le bienfait de son influence. Si, à travers nos imperfections, nous avons quelques qualités qui nous honorent, nous les devons à l'esprit qu'il sut inoculer à ce corps dont il fut si longtemps la tête. Maintenant que sa présence et sa voix ne seront plus là pour alimenter en nous les traditions qu'il nous a léguées, demandons à Dieu qu'il daigne remplacer par l'action de sa grâce l'appui si cher qu'il vient de nous ravir, et se charger de faire vivre à jamais l'âme de notre Père dans celle de notre Société. »

Quelques mois plus tard, Mgr Desprez, successeur de Mgr Mioland sur le siége de Toulouse, disait, dans sa première lettre pastorale, avec autant de délicatesse que de vérité : « Descendons en esprit, *nos très-chers frères*, dans les caveaux de cette antique métropole, et agenouillons-nous ensemble devant la tombe de ce pontife vénéré trop tôt ravi à votre affection. A l'hommage de respect que nous devons à sa précieuse et sainte mémoire, empressons-nous de joindre, bien-aimés frères, le pieux suffrage de nos prières : car, qui de nous pourrait méconnaître la grande et touchante responsabilité dont il s'était chargé pour le salut de vos âmes? Cette dette de reconnaissance une fois acquittée, il nous semble que les affections de vos cœurs pourront se diriger plus librement vers le pasteur qui vous est envoyé.

« C'est d'ailleurs en présence de ce tombeau que nous voulons méditer la science de notre apostolat, afin de devenir, à notre tour, un évêque selon le cœur de Dieu. Pieux et saint pontife, du haut du Ciel où déjà, nous l'espérons, vous jouissez de la gloire des élus, comme un autre Élie, jetez-nous le manteau que vous avez porté avec tant d'honneur ; et, nouvel Élisée, quand nous serons revêtu de cette mansuétude inaltérable, de cette angélique bonté, de cette humilité profonde et de cette prudence consommée qui vous ont fait vénérer comme une image vivante de Jésus-Christ, nous pourrons travailler, avec plus de succès, à continuer, à perfectionner, s'il est possible, le bien que vous avez opéré. »

Ainsi, les voix les plus augustes et les plus autorisées s'unissaient à l'envi pour honorer la mémoire du vénéré pontife que venait de perdre l'Église de Toulouse, et l'on a pu remarquer comme elles s'accordent toutes à louer en lui les mêmes qualités et l'assemblage des mêmes vertus. C'est ce qui imprime à ce concert d'éloges le cachet de la vérité, et c'est là aussi seulement ce qui lui donne du prix à nos yeux. Quelle valeur pourraient avoir des adulations mensongères jetées par complaisance, ou par vanité, sur une dépouille mortelle? Elles peuvent séduire les hommes, elles ne sauraient tromper Dieu. Mgr Mioland, si ami de la vérité, se fût soulevé du fond de sa tombe pour les repousser avec indignation. Sa devise favorite avait été celle-ci : Deo proximus, proximo devotus, sibi mortuus. *Tiens-toi près de Dieu, sache te dévouer pour tes frères, et sois mort à toi-même.* Il aimait à répéter souvent cette parole à ses prêtres; il en fit la règle de sa conduite. Voilà son plus bel éloge. Aussi, avant de nous séparer de lui, nous voudrions, d'une main respectueuse, la graver sur sa tombe, en le priant de nous obtenir la grâce de l'imprimer dans nos cœurs.

APPENDICE

MONSEIGNEUR MIOLAND CONSIDÉRÉ COMME GUIDE ET DIRECTEUR DES CONSCIENCES

Il est une étude que nous aurions aimé à faire, celle de Mgr Mioland considéré comme guide et directeur des consciences. Les nombreux emprunts que nous avons déjà faits à sa correspondance ont pu, il est vrai, donner une idée de la sagesse de ses conseils; mais tout ce qui a été dit est peu de chose, si on le compare à ce que l'on pourrait dire encore. Esprit judicieux et éclairé, cœur tendre, malgré des apparences de froideur, âme éminemment sacerdotale, Mgr Mioland possédait à un haut degré ce que les docteurs appellent *l'art des arts*, savoir le gouvernement des consciences. Les avis qu'il donna pendant sa longue vie dans le secret et le mystère, qui pourrait les faire revivre ? Mais grand nombre de ses lettres en ont conservé l'empreinte, et notre unique embarras sera de choisir. Le cercle des personnes privilégiées auxquelles il adressait ces lettres, était très-circonscrit. Par prudence, il suivait lui-même la règle de conduite qu'il nous a laissée, sachant combien ici l'abus est facile ; mais lorsque, pour des motifs sérieux, il croyait devoir sortir de sa réserve habituelle, il ne mesurait ni ses moments, ni sa peine, et avec une bonté paternelle, il entrait dans les moindres détails. Plus d'une fois, en le lisant, nous avons cru entendre Fénelon ou saint François de Sales ; du moins il est facile de reconnaître qu'il s'était pénétré de la doctrine de ces grands maîtres et qu'il était allé puiser à la même source les inspirations de sa sagesse.

Les temps où nous sommes, se trouvant très-rapprochés de ceux où ces lettres ont été écrites, nous avons cru prudent de ne pas nous astreindre à l'ordre des dates, afin de laisser plus sûrement dans l'ombre les noms des personnes qui ont bien voulu nous les confier. Qu'il nous suffise d'avertir le lecteur que, parmi ces lettres, il en est plusieurs qui remontent aux premières années du ministère de l'abbé Mioland ; et, chose qui nous a vraiment frappé, elles révèlent déjà une maturité si remarquable qu'il serait difficile de les distinguer de celles que l'évêque écrivait trente ans plus tard. C'est partout et toujours la même sagesse, la même mesure, la même réserve ; c'est aussi, comme chez tous les grands directeurs, la même patience, le même oubli de soi-même.

APPENDICE

I

A UN JEUNE HOMME QUI SE DESTINAIT A LA MAGISTRATURE.

Dieu, mon cher ami, vous fait une grande grâce de comprendre que le monde n'est rien que fumée, injustice et corruption. Allez encore quelque temps, vous en verrez bien d'autres. Que sera-ce quand il faudra envisager de près tant de fraude, de mauvaise foi, de pauvres gens ruinés par des tromperies perfides, de veuves dépouillées, de criantes prévarications? Si près de toute la perversité humaine, vous vous étonnerez souvent que le monde puisse aller comme il va, et vous admirerez la bonté de Dieu qui le souffre comme il est, et qui attend la fin pour trier les bons du milieu de ce tourbillon.

Voilà votre étendard bien planté par ces dîners où vous avez généreusement respecté les lois de l'Église. Vous ne pourrez manquer d'être connu pour ce que vous êtes, et votre physionomie va se trouver dès le début franchement dessinée. Avec votre devise : Point de concession, en fait de devoir s'entend, vous aurez la vraie indépendance, et vous vous consolerez d'être appelé esprit faible, en pensant que c'est le seul moyen de l'avoir fort. Cette abstinence est une chose embarrassante ; mais ordinairement je n'estime pas que cet inconvénient soit assez grave pour vous dispenser de la loi. Tenez bon contre votre cœur, il se guérira par le temps ; le principal appareil est mis à sa place ; au premier jour une bonne communion le cicatrisera davantage ; vous communierez de temps en temps, et le bien s'affermira... Le démon cherchera mille issues pour entrer ; fermez toute porte, et ne vous étonnez pas du bruit qu'il fera dehors. Plus il fera de bruit, plus il vous montrera qu'il est dehors. Qu'importe qu'il vous tourmente, qu'il vous inquiète, qu'il vous harcèle, Dieu sera toujours avec vous tant que vous voudrez, et pourquoi ne le voudriez-vous pas toujours ? Avec les vues de Providence qu'il a sur vous, il ne vous demande qu'une fidèle coopération pour vous conduire où il vous désire. De tempête en tempête vous arriverez au port ; menez bien la barque.

Je vous souhaite bonne semaine, bonnes fêtes et toutes sortes de bénédictions comme tout vôtre en Notre-Seigneur.

II

AU MÊME.

Puisque notre confrère, mon cher ami, s'en va dans votre ville, je ne le laisse pas partir sans un mot, ne fût-ce que pour vous souhaiter de bonnes fêtes comme faisaient nos pères. Elles seront assurément bonnes puisque vous les passerez près du bon Dieu, l'ami de tous les pays, le vrai consolateur, celui qui soutient, qui nourrit, qui remplit le cœur. *Qui invenit Jesum invenit thesaurum bonum, imò bonum super omne bonum*[1]. *Qui amplectitur Jesum firmabitur in œvum*[2]. Il vous soutiendra là-bas dans votre isolement, et vous aidera à vous mettre en train. Occupez-vous fort à vos nouvelles fonctions ; jetez-vous à corps perdu là dedans. Il faut réussir, il s'agit de se faire connaître,

---

[1] Celui qui a trouvé Jésus a trouvé un précieux trésor, ou plutôt un bien au-dessus de tout bien. (*Imitat.* lib. II, cap. VIII, n. 2.)

[2] Celui qui s'attache à Jésus sera pour jamais affermi. (*Ibid.* cap. VII, n. 1.)

remarquer, de se rendre non-seulement aimable, mais utile ; qu'on dise que vous êtes bon, honnête, affable, de bon ton, affectueux, et aussi, laborieux, appliqué, capable. Tout dépend du commencement ; les réputations viennent comme le blé ; cela commence par germer ; mais il faut que cela germe. *Curam habe de bono nomine* [1]. Voilà l'avis du Saint-Esprit : il faut soigner sa réputation, cultiver sa renommée, faire en sorte que tout le monde pense bien et honorablement de vous, non pas certes par vaine gloire, ni orgueil, ni misérable satisfaction d'amour-propre, mais par devoir, par désir de remplir sa vocation, et de répondre à ce que Dieu attend de nous. Le premier travail est rude et âpre dans toutes les carrières, il en coûte les premières années ; mais combien on s'applaudit dans la suite de cette contrainte et de ce laborieux assujettissement ! Faisons par conscience et amour de Dieu ce que tant d'autres font par ambition et intérêt.

Vos vacances de Pâques vous laisseront du temps pour vous reconnaître. Peut-être trouverez-vous quelques bonnes maisons à voir, quelques jeunes gens d'une vraie vertu. Cela occupera vos loisirs. De bonnes œuvres sanctifieront de bonnes études. Secouez votre cœur, ne le laissez pas s'amollir, qu'il ne retombe pas sur lui-même, chassez les souvenirs qui pourraient vous être funestes. Mettez par-dessus tout la grâce du bon Dieu. Demandez-la, obtenez-la cultivez-la par la prière, la méditation, la communion. Fixez-vous pour cela des heures, des jours dont rien ne vous fasse démordre. Vous avez une si bonne résolution dans le papier que vous m'avez montré ici ! Enfin j'espère que, dans quelques années, quand vous penserez à tout cela, vous n'aurez qu'à bénir Dieu de ce qu'il a fait pour vous et de ce qu'il vous aura fait faire pour lui. Oui, comme dit

[1] Ayez soin de vous faire une bonne réputation. (*Eccli.*, XLI, 15.)

saint François de Sales, j'ai la confiance que, puisque en vérité nous désirons, en vérité nous parviendrons, parce que Notre-Seigneur, ce grand ami de notre cœur, ne remplit, ce me semble, notre cœur de bons désirs que pour le remplir de vertus, comme il ne charge les arbres de fleurs que pour les recharger de fruits.

III

A UN JEUNE HOMME FORT CHRÉTIEN QUI VENAIT DE SE MARIER. CONSEILS POUR LUI ET POUR SA JEUNE ÉPOUSE.

Vous voilà donc embarqué, mon cher ami, et content de votre embarquement. Je ne saurais vous dire avec quelle joie j'en ai reçu l'assurance de votre part. Je vous félicite bien de ce que, sentant votre bonheur, vous ne perdez pas de vue ce qu'il vous reste à faire pour le rendre durable, et tout ce qu'une épouse de cet âge, de ce caractère, de cette disposition d'esprit et de cœur exige de prudence, de sagesse, de sagacité de votre part pour être bien conduite. Que de femmes de grande espérance perdues par des maris maladroits! Celle que Dieu vous a donnée ne doit pas être tenue d'une façon trop austère. Si elle ne voit jamais le monde, elle le désirera et s'en fera des idées d'imagination. Puisqu'elle a du bon sens et de la raison, chose si rare dans une jeune femme, laissez-la un peu faire; guidez-la sans la mener, faites-lui apercevoir à propos ou le vide ou le faux du monde; elle saisira, je crois, vite ce qu'il a de méprisable: mais il faut qu'elle s'en dégoûte d'elle-même. Si vous la prêchiez trop là-dessus, sa tête se monterait, et son imagination lui en retracerait des images d'autant plus séduisantes qu'elle se croirait forcée à ne le voir jamais de près. Dirigez ses lectures : les jeunes femmes se persuadent trop facilement que tout leur est permis. Plus elles ont eu de retenue dans leur jeunesse, plus elles s'imaginent n'avoir plus rien à craindre. Faites-lui lire des voyages, de la bonne littérature... Elle n'a pas encore senti bien profondément la religion : une vie droite, innocente, retirée, exempte de grandes tentations, la lui a rendue douce, aimable ; elle y a été fidèle, mais comme à une habitude de cœur. Il faudra qu'elle la voie de plus près, qu'elle vive de la foi, qu'elle s'arme de vertu pour les secousses auxquelles elle sera exposée. Une santé éprouvée, des enfants malades, mourants, etc., des contrariétés, des contre-temps... tout cela viendra ; ce sera à vous de la soutenir alors, de lui insinuer doucement les principes de la foi, de la lui montrer dans l'application. N'ayez pas l'air de vous apercevoir de ses communions, à moins qu'elle ne vous en parle ; mais tous les mois ou toutes les six semaines, suivant les fêtes qui se rencontrent, me semble pour vous comme pour elle la mesure convenable, jusqu'à ce que le bon Dieu vous inspire un attrait plus fort. Prenez garde de vous laisser entraîner par trop de condescendance à une aveugle faiblesse. Conservez toujours votre autorité de mari, de chef, sans la laisser apercevoir. Elle n'a point été élevée à chercher à la secouer, et votre âge, votre instruction, votre expérience lui inspireront, comme le sentiment de son devoir, respect et confiance pour vous ; mais si vous aviez trop l'air de la laisser maîtresse, sans s'en douter, sans le vouloir, elle oublierait dans l'occasion ce qu'elle doit à sa position, et c'est par là que commencent les discordes. Faites-lui lire adroitement quelques lettres admirables du comte de Valmont, au commencement, sur les devoirs d'une femme vraiment chrétienne, sur la vraie piété, etc. Si elle a lu autrefois cet ouvrage, elle ne le goûtera bien qu'à présent.

Cette bonne dame a donc grande envie de faire tout à fait ma connaissance : mais j'en suis, je vous assure, tout à fait édifié : car ce n'est pas sans doute, pour en devenir plus mondaine ; j'ai toujours retenu qu'elle me disait un jour qu'elle aimait la dévotion aisée. C'est assurément une bonne chose. Je lui conseillai de vous prendre pour casuiste, et je pense qu'elle ne trouve pas mon conseil trop sévère. Au fond, je serai sérieusement très-heureux de la voir heureuse, contente, bien à son mari, bien au bon Dieu et à la sainte famille qu'il lui donnera. J'admire qu'elle n'ait pas eu le courage de m'écrire malgré son envie ; je ne me croyais pas si redoutable. Mais je l'engage bien à lire les lettres de saint François de Sales adressées à des gens du monde. Il y en a beaucoup à de jeunes femmes, qui lui iront à merveille. Et je lui souhaite, en attendant, de bonnes fêtes pour que Notre-Seigneur naissant lui apporte un vrai désir de se sauver et une confiance sans borne, dans sa bonté pour cela.

IV

AU MÊME. — MÊME SUJET QUE LA PRÉCÉDENTE.

Je reçois votre lettre, mon cher ami, et je me hâte d'y répondre. Je commence par vous dire que, de tout ce que vous me mandez de vos observations, rien ne m'étonne. Il est impossible qu'une jeune femme qui a été sage, honnête, et qui est jeune et qui est femme, ne pense pas ainsi, ne juge pas, n'aime pas, ne désire pas ainsi. Si elle avait l'esprit faux ou borné, le cœur gâté, des goûts de coquetterie, une conscience fausse sur ses devoirs de femme et d'épouse, tout serait à craindre. Heureusement il n'en est rien, et c'est précisément parce qu'elle n'est pas tout cela qu'elle ne peut comprendre le mal qu'on veut qu'elle croie dans le monde et ses maximes et ses usages et ses plaisirs. L'âge viendra, la réflexion aussi. Dès qu'elle sera mère, il se fera une révolution prodigieuse en elle, et dont elle ne se doute pas; et comme elle a de l'esprit, de la raison, du caractère, de la foi et une vraie estime pour son mari, encore une fois il n'y a rien à craindre.

Mais enfin que faire? D'abord ne l'argumentez pas sur le monde, les spectacles, romans, bals ; ne lui faites pas la leçon; n'en parlez guère, ne la réfutez pas quand elle en parle. Si elle vous demande votre avis, parlez-lui en sensément, froidement, d'après votre expérience, et dites-lui nettement où est le danger. Il est impossible que vous n'ayez pas quelque occasion, cette année, de voir le monde un peu monde. Si elle désire beaucoup d'y aller, ne la combattez-pas, accompagnez-la, observez-la de l'œil, et après attendez qu'elle vous communique la première ses observations. Vous verrez qu'elles seront justes. D'elle-même elle aura vu le danger, elle aura entendu, remarqué beaucoup de choses; vous pourrez lui en faire remarquer d'autres. Elle sera ainsi beaucoup plus forte, plus expérimentée pour la suite que par tous les sermons que vous pourriez lui faire. Plus on fait un monstre du monde aux jeunes filles, plus elles se le figurent aimable, et, sous ce rapport la comédie de l'*École des femmes* et de l'*École des maris*, de Molière, a quelque chose de très-juste, quoique mêlé à beaucoup de faux, selon l'usage du théâtre. Votre bonne dame n'a point l'expérience des hommes; elle les croit tous honnêtes, sages, quoique plus ou moins chrétiens. Quand elle aura vu ce qu'ils sont, qu'elle se sera aperçue de leurs desseins et de ce perpétuel manége de séductions où roule sans cesse leur esprit, recouvert d'un vernis plus ou moins brillant de politesse, elle n'en reviendra pas, et, honnête comme elle est, elle en sera guérie pour jamais. Mais tenez pour certain qu'elle ne le sera pas autrement. Il faudra qu'elle le voie, qu'elle en soit témoin. Ce sera à vous à la veiller, sans qu'elle s'en aperçoive, pour qu'elle ne se fourvoie pas. Du reste, ce ne sera pas là pour vous un grand souci, puisque vous aurez peu d'occasions de voir ce grand monde. Mais prenez garde aux confidences des jeunes femmes. Plusieurs chercheront à l'entourer; on la sondera, on vous mettra sur le tapis; jusqu'à un certain point elle donnera dans le piége. Je crois toujours qu'elle a assez de sagacité et d'attachement pour vous pour qu'elle puisse s'arrêter où il faudra. C'est alors que la leçon commencera pour elle, et, si elle vous en parle, vous aurez toute autorité pour la continuer avec succès. Mais ne la faites pas d'avance, vous perdriez tout votre avantage. Bornez-vous à veiller et à conduire, sans qu'on sente la main qui guide et l'œil qui veille.

Quant à la piété, cela est aussi délicat; ne la prêchez pas, faites beaucoup par l'exemple; laissez-la un peu aller toute seule, pour voir ce que cela deviendra. Comme elle a le cœur pur et droit, le Saint-Esprit lui parlera tôt ou tard. Ne hâtez pas ce moment; attendez-le seulement. J'ai vu des femmes qui ont pris la piété à guignon parce que leurs maris la leur prêchaient; d'autres ne pas vouloir faire leur pâques parce que leurs maris leur en avaient parlé : c'est un sexe qui sent sa faiblesse, qui veut être mené, mais qui ne veut pas qu'il y paraisse. Si on ne le mène pas, il se fâche; si on montre qu'on le mène, il se fâche encore plus fort. Faiblesse et vanité, voilà tout. Ainsi, à tout ce qu'elle dira sur la piété en riant, répondez sur le même ton; si elle en raisonne sérieusement avec vous dans le secret, parlez-lui raison et foi. Mêlez-y souvent le souvenir de sa mère et de la vôtre; son cœur étant de la partie, la raison sera plus claire. Faites-lui lire, sans qu'elle s'en doute, les lettres de saint François de Sales aux personnes du monde, et quelques lettres de Fénelon au duc de Bourgogne. Ne parlez pas de confession, de communion, le premier : laissez-la bien marcher toute seule. Il n'y a rien à craindre et tout à gagner à ma méthode. Vous verrez dans un an son cœur s'ouvrir de lui-même à la dévotion; elle sera la première à vous en parler. Viendra un temps où le bon Dieu lui parlera au cœur, il y aura une vraie conversion, non pas du mal au bien, mais du bien au mieux; elle vous demandera conseil, elle s'abandonnera à votre direction. Comme vous vous applaudirez alors de n'avoir rien brusqué et d'avoir attendu le moment du Saint-Esprit! Vous le verrez cet heureux moment; ce sera votre bonheur complet. Méritez-le par cette condescendance et cette attente de foi. Après tout, cette chère âme a le principal : une conscience droite, la crainte de Dieu, le désir de se sauver; elle vous honore, elle vous aime; que sera-ce si Dieu daigne la rendre mère? Ne jugez pas d'elle par ces premiers mois : la première année de mariage est un temps où une femme ne sait ce qu'elle est; son imagination la lance dans un avenir chimérique, elle ne voit qu'un monde de fées, elle n'a pris position sur rien; mais ce temps passe, et la maternité fait dans ces têtes-là une prodigieuse révolution. Toutes vos réflexions du reste, à votre quatrième page, sont très-justes. Oui, sagesse, prudence, patience, énergie, amitié, la grâce de Dieu par-dessus tout, et cette chère âme verra la vertu comme elle est, et l'aimera. Oui, quand elle aura vu le monde, elle le jugera juste, et tout le charme sera brisé. Oui, quand elle aura éprouvé quelque chagrin, elle apprendra où on trouve à se consoler. Hélas! elle n'a jamais vécu qu'heureuse, fêtée, recherchée, constamment l'objet des soins de sa mère. Elle ignore tout, elle s'ignore elle-même ; qu'elle est heureuse de vous avoir ! Comme elle bénira Dieu plus tard de lui avoir donné un mari chrétien ! Combien sa tendresse s'en augmentera pour vous, sa confiance, sa parfaite confiance en vos conseils ! Je vous le prédis, mon cher ami, et avec une vraie joie. Je vous le répète encore : faites-lui lire le comte de Valmont; il y a de tout pour elle. Elle en sera enchantée; elle y verra tout ce qu'il y a de mieux sur la piété, les spectacles, les bals, les romans, etc.

Pour vous, mon cher ami, je n'ai pas besoin de vous dire tous mes souhaits. Ne vous tourmentez pas, occupez-vous de vos affaires, lisez un peu pour vous instruire, secouez les petits soucis, ou plutôt remettez-les doucement dans le sein de Notre-Seigneur, et abandonnez-vous très-simplement aux soins que sa divine Providence prend de vous. Cherchez dans la prière, la visite au Saint-Sacrement, repos, calme, joie et confiance; regardez la vie comme devant être toute semée de petites croix qu'il faut prendre en passant sans trop s'arrêter.

Ayez un temps donné pour tenir vos affaires en règle, et pour gérer tout fort exactement. C'est ce qui fait les fortunes, et ce qui met dans le cas de remplir tous ses devoirs de justice et de charité. Commencez à mettre votre femme dans le secret de vos revenus et de vos dépenses; accoutumez-la à en partager sinon la charge, au moins la sollicitude; c'est beaucoup plus important qu'on ne pense. Cela unit les esprits, cela arrête les idées folles de dépense; cela fournit l'occasion de recevoir ou de donner de bons conseils pour les affaires.

V

A UN AMI, APRÈS UN ACCIDENT QUI AVAIT FAILLI COMPROMETTRE LA VIE DE SON ÉPOUSE.

C'était un trop beau jour, mon cher ami, pour que cet accident eût des suites, et j'espère qu'il n'en aura pas d'autres que les bons sentiments qu'il vous a inspirés. Eh! oui, il faut craindre de laisser épuiser son cœur par un sentiment aussi violent que l'amour, même légitime; il faut veiller à ne pas se laisser absorber par les sollicitudes, ou surmonter par les affaires : car, après tout, il n'y a que la grande affaire qui demeure, il n'y a qu'une grande sollicitude digne de nous occuper avant toutes les autres, et le grand amour de Dieu doit absorber toutes les autres affections. On ne peut bien aimer qu'en Dieu, et quand on a le bonheur d'aimer ce que Dieu veut qu'on aime, combien cet amour n'en est-il pas plus pur, plus tendre, plus intime! Qu'y a-t-il de plus mesquin, de plus passager que l'amour purement amour? et quelle vie pour un chrétien que ce sentiment qu'on ne sait comment définir? Au contraire, penser qu'on a reçu de Dieu une compagne pour servir de conseil, de consolation, de soutien; une créature faible, sensible, aimante, pour la rendre heureuse, la guider, l'aider à aller à lui; attendre de cette union une famille nouvelle, des êtres destinés à rester éternels, à bénir, à louer, à posséder Dieu sans fin, des enfants qui doivent perpétuer sur la terre votre nom, environner votre vieillesse de tendresse et de soins, et vous fermer les yeux, quelle source inépuisable de délices et de sentiments tout célestes! Et puis, quand on s'aime en Dieu, on place ses espérances plus haut que cette terre, et l'on n'est pas si facilement exposé à avoir le cœur brisé par les contre-temps qu'on y rencontre. On s'aime en Dieu, mais comme il veut; on plie sous sa main, on ne veut que ce qu'il donne et on reste soumis à son aimable Providence. Certes, il ne faut pas vous faire des idées trop noires; mais au milieu des espérances si flatteuses auxquelles il est permis de vous livrer, vous ne devez pas oublier la grande maxime des saints, qu'il faut qu'il y ait en toutes choses un petit coin pour la croix.

Au milieu des tracas et des joies de cette année, vous avez vu à peu près l'image de toute la vie : des espérances, des déboires, un peu de vrai bonheur, des contre-temps, quelques jours heureux, des contrariétés, et, il faut l'espérer, des moyens proportionnés de mériter par là devant Dieu et d'envoyer devant vous des trésors qui ne pourront se perdre. Le bon Dieu n'a pas voulu nous donner sur la terre le paradis, mais le chemin qui y mène. Heureux qui peut comme vous, à l'aide de la foi, bien se mettre cela dans la tête, et nourrir son cœur de ces consolantes et fécondes espérances! Cela n'empêche pas de sentir les traverses de la vie, mais cela empêche de s'en laisser abattre, et c'est assurément beaucoup.

Les gens du monde se consolent de leurs maux en pensant qu'il y en a de plus malheureux qu'eux. Les chrétiens vont plus loin et ils savent que leur divin Maître a sanctifié d'avance, par son exemple, toutes leurs épreuves. Il n'y a pas de froissement de cœur, de douleur, de chagrin qu'il n'ait voulu éprouver le premier. Il a souffert dans son cœur de la froideur ou de l'ingratitude de ses apôtres, de l'oubli de ses amis, de l'inutilité de ses efforts pour le bien de ceux qu'il venait sauver, de l'aveuglement et de la malice des hommes. Il n'y a rien qui n'ait souffert en lui; il n'y a rien dont il n'ait souffert, et c'est pourquoi, dit l'Apôtre, il est puissant pour secourir ceux qui souffrent comme lui.

VI

A UNE SIMPLE OUVRIÈRE. — CONDUITE A SUIVRE DANS LES
ARIDITÉS, LES CRAINTES ET LES TRISTESSES.

Je ne suis point étonné, ma chère fille, des petites peines que vous éprouvez, parce que tous ceux qui veulent gagner le Ciel doivent passer par un chemin raboteux, et que Notre-Seigneur a dit que pour être parfait il fallait porter sa croix, se renoncer soi-même et le suivre. Votre grande croix, c'est votre santé d'abord, et puis un peu votre imagination qui vous grossit les objets. Pour bien servir Dieu, il faut ne pas se tourmenter, lui offrir ce que l'on fait, prendre occasion de tout pour le glorifier ou le bénir. N'abandonnez point la communion, c'est la source de toutes les grâces. Quoiqu'on n'y ait pas toujours les mêmes consolations, il faut toujours la faire, vous n'y serez pas moins agréable à Dieu. Vous ne pouvez pas être dans ce monde comme dans le paradis, il faut donc s'accoutumer aux petites sécheresses. Être tiède, ce n'est pas sentir des dégoûts, c'est mettre peu d'exactitude à remplir ses devoirs. Ainsi vos dégoûts et sécheresses ne doivent point vous inquiéter. Il faut vous confesser comme vous pourrez, ne pas vous tourmenter de ce que vous ne direz pas, puisque vous ne pouvez que difficilement parler longtemps, et chercher dans les livres spirituels et dans la prière tous les bons conseils et encouragements dont vous avez besoin. Les confessions les plus courtes sont pour vous les meilleures : le bon Dieu veut qu'on le serve avec une sainte liberté de cœur. Je désire bien que ce divin Maître vous aide et vous bénisse.

Je vous écris d'ici fort occupé, ayant confirmé tout à

l'heure plus de dix-huit cents personnes et hier quinze cents. Demain j'en confirmerai encore beaucoup dans un autre village qui est, comme celui-ci, sur le bord de la mer. Ce ne sont que de pauvres pêcheurs. Vous vous plaignez de ne savoir à qui vous confesser. Que diriez-vous ici, où je ne trouve presque nulle part de vicaire? Les bons chrétiens de Lyon ne sentent pas assez leur bonheur.

Priez Dieu qu'il bénisse le grand et difficile ministère qui m'est confié, comme je le prie de vous accorder et à toute votre maison ce qui peut vous aider à le servir et à l'aimer de plus en plus, en vous renouvelant l'assurance de tous mes sentiments en Notre-Seigneur.

VII

LA MÊME. — NE PAS SE LAISSER ALLER AU DÉCOURAGEMENT
MULTIPLIER SES COMMUNIONS.

C'est assurément, ma chère fille en Jésus-Christ, une vraie grâce de Dieu que le désir ferme de se sanctifier, parce que Dieu voulant sincèrement notre salut, si nous le voulons de notre côté, tout sera fini. Mais il ne faut pas se laisser aller au découragement ou au chagrin. « Les vertus, dit saint François de Sales, ont un double mérite, d'être pratiquées, et d'être pratiquées avec joie. » Chassez donc toutes ces tristesses imaginaires et ces retours trop fréquents sur votre propre misère; quand ces retours n'ont pas pour fruit de nous donner confiance, paix et bonnes résolutions, ils ne valent rien; ce n'est qu'un amour-propre retourné.

On peut fort bien, dans la sainte communion, considérer et adorer Notre-Seigneur en sa sainte humanité, quand on ne la sépare pas de sa divinité. Communiez comme votre confesseur vous le dira : ne craignez point de le faire souvent; vous y êtes accoutumée depuis bien longtemps. A mesure qu'on approche de la mort, qui est la porte du Ciel, il faut multiplier ses communions qui nous le préparent.

Il est évident que votre mauvaise santé vous dispense tout à fait du carême. Ne jeûnez donc point du tout. S'obstiner à vouloir jeûner quand on ne le peut, c'est un enfantillage. C'est pour soi qu'on le fait, plutôt que pour Dieu qui ne le veut point. Le principal en tout, c'est de faire la volonté de Dieu et non la sienne propre ; voilà la bonne mortification. Du reste, vous ferez bien de dire tout cela à votre confesseur, parce que le bon Dieu bénit ce qu'on fait en simplicité et obéissance. Tâchez, ma chère fille, d'agir toujours ainsi, et le bon Dieu vous aidera à aller saintement jusqu'au bout.

VIII

A LA MÊME. — VRAIE ET FAUSSE CONFIANCE.

Vous n'avez rien à craindre, ma chère fille, de nourrir dans votre âme une grande confiance en Dieu, en le faisant comme vous faites. Il n'y a rien de plus propre que ce sentiment à vous conserver dans un bon désir de bien servir Dieu, de bien recevoir tout ce qu'il vous enverra de croix et d'épreuves, et de le remercier de tout ce qu'il a fait pour vous. Vivre dans le péché ou la négligence de ses devoirs, en comptant trop sur la miséricorde de Dieu, voilà le danger; mais faire ce que l'on peut pour bien le servir par la piété, l'humilité, l'exactitude aux pratiques de la religion et aux sacrements, et en même temps s'abandonner à une confiance habituelle, entière, filiale, à la miséricorde de Dieu, à sa Providence, à ses divines promesses pour la grâce et pour la gloire, c'est une disposition recommandée par saint Paul, par les saints, et tout à fait propre à se rendre plus agréable à Dieu et plus généreuse à son service.

On n'est pas obligé d'avoir pour la prière ou les autres exercices de piété le recueillement des anges; il faut bien garder son imagination comme on l'a. Il suffit d'avoir bonne intention en commençant et de se remettre doucement quand on s'aperçoit qu'on s'est distraite. Il n'y a point de mal assurément à demander à Dieu de nous délivrer de ces distractions, par le désir de pouvoir mieux s'occuper de lui; mais s'il permet que cette infirmité spirituelle nous reste, il faut la porter humblement, simplement, sans peine et avec une grande soumission à la volonté de Dieu.

Je prierai très-volontiers Notre-Seigneur de vous aider à vous sanctifier pour son amour. Je le ferai surtout aujourd'hui où je vais célébrer tout à l'heure la fête de Notre-Dame du Carmel dans la chapelle de nos saintes Carmélites, et je conjure ce divin Maître de vous bénir, comme je vous bénis en son nom.

CONSEILS POUR LE CHOIX D'UNE VOCATION

S'il est dans la direction des consciences une matière délicate à traiter, c'est assurément ce qui concerne les vocations et le choix d'un état de vie. Les principes que pose ici la théologie, et que commentent habilement les docteurs et les maîtres, peuvent bien jeter un certain jour; mais leur application est difficile. Dieu parle si diversement aux âmes, leurs positions dans le monde sont si variées! Souvent elles se trouvent en face de devoirs à remplir qu'il n'est pas facile de concilier : aussi celui qui est chargé de donner un conseil a-t-il besoin d'un grand discernement, et quelles que soient ses lumières, il faut encore qu'il se défie de lui-même et qu'il consulte l'esprit de Dieu. Or, parmi les lettres de Mgr Mioland qui sont arrivées jusqu'à nous, il s'en rencontre plusieurs qui traitent de ces questions difficiles. Les extraits que nous allons en donner fourniront un nouveau témoignage de cette sagesse où le zèle s'unit à la prudence et une tendre piété à une haute raison.

IX

A UNE DEMOISELLE DONT LA VOCATION A LA VIE RELIGIEUSE AVAIT BESOIN D'ÊTRE ÉPROUVÉE.

... Quant à votre vocation, je crois bien qu'il faut remettre au printemps; mais occupez-vous-en fortement cet hiver, et préparez tout doucement l'esprit de monsieur votre père à ce sacrifice si Dieu le demande. N'en parlez guère à d'autres personnes. Attendez le reste du temps et du bon Dieu. Vous trouverez, je l'espère, dans M... tout ce qu'il vous faut pour vous aider; mais mettez-y toute sorte de simplicité, et Dieu vous donnera selon la droiture de votre cœur. Certainement un hiver passé dans la pratique de votre petit règlement, dans l'oraison de chaque jour, la retraite, le travail, la communion fréquente, sera un bon hiver, un bon noviciat de vie religieuse; et si vous y ajoutez un caractère égal, ouvert, joyeux, se faisant tout à tous, ne se plaignant de rien, s'accommodant de tout et de tout le monde, ne se recherchant point, ne s'attachant à rien, pas même à ses exercices de piété, et quittant volontiers ce qui pouvait plaire le plus, dès qu'une autre chose se présente que Dieu semble demander, vous voilà déjà presque une religieuse parfaite. Vous ne pouvez prétendre à être parfaite tout d'un coup; il faudra donc se borner à faire de tout cela ce que vous pourrez, comme vous pourrez, avec un grand désir d'en faire davantage, et tout ira bien.

Profitez, je vous prie, en toute liberté, de la permission que monsieur votre père vous donne de m'écrire. Quant à la crainte de m'importuner, je la lève en tout ce qui me concerne. Croyez-bien que ce me sera une vraie consolation de recevoir de vos bonnes nouvelles, sauf à vous répondre tard. Mais je vous ferai promptement toujours bonne réponse devant Notre-Seigneur, en vous recommandant à ce divin Maître et en le priant de vous dire tout seul d'avance ce qu'il faut.

X

A LA MÊME.

... Allez droit devant vous; prenant toutes choses comme le bon Dieu les donne, heureuse de pouvoir vous promettre que vous avez un désir invariable de bien servir ce divin Maître, même de vous dévouer toute à lui. Vous avez sous les yeux un grand exemple de l'inconstance et de la fausseté des promesses du monde, dans cet établissement manqué. Je partage bien la tristesse que cette bonne demoiselle a dû ressentir de ce contre-temps. L'affaire étant à peu près publique, la peine a dû en être plus grande. Peut-être du reste, et même certainement le bon Dieu a permis tout cela pour son plus grand bien, et au jugement dernier elle verra que ce trait de Providence dans sa vie aura été digne de son admiration et de sa reconnaissance.

Vous faites bien de conserver votre bon désir précieusement. Il semble venir de Dieu ; il faut l'aimer pour cela, mais non pas avec inquiétude, ou trop grande attache. Tout ce qui est passionné ne vaut guère dans le service de Dieu. Nourrissez ce désir, attendez, mais ne vous hâtez pas. Ce n'est pas encore le temps de le réaliser. Vous êtes si bien pour devenir sainte ! Que manque-t-il à vos moyens de sanctification ? Vous vous plaignez des froissements de volonté le goûts ? Vous vous plaindriez bien plus vivement dans une communauté. Vous jetteriez les hauts cris. On se porte partout : vous vous retrouveriez toujours la même. Tâchez de vous rendre un peu meilleure, j'entends un peu plus sage d'humeur et comme morte. Vous serez plus digne d'être offerte au bon Dieu. Je vois une personne qui a passé trente ans, qui désirait beaucoup être religieuse depuis longtemps. Maîtresse d'elle-même entièrement, elle est entrée en communauté ; elle a pris l'habit. La voilà qui vient de sortir, ne pouvant plus y tenir. Elle a pourtant, me dit la supérieure, toutes sortes de bonnes qualités ; elle remplit bien ses devoirs ; on la voit sortir avec peine ; mais elle ne peut résister à son chagrin, s'accommoder à de petites choses qui la gênent, à tel, tel caractère qui ne lui revient pas... voyez un peu la petitesse. Soyez plus grande quand vous y serez, et préparez-vous à le devenir par une souplesse parfaite. *Heureux les cœurs pliables*, ils ne se briseront jamais.

XI

A LA MÊME.

Vous voulez une décision nette. Elle serait déjà donnée si elle avait pu l'être; mais je crois que si vous entriez à présent dans une communauté, vous en sortiriez avant le noviciat. D'un autre côté, je ne vous dirai jamais : Partez, avant qu'avec votre agrément, j'en aie conféré avec monsieur votre père. Quand le moment en sera venu, sans que vous y pensiez, je vous dirai franchement et nettement : Il faut partir. Mais pourquoi voulez-vous que je vous envoie étourdiment dans une vocation aussi sérieuse, quand je n'y vois pas assez clair? Vous ne savez pas même encore quelle maison, quelle ordre, quelle règle vous choisirez, et votre esprit, naturellement chagrin, ne se trouverait bien peut-être que là où il ne serait pas. Prenez un train d'idées et de sentiments plus uni. Allez simplement par une sainte égalité de caractère, d'humeur, au moins à l'extérieur. Tâchez d'oublier votre volonté : tenez-vous indifférente. Je connais une personne qui ne pensait guère plus à l'état religieux. Quand le temps est venu, elle est partie : elle fait à merveille, et se trouve bien. Une autre, à qui je n'ai dit qu'à contre-cœur qu'elle pouvait partir, est déjà sortie deux fois; rentrée deux fois, et finira je crois, par sortir tout à fait. C'est une grande affaire qu'une vocation religieuse. Ne croyez pas qu'un voile vous changera : sous un voile vous serez ce que vous êtes. Le noviciat vous masquera pour un temps. Puis ce sera comme auparavant...

XII

A UNE DEMOISELLE QUI VENAIT D'ASSISTER AU MARIAGE DE SA SŒUR, AU MOMENT OU ELLE-MÊME SE DISPOSAIT A SE CONSACRER A LA VIE RELIGIEUSE.

Cette noce est pour vous, Mademoiselle, une chose beaucoup plus utile que vous ne pensez. Il est bien que ceux qui veulent quitter le monde, voient quelquefois le monde, même le bon monde dans ce qu'il a de plus honorable, pour apprécier la grâce que Dieu leur fait de lui offrir tout cela en sacrifice. Quel mérite y aurait-il à renoncer à ce qui cause du dégoût? Je pourrais vous montrer le revers de la médaille, et les exemples ne me manqueraient pas, non plus qu'à vous, pour conclure que toute la vie n'est pas comme le jour des noces, et qu'on a bien raison d'amuser une jeune épouse pendant les premiers jours, pour l'étourdir sur les peines qu'elle va trouver dans la carrière où elle entre. Je pourrais vous dire tout cela : mais il est plus utile pour vous que vous partagiez même cette illusion, et que vous teniez pour parfait ce bonheur dont vous venez d'avoir l'image sous les yeux. Eh bien! oui, c'est tout cela que vous voulez abandonner. Vous préférez à tout cela le conseil de Notre-Seigneur, et dont il dit qu'il n'est pas donné à tous de le comprendre. Est-ce que Dieu ne peut pas vous dédommager amplement de ce que vous laissez? Ne pourra-t-il pas remplir votre cœur et en épuiser la sensibilité? N'aura-t-il pas des anges, et plus tard une cour innombrable de bienheureux pour vous féliciter de ce que vous aurez choisi la meilleure part? La place qu'il a promise à ceux qui se consacreraient à lui par la profession d'une vertu et d'un état également difficiles n'est-elle pas assez brillante? Et la fête de ces noces spirituelles, qui seront célébrées quand on entrera dans le Ciel après une vie passée de la sorte, ne vaut-elle pas bien toutes les fêtes ensemble de la terre? Que si l'espérance de former une nouvelle famille, de voir sa vieillesse environnée des soins et des témoignages de la tendresse filiale, rend la vie si douce, que sera-ce de l'espérance de la famille spirituelle qui devra à vos prières, à vos vœux, peut-être à votre sollicitude, la vie de l'âme et le bonheur éternel? Et ne sera-ce pas une assez brillante suite dans le Ciel, pour une vierge chrétienne, que cette immense et immortelle famille qui la félicitera sans fin de ce qu'elle lui doit son bonheur?

Enfin, je suis très-aise que vous ayez vu cela de bien près, et même que vous ayez senti involontairement une sorte de jalousie et de tristesse, sans regret cependant, et sans que votre volonté d'être à Dieu ait chancelé. Ce sentiment est en vous sans être de vous; et ce qui est de vous assurément, c'est la résolution et la persévérance dans votre bon dessein.

Ne croyez pas échapper à la croix; ce serait perdre le droit au Ciel. Y aspirant à une plus haute place, ne vous étonnez pas que Dieu vous fasse entrevoir des croix plus lourdes. Vous n'aurez pas celles du mariage, qui sont pesantes : vous en aurez d'autres. Ne vous épouvantez pas d'avance. Prenez-les à mesure qu'elles viendront, et pensez que le bon Dieu vous aidera à les porter en leur temps. Après tout, elles ne seront jamais au-dessus de vos forces, et pourquoi ne pas vouloir ce que ce divin Maître ne veut que pour notre bien? Si vous le pouvez, lisez *Les Saintes Voies de la Croix*, par M. Boudon.

XIII

A UNE DEMOISELLE QUI DÉSIRAIT LA VIE RELIGIEUSE, MAIS QUI ÉTAIT RETENUE PAR DES DEVOIRS DE FAMILLE.

Vous vous tromperiez, Mademoiselle, si vous pensiez qu'en vous parlant comme je l'ai fait jusqu'ici, je me persuadais que vous ne feriez jamais une religieuse passable. Mon principal motif en vous disant d'attendre, a été la considération de monsieur votre père. Je me suis toujours appuyé sur ce principe que les devoirs naturels passent avant tout et sont l'expression la plus incontestable de la volonté de Dieu[1]. A ce titre, je pense qu'une personne comme vous, qui reste seule auprès d'un père veuf, est vraiment clouée là par la volonté de Dieu, et que l'intérêt temporel, spirituel d'un tel père, celui de son bonheur domestique, de sa fortune, de son salut, que tout cela doit attacher sa fille à sa maison, à sa personne, pour l'aider à supporter les charges, les chagrins de la vie, pour éloigner la tentation d'un second mariage mal assorti, pour veiller à ce qu'une servante ne devienne pas le tyran de la maison, et ne dissipe pas la fortune. Que si, par l'effet du temps qui est le grand médecin des choses humaines, ces inconvénients n'existent plus ou s'atténuent singulièrement, vous sentez que ma répugnance cesse : car, encore une fois, ce n'est pas sur votre caractère, sur vos dispositions qu'elle est fondée. Quoique je vous aie fait la guerre sur vos aspérités de caractère, vos bouderies, votre humeur et votre peine à vous accommoder à toutes sortes de gens, je sais qu'après tout,

---

[1] Voir la lettre suivante pour une plus complète intelligence de ce principe qui doit être interprété avec discrétion.

tout cela se corrige, et que la vie religieuse surtout est faite pour guérir toutes ces infirmités. Attendez donc, espérez, travaillez, sanctifiez-vous et rapportez-vous-en au bon Dieu pour le temps, le lieu, l'occasion de suivre le bon désir qu'il vous met dans le cœur. Que Dieu vous le donne pour que vous trouviez un jour à le suivre, ou que ce soit pour vous occuper à présent, c'est toujours une vraie grâce, une source de mérites, enfin une heureuse disposition qui vous rend presque religieuse. En attendant, passez bien votre été dans cette retraite. Ne vous fâchez pas d'avoir ces enfants autour de vous ; ce serait un pauvre noviciat. Mourir à soi-même en obéissant à une supérieure qu'on a choisie, ou mourir en soignant des enfants que le bon Dieu vous met entre les bras, n'est-ce pas toujours mourir? et que voulez-vous autre chose?

XIV

A LA MÊME.

Tant mieux que votre père vous trouve un peu en progrès. Regardez cela comme un encouragement et tâchez que le carême vous pousse encore plus loin. C'est là pour vous, avec votre santé délicate, le bon jeûne, la vraie abstinence, la solide mortification. Il faut que vous vous trouviez religieuse toute faite sans vous en douter. Cela ne vaut-il pas mieux que de traîner vos imperfections et vos défauts pendant tout un noviciat ou toute une vie, pour la croix de vos compagnes futures? Que vous êtes bien servie pour cela! S'il fallait échapper au monde qui vous menacerait de vous perdre, je vous dirais sur-le-champ : Sortez.

fuyez, cherchez un asile; mieux vaut commencer religieuse imparfaite que se damner dans le monde. Mais vous êtes loin de là : je vous tiens pour religieuse et très-religieuse, au moins novice et très-novice. Reste à vous à en faire les œuvres et à en avoir les sentiments. Que n'allez-vous pas dire là-dessus? mais je ne vous entends pas. Ne parlez pas de l'avenir; il est à Dieu. L'avenir décidera; le présent décide de faire comme vous faites. C'est tout pour aujourd'hui; voilà le pain quotidien.

XV

A UNE DAME QUI AVAIT ADOPTÉ UNE NIÈCE A QUI DIEU AVAIT DONNÉ LE GOUT DE LA VIE RELIGIEUSE.

... Inspirez à votre petite-fille d'adoption, qui n'est plus petite, des idées droites, sensées, chrétiennes, sur toutes choses. Persuadez-lui bien qu'on est dans ce monde pour plaire à Dieu et y faire son salut, n'importe par quels moyens. Tout ce qui vient de Dieu et nous y mène est digne de nous : il faut l'accueillir et l'embrasser en esprit de foi...

Gardez-vous bien de vous affliger trop. N'est-ce pas une chose heureuse qu'une si bonne âme se trouve en si bon chemin, qu'elle glorifie Notre-Seigneur, qu'elle se sauve, se perfectionne, gagne une haute place dans le Ciel et vous la mérite? N'est-ce pas vous qui l'avez faite telle? Ne vaut-il pas mieux vous voir grand'mère spirituelle que grand'mère temporelle? Quelle chance voulez-vous lui faire courir? Un mari, et lequel? des enfants, et avec quel bonheur? et la santé? et la fortune? et le salut? etc., etc... Enfin, vous êtes vraiment trop bonne de vous arrêter à cette vaine idée de voir cette nièce dans le monde, quand elle vous montre certain désir de cette vocation religieuse. Assurément, il faut l'éprouver, pour ne pas lui laisser des regrets, mais pas trop, pour ne pas la jeter hors de la voie de la Providence. Le bon Dieu ne fait pas toujours des miracles pour les vocations, et quand les caractères sont droits, simples, souples et pieux, il ne faut pas non plus de ces épreuves à faire des martyrs. Menez donc cela doucement, patiemment, avec confiance en Dieu ; montrez à votre nièce que vous estimez sa vocation, que si Dieu lui fait cette grâce elle en sera heureuse, que vous vous réjouirez de son bonheur. Témoignez-lui confiance, ouverture de cœur, vrai esprit de foi, et Dieu fera le reste.

Cette jeune nièce, étant entrée dans une communauté, tomba gravement malade avant la fin de son noviciat. Mgr Mioland rassurait et consolait sa tante par ces belles paroles :

XVI

1º Il ne faut pas d'abord, ma chère fille, prendre toujours les décisions des médecins pour parole d'Évangile. Souvent des gens qu'ils ont condamnés se portent fort bien vingt ans après.

2º Si cette bonne nièce est destinée à une vie courte, cela ne fera rien pour sa longue éternité, sinon de l'y faire entrer plus tôt, ce qui n'est pas un malheur pour elle, mais un bonheur qui a fait l'objet de l'ambition et des désirs de tous les saints.

3º Si Dieu l'appelle à lui plus tôt que vous ne désirez, je

sens que cela sera une grande croix pour vous, une cruelle séparation ; mais voyez que cette croix est de celles qui sont plus visiblement marquées du sceau de la volonté de Dieu ; et qui sommes-nous pour nous opposer à cette divine volonté, toujours sainte, adorable, aimable ? Si un mariage avec deux ou trois millions de fortune avait envoyé votre nièce en Allemagne, vous vous seriez réjouie peut-être de vous séparer d'elle à ce prix. Elle part pour un meilleur pays, avec une plus brillante fortune, et une plus ferme assurance de bonheur. Dans cinquante ans nous serons tous partis : ne nous plaignons pas de voir partir les premiers ceux qui nous sont chers, quand ils partent si bien. Souhaitons de partir comme eux : ils nous y aideront, partant avant nous, et nous tendront la main par leur intercession. Il faut aimer les siens pour eux-mêmes, non pour nous. Qu'importe ce que nous souffrirons, si ceux que nous aimons en doivent être plus heureux !

Vous aurez quelque peine, peut-être, à goûter ces avis ; mais ils vous arriveront le jeudi saint, ou le vendredi. Ces saints jours vous les rendront précieux. Vous les pèserez devant la croix de Notre-Seigneur. Vous verrez ce divin Maître dans son délaissement, dans ses séparations, dans ses douleurs ; et vous vous estimerez heureuse de cette sainte conformité qu'il vous donne avec lui. C'est la marque des élus.

La maladie se prolongeant, la jeune novice fut admise à faire ses vœux, et Mgr Mioland relevait le courage de sa tante désolée, par cette lettre où déborde son esprit de foi :

XVII

Je n'ai pas de peine, je vous assure, ma chère fille, à me figurer tout ce que vous devez souffrir en voyant le bon Dieu rompre ainsi un à un tous les fils qui vous tiennent à cette bonne nièce. Mais enfin, c'est Dieu qui le fait, et il faut bien qu'il ait de bonnes raisons pour cela. Quant à elle, quant à cette bonne âme que Dieu veut ainsi rapprocher de lui, elle est vraiment bien heureuse d'arriver si vite où nous allons, d'achever sa course en si peu de temps, et de gagner la couronne sans peine, ou plutôt de trouver dans cette longue maladie, dans cette agonie à petit feu, un nouveau mérite, un mérite de consécration, puisque maintenant elle appartient à Dieu par ses vœux. Que peut-on lui désirer de mieux? Quand Dieu l'aura attirée à lui, croyez-vous qu'elle désirera revenir ici? Elle se félicitera, au contraire, si vivement d'être heureusement arrivée, que l'éternité lui suffira à peine pour en bénir Dieu; et elle invitera tous les saints à le bénir avec elle d'un si excellent don. Elle porte donc sur le front le sceau de la prédestination; elle a déjà un pied dans le Ciel; elle a passé une vie bien remplie, vécu bien des années en peu de temps. Il n'y a plus qu'à la féliciter et à remercier Dieu pour elle.

Mais c'est pour vous que vous vous affligez; eh bien, elle va au Ciel vite par l'innocence, et Dieu nous y mène lentement par la pénitence. Il ne faut pas trop s'en affliger : il est bien le maître de ses dons. Pourvu qu'il nous mette dans son saint paradis, qu'importe par quel chemin? Ainsi, soucis temporels, isolement, incertitude d'avenir, tout ce que vous voudrez, tout cela, ce sont autant de moyens que Dieu emploie pour vous détacher de ce monde, vous attacher à lui, vous purifier, vous polir et vous rendre propre à son royaume. Laissez-le donc faire, et si vous souffrez, ne regardez pas trop l'instrument dont Dieu se sert, mais sa main qui l'emploie, ou plutôt son cœur qui le dirige pour vous rendre plus digne de lui et de ses récompenses.

LETTRES DE CONDOLÉANCE

XVIII

A UN PÈRE, APRÈS LA MORT D'UNE DE SES FILLES.

Voudriez-vous bien me permettre de me joindre à toute votre famille pour vous dire quelle part je prends à votre douleur. Je n'avais cessé, depuis que j'avais reçu la nouvelle de la maladie, de porter au saint autel le souvenir de cette chère âme qui avait voulu me rendre le confident de ses saints désirs; et c'est avec un nouvel intérêt que je continue à l'y porter, maintenant que ce souvenir peut lui être encore plus utile. Soyez heureux, monsieur, de trouver dans votre foi de quoi rendre votre peine moins cuisante. Ah! nous verrons un jour combien le bon Dieu aime certaines âmes lorsqu'il les met à l'abri dès leur jeunesse! Il a récompensé les bons désirs de votre fille. Elle aura le mérite de tout ce qu'elle voulait faire de bien. Sans doute vous avez trouvé dans ses papiers un petit règlement auquel j'avais ajouté une page, et vous ne pourrez qu'être consolé de voir dans quelles saintes dispositions Dieu l'a choisie pour l'appeler là où il n'y a plus de crainte de changement. Dix ans plus tard, eût-elle été plus mûre pour le Ciel? Au milieu des embarras et peut-être des malheurs d'un mariage, eût-elle trouvé plus de secours pour ce grand voyage et plus de sujet d'espérer en la divine miséricorde? Elle a rejoint la moitié de sa famille. La voilà auprès de sa si excellente mère. Viendra bientôt le temps où il n'y aura plus de séparation, plus de distance, plus de tristesse, plus de larmes, plus de douleur ; où tout sera rassemblé, tout uni, tout heureux dans le sein du bon Maître que tous auront cherché à aimer et à servir de tout leur cœur.

C'est dans la charité de ce commun Maître que je vous prie de recevoir l'assurance de mon bien respectueux attachement, etc.

XIX

A UNE DEMOISELLE APRÈS LA MORT DE SON PÈRE.

J'arrive depuis très-peu de jours, ma chère fille ; j'allais vous répondre demain matin, et voilà que je reçois votre triste nouvelle. Je ne suppose que trop votre peine ; que ne m'est-il donné de pouvoir l'adoucir ! mais ce n'est que de plus haut que peut venir un remède à une telle plaie : aussi il en viendra, soyez-en bien sûre. Le bon Dieu proportionnera la grâce à l'épreuve. Regardez-vous comme dans un temps de grand mérite, comme au sein d'une abondante moisson ; ne perdez rien de tant de trésors. Du milieu de votre douleur, quelque amère qu'elle soit, dites à Notre-Seigneur : Mon Dieu, *vous me l'aviez donné, vous me l'avez ôté, que votre saint nom soit béni!* je pourrai donc désormais vous dire en toute vérité et en toute confiance : *Mon Père.* Ensuite demandez à ce divin Père consolation, lumière, patience, force pour tous les embarras que vous pourrez avoir. Ne vous effrayez pas trop ; il y aura une grâce pour chaque jour : oui, à chaque jour suffira sa peine.

Je vois votre chagrin : c'est que ce pauvre défunt n'ait pas pu recevoir les sacrements. Mais enfin il les aurait désirés ; il a fait une confession générale ; il s'entretenait dans des sentiments de pénitence et de résignation. Quoi de mieux ? Cette mort, pour être subite, n'est pas imprévue. J'ai la grande confiance que le bon Dieu l'aura reçu dans sa miséricorde ; que la Sainte Vierge, qu'il aimait à honorer par le chapelet, l'aura assisté et accueilli ; que la croix rude qu'il a portée l'aura purifié ; que ce redoublement de bons sentiments remarqué en lui depuis quelque temps aura été une grâce particulière et une marque anticipée de prédestination. Je vais demain présenter tout cela au bon Dieu, au saint autel, avec le sang adorable de Notre-Seigneur, pour la délivrance et l'entrée dans le Ciel de ce cher défunt. J'y joindrai aussi votre intention, afin que le bon Dieu vous sanctifie par cette épreuve.

XX

A UN ECCLÉSIASTIQUE APRÈS LA MORT DE SON PÈRE.

Vous supposez sans peine, mon cher ami, de quel cœur j'ai reçu ce matin votre triste nouvelle. Elle est triste à la nature, car ces séparations, quoique prévues, sont déchirantes. Mais qu'elle est douce à la foi, quand on peut accompagner d'une si ferme espérance de leur bonheur ceux qui nous ont quittés pour un temps ! Quel souvenir que celui de leur foi, de leur piété, de leurs bonnes œuvres !

Comme le cœur se repose à penser qu'ils sont arrivés où ils tendaient de tous leurs désirs, et qu'il ne leur manque plus rien que de nous voir où ils sont et où ils nous attendent ! Vous êtes, de toute votre pieuse famille, le plus près de ce cher défunt, par le saint sacrifice, où vous pourrez mêler son souvenir et son nom au sang de Notre-Seigneur, et vous serez aussi le plus près des consolations de la foi pour les répandre sur chacun, heureux de penser que tous sont dignes de les recevoir et de s'en enrichir. Quelle joie et quelle récompense pour ce saint père de famille que de voir autour de sa tombe des cœurs qui lui ressemblent, qui ont conservé le précieux héritage de sa foi, dont les prières et les bonnes œuvres peuvent lui servir encore, et à qui il peut être, de son côté, si efficacement utile par son intercession auprès de Dieu ! Je vais demain, mon cher ami, m'unir à vous tous, et offrir aussi le saint sacrifice pour ce cher et respectable défunt. Faites agréer à toute votre famille, et à madame votre mère surtout, mes compliments bien sentis de condoléance, et croyez-moi toujours tout vôtre en Notre-Seigneur.

LETTRES DE DIRECTION SUR DIVERS SUJETS

XXI

A UNE DEMOISELLE.

DOUX SUPPORT DE SOI-MÊME. — DES DÉFAUTS CONNUS SONT A MOITIÉ VAINCUS.

Bien que je n'aie pas, mademoiselle, votre lettre sous les yeux, je veux profiter de trois jours de campagne pour vous répondre, dans la crainte de ne pouvoir le faire sur la fin de la semaine. Cette bonne lettre m'a fait grand plaisir, et je bénis Dieu de ce qu'il vous conserve ces pieux sentiments. Vous verrez que tôt ou tard cela portera son fruit. Je ne suis pas même bien épouvanté de la peine que vous éprouvez à vous voir différente de ce que vous voudriez être : cela vaut mieux que d'être exposée à être contente de soi. Quand vous n'en tireriez qu'un sentiment habituel de défiance de vous-même, d'humilité et de charité pour supporter les autres qui vous supportent bien, ce serait déjà un grand profit, et peut-être Notre-Seigneur veut-il vous laisser dans cet état, de crainte qu'autrement les choses n'allassent pas si bien. De grâce, suivez le bon avis de saint François de Sales, qui veut qu'on s'aime d'abord soi-même, qu'on se supporte soi-même, qu'on soit charitable et doux d'abord envers soi-même. C'est une grande perfection de voir ses imperfections, ses défauts, ses péchés même d'un œil tranquille. Eussiez-vous commis tous les péchés possibles, il faudrait encore conserver cette paix et ce calme qui suivent l'humilité et qui ne rendent la confiance en Dieu que plus vive et plus entière. Plus vous irez, plus vous vous connaîtrez méprisable. Plus on se connaît, plus on découvre en soi-même de monstres qui se cachaient dans les coins et les recoins du cœur. Mais, dit Fénelon, c'est déjà beaucoup de les découvrir : c'est les avoir à moitié chassés. Ils nuisent bien peu quand on peut les suivre de l'œil et les arrêter au premier pas qu'ils osent faire. Les voilà donc, ma bonne demoiselle, ces monstres de jalousie, d'aversion, d'intolérance, d'amour-propre, de recherches vaines, etc... Considérez-les bien, quand vous pouvez ; remerciez Dieu, qui vous les fait voir, et tenez-vous en paix, dans l'espérance que ce Dieu qui vous les a montrés vous aidera à les vaincre.

XXII

A LA MÊME. — SE FAIRE UNE VERTU SOLIDE. — ÉVITER
LES TRISTESSES, LES PLAINTES ET LES DÉPITS.
REPRENDRE SES RÉSOLUTIONS SANS SE DÉCOURAGER JAMAIS.

Votre lettre est bien un peu folle, mademoiselle, mais comme heureusement elle est longue et que la fin est plus raisonnable que le commencement, j'aime mieux l'attribuer à une boutade d'humeur qu'à un sentiment habituel du cœur. Pourquoi tant se tourmenter? Où cela mène-t-il? Et ces ennuis, et ces chagrins, et ces tristesses, et ces dépits, à quoi cela peut-il servir? Que vous le sentiez, passe; mais s'en occuper, c'est enfantillage. Il faut, une fois pour toutes, se faire une vertu solide. Ce serait à vous à soutenir, aider, consoler mademoiselle votre sœur, à lui donner, dans votre conduite, un modèle parfait de calme, de raison, de patience, de confiance en Dieu : car, enfin, c'est là la dévotion, le reste n'en est que l'écume. En se montant la tête, on ne fait rien de bon ; et, s'il faut porter la croix, il faut la porter généreusement et gaiement. Vous rentrez dans la raison, lorsque vous me dites que vous allez prendre quelques jours de recueillement ; c'est bien le cas, et j'espère que vous trouverez, dans ce temps de repos, le calme et la résolution nécessaires pour cheminer avec plus de courage et de mérite. Je n'aime pas qu'on se tourmente tant sur les résolutions auxquelles on a été infidèle : cela n'avance rien ; il faut les reprendre, et voilà tout. Si vous partagez les peines de monsieur votre père, faites-vous d'un commerce aisé, aimable et doux, pour l'aider à les porter. Vous vous faites mille fantômes, vous vous amusez à combattre des ombres, et vous vous troublez ensuite : temps perdu. Faites bien ce que vous faites ; allez droit, sans vous inquiéter si vous êtes contente ou non, pas plus qu'un voyageur ne s'inquiète de la pluie et du beau temps, quand le voyage presse. Je vous écris court et net ; pensez-y longuement : vous verrez que c'est vrai. Si vous avez le courage de faire ainsi, tout ira à merveille.

XXIII

A LA MÊME. — MÊME SUJET QUE LA PRÉCÉDENTE.
NE PAS ABANDONNER SES COMMUNIONS. — SORTIR DE SOI-MÊME.
NE PAS TROP RAISONNER SUR SES TENTATIONS.

Je me hâte de répondre, mademoiselle, à votre dernière lettre, pour que vous ne pensiez plus que vos lettres m'ennuient. Je n'ai, du reste, pas à vous dire du nouveau et je partage bien tout ce que vous pensez vous-même de vous-même. Seulement, pourquoi n'agissez-vous pas aussi bien que vous pensez ? C'est un enfantillage de tant vous occuper de la différence que le séjour de la campagne peut mettre dans vos habitudes. Que dira-t-on ? que pensera-t-on ? Que vous importe ? On dira que vous communiez souvent, et puis voilà tout. A votre place, je voudrais, mes communions une fois réglées, ne jamais m'en départir que par impossibilité, et, fussé-je à la campagne, à la ville, en voyage, en tristesse, en joie, en affaires, en dissipation, communier tout de même, quand mon jour arrive. Par là, vous vous ôteriez beaucoup de soucis de la tête, et tout irait beaucoup mieux. Il me semble même que nous étions convenus de cela. Trois semaines sans communion, c'est vraiment un peu fort, et vous sentez bien maintenant, comme vous dites, que c'est un peu votre faute. Si vous vous étiez confessée plus simplement, votre confesseur vous aurait mieux comprise. Voilà donc une chose bien conclue : vous allez prendre une manière de faire plus droite, plus unie; vos communions seront réglées, rien ne pourra les déranger, et, quand vous aurez par hasard un confesseur extraordinaire, vous vous arrangerez de façon à ne pas lui donner le change et à le mettre, au contraire, dans le cas de ne rien changer à votre manière de vivre ordinaire.

Je voudrais bien aussi que vos lettres ne fussent pas si chagrines. Vous êtes réellement de trop mauvaise humeur contre vous-même ; vous ne vous raisonnez que pour vous gourmander. Supportez-vous vous-même comme vous êtes, et de la vue de ces défauts et de ces humeurs ne tirez que sentiments d'humilité, de confiance en Dieu et de reconnaissance pour ce Dieu qui vous supporte telle que vous êtes. C'est ce qu'il y a de mieux à faire : soyez en sûre.

Sortez donc de vous-même, vivez pour les autres, ne vous embrouillez pas l'esprit à tant raisonner sur les tentations qui vous arrivent. La vertu des vierges ne s'acquiert, ne se conserve qu'en pensant plus au bonheur de la pratiquer qu'aux idées et aux sentiments qui la combattent. Éloignez fort votre esprit de tous ces examens. Si vous allez vous occuper la conscience de ce plus ou moins de consentement, vous n'en sortirez plus. Il faut faire sa bonne résolution sur ce point et aller toujours en avant, sans s'inquiéter plus de cela que des mouches qui voltigent autour de nous.

Notre-Seigneur vous en dira plus dans la communion que moi ici, et bien mieux. Écoutez-le bien et tenez-vous le cœur au large tant que vous pourrez.

XXIV

A UNE DEMOISELLE QUI SOUPIRAIT APRÈS LA VIE RELIGIEUSE.
LE MONDE EST PEU A REDOUTER POUR CELUI
QUI LE MÉPRISE. — LA COMMUNION GRAND SOUTIEN AU
MILIEU DU MONDE.

Tant qu'on trouve le monde ridicule, ingrat, faux, insipide, c'est-à-dire tel qu'il est en réalité, il n'y a pas grand danger à le fréquenter, surtout quand on ne le voit que par devoir. C'est une bonne marque, au contraire, qu'on cherche à vivre de la vie de la foi que de commencer à s'apercevoir de la folie de la plupart des hommes, qui s'attachent à toutes ces bagatelles et recherchent toutes ces niaiseries comme le suprême bonheur. Ne vous inquiétez donc guère de l'obligation où vous met votre position de voir quelquefois ce triste monde ; que ce soit là votre pénitence. Saint Paul disait : « Le monde est pour moi un objet d'horreur, il m'est comme *un crucifié*, c'est-à-dire comme ce qu'il y a de plus pénible et de plus infâme ; et moi aussi je lui suis également un objet d'horreur. » Si vous haïssez le monde, il vous rendra la pareille : tant mieux. Il faut appeler monde cette masse d'hommes qui ont des maximes et des sentiments opposés à la doctrine de Jésus-Christ et à ses exemples, de Jésus-Christ qui a dit : « Heureux les pauvres, heureux ceux qui pleurent, heureux ceux qui souffrent ; faites-vous violence, renoncez-vous vous-même, cherchez d'abord le royaume de Dieu, etc... » Heureux sans doute ceux qui en sont sortis, mais heureux aussi ceux qui y demeurent, parce que Jésus-Christ les y a mis et qu'il ne veut pas encore les en tirer.

Vous avez très-bien fait de revenir à vos communions

c'est ce qui entretiendra en vous l'esprit de la foi. Vous y vivrez d'un aliment inconnu au grand nombre. Une communion doit servir de préparation à l'autre, et une seconde communion d'action de grâces pour la précédente. Les premiers chrétiens communiaient tous les jours. Décidez-vous à ne jamais considérer ce qu'on dira de vous, en bien ou en mal : voilà la bonne humilité. On ne voit que Dieu, on ne songe à plaire qu'à Dieu, on s'abstient de tout ce qui peut scandaliser ; mais on ne cherche que Dieu en tout. Vous êtes dans un chemin de foi et de confiance en Dieu, où il faut marcher courageusement, sans savoir où Dieu vous mène ; qu'importe, puisque vous savez que vous êtes bien certainement où Dieu vous veut à présent?.. Quand le bon Dieu vous dira : partez, vous partirez. En attendant, exercez-vous fort à l'égalité de caractère, à la paix intérieure, au support du prochain dans ses défauts, à voir Dieu en toutes choses. Prenez patience avec vous-même, supportez-vous sans dépit et comptez que Dieu fera le reste.

XXV

A LA MÊME. — ACCEPTER LES CROIX QUE DIEU NOUS DONNE. UNION A NOTRE-SEIGNEUR DANS LES ÉPREUVES.

J'avais, en effet, mademoiselle, appris depuis peu la croix de votre famille, et je ressens bien vivement un événement si déplorable. Hélas ! nous ne choisissons pas nos croix, et celles que Dieu nous donne sont toujours les dernières sur lesquelles fût tombé notre choix. Mais Notre-Seigneur, qui les choisit pour nous, s'engage à nous donner courage et force pour en faire un bon usage. Voilà, je l'avoue, de quoi bien déranger vos projets ; cela me confirme aussi dans ma pensée. Voyez quelle serait votre peine, si vous étiez maintenant sous le joug des vœux, de sentir votre père comme il est, votre sœur et ses enfants qui réclament vos soins et votre zèle ! L'avenir vous est donc, maintenant, plus caché que jamais; mais Dieu le connaît, et cela doit vous suffire. Allez au jour le jour; tâchez de fortifier et consoler monsieur votre père, surtout par les pensées de la foi ; montrez-lui, de votre côté, une résignation douce et chrétienne, un empressement bien marqué pour lui alléger le fardeau et pour lui plaire, et si vous ne trouvez pas dans ce triste événement un sujet de bonheur, vous y trouverez un sujet de mérite, ce qu'il faut en toutes choses chercher en ce monde. Voilà le bien de la foi, de l'esprit de foi : c'est de fournir des armes pour tous les combats, de nous donner des forces pour toutes les épreuves et de rendre tous nos chagrins méritoires, en nous apprenant à les unir à la croix de Jésus-Christ et à les porter avec lui et comme lui. C'est ce que j'ai demandé pour vous à Notre-Seigneur, ce matin, comme je le ferai les jours qui vont suivre. Il est le seul consolateur, le seul asile, le seul repos, le seul sujet d'espérance et rien ne pourra nous l'ôter.

XXVI

A UNE DAME D'UNE HUMEUR MÉLANCOLIQUE. — CONTRE LES TRISTESSES. — CETTE VIE EST UN TEMPS D'ÉPREUVE. — DIEU DOIT NOUS SUFFIRE.

Vous trouverez encore longtemps, madame, une ample matière à vos jérémiades ; tenez même pour certain que vous en avez pour tout le temps qui vous reste à passer sur cette terre, et qui sait si ce temps ne sera pas encore bien long? Mais vous trouverez patience et courage dans l'esprit de foi. Quand on se persuade bien que ce monde est un lieu d'épreuves, comment s'étonnerait-on d'y trouver des croix? Il faudrait plutôt s'étonner de n'y en point trouver. L'épreuve pour ce monde, la récompense pour ailleurs : voilà le dessein de la sagesse de Dieu. De plus, les saints seront plus éprouvés que les autres ; Notre-Seigneur l'a promis et tous les jours cela se voit. Aujourd'hui, on a enterré ici une femme d'une grande vertu, madame de V... qui laisse un mari, des enfants, une famille qui, si les élus devaient être récompensés dans ce monde, mériterait le suprême degré de bonheur. Je remarque que les familles les plus ferventes sont souvent les plus affligées ; saint Augustin, les Pères David, l'avaient remarqué aussi : ils en concluaient qu'il y a donc une Providence, que ce monde n'est donc pas le lieu de la justice et de la récompense et que, plus tard, il y aura un lieu où tout sera remis à sa place. Que n'a pas dit Notre-Seigneur là-dessus? Quand vous le pourrez, vous ferez fort bien de lire les Psaumes avec les réflexions du P. Berthier ; vous y trouverez tout cela et dit par le Saint-Esprit. Il ne faut qu'un quart d'heure d'une lecture de ce genre pour remettre le baume dans l'âme et renouveler les forces spirituelles. Les plus saints ont des moments de défaillance, et puis, outre que vous n'êtes pas sainte, vous êtes bien solitaire. Vous n'avez à qui parler et vous broyez du noir, Dieu sait comme, du matin au soir. Tout ce qui vous entoure n'est ni gai ni parlant et il vous faudrait l'un et l'autre. Au moins, marchez en la présence de Dieu, ne vous occupez pas de l'avenir et profitez bien du présent. Allez devant vous et ne philosophez pas sur les croix qui vous arrivent, ni sur les contradictions que vous rencontrez Ne faites pas comme les petits chiens qui mordent la pierre qu'on leur jette ; voyez la main d'où elle part et vous l'accueillerez avec bénédiction. Livres, confesseur, église.

exercices de piété, regardez tout cela comme des chemins qui vous mènent à Dieu, mais ne vous y arrêtez pas. Allez plus loin ; ne cherchez que Dieu et son règne en vous. Ne vous reposez qu'en lui seul ; n'a-t-il pas de quoi vous contenter ? Bien avare serait un cœur à qui un tel bien ne suffirait pas, ou plutôt bien insensé !

XXVII

TROIS GRANDS PRINCIPES QU'IL NE FAUT PAS PERDRE DE VUE DANS LES ÉPREUVES ET LES AFFLICTIONS.

Vous voyez bien, ma chère fille en Jésus-Christ, que vous n'êtes pas destinée à faire votre paradis en ce monde. Ne vaut-il pas mieux y faire son purgatoire ? Et qu'est-ce que tout ce tracas dont vous vous plaignez ? un petit purgatoire. Vous êtes mal à votre aise, inquiète, mécontente, sans repos ni paix ; eh bien ! il faut tout cela pour faire une sainte. Un Père de l'Église nous montre dans le Ciel les divers ordres de saints, et il s'écrie : « Otez-leur leurs combats et leurs croix, vous aurez ôté leurs couronnes. Ainsi, ne voyez pas vos croix, mais les grâces que le bon Dieu vous a faites jusqu'ici. Quand vous serez morte, ce qui vous fait gémir aujourd'hui et jeter les hauts cris deviendra le sujet de votre joie ; vous vous en féliciterez fort.

Dans tout ceci, il y a trois grands principes qu'il faut se bien inculquer dans la tête et qui font toute la religion. — D'abord, c'est que rien n'arrive que Dieu ne l'ait permis ou voulu. Il ne veut point le mal, mais il le permet et il en tire toujours le bien. Quand il lâche la bride aux passions humaines, il les fait toujours servir à l'accomplissement de ses desseins, ou de justice, ou de miséricorde. Si nous en sommes bien persuadés, rapportons-nous en à lui et tâchons de dire bien intimement : Que votre volonté soit faite ! — Le second principe, c'est que tout ce qui arrive est pour le bien des élus. Rien ne se fait sur la terre que pour cela ; le monde ne dure que pour faire des élus. Ainsi, tout ce mouvement n'est qu'un moyen aux élus de se sanctifier et de répondre à leur glorieuse destinée. — Le troisième principe, c'est que, puisque nous voulons être du nombre des élus, tout cela arrive pour notre bien, et il ne nous reste plus qu'à en profiter. Comment cela ? En nous détachant de ce monde, en soupirant pour le Ciel, en portant notre croix et en devenant des hommes de foi. Voilà la nourriture solide à laquelle Dieu nous appelle. Si vous avez les lettres de saint Jérôme, lisez les belles lettres que ce saint docteur adressait à sainte Paule, à sainte Mélanie, quand ces dames romaines eurent vu leurs palais incendiés à Rome, dans la destruction de cette ville par les Goths, leurs parents massacrés, leur fortune dissipée, et qu'elles furent réduites elles-mêmes à un état voisin de la misère. Ces exemples ne sont guère consolants, mais ces lettres le sont beaucoup ; et puis, au fond, vous n'en êtes pas encore réduite là. Après tout, *à chaque jour suffit sa peine ;* il y a grâce pour chaque circonstance de la vie. Ainsi, ne broyez pas trop de noir, voyez le mal où il est, priez fort que Dieu écarte d'autres malheurs, tenez-vous prête à tout et d'un cœur fort, libre et reposé en Dieu. Sans lui, un seul cheveu de votre tête ne peut tomber. Il faut que vous soyez l'ange consolateur et le bon exemple de tous ceux qui vous entourent.

XXVIII

A LA MÊME. — ENCORE CONTRE LES TRISTESSES
ET LES MÉLANCOLIES.
JÉSUS-CHRIST DANS L'EUCHARISTIE DOIT NOUS SERVIR DE MODÈLE.

Vous êtes bien bonne de tant vous broyer du noir. Où cela mène-t-il? A rien de bon. On s'ennuie, puis on s'ennuie de s'être ennuyé et on finit par s'en rendre malade. Il y a des maladies qui sont des martyres, mais devenir martyr de ses passions ce n'est pas un titre à la récompense; or, la tristesse est une passion comme une autre. Si vous voyez ainsi tout jaune, ne serait-ce point que vos yeux sont jaunes eux-mêmes? Au fond, tout cela est enfantillage et dévotion de bulles de savon. Quand est-ce que nous comprendrons bien la belle et bonne dévotion, l'amour de Notre-Seigneur par-dessus toutes choses, l'amour de la vie simple, cachée, mortifiée, l'esprit continuel de sacrifice et l'esprit de dévouement au prochain, enfin l'imitation de Notre-Seigneur dans le saint sacrement de l'Eucharistie? Il est là constamment en état de victime, s'offrant à Dieu, son Père, pour réparer sa gloire, et constamment en état d'aliment pour tous ses enfants. Quelle leçon d'humilité que ce Dieu anéanti dans ce sacrement, de pauvreté que ce Dieu caché sous de si pauvres apparences, de silence et de solitude que ce Dieu résidant dans le tabernacle, de charité, de condescendance, de miséricorde que ce Dieu attendant les plus grands pécheurs, les bénissant malgré eux, souffrant leurs outrages et prêt à se donner à eux quand ils le voudront ! Pourquoi communiez-vous, sinon pour devenir tout cela? A quoi sert la communion, sinon à vous rendre telle? Vous allez donc, après cette octave du Saint-Sacrement, devenir une petite sainte, une ermite, une solitaire, une Marie, une Marthe, une bonne personne, ne s'effrayant de rien, prenant le temps comme il vient, les gens comme ils sont, se pliant doucement à tout, n'attendant pas le paradis sur la terre, y cherchant la croix, au moins l'accueillant, au moins la recevant sans murmurer. Allons, mettez toutes vos sottes idées sur le compte de votre mauvais ange et ne lui en faites pas votre compliment.

XXIX

A UNE DEMOISELLE OCCUPÉE A SOIGNER SON PÈRE MALADE.

J'apprends, ma pauvre demoiselle, la nouvelle croix que le bon Dieu vous envoie et toutes les inquiétudes qu'elle vous apporte. Je vous ai toujours dit que votre première vocation était celle-là. Si le bon Dieu veut vous la faire pratiquer à présent dans ce qu'elle a de plus excellent, j'ai cette confiance en sa bonté que vous ne négligerez rien de tout ce qui sera nécessaire pour la remplir parfaitement.

On me dit que vous êtes jour et nuit auprès de votre pauvre père, que vous le soignez, que vous le servez, que vous le veillez : c'est bien là votre place. Il a aussi besoin qu'on le console dans sa mélancolie, qu'on lui suggère doucement les plus touchants motifs de la foi pour nourrir son âme. Je sais que cela ne peut guère vous convenir ; mais vous pourrez lui procurer chaque jour la visite de son confesseur, vous pourrez lui lire quelques mots d'un bon livre, comme *Les Saintes Voies de la Croix*, ou, dans les œuvres de Fénelon, plusieurs courtes méditations pour le temps de la maladie, ou encore quelques beaux chapitres de l'*Imitation* analogues à sa position. Il ne faut pas que les malades fassent de longues prières, ni qu'on leur lise, ni qu'on leur parle beaucoup ; mais ils doivent s'unir à Notre-Seigneur sur la croix, lui demander les sentiments de sacrifice, de patience, de résignation, de désir de satisfaire à sa justice, de réparer sa gloire, d'expier le péché. Il faut qu'ils offrent leurs souffrances corporelles et leurs ennuis intérieurs en esprit de pénitence, qu'ils se détachent peu à peu des choses de la terre, qu'ils s'efforcent de goûter davantage les choses célestes, et surtout qu'ils s'abandonnent avec une tendre confiance à la divine Providence pour la santé et la maladie, la vie ou la mort.

La maladie est le temps le plus précieux de la vie pour un chrétien ; c'est une époque de moisson spirituelle. Qui peut dire combien d'années de purgatoire fait éviter un seul jour de maladie bien passé ? Qui peut mesurer le mérite du sacrifice que l'on fait à Dieu tous les matins de sa propre vie, en union à cette touchante parole du Sauveur sur la croix : *Mon Père, je remets mon âme entre vos mains ?* Quand un malade ne ferait que cette prière, cela suffirait, surtout s'il pense à Celui qui l'a faite le premier et au caractère divin qu'elle porte avec elle.

Si le bon Dieu rend la santé à cet excellent père, cette maladie lui sera, comme elle l'est pour les bons chrétiens, une occasion de grands mérites. Si, au contraire, il veut ne la terminer qu'en l'appelant à lui, quel temps précieux que celui qui doit préparer ce cher malade au grand et inévitable passage, et quel témoignage plus touchant de tendresse pouvez-vous lui donner que de l'aider à ne rien perdre d'un si grand bien? Tant de fois je vous ai répété que le bon Dieu ne vous retenait dans le monde que pour cela. Puisqu'il lui a enlevé son épouse, dont le dernier devoir était de l'aider à mourir en saint, c'est à vous qu'il confie ce ministère de charité, vous qu'il a laissée seule de ses enfants constamment auprès de lui, et dont le cœur n'est partagé par aucun autre souci. Je sens d'ici toute votre peine, et je la partage bien vivement, je vous assure. J'ai bien prié ce matin Notre-Seigneur de vous soutenir, de vous éclairer, de vous animer de l'esprit de foi pour vous faire accomplir tout ce qu'il faut, et que vous le fassiez bien, et j'ai la confiance que ce divin Maître nous exaucera.

N'écoutez pas votre cœur pour aller au-delà de vos forces : ménagez-vous pour suffire jusqu'au bout. Si, comme on le dit, la maladie est grave et sérieuse, hâtez-vous de faire recevoir au cher malade les sacrements qui doivent le sanctifier. Prenez sur vous pour n'être point triste et mélancolique : les malades ont besoin de voir des visages calmes et sereins. Soyez bonne, douce, reconnaissante pour les domestiques qui vous entourent. Conservez-vous, autant que possible, bien maîtresse de vous-même. Voilà une belle occasion d'acquérir ou de pratiquer de grandes vertus ; elle ne se représentera peut-être jamais. Il y a ainsi dans la vie certaines circonstances où Dieu nous attend ; si on y est fidèle, on y trouve une source intarissable de nouvelles grâces. Qui sait ce que le bon Dieu vous réserve pour votre fidélité à celle-là ?

XXX

A LA MÊME. — SUITE DES MÊMES CONSEILS.

Vous aurez sans doute déjà reçu, mademoiselle, la bonne visite de notre confrère. Il aura porté à monsieur votre père nos vœux pour son rétablissement qui paraît commencé ; mais je suis bien aise de voir que vous ne vous faites pas illusion sur les suites d'une affection dont le germe demeure. C'est un grand bonheur qu'il ait eu la dévotion de recevoir la sainte communion à Noël. Quand un malade est ainsi uni à Notre-Seigneur, c'est ce divin Maître qui souffre en lui ; il devient sa caution, son répondant; il se charge de ses péchés, il les fait siens pour ainsi dire, afin d'en obtenir miséricorde; et comme la maladie est l'état le plus précieux de la vie, et l'état de grâce, celui où tout est marqué d'un sceau de mérite éternel, il n'y a rien de plus grand et de plus utile aux yeux de la foi qu'un malade uni à Dieu. Hélas! dans ce triste état, l'âme est souvent tentée de se laisser abattre ; si intimement liée au corps, elle participe aux faiblesses de celui-ci et perd courage. Heureux alors ceux qui ont fait de bonnes provisions de vertu pendant qu'ils étaient en santé. Ils ont cependant besoin également d'être soutenus; il faut que de bonnes et courtes lectures leur rappellent des sentiments qui sans cela s'échapperaient. Votre présence toute seule et vos soins feront déjà un grand bien. N'oubliez pas que vous vous trouvez à une des circonstances les plus solennelles de votre vie, non-seulement pour monsieur votre père, à qui il faut maintenant rendre tout ce qu'il vous a donné de soins, de sacrifices et de sollicitudes, mais encore pour vous-même qui devez pratiquer enfin la vraie mortification, le vrai détachement, la vraie charité. Vous avez fort bien fait d'arranger votre temps comme vous me le dites. Ne soyez point trop prêcheuse, restez plutôt en arrière, attendez qu'on vous demande. Prêchez beaucoup sans rien dire par votre égalité d'humeur, votre sage empressement, votre dévouement de chaque instant sans affectation. *Les Saintes Voies de la Croix*, de M. Boudon, le *Traité de la conformité à la volonté de Dieu*, du Révérend Père Rodriguez, vous seront d'un grand secours, ainsi qu'à votre malade. Procurez-vous les lettres de saint François de Sales; il y en a beaucoup pour les malades. Le saint y a mis tout ce qu'on peut dire de mieux. Enfin, faites-vous sainte, en aidant votre malade à devenir saint. Un malade chrétien est ce qu'il y a de plus respectable au monde : car c'est un représentant de Notre-Seigneur sur la croix et un élu qui achève de se former. Je remercie bien ce divin Maître qui vous donne tout ce qu'il faut pour une position si délicate, et je ne cesserai de le prier qu'il vous aide jusqu'au bout, et que sa sainte volonté s'accomplisse en toutes choses. Que pouvons-nous désirer de plus ?

CONCLUSION

Toute la correspondance spirituelle de Mgr Mioland présente ce caractère de sagesse et de piété qui se fait remarquer dans les lettres que l'on vient de lire. Nous aurions pu citer encore, et partout et toujours on aurait admiré ce ton de convenance, cette hauteur de vues, ces conseils si judicieux, cette direction si bien appropriée à chaque position, et surtout ce soin de tout ramener à Jésus-Christ, comme principe et modèle de toute sainteté. Mais il nous faut finir, et, nous l'avouons, ce n'est pas sans un amer regret. Jamais nous n'avons lu la vie d'un saint sans ressentir, au moment où nous parcourions la dernière page, quelque chose de cette tristesse que l'on éprouve quand est venu le jour où l'on dit adieu à un ami ; mais aujourd'hui c'est un saint et un père qu'il nous faut quitter. Cependant, disons-le à la gloire de Celui qui fait les saints, les joies que nous goûtons dans leur société sont bien différentes des jouissances auxquelles le monde nous convie.

Celles-ci sont passagères et fugitives comme le maître qui les donne, et, après qu'elles ont passé, il ne reste dans le cœur qu'un vide affreux que rien ne peut combler. Mais les douceurs que Dieu répand dans nos âmes participent à l'immutabilité de son être, parce qu'elles ont pour mission de nous mener à l'éternité. Aussi elles ne passent point tout entières; mais elles laissent en nous une lumière, une consolation et une force, à l'aide desquelles le chemin qui nous reste à parcourir devient plus facile et plus sûr. Nous aimons donc à nous persuader que, si les nobles exemples que nous venons de mettre sous les yeux de nos lecteurs leur ont procuré quelques moments agréables, ils en conserveront un utile souvenir. Une main plus habile eût fait ressortir avec plus d'éclat les richesses renfermées dans cette belle vie d'évêque; mais nous croyons pouvoir du moins nous rendre ce témoignage, qu'il eût été difficile d'esquisser un portrait d'une ressemblance plus parfaite. Ce n'est pas un panégyrique que nous avons voulu composer: c'est une histoire fidèle que nous nous sommes contenté d'écrire. La vertu, quand elle atteint un certain degré, est toujours assez belle, sans qu'elle ait besoin, pour plaire, de recourir à une parure empruntée. Lyon, Amiens, Toulouse, reconnaîtront sans peine cet évêque tant de fois admiré, et ces trois diocèses, plus encore que tous les autres, nous sauront gré, peut-être, d'avoir mis au grand jour beaucoup des traits saillants de sa belle vie qui jusqu'ici étaient demeurés dans l'ombre.

Daigne l'auteur de tout bien graver dans nos cœurs ce que nous avons écrit sur ces pages, et nous y faire trouver une force nouvelle, pour qu'au terme de notre pélerinage, il nous soit donné de retrouver celui que nous avons perdu, là où il n'y a plus de douloureuse séparation !

Cette histoire n'étant point celle de la maison des Chartreux, mais celle de son premier supérieur, nous avons omis beaucoup de noms que nous aurions été heureux de mentionner. Il en est un, cependant, auquel on nous permettra de rendre ici un religieux hommage, celui de M. Deguerry, de ce vénérable curé de la Madeleine qui vient d'être massacré en haine de la foi. Obligé de nous quitter pour d'honorables motifs, M. Deguerry nous était toujours resté uni par le cœur. C'est lui qui devait, cette année même, venir nous prêcher notre fête patronale. Il se faisait une joie de se retrouver au milieu d'une société qui lui rappelait de précieux souvenirs, et nous étions heureux à la pensée de le posséder et de l'entendre. Dieu, en trompant notre attente, nous a donné plus qu'il ne nous a ravi. Au lieu d'un apôtre parlant dans une chaire, c'est un martyr qui nous envoie ses accents du haut du ciel.

FIN

TABLE DES MATIÈRES

APPROBATION DE MONSEIGNEUR L'ARCHEVÊQUE DE LYON. i
LETTRES ADRESSÉES A L'AUTEUR. . . . . iij
AVANT-PROPOS I

PREMIÈRE PARTIE

MONSEIGNEUR MIOLAND AVANT SON SACRE

CHAPITRE PREMIER (1788-1799) — Sa naissance. — Ses premières années jusqu'à la mort de son père. 1

CHAP. II (1799-1803) — Première éducation du jeune Jean-Marie. — Ses dispositions à la piété. — Rencontre du jeune Honoré Greppo. — Heureuse influence que les deux amis exercent sur leurs condisciples. — Ils vont à Saint-Sulpice pour y suivre le cours de philosophie. . . 16

CHAP. III. (1803-1812) — M. Mioland fait sa philosophie au séminaire de Saint-Sulpice. — Son retour auprès de sa mère. — Après quelques mois d'épreuve il entre au séminaire de Lyon. — Sa conduite au séminaire. — Ses sentiments à chaque ordination. — Sa reconnaissance affectueuse pour les prêtres de Saint-Sulpice. 29

CHAP. IV. (1812-1816) — L'abbé Mioland est nommé maître des cérémonies au séminaire de Lyon. — Esprit avec lequel il accepte et remplit pendant quatre ans ces modestes fonctions. — Sa vie studieuse. — Ses rapports avec plusieurs ecclésiastiques distingués. — Il songe à entrer dans la société de Saint-Sulpice. — Dieu lui manifeste une autre vocation. 73

CHAP. V. (1803-1816) — Le cardinal Fesch songe à créer une société de prêtres, destinée à l'enseignement et à la prédication. — Premiers essais, qui ne peuvent aboutir. — Le cardinal part pour l'exil. — M. Bochard, vicaire général, est chargé de réaliser sa pensée. — Tout se prépare pour une institution définitive. 81

TABLE DES MATIÈRES

Chap. VI. (1816) — Le cardinal Fesch donne au diocèse, pour le service de la Société naissante, sa maison des Chartreux. — La Société instituée canoniquement s'y installe. — M. Mioland en est nommé le supérieur. — Première retraite. — Premier règlement. 94

Chap. VII. (1816-1823) — Premiers travaux de la maison des Chartreux. — Les Missions. — Mission de Saint-Étienne. — Mort édifiante de madame Mioland. — Les nouveaux associés se lient par le vœu de stabilité. — Quelques-uns se retirent. — M. Mioland fait une maladie qui le conduit aux portes du tombeau. — Sa résignation. 104

Chap. VIII. (1824) — Un administrateur apostolique est envoyé au diocèse de Lyon, dans la personne de Mgr de Pins. — Prise de possession. — M. Bochard se retire dans le diocèse de Belley. — Il est accusé d'opposition à la mesure pontificale. — Réponse envoyée à Rome par Mgr Devie, évêque de ce diocèse. 122

Chap. IX. (1824-1838) — Le départ de M. Bochard laisse la maison des Chartreux dans les mains de M. Mioland. — Sa conduite au milieu des siens. — Esprit avec lequel il gouverne. 134

Chap. X. (1826-1837) — De quelques faits plus importants qu'il convenait de mentionner ici. — Le grand Jubilé de 1826 à Lyon. — Révolution de Juillet. — Émeute de 1831. — La maison des Chartreux est occupée par un détachement militaire. — Commencement de nouvelles constructions. — Premier pèlerinage à Rome. — Émeute de 1834. — La maison des Chartreux est rendue aux missionnaires. — M. Mioland entre au conseil central de la Propagation de la Foi. 161

Chap. XI. (1836-1838) — M. Mioland apprend qu'on songe à lui pour le siége de Verdun. — Il repousse toutes les instances et réussit à faire agréer son refus. — Il est présenté pour Amiens; il refuse, on insiste, il refuse encore. — Tout est inutile, il est forcé d'accepter. — Mgr de la Croix est appelé sur le siége de Gap. — Mgr Loras sur le siége de Dubuque. — Sacre de Mgr Mioland. 182

DEUXIÈME PARTIE

MONSEIGNEUR MIOLAND DEPUIS SON SACRE

Chapitre Premier. — Son départ pour Amiens. — Son installation. . 203

Chap. II. — Vie intime de Mgr Mioland dans son palais. — Sa simplicité, ses goûts modestes. 216

Chap. III. — Ses premiers travaux. — Un mot sur ses visites pastorales. 223

Chap. IV. — Mort de M. Voclin, premier vicaire général. — Mgr de Chabons ne tarde pas à le suivre. — Mgr Mioland défend saint Acheul contre les menées ombrageuses du pouvoir. — Éloges des PP. jésuites et des Prêtres de Saint-Vincent-de-Paul. — Son zèle pour les missions diocésaines. — Ses rapports avec son clergé. 230

TABLE DES MATIÈRES

Chap. V. — De quelques-unes des œuvres auxquelles Mgr Mioland a plus particulièrement attaché son nom. 247

Chap. VI. — Conduite de Mgr Mioland pendant la lutte avec l'Université pour la liberté de l'enseignement. 263

Chap. VII. — Jugements et appréciations de l'évêque d'Amiens sur les événements et les choses de son temps. 281

Chap. VIII. — Mgr Mioland pendant la révolution de 1848. 304

Chap. IX. — Mgr Mioland et sa vie intime pendant ses retraites annuelles. 321

Chap. X. — Mgr Mioland, après avoir refusé plusieurs siéges métropolitains. accepte la coadjutorerie de Toulouse. 339

Chap. XI. — Derniers mois passés à Amiens. — Départ définitif. — Sacre de Mgr de Salinis. — Arrivée à Toulouse. — Nouveau genre de vie. . 349

Chap. XII. — Premiers travaux. — Mgr Mioland assiste au concile provincial de Lyon. — Il préside celui de Toulouse. — Mgr d'Astros reçoit le chapeau de cardinal. — Jubilé de Saint-Bertrand de Comminges. — Installation du collège des Jésuites. — Grand Jubilé à Toulouse. — Visites pastorales. 359

Chap. XIII. — Sainte mort de M. l'abbé Berger. — Le cardinal d'Astros ne tarde pas à le suivre. — Premiers travaux de son successeur. — Sa réception à l'Académie des jeux Floraux. — Le coup d'État. — Passage du prince-président à Toulouse. — Église qui croule. — Fondations. 371

Chap. XIV. — Béatification de Germaine Cousin. — Définition du dogme de l'immaculée Conception de la sainte Vierge. — Spirituelle prophétie de Mgr Mioland sur la guerre de Crimée. 393

Chap. XV. — Mgr Mioland s'occupe de donner à son diocèse la liturgie romaine. — Son voyage à Rome. — Ses sentiments sur la question liturgique. — Son obéissance filiale envers le Souverain Pontife. . . 409

Chap. XVI. — Continuation des rapports de Mgr Mioland avec sa maison des Chartreux de Lyon. 423

Chap. XVII. — Dernières années de Mgr Mioland. — Sa mort. — Ses funérailles. 437

APPENDICE

MONSEIGNEUR MIOLAND CONSIDÉRÉ COMME GUIDE ET DIRECTEUR DES CONSCIENCES

I A un jeune homme qui se destinait à la magistrature. . . 465

II Au même. 466

III A un jeune homme fort chrétien qui venait de se marier. Conseils pour lui et pour sa jeune épouse. 468

TABLE DES MATIÈRES

IV Au même. — Même sujet que la précédente. 476

V A un ami, après un accident qui avait failli compromettre la vie de son épouse. 475

VI A une simple ouvrière. — Conduite à suivre dans les aridités, les craintes et les tristesses. 477

VII A la même. — Ne pas se laisser aller au découragement, multiplier ses communions. 478

VIII A la même. — Vraie et fausse confiance. 479

CONSEILS POUR LE CHOIX D'UNE VOCATION

IX A une demoiselle dont la vocation à la vie religieuse avait besoin d'être éprouvée. 481

X A la même. 482

XI A la même. 484

XII A une demoiselle qui venait d'assister au mariage de sa sœur, au moment où elle-même se disposait à se consacrer à la vie religieuse. 485

XIII A une demoiselle qui désirait la vie religieuse, mais qui était retenue par des devoirs de famille. 487

XIV A la même. 488

XV A une dame qui avait adopté une nièce à qui Dieu avait donné le goût de la vie religieuse. 489

XVI A la même. 490

XVII A la même. 492

LETTRES DE CONDOLÉANCE

XVIII A un père, après la mort d'une de ses filles. 493

XIX A une demoiselle, après la mort de son père. 494

XX A un ecclésiastique, après la mort de son père. 495

LETTRES DE DIRECTION SUR DIVERS SUJETS

XXI A une demoiselle. Doux support de soi-même. — Des défauts connus sont à moitié vaincus. 496

XXII A la même. — Se faire une vertu solide. — Éviter les tristesses, les plaintes et les dépits. — Reprendre ses résolutions sans se décourager jamais. 498

XXIII A la même. — Même sujet que la précédente. Ne pas abandonner ses communions. — Sortir de soi-même. — Ne pas trop raisonner sur ses tentations. 499

TABLE DES MATIÈRES

XXIV A une demoiselle qui soupirait après la vie religieuse. — Le monde est peu à redouter pour celui qui le méprise. — La communion, grand soutien au milieu du monde. 501

XXV A la même. — Accepter les croix que Dieu nous donne. — Union à Notre-Seigneur dans les épreuves. 502

XXVI A une dame d'une humeur mélancolique. — Contre les tristesses. — Cette vie est un temps d'épreuve. — Dieu doit nous suffire. 503

XXVII Trois grands principes qu'il ne faut pas perdre de vue dans les épreuves et les afflictions. 505

XXVIII A la même. — Encore contre les tristesses et les mélancolies. — Jésus-Christ dans l'eucharistie doit nous servir de modèle. . 507

XXIX A une demoiselle occupée à soigner son père malade. . . . 508

XXX A la même. — Suite des mêmes conseils. 510

Conclusion. 512

FIN DE LA TABLE DES MATIÈRES

ERRATA

Page 21, ligne 12, les premisses, *lisez* : les prémices.
— 30, — 10, M. d'Arbon, *lisez* : M. d'Arbou.
— 74,   M. Picou, mort curé de Saint-Étienne, *lisez* : M. Picon, mort curé de Notre-Dame, à Saint-Étienne.
— 86, — 25, M. Bethnod, *lisez* : M. Bethenod.
— 277, Note, ma dissolution, *lisez* : ma transformation.

P. N. JOSSERAND, LIBRAIRE-ÉDITEUR

PLACE BELLECOUR, 3, A LYON

VIE DE MONSEIGNEUR MIOLAND, archevêque de Toulouse, premier supérieur des missionnaires de Lyon, par M. l'abbé Desgeorge, supérieur de la même société. 1 beau vol. in-8, avec une photographie de Mgr Mioland . . . . 7 fr. 50

POURQUOI NOUS NE VOULONS PAS D'HENRI V, par un Légitimiste. 1 vol. in-18 jésus . . . . 1 fr.

DE LA LIBERTÉ DE L'ENSEIGNEMENT EN FRANCE, 1 vol. in-8. 1 fr. 50

LES DROITS DE LA PAPAUTÉ ET LE DEVOIR ACTUEL DE LA FRANCE, par l'abbé Guers, 1 vol. in-8 . . . . 2 fr.

L'IVROGNERIE, par Démophile, 3ᵉ édition, 1 vol. in-18 . . . . . 60 c.

LA VÉRITÉ A LA FRANCE ou Cause et Remède de nos malheurs, par M. l'abbé Buyat, vicaire général du diocèse de Belley. 2ᵉ édition. 1 vol. in-8 . . . . . . 3 fr.

UNE CHRÉTIENNE A PARIS SOUS LA TERREUR COMMUNARDE DE 1871. In-12 . . . . 50 c.

FAITS SURNATURELS DE LA VIE DE PIE IX, par le P. Huguet, avec un appendice sur les 25 années de Saint-Pierre accomplies par Pie IX, 4ᵉ édition (1871). 1 vol. in-18 . . . . 50 c.

L'OPPOSITION ET LA RÉVOLTE, par M. Antonin Rondelet. 1 volume in-18 jésus . . . . 1 fr. 50

DU DÉCOURAGEMENT, Réflexions sur le temps présent, par M. Antonin Rondelet. 1 vol. in-18 jésus . . . . 1 fr. 50

LE SIÉGE DE METZ, journal d'un aumônier, par l'abbé Camille Rambaud, avec une préface de M. Antonin Rondelet, 2ᵉ édition. 1 vol. in-18 jésus . . . . . . 2 fr.

SIX MOIS DE DRAPEAU ROUGE A LYON, 4ᵉ édition. 1 vol. in-18 jésus. 1 fr. 50

LES INVASIONS GERMANIQUES EN FRANCE, par M. Heinrich, professeur à la Faculté des Lettres de Lyon. 1 vol. in-8, avec deux cartes . . . . . 2 fr. 50 c.

LETTRES D'UN INTERCEPTÉ, par M. Armand de Pontmartin, 3ᵉ édition. 1 vol. in-18 jésus . . . . 2 fr.

LE DRAME DE METZ, par le P. Marchal, 27ᵉ édition. 1 vol. in-octavo . . 1 fr.

ESPOIR! par le P. Marchal, 10ᵉ édition. 1 vol. in-octavo . . . . . . 1 fr.

L'ALSACE A LA FRANCE, par un Magistrat alsacien. In-8 . . . . . . 50 c.

RÉFLEXIONS D'UN ANGLAIS SUR LA FRANCE D'AUJOURD'HUI ET LA FRANCE DE DEMAIN. In-8 . . . . 50 c.

CAMPAGNE DE LA RÉVOLUTION CONTRE ROME, par l'abbé Fleury. 1 vol. in-12 . . . . 1 fr. 50

JOURNAL DE MA CAPTIVITÉ, par M. le comte de Christen, 2ᵉ édition. 1 vol. in-12 . . . . 2 fr.

RECUEIL COMPLET DES PROPHÉTIES LES PLUS AUTHENTIQUES, 3ᵉ édition. 1 beau vol. in-18 raisin . . . . 2 fr.

LA RÉVÉLATION DE SAINT JEAN, ou Histoire prophétique de la lutte entre le bien et le mal, depuis Jésus-Christ jusqu'à la fin des temps, par M. Michel. 1 vol. in-8. 6 fr.

LE DRAME DE LYON (20 décembre 1870). Relation de l'assassinat du Commandant Arnaud, par un avocat. 1 vol. in-8 . . . . 1 fr.

DU DEVOIR DES HONNÊTES GENS, dans les élections, par Mgr l'Évêque d'Orléans. In-8 . . . . 50 c.

L'ALLEMAGNE A LA FIN DE LA GUERRE, Souvenirs d'un délégué auprès des prisonniers français, par M. Heinrich, professeur à la Faculté des Lettres de Lyon. 1 beau vol. in-18 jésus . . . . 3 fr.

SIX MOIS DE CAPTIVITÉ A KOENIGSBERG, par l'abbé Camille Rambaud, auteur du *Siège de Metz*, 1 vol. in-12 . . . . 3 fr.

HISTOIRE DE LA LITTÉRATURE ALLEMANDE, par M. Heinrich, professeur à la Faculté des Lettres de Lyon, 3 beaux vol. in-8 . . . . 24 fr.
Deux volumes sont en vente.

SOUVENIRS DU MONT PILAT ET DE SES ENVIRONS. — Paysage, Archéologie, Histoire Naturelle, — par M. Mulsant, 2 beaux volumes in-18 jésus, illustrés de six gravures et plans (titres rouge et noir) . . . . 7 fr.